(a)

(b)

图 3-13　车道线检测结果

(a) 两车道；(b) 多车道

图 3-16　自车的可通行区域检测

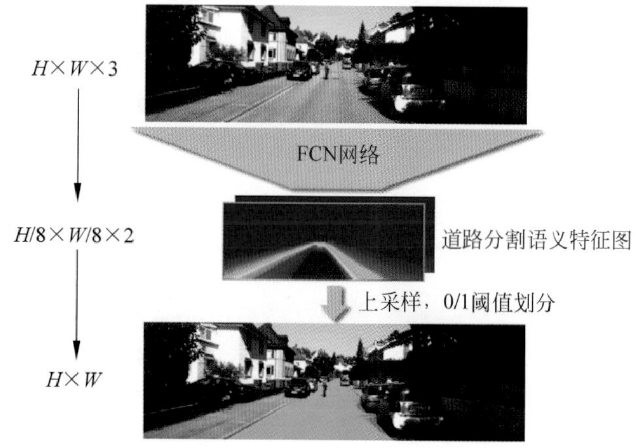

图 3-17　基于深度学习的车道线检测方法流程

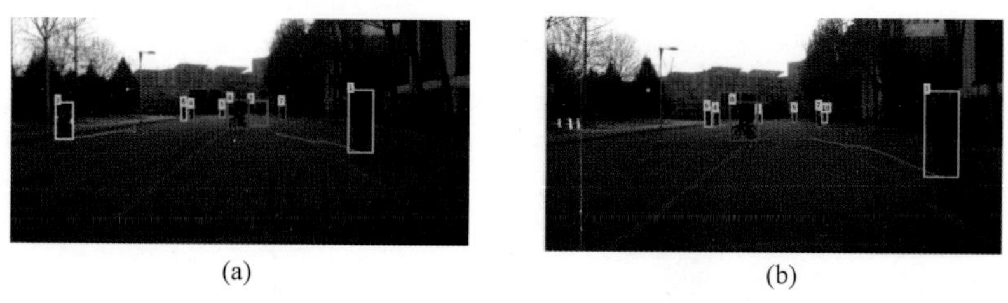

(a)

(b)

图 3-23　多目标跟踪的效果示例图

(a) 示例 1；(b) 示例 2

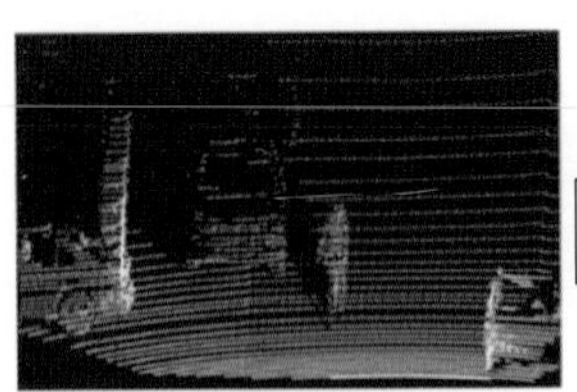

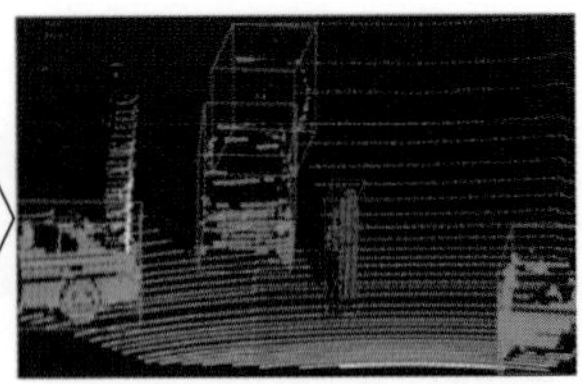

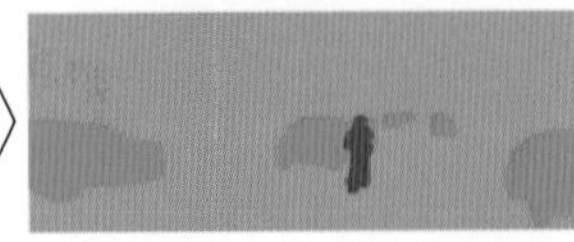

图 3-27 PointPainting 算法流程

图 3-28 激光雷达点云鸟瞰图

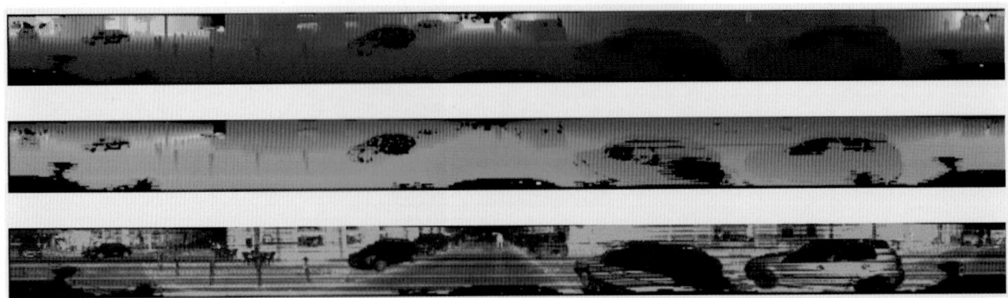

图 3-29 激光雷达点云前视图

图 4-7 相邻两帧图像间的特征匹配

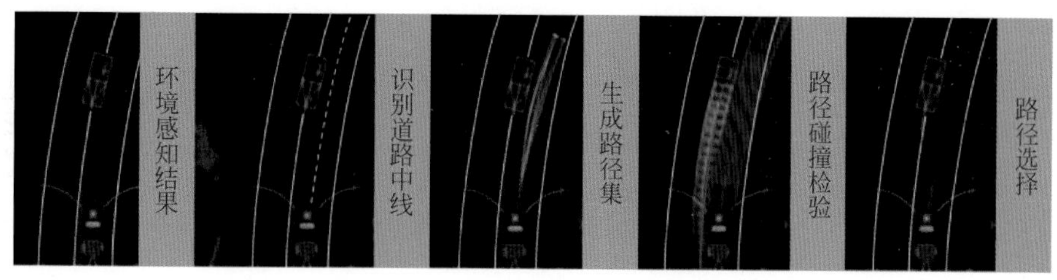

图 5-9 Boss 无人车在结构化道路上的路径规划过程

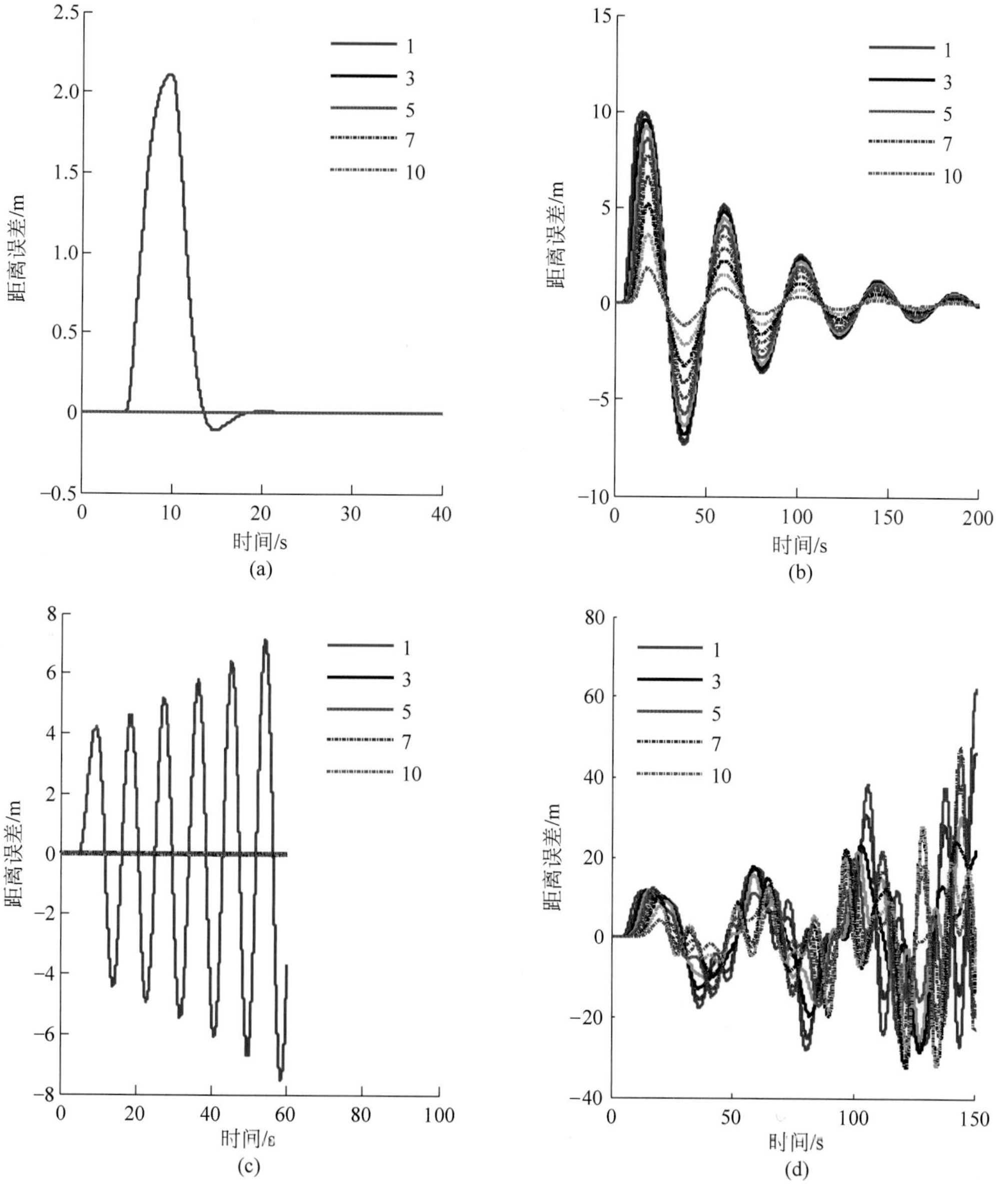

图 5-38 不同拓扑结构与控制器增益下的车辆队列跟踪情况

(a) PLF 结构,工况 1;(b) BD 结构,工况 1;(c) PLF 结构,工况 2;(d) BD 结构,工况 2

清华大学车辆与运载学院系列教材

智能网联汽车

李克强　王建强　许　庆　编著

清華大學出版社
北　京

内容简介

本书主要介绍智能网联汽车的相关概念和关键技术，内容主要包括智能网联汽车的定义、技术体系等，针对智能网联汽车的相关概念及发展背景、硬件体系、环境感知与理解、地图与定位、决策与控制、测试与评价等关键技术进行了详细阐述。

本书可作为高等院校汽车类、交通类专业的教材，也可作为企业工程技术人员和管理者的参考读物，还可作为汽车技术培训的参考书。

图书在版编目(CIP)数据

智能网联汽车/李克强，王建强，许庆编著. —北京：清华大学出版社，2022.5 (2024.1重印)
清华大学车辆与运载学院系列教材
ISBN 978-7-302-59061-3

Ⅰ. ①智… Ⅱ. ①李… ②王… ③许… Ⅲ. ①汽车—智能通信网—高等学校—教材 Ⅳ. ①U463.67

中国版本图书馆 CIP 数据核字(2021)第 179281 号

责任编辑：许 龙
封面设计：傅瑞学
责任校对：王淑云
责任印制：曹婉颖

出版发行：清华大学出版社
网　　址：https://www.tup.com.cn，https://www.wqxuetang.com
地　　址：北京清华大学学研大厦 A 座　　**邮　　编**：100084
社 总 机：010-83470000　　**邮　　购**：010-62786544
投稿与读者服务：010-62776969，c-service@tup.tsinghua.edu.cn
质量反馈：010-62772015，zhiliang@tup.tsinghua.edu.cn
印 装 者：三河市铭诚印务有限公司
经　　销：全国新华书店
开　　本：185mm×260mm　　**印　　张**：18　　**插　　页**：2　　**字　　数**：440 千字
版　　次：2022 年 6 月第 1 版　　**印　　次**：2024 年 1 月第 3 次印刷
定　　价：55.00 元

产品编号：091650-01

前言

进入 21 世纪以来，随着移动通信、大数据、云计算、人工智能等新一轮高科技的快速发展，汽车这一延续百余年的机电产品正发生从内到外的系统变革。作为“智能化革命”和“物联网革命”在交通运输领域的应用和映射，“智能”、“网联”不但赋予了汽车作为运载工具产品的新结构、新形态和新功能，同时也赋予了其移动数据终端和智能生活空间的新价值、新内容、新生态，而智能网联汽车正是集成了两者的技术成果，由传统汽车全面转型升级而形成的新一代汽车。

作为一种新概念运载工具平台和跨领域技术交叉融合应用的集成体，智能网联汽车支撑了未来汽车技术与产业的创新发展。但也正因为其和传统汽车相比具有全方位“新”的特性，目前我国不但在智能网联汽车领域存在巨大的科技人才缺口，同时也因其与传统汽车教学内容的差异巨大而使得目前高等院校汽车相关专业普遍缺乏智能网联汽车教材，导致人才培养滞后于技术及产业发展需求。本书的编写尝试从支撑专业教学课程建设的角度填补这一人才培养领域的空白。

本书共分为 6 章，内容主要包括智能网联汽车的定义、技术体系等，针对智能网联汽车的相关概念及发展背景、硬件架构、环境感知与理解、地图与定位、决策与控制、测试与评价等关键技术进行了系统阐述。每章末尾配有练习题以便于读者复习和巩固所学内容，同时培养独立思考的能力，拓宽视野。

在本书的编写过程中，李克强、王建强、许庆负责全书的统筹、编写工作，以下师生参与了各章节的编写、讨论和校订：徐少兵、蔡孟池、丁峰、刘科、林学武、刘凯琪、崔明阳、郭宇昂、李帅、陈超义、高铭、潘济安、吴浩然、石佳、杨路、刘巧斌、李颖、崔曜东、熊辉、涂茂然、黄荷叶、邹翀昊、董江红、田洪清、徐明畅、于杰、王越、王嘉伟、杨奕彬、王裕宁、刘艺璁、杨纯颖、陈明、吉鑫钰、曹森、高博麟、朱世豪、郑凯元、聂士达、曹东璞、许焱、谢杉杉、范丽丽。

本书既强调基础理论方法，又力求体现新知识、新技术；不仅聚焦于智能网联汽车本身，也对与其紧密相关的交叉领域做了介绍，通过基本概念与应用举例相结合的形式，使得读者能熟悉智能网联汽车的基础知识，并掌握从事智能网联汽车技术研发和学术研究的基本技能；既可作为高等院校汽车类、交通类专业的教材，也可作为企业工程技术人员和管理者的参考读物，还可作为汽车技术培训的参考书。

由于编者水平有限，书中难免存在疏漏之处，恳请读者批评指正。

编　者

2022 年 6 月

目录

1 绪　论

1.1 基本概念

智能网联汽车(Intelligent and Connected Vehicles, ICVs)是指搭载先进的车载传感器、控制器、执行器等装置,并融合现代通信与网络技术,实现车与X(车、路、人、云等)的智能信息交换、共享,具备复杂环境感知、智能决策、协同控制等功能,可实现"安全、高效、舒适、节能"行驶,并最终可实现替代人来操作的新一代汽车[1]。

智能网联汽车是自主式智能驾驶汽车与网联式汽车的结合,这里自主式智能驾驶汽车指的是不依靠网联信息的自主驾驶汽车,其又可被称为无人驾驶汽车或自动驾驶汽车;网联式汽车指的是在普通汽车的基础上增加网联通信设备,融合现代通信与网络技术,能够实现信息交换,但并不一定具备自动驾驶功能的汽车。

广义上的智能网联驾驶所包含的概念非常广泛,包括主动安全、辅助驾驶、自主式自动驾驶、网联式自动驾驶等各个方面。其中,主动安全是比较基础的功能,它是为预防和避免车辆发生事故而设计的安全系统,包括制动防抱死系统(Anti-lock Brake System, ABS)、电子制动力分配装置(Electric Brakeforce Distribution, EBD)、车身电子稳定控制系统(Electronic Stability Program, ESP)等;辅助驾驶能够有效增加汽车驾驶的舒适性和安全性,如前向碰撞预警(Forward Collision Warning,FCW)、车道偏离预警(Lane Departure Warning,LDW)、自适应巡航控制(Adaptive Cruise Control,ACC)、车道保持辅助(Lane Keeping Assist,LKA)等,基于上述功能开发的高级驾驶辅助系统(Advanced Driving Assistance System,ADAS)已被广泛商业化;自主式自动驾驶是智能网联汽车发展的高级形态,在没有网联信息的情况下可以做到一定程度的自动驾驶;网联式自动驾驶则是智能网联汽车的重要发展方向,其目标是借助网联手段实现更好、更全面的自动驾驶性能。

同时,智能网联汽车不仅指民用领域的汽车,还包括军事领域的无人平台、特种用途的地面无人车辆等。再者,它也包括各种不同形式的行走机构,如轮式、履带式、足式等。因此,从广义上来说,智能网联汽车也可以是在地面行驶的具有一定汽车性能的移动机器人。

1.2 发展历史

在智能网联汽车早期发展阶段,技术研发主要集中于智能化,即在不同等级的汽车自动化技术上。20世纪80年代到90年代,伴随着计算机性能的提升、机器人控制技术的成熟、车载传感品质的突破，自动驾驶技术进入了一个快速发展阶段。这一时期的显著特点是军方、大学、企业间开展了广泛合作，成功研发了多辆自动驾驶汽车原型。其中，最具代表性的成果包括美国卡内基-梅隆大学的 NavLab 系列、德国慕尼黑联邦国防军大学的 VaMoRs(P)系列和意大利帕尔马大学视觉实验室(VisLab)的 ARGO 项目。

21 世纪初，国内外通过举行自动驾驶挑战赛来促进自动驾驶汽车及其相关技术的发展，国外最具代表性的比赛为美国国防部高级研究计划局(Defense Advanced Research Projects Agency，DARPA)举办的无人驾驶挑战赛，国内最具代表性的比赛为中国智能车未来挑战赛。

第一届 DARPA 无人车挑战赛于 2004 年在美国莫哈韦沙漠地区举行，本次赛事共有 21 支参赛车队参与(图 1-1)，经过资格赛测试，最终共有 15 支车队进入了决赛，但在决赛中，没有一支车队完成整场比赛。所有车队中，行驶最远的是卡内基-梅隆大学的 Sandstorm 车队，共完成了 11.78 公里的路程。第一届比赛结果显示，无人驾驶车辆的定位、感知技术还不够成熟，比赛中多次发生导航定位错误、障碍物感知不准确等问题。此外，参赛车辆配备的感知系统庞大而且昂贵。第一届 DARPA 无人车挑战赛不仅是无人驾驶赛事的先驱，而且在推动无人驾驶汽车和无人驾驶技术发展方面具有里程碑式的意义。

(a) (b) (c) (d)

图 1-1 第一届 DARPA 无人车挑战赛中部分参赛车辆[2]

(a) BOB；(b) Digital Auto Drive；(c) Golem 1；(d) Oshkosh truck

第二届 DARPA 无人车挑战赛于 2005 年举行，赛段全长 212 公里，赛事共有 195 支队伍申报，其中 43 支车队通过审核进入了资格赛，23 支队伍进入了决赛，5 支车队跑完了全程。其中斯坦福大学的 Stanley 获得冠军，成绩为平均速度 30.7km/h。第三届 DARPA 无人车挑战赛又被称为城市挑战赛，于 2007 年在乔治空军基地举办，赛事共有 53 支队伍报名，11 支队伍通过了资格测试，6 支车队跑完了全程。卡内基-梅隆大学的 Boss、斯坦福大学的 Junior 和弗吉尼亚理工大学的 Odin 分获前三名。第二、三届 DARPA 无人车挑战赛中部分参赛车辆，如图 1-2 所示。

DARPA 无人车挑战赛无疑促进了全世界范围内无人驾驶技术的发展。从 2004 年没有

(a) (b) (c) (d)

图 1-2 第二、三届 DARPA 无人车挑战赛中部分参赛车辆[3-4]

(a) Stanley；(b) Boss；(c) Odin；(d) Talus

车辆完成全部比赛，到 2005 年几乎所有决赛团队都超越了 2004 年挑战赛的最好成绩，再到 2007 年更加苛刻的场景下依然有车队较顺利地完成了比赛。DARPA 无人车挑战赛只用了三届比赛的时间便让我们看到了无人驾驶技术的发展速度和无人车落地的可行性。这三届 DARPA 无人车挑战赛为后续的深入研究和商业化发展打下了坚实的基础。

从 2009 年起，中国国家自然科学基金委员会共连续成功举办了 11 届中国智能车未来挑战赛。挑战赛内容由初期封闭道路，到中期真实道路，再到后期真实复杂道路和交通流，见证了我国智能车技术的发展历程。中国智能车未来挑战赛不仅推动了智能车关键技术与验证平台研究的创新与发展，确保重大研究计划总体科学目标的实现，而且促进了我国在智能车辆领域的持续投入和产业生态的逐步改善。

随着自动驾驶技术的飞速发展，现代的自动驾驶技术已经成为以电动化、智能化、网联化、共享化的“新四化”为核心，涉及车辆控制、人工智能、通信等多个技术领域的综合技术。在此背景下，众多自动驾驶联盟逐步建立(图 1-3)，相互之间实现优势互补。

各大联盟组成各异，风格和发展路径也有着明显的不同。宝马、英特尔与 Mobileye 领衔的自动驾驶联盟与大陆、德尔福等供应商联合，主攻单车智能下的自动驾驶技术；而大众 NAV 联盟纳入各大车联网厂商，希望以车载以太网为载体搭建面向高级自动驾驶的高速车载网络平台；丰田则面向未来出行，构建完善的车辆基础平台并向其他供应商开放相关接口，实现新一代移动服务；Waymo 公司以十几年的研发积累和海量实际道路测试数据为基础，专攻高等级自动驾驶算法和技术，以 Robotaxi 为核心商业应用，希望打造“全世界最有经验的驾驶人”；通用收购 Cruise，以该控股公司聚焦自动驾驶技术研发，以实现软硬结合的自动驾驶车辆商业化；奔驰在与宝马的合作终止后，选择了与英伟达合作开展自动驾驶芯片的研究。

中国的自动驾驶公司几乎与国外公司同时起步，总体可以分为互联网公司、初创企业和

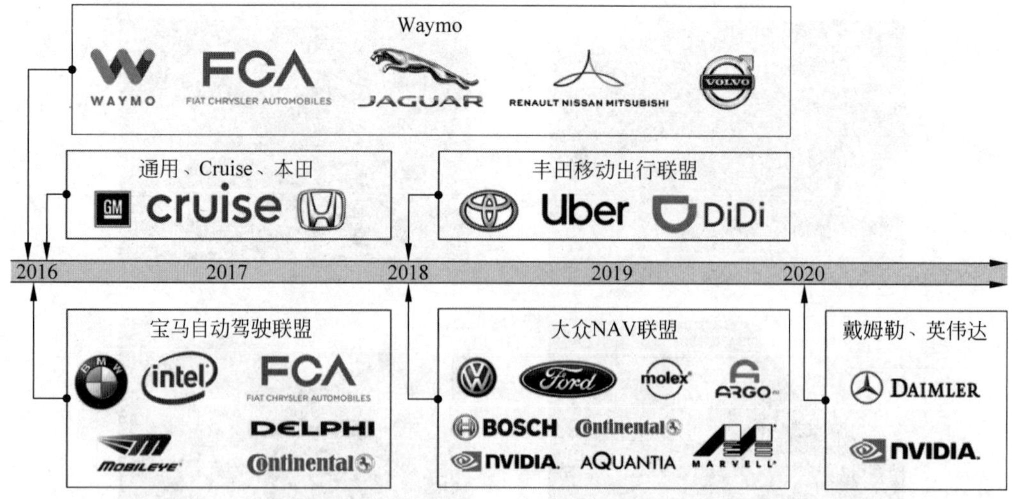

图 1-3 各大自动驾驶联盟

传统车企三类，如图 1-4 所示。互联网公司方面，百度是国内最早从事自动驾驶研发的公司之一，自 2015 年起，百度深度学习研究院开启了对自动驾驶的研发。2017 年 4 月，百度在 AI 开发者大会上发布了 Apollo，为自动驾驶相关领域提供了一个开放、完整、安全的软件平台。腾讯 2016 年 9 月成立智能驾驶实验室，定位于自动驾驶系统软件与服务提供商，目前已经搭建了高精度地图、模拟仿真、自动驾驶云服务三大平台。阿里巴巴于 2017 年成立达摩院，并设立自动驾驶部门，致力于打造智慧物流运输平台，积极研发智能、安全的自动驾驶系统。初创企业以蔚来、小马智行、智行者等为代表，其技术领域包括乘用车、出租车以及特定场景车辆等。蔚来是国内初创企业中较早完成自动驾驶乘用车交付的，目前已有多个量产车型上市。小马智行在 2018 年 12 月开展自动驾驶出租车服务（Robotaxi），而智行者先从低速非载人领域切入，将自动驾驶技术应用于环卫和物流配送场景。传统车企方面，各大主机厂也在大力发展自动驾驶技术。2016 年，长安汽车发起 2000km 无人驾驶挑战，多辆基于长安睿骋研发的无人驾驶汽车从重庆出发，途经西安、郑州，最终顺利到达北京的长安分公司，完成了在结构化道路的长距离高级辅助驾驶功能展示。2018 年，上汽集团建立了上汽人工智能实验室，以上汽云计算平台、大数据平台以及业务场景为基础，创建人工智能应用和解决方案。除此之外，比亚迪、吉利、一汽等企业也在近年逐渐推出了自主研发的自动驾驶样车。

图 1-4 中国自动驾驶公司

得益于科研院校、自动驾驶创业公司、汽车制造厂商的不懈探索，智能网联汽车相关技术已经有了重大进步，但智能网联汽车的普遍应用尚需时日，目前仍存在诸多问题。

1.3 系统简介

1.3.1 体系架构简介

智能网联汽车的技术架构可划分为"三横两纵"式[1]，如图 1-5 所示。"三横"是指智能网联汽车主要涉及的车辆/设施、信息交互与基础支撑三大领域技术，包括环境感知、智能决策、控制执行、V2X 通信、云平台与大数据、信息安全、高精度地图、高精度定位、标准法规与测试评价；"两纵"是指支撑智能网联汽车发展的车载平台以及基础设施。其中，基础设施包括能够支撑智能网联汽车发展的全部外部环境条件，比如智能道路、交通设施、通信网络等。这些基础设施将逐渐向数字化、智能化、网联化和软件化方向发展。

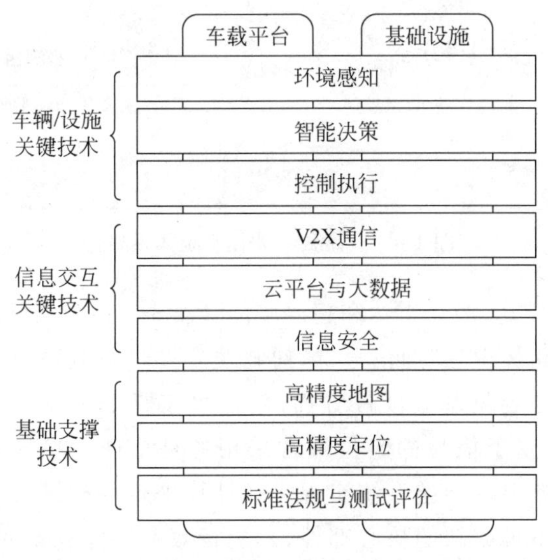

图 1-5 智能网联汽车"三横两纵"技术架构

智能网联汽车的发展与应用离不开车路云一体化的综合系统，其体系架构如图 1-6 所示[1]。该系统主要由新型架构车辆、智能基础设施体系、信息安全管理体系和网联运营体系组成。车路云一体化融合控制系统(System of Coordinated Control by Vehicle-Road-Cloud Integration，SCCVRCI)，利用新一代信息与通信技术，将人、车、路、云的物理层以及信息层、应用层连为一体，进行融合感知、决策与控制，可实现车辆行驶和交通运行安全、效率等性能的综合提升。该系统也可称为"智能网联汽车云控系统"，或简称"云控系统"。

1.3.2 关键技术简介

智能网联汽车关键技术主要包括环境感知、高精度地图与定位、自主式决策与控制、智能网联汽车测试与评价等，这些技术都依托于智能网联汽车硬件平台。

智能网联汽车硬件平台是实现复杂环境感知、智能决策、协同控制等功能的基础。在环境感知基础硬件方面，传感器是车辆理解外部环境、保证行驶安全的基本硬件，主要包括车

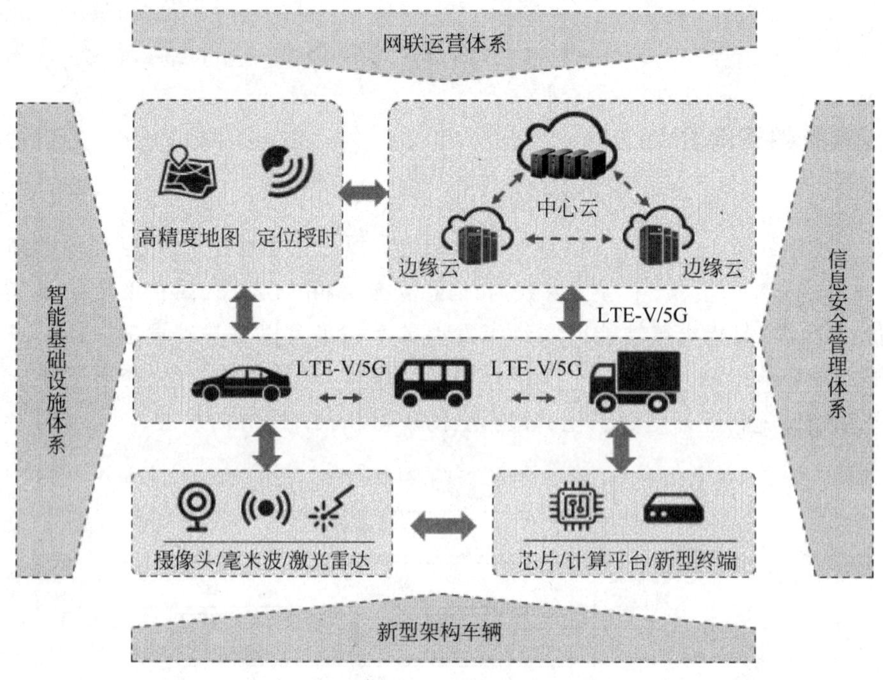

图 1-6 车路云一体化系统体系架构

载视觉传感器、毫米波雷达、激光雷达和超声波传感器等。在智能网联环境下，车载感知传感器主要用于获取道路标识、交通信号、障碍物位置及可行驶区域等信息，以综合完成环境感知任务。在导航与定位基础硬件方面，定位可依靠如视觉传感器、激光雷达等不同的硬件设备实现，其中基于信号的定位最常采用的是全球卫星导航定位系统，在此基础上的航迹递推主要依赖惯性导航系统实现。在计算平台基础硬件方面，车载计算芯片是高级别自动驾驶车辆不可或缺的核心部件，其运行效率和能耗都对车辆处理数据的性能有着直接影响。在车联网基础硬件方面，无线通信技术赋能自动驾驶汽车，是网联化的基础。为了使这些硬件设备之间更好地协同工作，实现对应的感知与决策功能，需要在物理层面设计对应的连接交互关系。同时，为了更好地控制车辆，提高智能网联汽车的行驶安全性、舒适性和经济性，还需要设计上述附加系统和原车电子电气系统之间的连接交互关系。上述的各个设备主体及其在物理层面上的连接交互关系便组成了智能网联汽车的硬件架构。

环境感知技术通过安装在智能网联汽车上的传感器，完成对周围环境的识别和理解，具体任务包括目标检测、图像与点云的分割、目标跟踪、意图识别、轨迹预测与风险评估等。环境感知技术对智能网联汽车的发展有着至关重要的影响，准确、鲁棒和高效的感知算法是智能汽车安全性、舒适性的保证。传统的环境感知方法难以满足智能网联汽车的需求，而深度学习方法的迅速崛起为智能网联汽车环境感知提供了新的解决方案。另外，随着车联网技术的出现，逐渐实现了信息在车车、车路、车人及车与互联网之间的传输，这也为智能网联汽车对行驶环境的感知提供了新的手段。

高精度地图与定位技术可用来为车辆提供位置、姿态和周边道路环境信息。高精度地图能够辅助环境感知，以厘米级的精度表示车道线、道路边缘、道路坡度与曲率等信息，同时也包含信号灯、交通标志等语义信息，是对感知系统的有力补充；高精度地图还起到辅助定位的作用，在车辆行驶过程中，将高精度地图中丰富的先验信息与车载传感器实时获取的环境信息相结合，通过地图匹配技术可精确计算出车辆在道路上的具体位置，实现更高精度定位。高精度地图与定位技术可使车辆获得超视距感知能力，实时获取前方路况信息，从而规划一条避免拥堵的可通行路径；可为车辆提供道路预警信息，在车辆经过人行横道、学校等路段时提前预警，保障行驶安全；还可对道路特征精确建模，帮助车辆更稳定地行驶在车道内。高精度地图与定位技术为智能网联汽车的规划、决策与控制等技术提供支持，是智能网联汽车解决方案的核心和基础。

自主式决策与控制技术以自车为控制对象，基于传感器、地图等输入的环境信息与驾驶目标，规划未来一段时间的行驶轨迹(包含路径及对应速度)。决策过程常基于分层式设计思路，包含参考路径生成、行为规划(如超车/换道/转向等)、运动规划三个主要步骤。车辆控制模块接收决策模块输入的目标轨迹，通过控制车辆的转向系统、油门驱动和刹车系统，使车辆按照目标轨迹行驶。车辆控制通常分为上下两层，上层输出加速度和车辆转向角，下层接收上层输出，控制车辆底层执行系统。在单车自主式决策控制的基础上，智能网联汽车协同控制技术综合所处交通环境的动态或静态信息，协同设计多个智能网联汽车的控制策略，基于此实现多车系统、车路系统等的全局协同优化。协同控制技术可以更大程度地保障每一辆车行驶性能的同时，提高交通系统的整体性能。

智能网联汽车测试与评价技术是智能网联汽车研发中的重要环节，也是智能网联技术发展的重要支撑。与 ADAS 功能不同，智能网联汽车的最终目标是可以完全替代人类进行车辆操控。由于驾驶控制权发生转移，智能网联驾驶系统将面临环境不确定性带来的诸多挑战，如多变的气象条件、道路环境以及无法预知的车辆行为等。因此，智能网联汽车的测试与评价就是要在复杂的驾驶场景下对车辆的自动驾驶功能进行评估，验证车辆功能是否满足预期设计要求。

1.4 等级划分

智能网联汽车技术包括智能化与网联化两个技术层面，其等级划分也可对应地按照智能化与网联化两个层面区分。

在智能化层面，按照驾驶自动化技术让汽车达到的智能化程度，国际汽车工程师协会(Society of Automotive Engineers，SAE)[5]、美国道路安全管理局(National Highway Traffic Safety Administration，NHTSA)和中国工信部《汽车驾驶自动化分级》[6]分别对智能网联汽车智能化等级进行划分，各划分的原则和内容基本相同，这里以国际汽车工程师协会的划分为例进行说明。

SAE 将驾驶自动化技术分为 L0～L5 共六个等级，其中 L0 代表没有驾驶自动化技术辅助的传统人类驾驶，L5 代表全场景完全自动驾驶，数字越大代表驾驶自动化程度越高，具体等级划分如表 1-1 所示。

表 1-1 SAE 对驾驶自动化的等级划分

分级	名　称	定　义	车辆横纵向运动控制	周边感知与对应决策	应急处理	设计运行范围
L0	无自动化（No Driving Automation，NA）	驾驶任务完全由驾驶人执行，即使配备了主动安全系统	驾驶人	驾驶人	驾驶人	无
L1	驾驶辅助（Driver Assistance，DA）	在特定场景下驾驶自动化系统可控制车辆横向或纵向运动（不可同时），其他驾驶任务由驾驶人完成	驾驶人和系统	驾驶人	驾驶人	有限
L2	部分自动驾驶（Partial Driving Automation，PA）	在特定场景下驾驶自动化系统同时控制车辆横向和纵向运动，驾驶人需要对周边感知并做出对应决策，同时监控自动驾驶系统	系统	驾驶人	驾驶人	有限
L3	有条件自动驾驶（Conditional Driving Automation，CA）	在特定场景下驾驶自动化系统执行所有动态驾驶任务，当驾驶自动化系统提出接管请求或者出现问题时，接管人员需要快速接管车辆	系统	系统	系统	有限
L4	高度自动驾驶（High Driving Automation，HA）	在特定场景下驾驶自动化系统执行所有动态驾驶任务和应急处理，不需要任何人为干涉	系统	系统	系统	有限
L5	完全自动驾驶（Full Driving Automation，FA）	在任何场景下驾驶自动化系统执行所有驾驶任务和应急处理，不需要任何人为干涉	系统	系统	系统	无限

如表 1-1 所示，SAE 对驾驶自动化的等级划分主要考虑的内容包括动态驾驶任务、应急处理和设计运行范围（Operational Design Domain，ODD），并依据这些内容的差别进行划分。其中，动态驾驶任务是指在道路上正常行驶所需的所有实时操作和决策，包括感知周边环境、做出相应决策、实施动作规划、进行转向灯提示转向、加减速等，但是不包括行程安排、目的地和途经地的选择等任务规划功能。车辆横纵向运动控制是动态驾驶任务中的一个子任务，它包括通过方向盘来对车辆进行横向运动操作和通过加速、减速控制车辆纵向运动。周边感知与对应决策也是动态驾驶任务中的子任务，它包括对车辆周边环境物体和事件的探测、识别、分类等感知任务，以及针对周边环境做出对应的决策。应急处理是指当驾驶自动化系统失效或者出现超过系统原有的运行设计范围之外的情况时，最小化驾驶风险的操控策略。设计运行范围是指驾驶自动化系统被设计的起作用的条件及适用范围，其具体内容包含多个维度，包括但不局限于天气环境、地理环境、工作时间、交通和道路特征等。

基于以上要素，SAE 对驾驶自动化的等级进行了划分。

L0（Level 0）：无自动化。驾驶任务完全由驾驶人执行，包括制动、转向、启动加速及减速停车。即使车辆配备了主动安全系统，仍只属于 L0 等级。

L1（Level 1）：驾驶辅助。在特定场景下驾驶自动化系统可控制车辆横向或纵向运动（不可同时），其他驾驶任务由驾驶人完成。此阶段车辆具有有限自动控制的功能。

L2（Level 2）：部分自动驾驶。在特定场景下驾驶自动化系统同时控制车辆横向和纵向运动，驾驶人需要负责周边环境感知并做出对应决策，同时监控自动驾驶系统。此阶段车辆具有横纵向两种控制功能融合的控制系统,可为更高级别的自动驾驶奠定基础。

L3(Level 3):有条件自动驾驶。在特定场景下驾驶自动化系统执行所有动态驾驶任务,当驾驶自动化系统提出接管请求或者出现问题时,接管人员需要快速接管车辆。此阶段车辆能够在某个特定的交通环境下实现自动驾驶,并可以自动检测交通环境的变化以判断是否返回驾驶人驾驶模式。

L4(Level 4):高度自动驾驶。在特定场景下驾驶自动化系统执行所有动态驾驶任务和应急处理,不需要任何人为干涉。此阶段驾驶操作和环境观察均由系统完成,不需要车上人员对系统要求进行应答。

L5(Level 5):完全自动驾驶。在任何场景下驾驶自动化系统执行所有驾驶任务和应急处理,不需要任何人为干涉。此阶段无须驾驶人和方向盘,在任何环境下系统都能完全自动控制车辆,只需提供目的地或者输入导航信息,就能够实现所有路况的自动驾驶到达目的地,达到真正的全工况完全自动驾驶阶段。

综上所述,SAE 对驾驶自动化的等级划分是逐层变化的,而各等级驾驶自动化可实现的功能也是逐级递增的。在 L0 中车辆无自动控制,但可以具备车道偏离预警、交通警报等功能。在 L1 中,车辆则可以实现单一的纵向或横向控制,支持自适应巡航(ACC)、自动紧急制动(Autonomous Emergency Braking,AEB)、车道保持辅助(LKA)等。在 L2 中驾驶自动化系统则可以同时控制车辆横向和纵向运动,在特定场景下解放驾驶人的双手和双脚,但是驾驶人仍然需要观察周边情况并做出相应决策。在 L3 中,驾驶自动化系统则可以执行全部动态驾驶任务,驾驶人只需做好准备,在车辆运行出现状况需要应急处理时接管车辆即可。L4 则是指在特定场景下完全实现自动驾驶,不需要车上人员介入驾驶,如在一些封闭园区的无人驾驶服务、特定场景的无人驾驶运营等。L5 则是终极目标,是驾驶自动化的最高形态,无条件地完全自动驾驶。

在网联化层面,按照网联通信内容的不同,将等级划分为网联辅助信息交互、网联协同感知、网联协同决策与控制三个等级[7],如表 1-2 所示。

表 1-2 网联化等级划分

网联化等级	等级名称	等级定义	控制	典型信息	传输需求
1	网联辅助信息交互	基于车-路、车-后台通信,实现导航等辅助信息的获取以及车辆行驶数据与驾驶人操作等数据的上传	人	地图、交通流量、交通标志、油耗、里程等信息	传输实时性、可靠性要求较低
2	网联协同感知	基于车-车、车-路、车-人、车-后台通信,实时获取车辆周边交通环境信息,与车载传感器的感知信息融合,作为自车决策与控制系统的输入	人与系统	周边车辆/行人/非机动车位置、信号灯相位、道路预警等信息	传输实时性、可靠性要求较高
3	网联协同决策与控制	基于车-车、车-路、车-人、车-后台通信,实时并可靠获取车辆周边交通环境信息及其他车辆决策信息,车-车、车-路等各交通参与者之间的信息进行交互融合,形成车-车、车-路等各交通参与者之间的协同决策与控制	人与系统	车-车、车-路间的协同控制信息	传输实时性、可靠性要求最高

网联化等级 1：网联辅助信息交互，实现车-路、车-后台之间的通信，车辆可通过网联获得地图、交通流量、交通标志、导航等辅助信息，车辆的行驶数据与驾驶人操作等数据也可实现上传。该等级下，车辆完全由人来操控，对网联通信的传输实时性、可靠性要求较低。

网联化等级 2：网联协同感知，实现车-车、车-路、车-人、车-后台之间的通信，车辆可实时获取周边交通环境信息，将其与车载传感器的感知信息融合，可作为自车决策与控制系统的输入。该等级下，车辆的控制可由人与系统共同来完成，对网联通信的传输实时性、可靠性要求较高。

网联化等级 3：网联协同决策与控制，实现车-车、车-路、车-人、车-后台之间的通信，车辆可实时获取周边交通环境信息及决策信息，车-车、车-路等各交通参与者之间信息进行交互融合，形成车-车、车-路等各交通参与者之间的协同决策与控制。该等级下，车辆的控制由人与系统共同来完成，对网联通信的传输实时性、可靠性要求最高。

正如以上智能网联汽车的等级划分所示，智能网联汽车的发展并不是一蹴而就的，要想真正实现像人类一样随心所欲地行驶，可能至少还需要数十年时间，甚至可能永远无法实现。正因为如此，在智能网联汽车的发展过程中，人们通常采用 ODD 管理的方式来限定智能网联汽车的行驶条件(如时间、地点、道路类型、光照、天气等)，让它们在 ODD 规定范围内行驶。

比如一些城市里的无人驾驶专线车，通过对行驶路线进行限制，使车辆只沿固定的路段运行，能够快速、经济地搭载乘客前往沿途的地点；再如一些园区或是社区里的短途车辆，由于这些区域内车速缓慢，道路标识清晰，而且人们出行时间也比较规律，因此智能网联汽车能够得到较好的试用；还有在一些农场和矿山，智能网联汽车因为是在非公开的道路上作业，没有过多的车辆和行人需要躲避，而且通常只是执行重复性的任务，所以能够较快地得到应用。

汽车智能化与网联化的等级划分及发展过程如图 1-7 所示。

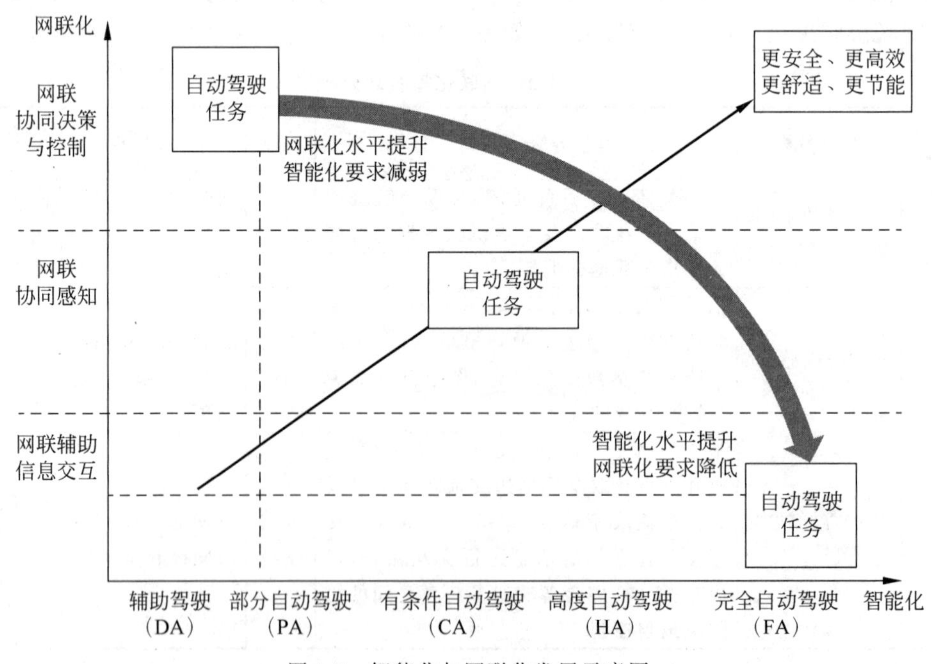

图 1-7　智能化与网联化发展示意图

1.5 性能要求

1.5.1 整体性能

智能网联汽车应满足传统车辆的性能要求，在这基础上智能网联汽车还需要满足如下性能。

(1) 安全性：一方面是交通和行车的安全，保障交通的连续、安全与可靠，确保汽车自动驾驶、设备以及系统的安全；另一方面从互联网的角度，应保证自动驾驶应用的安全运行，以提供持续的服务能力并防止重要数据泄露，包括应用安全、控制安全、网联安全、数据安全等[6]。

(2) 高可靠性：交通安全对智能网联汽车系统的可靠性提出了很高的要求，尤其是在车路云一体化系统中，车辆和云需要做出协同感知和决策控制，更需要确保信息的准确、传递的及时和决策的正确。

(3) 实时性：一方面，智能网联汽车安全、高效运行需要系统算法的实时运行；另一方面，网联通信需要低时延的实时数据传输。

(4) 高适应性：交通场景复杂多变，体现在地域(北京、天津、上海等不同城市)、工况(高速、城市、乡村、停车场等区域)、环境(晴天、雨天、雪天、雾霾等多种天气)等，智能网联汽车需要适应不同的交通场景。

1.5.2 关键技术性能

智能网联汽车针对不同关键技术也有不同的性能需求，总结如下。

(1) 感知：智能网联汽车需要通过多种环境感知传感器以对周围环境中目标的类别、位置和未来轨迹进行实时和准确的感知。各个单一传感器如相机等都需达到感知的准确性需求，而多传感器融合将进一步提升应对不同情况的感知鲁棒性。同时可通过网联环境经由路侧设备感知信息传递到网联车辆，建立全局无盲区感知，从而使得感知准确性进一步提高。

(2) 决策：智能网联汽车在行驶过程具有巨大的决策空间，其应能够通过实时感知结果对车辆进行局部的车辆行为决策和全局的路网级别决策。局部车辆行为包括跟车、换道、加速、减速等，全局路网级别决策主要是从起点到终点的路径选择。然而智能网联汽车决策因其复杂性，学术界和工业界目前并没有达成公认的决策性能指标。

(3) 控制：与传统车辆相比，智能网联汽车具备完全不同的底层硬件结构和电子电气架构，其控制方法与传统车辆具有较大不同。需要二者相互配合保证单车的横向和纵向控制过程的精确性、平顺性。同时，网联汽车在多车协同横纵向控制上也需要保持时空状态的控制准确性。

(4) 通信：通信是智能网联汽车的信息基础，智能网联汽车的通信包括车内设备间通信、车与X(车、路、云等)通信两种。车内设备间通信需要在克服车内各类电气干扰等情况下实现各类传感器与控制中心的高速通信。车与X通信需要根据不同场景和任务在整体上满足大带宽和广链接下的低时延通信，以4个主要领域(编队行驶、高级驾驶、传感器共享、远程驾驶)为例,所需性能指标如表 1-3 所示[8]。

表 1-3 5G-V2X 主要性能需求示例

场　景	有效通信距离	最大时延/ms	单次传输成功率	传输速度/Mb・s^{-1}
编队行驶	(5～10s)×最快相对速度	10～25	90%～99.99%	50～65
高级驾驶	(5～10s)×最快相对速度	V2V: 3～10 V2I: 100	99.99%	UL: 50
传感器共享	50～1000m	3～100	99.99%	1000
远程驾驶	—	5	90%～99.99%	UL: 50 DL: 1

注:UL 指上传,Upload;DL 指下载,Download。

本章习题

1.1 智能网联汽车发展的动因是什么?智能网联汽车会对汽车产业与社会带来什么影响?

1.2 分析人类驾驶与自动驾驶造成交通事故的主要原因及其异同。

1.3 为了实现汽车的自动驾驶,网联化是否不可或缺,为什么?车联网具体需要发挥什么样的作用?

1.4 针对智能网联驾驶技术,提出其潜在的发展难题,并尝试分析其解决方法。

参考文献

[1] 智能网联汽车产业技术路线图编写小组. 智能网联汽车技术路线图 2.0[R]. 国家智能网联汽车创新中心,2020.

[2] BEHRINGER R. The DARPA grand challenge-autonomous ground vehicles in the desert[J]. IFAC Proceedings Volumes,2004,37(8): 904-909.

[3] THRUN S, MONTEMERLO M, DAHLKAMP H, et al. Stanley: The robot that won the DARPA Grand Challenge[J]. Journal of Field Robotics, 2006, 23(9): 661-692.

[4] BUEHLER M,LAGNEMMA K,SINGH S. The DARPA urban challenge: autonomous vehicles in city traffic[M]. New York: Springer, 2009.

[5] SAE. Taxonomy and definitions for terms related to driving automation systems for on-road motor vehicle[S]. USA,2018.

[6] 全国汽车标准化技术委员会. 汽车驾驶自动化分级 GB/T 40429—2021[S]. 北京:中国标准出版社,2021.

[7] 中国公路学会自动驾驶工作委员会. 车路协同自动驾驶发展报告[R]. 北京:中国公路学会,2019.

[8] ETSI TS 122 185-2020,LTE; Service requirement for V2X services(V16.0.0;3GPP TS 22.185 version 16.0.0 Release 16)[S]. European Telecommanications Standards Institute,2020.

智能网联汽车构型与组成

2.1 绪　　论

随着信息电子等相关技术的发展,传统汽车被赋予了更多的智能化及网联化特性,提高了汽车作为出行工具的便捷性、舒适性、安全性及节能性。在软件定义汽车的行业背景下,软件系统的设计质量决定了未来智能网联汽车系统的主要性能,但软件系统功能的实现依赖于硬件系统。在智能网联汽车硬件系统构型与组成设计中,既要考虑软件系统需求,也要考虑通过必要冗余提高可靠性,同样需要考虑硬件系统的成本。

智能网联汽车驾驶系统可分为传感系统、决策与控制系统、执行系统三个层次,分别可类比人类的感知器官(眼睛、耳朵)、大脑以及手脚,如图 2-1 所示。传感系统用来感知智能网联汽车外部与内部的实时环境,以及驾驶人状态与操纵行为,为智能网联汽车提供人-车-路全面的信息输入,其系统组成主要包括感知传感器、导航定位、网联通信、人机交互等,其中感知传感器主要负责完成外部行驶环境感知;导航定位主要负责测量汽车的位置和位姿信息;网联通信主要实现汽车与基础设施、汽车与云端、汽车与道路交通参与者间的互联互通,按照特定的通信方式和数据交互标准在不同通信终端之间实现数据交换;人机交互主要实现

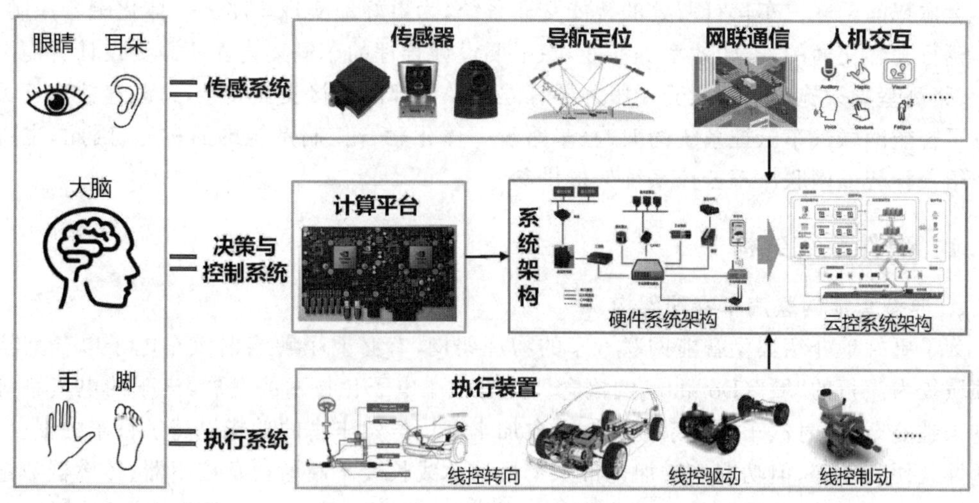

图 2-1　智能网联汽车构型示意图

驾驶人与汽车的对话,为人与车之间带来更智能化和多样化的交互体验。决策与控制系统(决控系统)是智能网联汽车的大脑,代替驾驶人完成汽车路径规划、驾驶行为决策和汽车运动控制;计算平台支撑实现智能网联汽车核心功能,其运行效率和能耗对智能网联汽车性能有着直接影响。执行系统支撑实现决策与控制系统的期望目标,包括实现具体驾驶动作的执行机构及系统,例如线控转向系统、线控驱动系统、线控制动系统等。

下文首先介绍智能网联汽车硬件系统架构,阐述各设备之间对应的连接交互关系,为了更系统地了解智能网联汽车架构及其应用场景,对云控系统架构也做了简要介绍。后续章节主要介绍支撑实现智能网联驾驶各种功能所需的感知、定位、通信、交互、计算及执行等硬件设备及总成。

2.2 系统架构

为了使智能网联汽车相关硬件设备及系统之间更好地进行信息交互及协同工作,实现对应的感知、决策、控制、执行及交互等相关功能,保证智能网联汽车的智能性与互联性,需要设计对应设备及系统间的物理连接交互关系。上述连接交互关系便组成了智能网联汽车的硬件系统架构(后简称为智能网联汽车硬件架构)。

由于本书中所指的智能网联汽车硬件架构主要描述的是智能网联驾驶相关的各种控制器、传感器、执行器、网络设备等之间的物理连接关系,因此该概念包含一般意义下的车辆电子电气架构(Electrical/Electronic Architecture,E/EA)设计。实际上,在汽车工业领域电子电气架构的开发工作涵盖了从需求分析到最后线束设计等不同层面的设计开发活动,物理架构设计仅仅是其中的一环。同时由于传统车辆动力控制及底盘控制等系统中存在大量的负责具体功能的控制器、传感器等,其之间具体的网络设计原则在有限的篇幅内难以叙述清楚,也并非本书关注的重点,因此将主要从宏观层面出发,关注智能网联应用相关的传感器、控制器、执行器及通信设备等组成的系统的内部连接关系,也会基于行业内现有的电子电气架构相关的研究及开发工作阐述整体架构的发展趋势。

考虑智能网联汽车运行所处的智能交通系统,为更好地实现车路云一体化融合控制,保证车辆行驶和交通的安全、效率等性能,除了要设计合理的车辆架构外还需要设计智能网联汽车、路侧基础设施、通信网、云端服务器等之间及内部的连接交互关系,这些连接交互关系构成了智能网联汽车云控系统的架构(车路云一体化融合控制系统的简称)。因此,也将简单介绍一种智能网联汽车云控系统架构供参考。

2.2.1 硬件系统架构

1. 典型智能网联汽车物理架构

为了更好地介绍典型智能网联汽车的物理架构,有必要了解当前汽车电子电气架构设计领域较为流行的"域"(Domain)的概念。随着汽车电子化技术的发展,汽车的电气系统变得越来越复杂,同时汽车电气系统功能也愈加丰富。虽然丰富的功能提高了行车的安全性、舒适性及便利性等,但功能的增加也带来了通信总线长度不断增长及控制器、传感器数量急剧增加等问题,这样的问题随着电动车三电系统(一般指电控、电池、电驱系统)的引入变得更加严重。为了降低车辆整体电气系统架构的复杂程度,同时有效控制开发成本,整车厂

(Original Equipment Manufacturer, OEM)及一级零部件供应商(Tier1)在汽车电子电气架构设计中逐渐形成将分散的控制器按照功能域划分,集成为运算能力更强的域控制器的设计理念。各域内部子模块之间使用CAN、LIN、FlexRay等总线技术进行通信。而不同域之间的通信则需要更高传输性能的高速CAN或者以太网作为主干网络进行信息交互。关于功能域的具体划分,不同的整车厂根据其产品的需求有不同的设计理念,图2-2是其中一种典型的汽车电子电气架构方案简图。

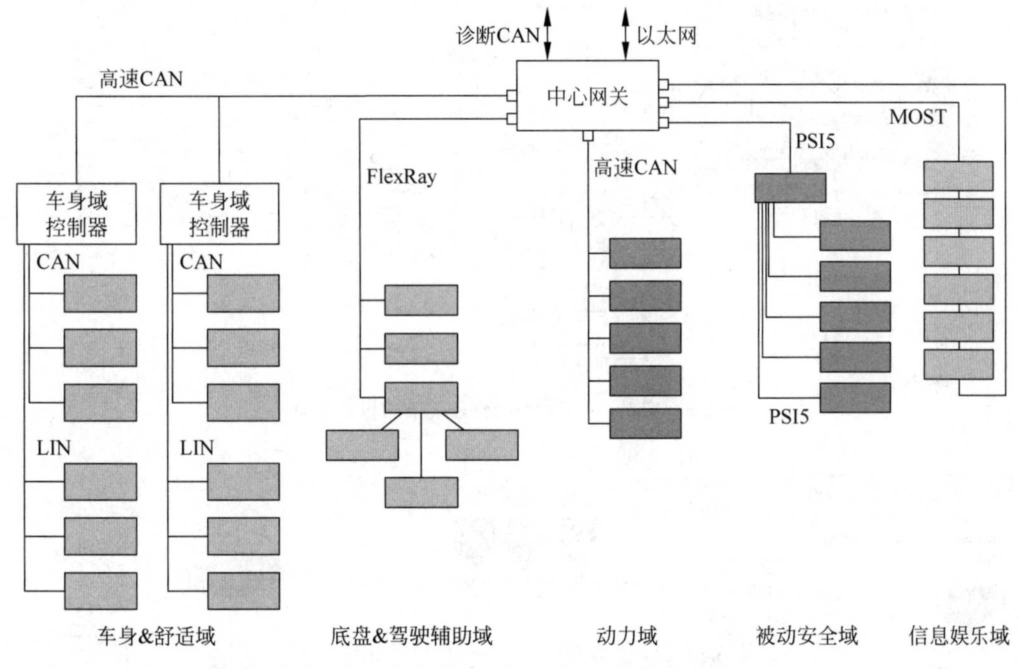

图 2-2 一种典型的汽车电子电气架构方案简图

在上述介绍的较为主流的分域电子电气架构形式影响下,不同公司、研究机构根据智能网联汽车应用场景及功能又提出了有略微不同的架构设计方案。部分具有低等级辅助驾驶功能(L0~L2级别)的量产车型,由于其辅助驾驶功能较为简单且对应的功能模块权限有限,因此一般的量产车电子电气架构中都将智能网联驾驶相关控制模块集成进一个现有控制域,而其他架构部分和常规传统车辆无异。例如,宝马7系轿车的电子电气架构设计简图如图2-3所示[1]。从图中对功能域的划分可知,辅助驾驶相关的控制器被安排在辅助与安全驾驶域。

近些年来,随着自动驾驶相关技术的研发需求不断提升,各大整车厂、互联网企业及研究机构都在量产车的基础上搭建自己的智能网联汽车平台,主要用于相关技术的开发与测试。该类平台电子电气架构主体基于原有车辆的设计,从安全角度出发,改装的计算设备、感知设备等都通过类似网关的设备和原车控制器之间进行信息交互。因此,该种类型的架构设计可以总结为在原有的分域设计上开辟一个全新的自动驾驶及通信相关的域,与原车的其他分域通过网关进行通信。例如,图2-4为清华大学智能网联汽车实验室智能网联汽车测试平台电子电气架构简图[2]。该架构的最大特点在于,所有外接智能网联驾驶相关的计算设备、感知设备、定位设备、通信设备等都通过一台千兆交换机实现星型拓扑的以太网

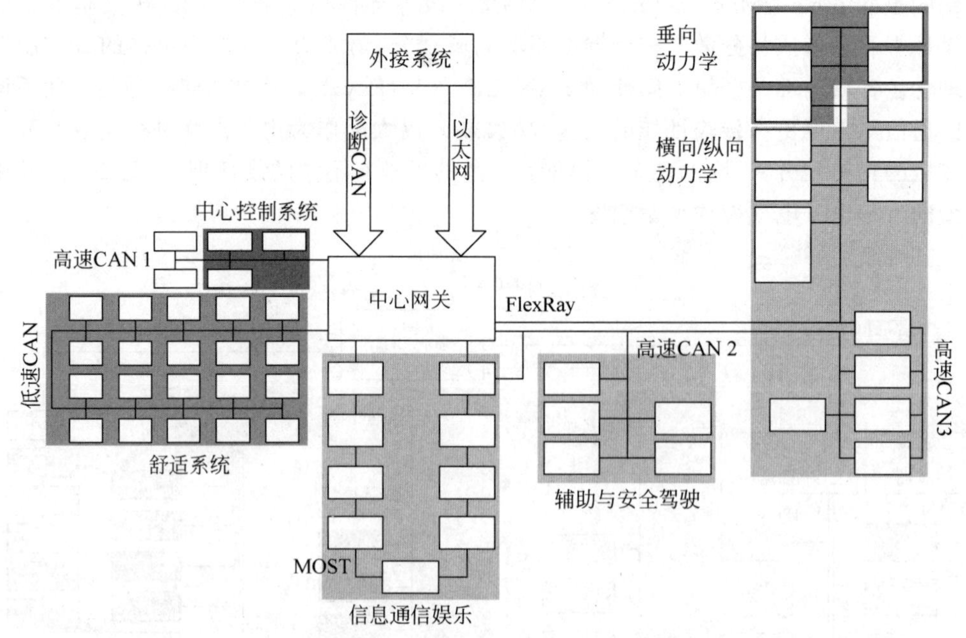

图 2-3　宝马 7 系轿车电子电气架构设计简图

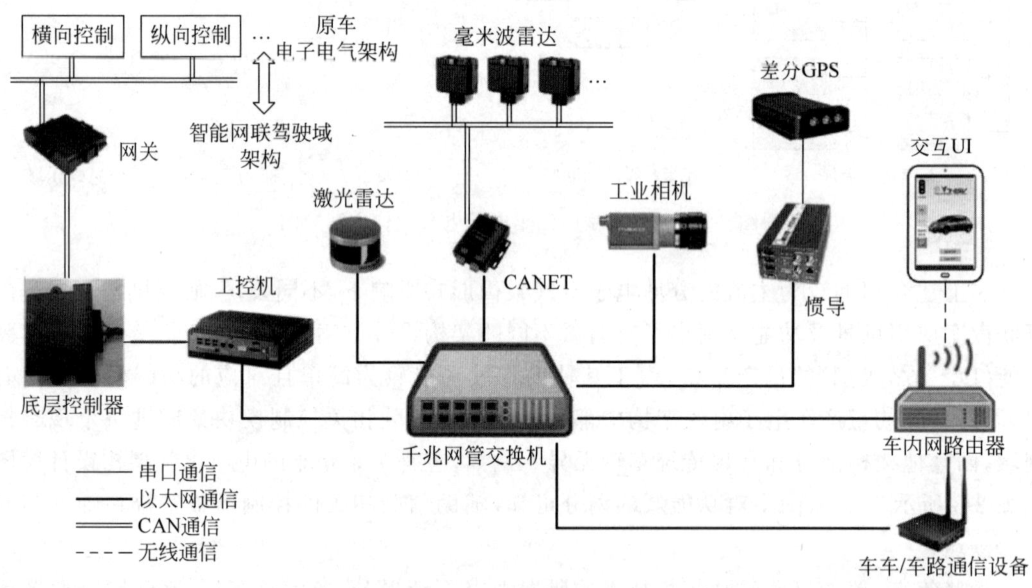

图 2-4　清华大学智能网联汽车实验室智能网联汽车测试平台电子电气架构简图

通信。外接系统通过单片机(即图中底层控制器)实现和原车控制器间的高可靠性通信(经由网关),以完成车辆底层信息的读取及控制指令的发送。实际上,在软件层面,该平台基于ZeroMQ 套件搭建了外接设备间的虚拟总线,可以灵活地实现各个设备之间低时延、高带宽的信息交互,同时也方便挂载新的设备。总体来讲,上面介绍的此类基于现有车辆电子电气架构设计的好处在于有较强的灵活性,可以快速地根据需要对智能网联驾驶相关分域的设备进行调整。同时针对开发与测试过程中算法的潜在问题与风险,此类解耦的电子电气架构可以充分保证安全性，在上层系统崩溃或出现故障的情况下可以确保原车控制的可用性。

部分面向未来应用场景的智能网联汽车概念车则采用更灵活的、可扩展的、和云端结合更紧密的架构，以实现“软件定义汽车”背景下智能网联驾驶应用的快速部署及升级迭代。例如，丰田在 2018 年发布的 e-Palette 概念车平台就采用类似的架构，如图 2-5 所示。在 e-Palette 平台中所有与自动驾驶功能相关的计算单元、传感器及软件等统一集成在自动驾驶套件中，由第三方科技公司提供，可以根据功能需求更换来自不同公司的解决方案。而自动驾驶套件和车辆底层通过车辆控制接口网关进行交互，以实现从车辆底层获取车辆信息，同时向车辆底层发送控制指令，这种上下层解耦的架构有利于根据需求快速部署不同的第三方功能套件。在网络连接方面，车辆和外界的通信模块也整合为统一的数据通信模块(Data Communication Module，DCM)，该模块直接和丰田大数据中心(Toyota Big Data Center，TBDC)进行交互，以获得更多第三方提供的移动出行服务及车上自动驾驶软件的升级服务(Over-the-Air，OTA)。

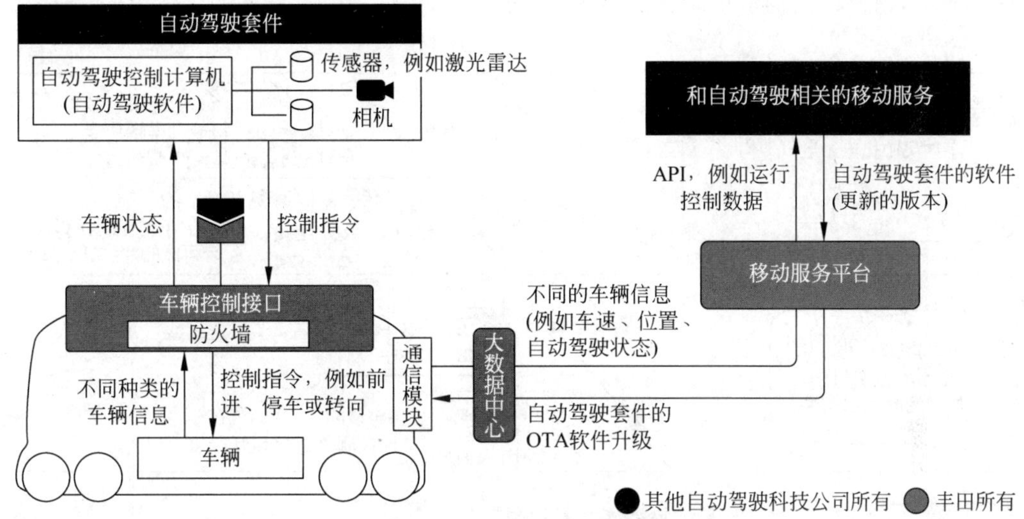

图 2-5 丰田 e-Palette 平台架构简图

2. 智能网联汽车硬件架构发展趋势

随着车辆向着智能化、网联化的方向发展，原有的架构设计越来越难以满足未来的功能需求。总体来讲，以下几点主要因素驱动着硬件系统架构的改变：

(1) 不断出现的高等级自动驾驶功能对控制器的计算性能及安全可靠性提出了更高的要求，同时随着消费电子的发展趋势，车辆的信息娱乐系统也发展得更复杂，对相关计算单元的性能提出了更高要求。

(2) 越来越多的功能模块需要跨各个功能域进行工作，同时需要整个架构具有较好的扩展性以满足各种来源软件的需求，例如一个理想中的自动驾驶决策计算单元可能需要横跨车身控制域、底盘控制域、动力控制域等多个域工作，这样的需求给传统的电子电气架构带来了挑战。

(3) 随着车辆电气系统变得越来越复杂，各个域之间传输的信息内容也越来越复杂，同时部分先进的自动驾驶/辅助驾驶功能对信息传输的实时性也提出了更严苛的要求，因此，现有车辆的总线通信协议及带宽可能难以满足未来智能驾驶应用对通信实时性、通信带宽的需求。

(4) 随着通信技术的发展,网联化成为汽车行业的重要发展趋势,来自网络的信息在车辆决策、控制、娱乐等系统中占越来越重的地位,在考虑信息安全性的情况下如何设计具有高速网络连通性的架构成为一个重要驱动因素。

在上述主要因素的驱动下,各大整车厂及供应商企业也在不断调整对平台电子电气架构的设计,其中博世(Bosch)公司提出了有代表性的未来车辆总体电子电气架构发展路线图,如图 2-6 所示[3]。根据图中阐述的车辆电子电气架构的演进趋势,在现阶段,随着高性能低成本计算芯片的普及,单一车载控制器可以处理更复杂、更多样的任务,因此现有架构中的部分域会合并,部分域控制器(Domain Control Unit,DCU)会融合成单一且更强大的跨域控制器(Multi Domain Control,MDC),取代部分原有的域控制器,即图 2-6 中所指的"域融合"阶段。当前大部分的量产型具有高等级辅助驾驶功能及网联功能汽车的架构都处于这一阶段,该阶段架构示意简图如图 2-7 所示。

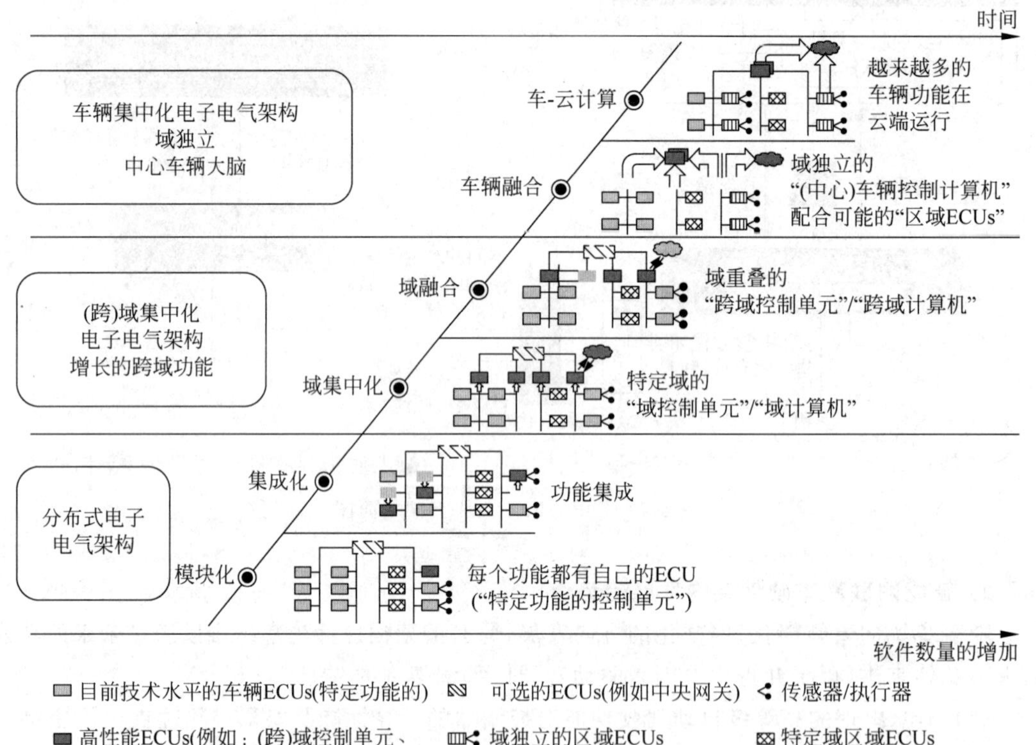

图 2-6 博世公司在车辆电子电气架构领域的路线图

随着车载芯片计算能力的进一步提高,未来将会形成图 2-6 中"车辆融合"阶段的架构,即所有域控制器都融合集中成为一个中央化的计算单元,形成车载计算机+区域(Zone) ECU (Electronic Control Unit)的架构形式,如图 2-8 所示。"功能域"(Domain)到"区域"(Zone)的概念转化大大降低了物理上设备部署的难度并减少了线束长度,具体来说,即不需要一组线束从车尾拉到车头。云端(网络端)也将提供部分信息给车载计算机使用处理,

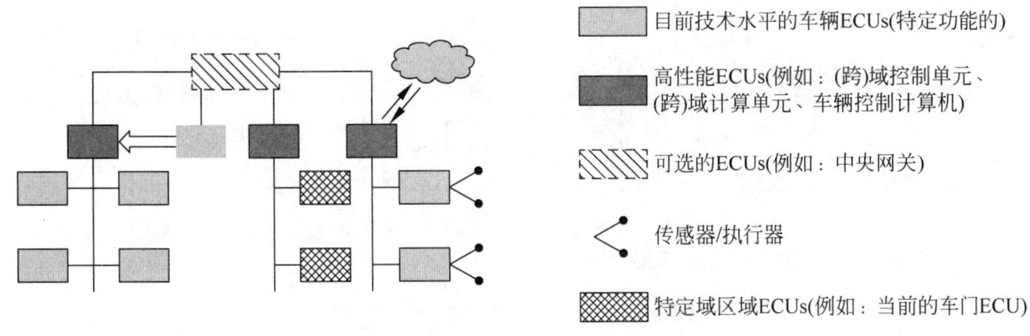

图 2-7 "域融合"阶段架构示意图

但在该阶段车内网和车外网有明显的隔离，且云端不承担车辆系统的决策控制功能。这样算力集中的架构最大限度发挥了高性能芯片的作用，同时因为集成程度高，所以从部署软件的角度考虑该架构形式具有很好的可扩展性，部分技术较为激进的企业已经推出类似架构的量产型智能网联汽车或提出类似的量产车型架构技术方案。然而，从系统可靠性角度分析，这样的架构设计对中央车载计算机的可靠性提出了更高要求，智能网联汽车的工作表现直接取决于中央车载计算机的工作状态。随着未来智能驾驶功能及相关算法的不断丰富设计和制造满足车规级安全要求的高性能车载计算芯片的成本可能会变得越来越高。

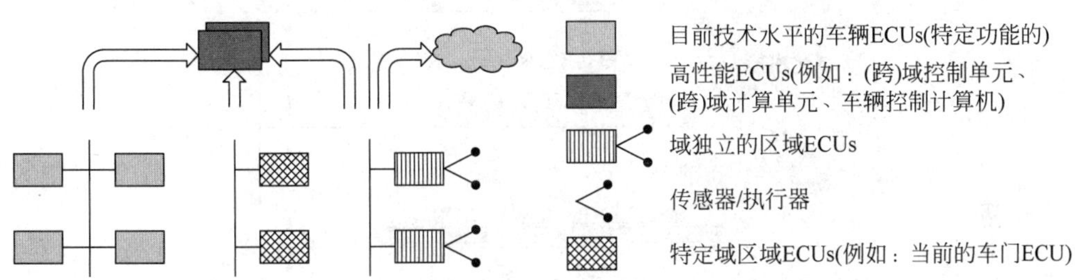

图 2-8 "车辆融合"阶段架构示意图

在未来，随着高速移动网络通信技术逐渐成熟，预计会形成图 2-6 中"车-云计算"所示阶段的电子电气架构，如图 2-9 所示。在该架构设置下，车内网和车外网的边界将不再明确，主要的车载感知、决策、控制功能被转移到云端进行，云端控制器和车载控制器将共同控制车辆系统。但同时，部分安全相关的应用将仍然保留在车辆本地中央计算单元执行，以保证在网络失效或者被干扰等特殊情况下车辆仍然能执行有限度的基本安全功能。在这样的"车-云计算"电子电气架构下，基于高速的移动通信方式以及边缘端/云端海量的运算存储资源，智能网联车辆可以实现更丰富更智能的应用，同时也大幅降低了对车载控制单元的算力要求及可靠性需求，更进一步简化了车辆本地电子电气架构的复杂度。

尽管上面介绍的路线图中明确描述了车辆电子电气架构在每个阶段的形态，但对大多数 OEM 及 Tier1 而言，受限于技术成熟度和成本约束，架构的演进是一个持续渐变的过程，并非阶跃式的跳变，所包含的技术上限决定了企业当前架构所处于的阶段，从实际的架构方案上来看更像是多个阶段形态并存的状态。例如，宝马为下一代车辆提出的分层式架构正体现了多阶段并存的架构形态，如图 2-10 所示[4]。在该架构中，中心化的计算平台分

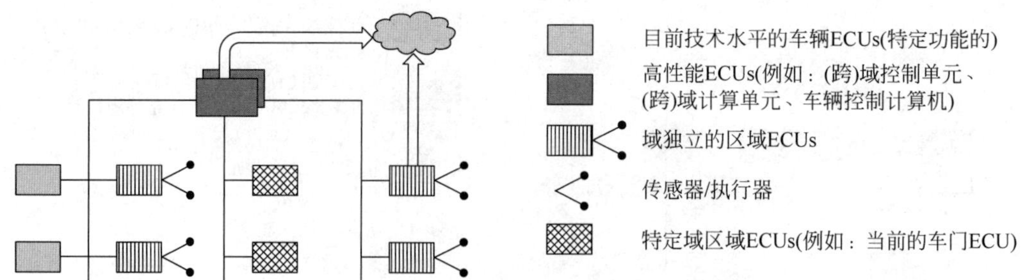

图 2-9 “车-云计算”阶段架构示意图

担了主要的软件功能(图中第一层)。这些平台提供了高性能计算表现,同时满足了最高的安全性需求。整合 ECUs 层(图中第二层)拉近了中心计算平台和商品化 ECUs(图中第三层)之间的间隔,例如,在开发一些有实时性要求的应用时需要可以直接访问传感器或执行器。对于一些简单的、非 OEM 专属功能,可以让一些普通的 ECUs、传感器/执行器(图中第四层)来处理。理想情况下,这些 ECUs、传感器或执行器基于通用的 OEM 或 Tier1 零件。

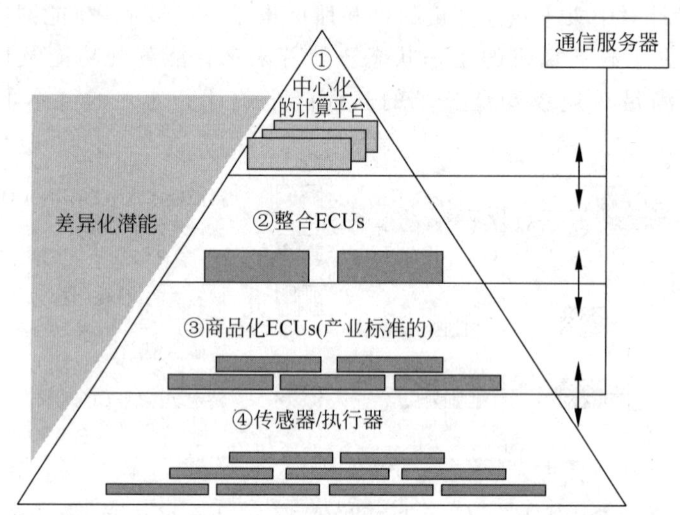

图 2-10 宝马分层式电子电气架构

最后,也要指出面向未来的智能网联汽车在没有全面商业化之前,其硬件系统架构设计仍然是一个开放的课题,在相关技术的突破发展、行业局势变革等综合因素的影响下,未来架构的形式仍然存在较大的未知数,有待 OEM、Tier1 及更多第三方力量共同合作完善。

2.2.2 云控系统架构

在智能交通体系下,智能网联汽车只是庞大的宏观系统中的一部分功能的实现载体,因此为了更系统性地介绍智能网联汽车架构及其应用场景,有必要初步了解车路云一体化融合控制系统(也称为智能网联汽车云控系统,或简称云控系统)的组成及架构。云控系统是一个复杂的信息物理系统(Cyber Physical Systems,CPS),该系统由云控平台、路侧基础设施、通信网、智能网联汽车和资源平台共五个部分组成[5],其系统架构及组成如图 2-11 所示。云控平台通过智能网联汽车、路侧基础设施与资源平台的融合感知，形成物理交通系统的实时数字映射，进而进行分层融合决策，并对智能网联汽车与路侧基础设施实施融合控制，实现车辆行驶与交通信号的实时调节，以优化车辆及交通运行的安全、效率等性能。

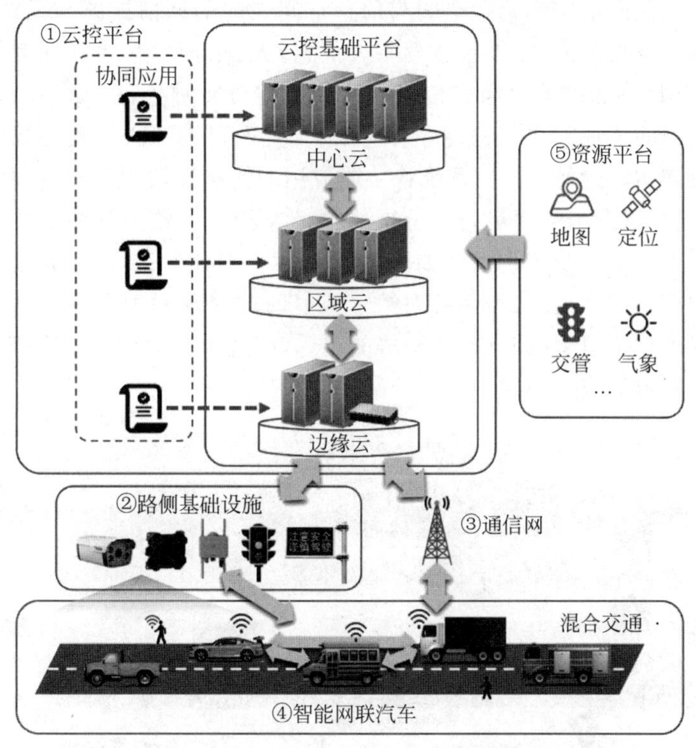

图 2-11 云控系统架构及组成简图

云控系统各组成部分的功能主要体现为：

(1) 云控平台是构建车路云标准通信与实时计算环境、实时融合车路云数据，进而统一协调运行智能网联驾驶与智能交通应用(简称"协同应用")、支撑云控系统进行车辆及其交通运行性能优化的云平台。更进一步地，从产业细分的角度，云控平台由云控基础平台与协同应用组成，其中应用平台可以开放给第三方机构开发使用。

(2) 路侧基础设施是布置在道路附近的实现车路云互联互通、融合感知、局部辅助定位等功能的设备及相关系统集合。其中，通过优化设计而布置的路侧传感器支撑云控系统对混合交通的融合感知；路侧通信设备增强云控系统的通信覆盖范围与可靠性，构建前端的闭环反馈链路。

(3) 云控系统集成异构通信网络，基于标准化通信机制，实现系统中车路云的广泛互联通信，利用 5G、软件定义网络、时间敏感网络、高精度定位网络等先进通信技术手段实现互联的高可靠性、高性能与高灵活性。

(4) 智能网联汽车连接云控基础平台、路侧基础设施与其他车辆，共享车端数据，接收协同应用的输出并做出响应。因此，智能网联汽车是云控系统的数据源与受控对象。云控系统不仅直接提升智能网联汽车的行驶性能，还利用智能网联汽车作为执行器，对其所处混合交通的行为进行优化。

(5) 资源平台是提供协同应用运行所需其他数据的专业平台，主要涉及高精地图、地基增强定位、气象、交通管理(简称“交管”)、公安等。

云控系统的工作原理可以概括为：云控系统基于标准化通信与实时数字映射构建信息映射层，其中，标准化通信实现物理空间与信息空间之间的通信链路与反馈控制闭环，实时数字映射构建物理空间的人(主要包含驾乘人员、行人、车辆与交通管理者等)、智能网联汽车、道路网、信息网、感知网等对象在信息空间的模型与实时状态；云控系统基于对系统计算资源与协同应用的统一编排而构建融合应用层，实现智能网联驾驶与智能交通相关应用在信息空间中按需实时运行；云控系统将协同应用的输出反馈到物理空间的车辆与交通信号上，进行智能网联汽车与交通运行的分层优化，实现安全、效率等性能的综合提升。上述云控系统的主要工作原理及工作过程如图 2-12 所示。总体来讲，上述云控系统的工作原理主要源于信息物理系统理论，云控系统对数字映射的构建及基于数字映射优化车辆及交通运行的理念体现了数字孪生(Digital Twin)的概念，因此也可以说云控系统是数字孪生技术在智能网联汽车领域的应用。

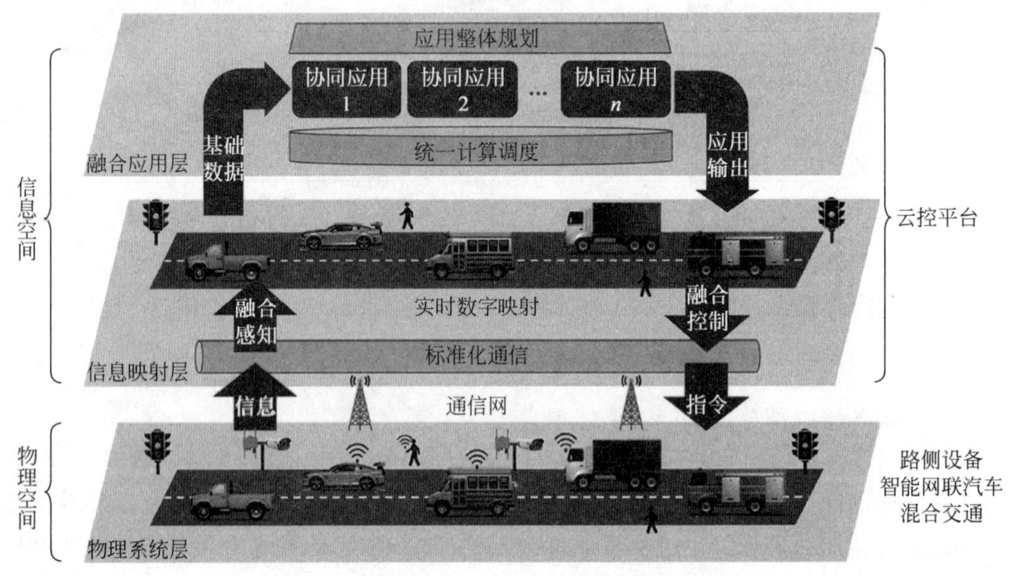

图 2-12 云控系统工作原理

最后，需要指出的是，和智能网联汽车一样，云控系统架构本身也是在不断发展的，随着通信、云计算、交通控制等相关关键技术的不断演进以及移动出行需求的不断丰富，未来云控系统架构必然会发生一定程度的变化，然而一些共性的架构技术要求相对来说比较固定，主要体现为：

(1) 互联互通。云控系统以连接为基础进行节点之间的互操作，从而实现交通系统中各类物理对象、信息系统和物理系统的协同感知、决策、控制、运营等功能。因此，系统最基本的技术要求是系统各物理对象之间及物理对象内部的信息互联互通。

(2) 互操作性。以信息传输的互联互通为基础，云控系统还应具备数据采集、数据传输、处理、分发、管理等功能。针对不同的部署场景以及对技术选择和设备成本的考虑，每一类能力都有多样性的技术选择，需要云控系统具备对不同接口和不同技术的适配能力，从而在各个环节实现数据的互操作；同时，在云控系统中，需要通过实时的信息交互、模型与物理实体的协作来实现物理对象与数字孪生对象的互操作。

(3) 支持需求和技术演进。随着智能交通系统和智能汽车产业的推广、以 V2X 为代表的支撑技术的不断演进以及智能网联汽车协同控制的分阶段演进，云控系统需要支持功能需求和支撑技术的持续演进。

2.3 传 感 器

智能网联汽车环境感知所需的硬件主要包括视觉传感器与雷达传感器，其中视觉传感器包括单目、双目、环视摄像头等，雷达传感器则包括毫米波雷达、激光雷达和超声波雷达等。上述传感器主要用于获取道路标识、交通信号、障碍物目标及环境点云等信息，进而共同完成车辆环境感知任务。下文将介绍环境感知传感器的定义、特点、结构、分类、功能、环境感知原理及其典型应用，并以举例的形式阐明其在智能网联汽车上的典型布置。

2.3.1 视觉传感器

1. 视觉传感器的特点

视觉传感器是车辆感知系统的重要组成部分之一，对智能车辆外部感知信息的获取具有重要意义。狭义的视觉传感器仅包括图像传感器，其为视觉感知系统的核心部件，主要分为电荷耦合器件(Charge Coupled Device，CCD)感光传感器和互补金属氧化物半导体(Complementary Metal Oxide Semiconductor，CMOS)感光传感器，能将图像信号转换为模拟信号或数字信号进行输出。

1969 年，CCD 传感器在美国贝尔实验室研制成功。其结构简单、噪声小、灵敏度高，在 20 世纪得到了广泛的应用，囊括航天、军事、摄影等各个领域，并在此基础上发展了空穴集聚二极管(Hole-Accumulation Diode CCD，HAD-CCD)阵列、探照空穴集聚二极管(Exview HAD CCD)阵列及四色聚光 CCD 等[6]。但由于其集成性差且难以小型化，21 世纪后，其应用逐渐被体积、能耗、生产成本均更小的 CMOS 感光传感器所取代。CMOS 感光传感器基于高清图像系统(Digital Pixel System，DPS)发展了背照式 CMOS 与堆栈式 CMOS[7]。由于车载感知环境固定，对噪声与低灵敏度忍耐程度较高，因此 CMOS 感光传感器成为目前车载摄像头的普遍选择。二者的发展历史如图 2-13 所示。

视觉传感器能捕捉到的信息丰富，不仅包含视野内物体的距离与大小，还包含物体的颜色、纹理、深度、形状等信息，且视觉传感器间不会互相产生干扰，其信息获取不依赖先验知识，场景适应性强。但与此同时，由于对光源的敏感性，视觉传感器的感知性能受光照条件影响较大，在雨雪天气或昏暗环境难以获得较好的感知效果，且当物体被遮挡时，无法穿透障碍物，因此无法获取准确的感知信息。总体而言，视觉传感器符合人类视觉的感知特点、感知信息丰富、成本低，在相关领域中获得广泛应用，成为车载传感器中应用最广的感知部件。

2. 视觉传感器的结构

广义的视觉传感器主要由光源、镜头、图像传感器、模数转换器、图像处理器、图像存储器等组成，如图 2-14 所示。其中，前三者被称为图像采集单元，后三者被称为图像处理单

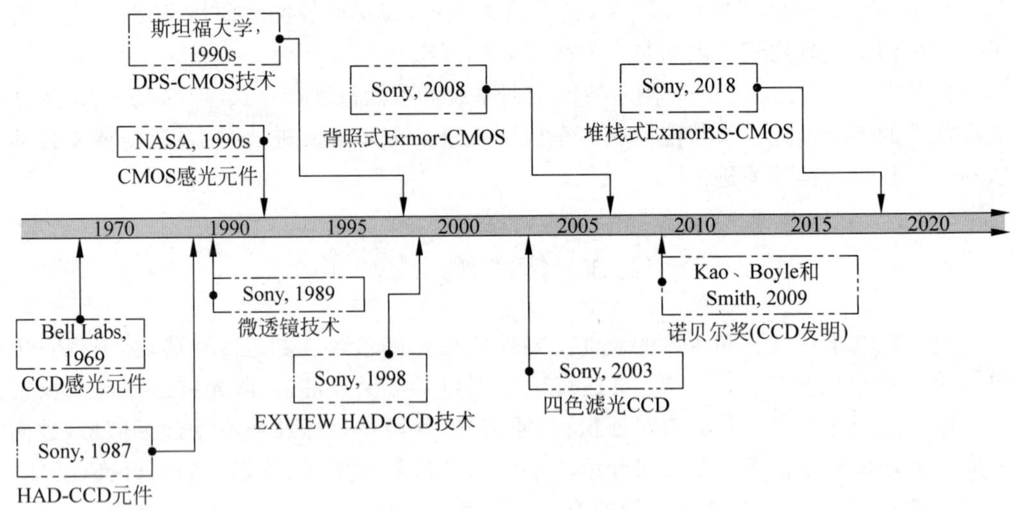

图 2-13 视觉传感器的发展历史

元。广义的视觉传感器能将外界信息转换为机器视觉能处理的原始图像，为目标检测、目标分割、目标跟踪等智能感知功能的实现提供硬件基础。

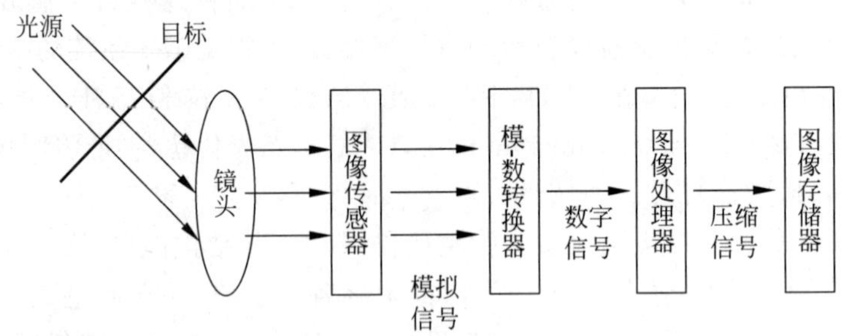

图 2-14 广义视觉传感器

3. 视觉传感器的分类

视觉传感器的类型丰富，在智能网联汽车中，视觉传感器根据镜头个数分为单目、双目、三目等类型。单目摄像头解决方案成熟，成本较低，因此应用最为广泛。其一般安装在车辆四周，以探测车辆周边环境，在获得图像后，根据深度学习等算法进行目标识别，再根据目标在图像中的检测位置和相机的标定参数获取目标在真实场景中相对自车的状态。因此，单目摄像头对计算资源的要求不高，系统结构也相对简单，但其对距离的估算不够准确，且目标检测能力受限于样本数据库和天气条件。

双目摄像头测距精度远强于单目摄像头，成本也相对较高。双目摄像头测距原理与人眼类似，通过双目校正与匹配，对图像视差进行计算，依赖精确的三角测距，直接对前方景物进行距离测量。因此，其无须先识别目标再测距，测距精度高于单目相机，也无须维护样本数据库。但立体匹配为计算机视觉的经典难题，因此双目摄像头的标定与计算都比单目复杂。与之类似，三目摄像头的感知范围更大，标定也更为复杂，产品工业化与小型化难度进一步提升。

4. 视觉传感器的功能及环境感知原理

视觉传感器的功能主要分为以下四种：

（1）动态障碍物检测：动态障碍物主要包括行人、骑车人及环境车辆等；

（2）静态障碍物检测：静态障碍物主要包括停放车辆、路缘等；

（3）交通标识检测：交通标识主要包括交通信号灯、人行横道和车道线；

（4）可通行区域检测：可通行区域泛指当前时刻车辆可通行的区域集合。

其中，动态障碍物检测与可通行区域检测共同为车辆的安全驾驶提供必要信息，其信息实时性要求较高。静态障碍物检测与交通标识检测可作为道路特征与高精度地图匹配，实现辅助定位和地图更新，并为智能网联汽车提供环境信息，其信息实时性要求较低。

为实现上述功能，光源、镜头、图像传感器三者组成的图像采集单元将镜头所成图像转换为模拟信号，输入后续模块进行处理。模数转换器、图像处理器、图像存储器组成的图像处理单元将图像传感器输入的模拟信号转换为数字信号，并进行压缩存储，以供后续处理与信息融合。当进行目标识别时，后续处理步骤一般包括图像预处理、候选区域选择、特征提取、目标分类、结果输出等步骤。随视觉传感器类型的变化及感知目标的差异，视觉传感器的环境感知流程也略有不同。

5. 视觉传感器的典型应用

前文已经提到，按镜头个数，视觉传感器可分为单目、双目、三目等类别，同样地，按照安装位置的不同，视觉传感器可分为前视、侧视、后视、内置等分布，且随视觉传感器分布位置的不同，其实现的功能往往也不同。视觉传感器的典型应用及摄像头类型与安装位置如表 2-1 所示。

表 2-1 视觉传感器的典型应用及摄像头类型与安装位置[8]

功　能	摄像头类型		具体功能简介
车道偏离预警	前视	单目/双目	摄像头检测是否偏离车道线
前向碰撞预警	前视	单目/双目	摄像头检测是否与前车距离过近
车道保持辅助	前视	单目/双目	摄像头检测是否偏离车道中心
行人碰撞预警	前视	单目/双目	摄像头标记道路行人并警告
交通标志识别	前视	单目/双目	摄像头识别道路两侧交通标志
盲点监测	侧视	广角	摄像头显示后视镜盲区图像
泊车辅助	后视	广角	摄像头显示车尾影像及倒车轨迹
驾驶人注意力监测	内置	广角	摄像头检测驾驶人是否疲劳闭眼
360°环视	前/侧/后视	广角	摄像头图像拼接输出周边全景图

2.3.2 毫米波雷达

由于视觉传感器功能受天气影响较大，且难以直接测量物体动态信息，雷达成为车载传感器的另一重要组成。在智能网联汽车中应用的雷达传感器主要包含毫米波雷达、激光雷达与超声波雷达。下面首先对毫米波雷达进行介绍。

1. 毫米波雷达的定义与特点

在雷达传感器中，毫米波雷达在智能网联汽车上应用较为普遍。毫米波雷达的发展历史如图 2-15 所示，早在 20 世纪 50 年代，毫米波雷达便在军事领域获得了诸多应用，但直到 20 世纪 90 年代，随着毫米波单片集成电路（Millimeter-wave Monolithic Integrated Circuits，MIMIC）技术的重大突破，毫米波雷达才正式在智能网联汽车中取得广泛应用，并逐渐出现了各种频段的毫米波雷达，致使全球统一频率划分的产生[9]。

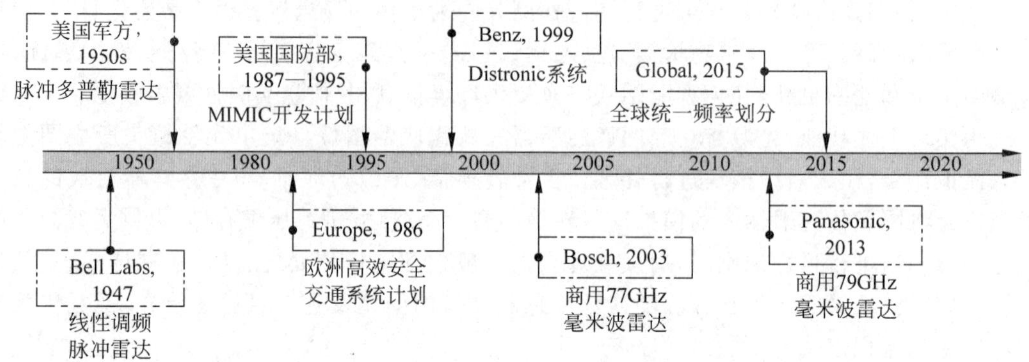

图 2-15 毫米波雷达的发展历史

毫米波是指波长在 1～10mm 的电磁波，对应的频率在 30～300GHz，其波长位于微波与远红外波的交叠范围。与视觉传感器相比，毫米波对烟雾和灰尘的穿透能力强，受天气影响小，在雨雪天气也能正常使用；高频特性使毫米波雷达能精确地对物体的速度进行计算，且响应速度快。与微波相比，毫米波波束窄，分辨率高，指向性好，能精确探测较远的物体，更适应车载感知环境。同时，用于发射毫米波的元器件尺寸较小，更容易使毫米波雷达小型化，显著降低了毫米波雷达的成本。但与此同时，由于覆盖区域呈扇形，毫米波雷达的盲区较大，且对颜色的忽视也使之难以识别道路标识与交通标志。

2. 毫米波雷达的结构

以德国博世公司第三代毫米波雷达为例，毫米波雷达的结构如图 2-16 所示[10]，其主要由雷达整流罩、带连接器的主体、雷达 PCB、前端单片微波集成电路（Monolithic Microwave Integrated Circuit，MMIC）及压铸底板构成。

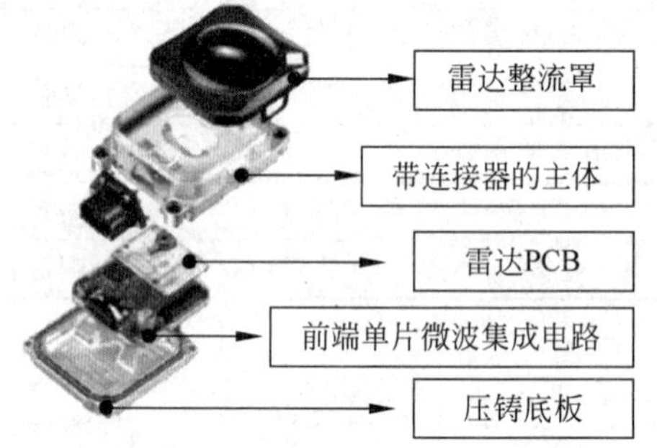

图 2-16 博世公司第三代毫米波雷达

雷达整流罩是一种结构性的、防风雨的外壳，能用于保护雷达天线，其使用材料可以避免过多削弱发送的电磁波或天线接收的电磁波，能保证雷达在恶劣环境下维持工作。雷达 PCB 是将高频 PCB 集成在普通 PCB 的基板上，以实现天线的功能，能在较小的集成空间中保持足够的信号强度，是毫米波雷达的核心部件之一。MMIC 是毫米波雷达的另一个核心部件，负责信号的处理与雷达供电等。它包括多种功能电路，如低噪声放大器、功率放大器、混频器、收发系统等，具有电路损耗小、噪声低、频带宽、动态范围大、功率大、附加效率高、抗电磁辐射能力强等特点。带连接器的主体负责外部连接,压铸底板负责雷达主体支撑。

3. 毫米波雷达的分类

毫米波雷达的分类方式较多,根据工作原理,可分为脉冲式毫米波雷达和调频式连续毫米波雷达。脉冲式毫米波雷达根据发射脉冲信号和接收脉冲信号的时间差计算目标距离,原理简单,但受技术、元器件影响,实际应用难以实现。调频式连续毫米波雷达使用多普勒效应测量目标的距离和速度,是车载毫米波雷达的主要形式之一。

按探测距离分类,毫米波雷达可分为近距离毫米波雷达(Short Range Radar,SRR)、中距离毫米波雷达(Medium Range Radar,MRR)和远距离毫米波雷达(Long Range Radar,LRR),其参考最大探测距离分别为60m、100m和200m;按频段分类,毫米波雷达可分为24GHz、60GHz、77GHz和79GHz毫米波雷达,主流使用频段为24GHz和77GHz,24GHz主要用于近距离探测,而77GHz主要用于中远距离探测。79GHz毫米波雷达可能是中远距离探测未来发展方向,但目前技术仍未完全成熟,应用较少。

4. 毫米波雷达的功能及环境感知原理

毫米波雷达主要用于物体运动信息的测量。由于脉冲式毫米波雷达实际应用难以实现,以下仅介绍调频式连续毫米波雷达的原理——根据多普勒效应测量目标的距离与速度,其原理如图2-17所示。雷达调频器通过天线发射毫米波信号,其频率随时间周期产生增减。信号频率带宽为Δf,该参数决定了毫米波雷达的距离分辨率;线性调频周期为T,该参数决定了毫米波雷达的最大探测速度。

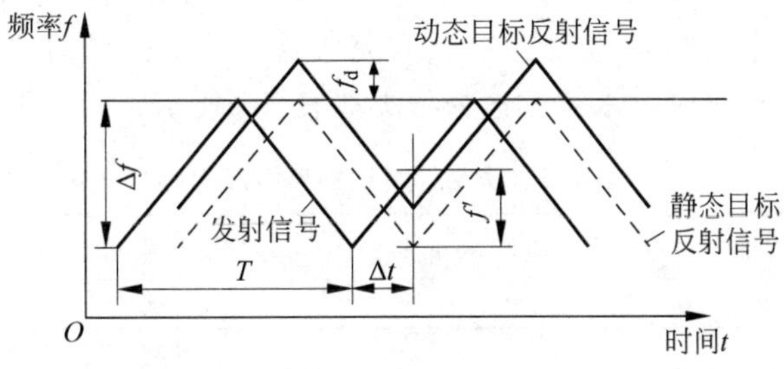

图2-17 调频式毫米波雷达原理[11]

当信号遇到目标后,会产生反射,产生回波信号,其形状与发射信号相同,但二者存在时间差Δt。当目标与雷达发射源存在相对运动时,除发射信号与回波信号的时间差Δt外,还会产生多普勒频率f_d,多普勒频率对毫米波雷达与障碍物相对速度的计算起到重要作用。

如上文所提到的,毫米波雷达距离分辨率ΔR、最大探测速度v_{max}的计算如式(2-1)、式(2-2)所示,毫米波雷达测得相对距离s、相对速度u的计算如式(2-3)、式(2-4)所示。

$$\Delta R = \frac{c}{2\Delta f} \tag{2-1}$$

$$v_{max} = \frac{\lambda}{4T} \tag{2-2}$$

$$s = \frac{c\Delta t}{2} = \frac{cTf'}{4\Delta f} \tag{2-3}$$

$$u=\frac{cf_d}{2f_0} \tag{2-4}$$

式中，c 为光速，Δf 为频率带宽，λ 为信号波长，T 为线性调频时间，f' 为发射信号与回波信号频率差，f_d 为多普勒频率，f_0 为发射信号的中心频率。

毫米波雷达的作用距离可以利用雷达作用距离方程进行计算。该方程也可用于设计满足作用距离要求的雷达发射器、接收器和天线，使其具有理想的功率、增益和噪声性能，雷达作用距离 R 计算如式(2-5)所示。

$$R=\frac{P_S G^2\lambda^2\sigma}{P_E(4\pi)^3} \tag{2-5}$$

式中，P_S 为雷达的发射功率，P_E 为雷达可探测的最小功率，G 为发射/接收天线的增益，σ 为雷达截面积。

以上介绍仅展现了毫米波雷达测距和测速的基本原理。实际上，与视觉传感器类似，毫米波雷达同样能用于目标识别过程。其通过发射信号与回波信号综合分析，可得到中频信号，对中频信号使用特征空间变换等数学手段，能提取目标的大小、材质、形状等特征参数，并将抽取的特征参数与已建立的数据库中的目标特征参数进行比较辨识，从而达到对运动目标的精确识别分类。

5. 毫米波雷达的典型应用

由于对距离与速度的精确测量能力，毫米波雷达广泛应用于自适应巡航控制系统、前向碰撞预警系统、自动紧急制动系统、盲区检测系统、自动泊车辅助系统、变道辅助等驾驶辅助系统(ADAS)中，且由于 24GHz 与 77GHz 毫米波雷达的覆盖范围与功能均存在互补作用，二者常常分布于同一车辆的前、侧、后方，共同完成所需的驾驶辅助功能。毫米波雷达在驾驶辅助系统中的应用与对应毫米波雷达的种类如表 2-2 所示。

表 2-2 毫米波雷达的典型应用[8]

功　　能	近距离雷达	中距离雷达	远距离雷达
自适应巡航控制系统		√(前方)	√(前方)
前向碰撞预警系统		√(前方)	√(前方)
自动紧急制动系统		√(前方)	√(前方)
盲区检测系统	√(侧方)	√(侧方)	
自动泊车辅助系统	√(前方)(后方)	√(侧方)	
变道辅助系统	√(后方)	√(后方)	
行人检测系统	√(前方)	√(前方)	
驻车开门辅助系统	√(侧方)		

注：√( )代表该类型雷达被使用，括号内表示安装位置。

以行人检测为例，一般需要在车辆前方同时安装一个 SRR 和一个 MRR。SRR 探测距离较近，但其探测角度大，对近处行人有较强的识别能力，能避免紧急碰撞；MRR 探测角度较小，但其探测距离较远，能提前对车辆做出预警，以保证车辆的平稳驾驶。SRR 与 MRR 协同作用，能实现更鲁棒的行人检测。

2.3.3 激光雷达

1. 激光雷达的定义与特点

与毫米波雷达相比，激光雷达在智能网联汽车中的地位更为重要，但由于其成本远高于毫米波雷达，在 L3 及以下自动驾驶汽车中，往往仅布置 1～2 个激光雷达，其功能也未能完全体现。激光雷达的发展历史如图 2-18 所示，伴随着激光器的出现，激光迅速进入工业化应用，并于 1970 年产生了第一代激光雷达。而后，激光雷达主要用于空载激光扫描仪等军事领域。2005 年后，随着自动驾驶技术的快速发展，机械式激光雷达、光学相控阵（Optical Phased Array，OPA）激光雷达、微机电系统（Micro-Electro-Mechanical System，MEMS）激光雷达、调频连续波（Frequency Modulated Continuous Wave，FMCW）激光雷达、面阵闪光（Flash）激光雷达相继出现，并迅速迭代，形成了目前多方竞争的激光雷达市场格局[12]。

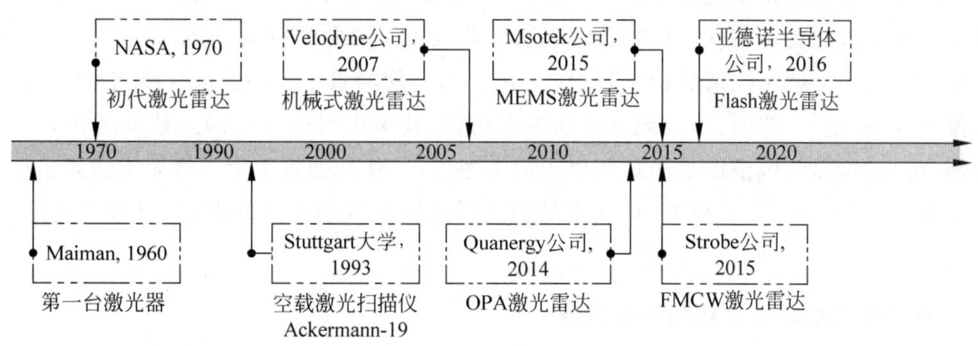

图 2-18 激光雷达的发展历史

激光雷达工作在光频波段，其原理与毫米波雷达类似，利用发射信号与回波信号的比较，获得目标点的位置信息。与毫米波雷达相比，由于使用激光束对目标进行高密度扫描，激光雷达可输出密集的 3D 点云，使得后续对速度、位置、角度的估计精度均更高，物体检测效果较毫米波雷达更优。激光雷达的探测范围相比毫米波雷达更广，其探测角度最大可达 360°，探测得到的目标信息量更为丰富。但与此同时，激光也更易受到天气条件与道路烟尘的影响，因此在烟尘较大的环境或雨雪雾霾天气，激光雷达往往无法使用。

典型机械式激光雷达普遍采用多个激光发射器和接收器，通过发射多通道激光束来采集不同高度上的环境信息，并通过内部旋转装置实现水平方向 360°范围内的信息采集。因此，激光雷达能获得物体的三维信息，并构建车辆周围环境的三维点云。但与此同时，三维点云的处理会产生巨大计算量，对车载计算平台的计算能力和计算效率都带来了巨大的考验。

2. 激光雷达的结构

激光雷达主要由收发光学系统、收发前端、主控及处理电路板组成。其中收发光学系统包括发射光学系统和接收光学系统，能完成激光的发射与接收；收发前端是雷达系统的核心部件，其主要由激光器和探测器组成，并包含对应的收发驱动模块。激光器负责信号产生、调制以及发射，探测器则负责信号的接收及接收信号的解调。主控及处理电路板往往包含信号处理模块等,其能自动分析计算道路周围车辆的距离及速度,并且防止转弯时错误测量邻近车道车辆的情况发生。

3. 激光雷达的分类

激光雷达的类型主要依据其结构决定。根据激光雷达的结构,可将其分为机械式激光雷达、混合固态激光雷达和固态激光雷达等。机械式激光雷达通过收发光学系统的高速旋转,实现水平角度的全覆盖。由于其带有机械旋转部件,故体积较大,且机械旋转部件在行车环境下的可靠性不高,难以满足车规级要求。混合固态激光雷达用半导体微动器件(如MEMS扫描镜)代替机械式扫描器,在微观尺度实现雷达发射端的激光扫描,大大降低了激光雷达的体积、成本,提高了运行可靠性,目前已经成为L3及以下自动驾驶车辆的主流雷达传感器。固态激光雷达包括OPA固态激光雷达和Flash固态激光雷达,二者分别使用光学相控阵技术和快闪技术进行探测,完全摒弃了传统机械结构,但固态激光雷达在技术上相较机械式激光雷达更难实现,且探测距离近,现阶段暂无成熟的解决方案。

激光雷达还可使用线束数量进行分类,在自动驾驶场景中,常用4/8/16/32/64激光雷达进行车载感知。一般而言,激光雷达的线束越多,其单次扫描产生的点数就越多,探测性能越强,精确度越高,价格也越昂贵。出于成本考虑,往往只配置1个多线束主激光雷达,常安装于车顶,进行360°全景感知,低线束的激光雷达则安装于车辆的四周,仅进行特定方向环境感知。

4. 激光雷达的功能及环境感知原理

相比毫米波雷达和视觉传感器,激光雷达对环境感知充分且有精确深度信息,可赋能如下应用:

(1) 利用激光雷达的点云信息与车载组合惯导采集的定位信息,能绘制车辆周边环境的高精度3D地图。利用高精度地图与已有地图进行匹配,能对车辆所在位置进行高精度定位,其效果比常规民用GPS效果更好。

(2) 对环境的充分感知使得激光雷达能进行各类障碍物的检测与识别,包括静态障碍物与动态障碍物。激光雷达还可感知障碍物的高度信息,有利于避免对限高杆等非行车障碍物的误判。

(3) 通过对点云的高度及连续性信息进行判断,激光雷达也可用于车辆可通行区域的检测。

激光雷达获取点云信息的基本原理与毫米波雷达类似,通过测量发射信号与回波信号的时间差,得到激光的往返时间,进而计算目标距离。根据发射激光信号的不同形式,激光测距方式可分为脉冲法激光测距和相位法激光测距。脉冲法激光测距为飞行时差(Time of Flight,TOF)测量,发射脉冲激光照射到障碍物后,部分反射激光被接收器接收,根据时间差直接计算相对距离,如式(2-6)所示。

$$s=\frac{c\Delta t}{2} \tag{2-6}$$

式中,s为雷达与障碍物的相对距离,c为空气中的光速,Δt为发射信号与回波信号的时间差。

相位法激光测距则由发射器发出强度调制的连续激光信号，照射到障碍物后，部分激光反射被接收器接收。通过测量原激光信号和反射激光信号的相位变化，即可换算出障碍物与激光雷达的相对距离，如式(2-7)所示。

$$s=\frac{c\Delta\varphi}{4f\pi} \tag{2-7}$$

式中，s 为雷达与障碍物的相对距离，c 为空气中的光速，$\Delta\varphi$ 为连续激光信号在往返中的相位变化，f 为测量光束频率。

5. 激光雷达的局限

由于激光雷达无法识别物体颜色，因此与毫米波雷达类似，其同样无法用于识别交通标识与交通信号。从成本考虑，驾驶辅助系统往往倾向于使用一个或多个毫米波雷达完成对应功能，而并非使用激光雷达，尤其是多线束激光雷达。但与此同时，激光雷达对障碍物的精确识别和其绘制高精度地图的能力使之成为高级别智能网联汽车物体检测与协同定位的重要硬件。

2.3.4 超声波雷达

1. 超声波雷达的定义与特点

超声波雷达又称超声波传感器，是利用超声波进行近距离障碍物探测的感知部件。超声波的频率在 20kHz 以上，远小于毫米波，因此超声波雷达的最大有效探测距离仅在 5～10m，且存在最小探测盲区。超声波雷达对色彩和光照条件不敏感，可适用于识别透明、半透明及漫反射差的物体。由于探测距离短，能量衰减不明显，且超声波对电磁场不敏感，因此超声波雷达也可用于有灰尘、有烟雾、电磁干扰强的恶劣环境中。超声波传感器结构简单，体积小，成本低，信息处理简单可靠，因此易于小型化与集成化。

超声波传播速度为空气中的声速，因此其缺点同样较为显著。在车辆高速行驶时，使用超声波测距无法跟踪车辆车距的实时变化，测量误差较大，一般超声波雷达主要用于低速短程测距，如自动泊车等领域。与此同时，天气条件对声速的影响也对超声波雷达的距离计算带来了一定的精度问题。

2. 超声波雷达的结构

超声波传感器的结构较为简单，如图 2-19 所示，其主要由发射头、接收头、模拟接口、集成电路总线(Inter Integrated-Circuit，IIC)接口、处理芯片和拨码开关等部分构成。发射头与接收头安装在同一平面，在有效检测距离内，发射头发射特定频率的超声波，由检测面反射后，接收头接收返回的超声波。芯片记录声波的往返时间并计算相对距离，并通过模拟接口或 IIC 接口将数据传输到控制单元。

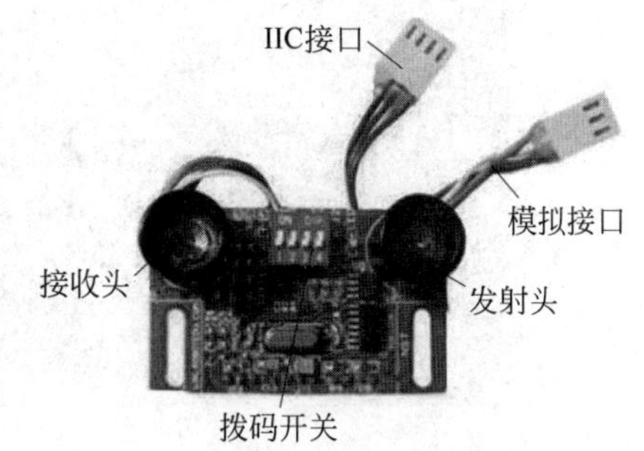

图 2-19 超声波雷达结构图[8]

3. 超声波雷达的分类

常见的车辆超声波雷达主要有两种类型：第一种超声波雷达安装在车辆前后保险杠处，

用于探测车辆前后障碍物，探测距离一般在15～250cm，被称为停车距离控制传感器，或超声波驻车辅助(Ultrasonic Parking Assistant，UPA)传感器；第二种超声波雷达安装在汽车侧面，用于测量停车位长度，探测距离一般在30～500cm，被称为自动泊车辅助(Automatic Parking Assistant，APA)传感器。APA传感器因其探测距离较UPA更远，要求功率越大，因此成本也更高。超声波雷达常用探头的工作频率包括40kHz、48kHz和58kHz三种，频率越高，探头灵敏度越高，雷达分辨率也就越高，但与此同时，水平与垂直方向的探测角度就越小。因此，40kHz探头在智能车辆上较为常用。

4. 超声波雷达的功能与环境感知原理

超声波雷达主要用于短程距离测量，其测距原理简单，但需要注意，与激光雷达和毫米波雷达不同，超声波雷达发射声波，而非电磁波，脉冲信号以声速传播。仅当雷达发射器和接收器的距离远小于雷达自身到所测障碍物的距离时，相对距离可通过式(2-8)计算。

$$s=\frac{vt}{2} \tag{2-8}$$

式中，s为超声波雷达与障碍物的相对距离，v为空气中的声速，t为从发射到接收所需的传播时间。

5. 超声波雷达的典型应用

在智能网联汽车中，超声波雷达主要用于自动泊车辅助系统，如图2-20所示。图2-20中自动泊车辅助系统包含4个APA传感器和8个UPA传感器。APA传感器安装在车辆的侧面，用于探测侧方是否存在停车位，告知驾驶人是否有足够的空间进行泊车；UPA传感器安装在车辆的前方以及后方，用于探测周围障碍物，并在泊车完成后，对车辆位置进行校正。由于超声波雷达本身探测距离较短，且无法用于高速驾驶场景，因此在高速智能驾驶领域应用不多。

图2-20 超声波雷达用于自动泊车[29]

2.3.5 传感器性能与布置

在之前的四节中分别介绍了四种常见的环境感知传感器，其优缺点对比如表2-3所示。

表 2-3 车辆环境感知传感器性能对比

传感器类型	最大检测范围	优 点	缺 点
摄像头	200m 左右	感知信息丰富,能识别交通信号	受天气影响大,距离误差大
毫米波雷达	150～250m	精确位置速度检测,分辨率高	远距离精度低,感知信息少
激光雷达	100～200m	感知信息丰富,能获得三维点云信息	成本高,恶劣天气影响大,难穿透雨、雪、雾
超声波雷达	5m 左右	成本低廉,小型化,技术成熟	测量范围、精度有限,无法用于高速场景

注:不同厂商产品存在较大差异,以上数据均为典型值。

在车载环境下,这些感知硬件往往通过传感器信息融合实现协同感知,而非单独完成环境感知功能。在实际道路环境,需根据成本、精度进行综合考虑与选型。随着智能网联汽车的发展,典型智能网联汽车已经普遍装配 10～20 个环境感知传感器。这对传感器的安装布置方案提出了很高的需求。传感器的布置需要同时考虑功能实现与外形的隐蔽性,百度阿波罗(Apollo)数据采集平台传感器布置方案如图 2-21 所示。其选择在车辆顶部增加盒状结构,以 128 线激光雷达构建车辆周围三维点云,并以高精度视觉传感器识别前/侧方标识与障碍物。

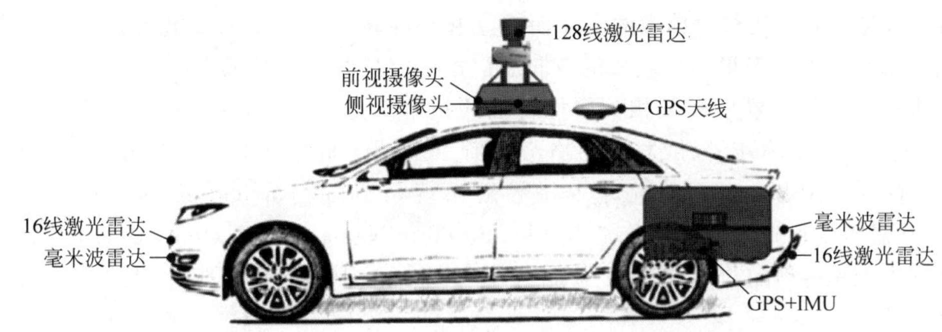

图 2-21 百度 Apollo 数据采集平台传感器布置方案[13]

2.4 导航定位

定位技术用来提供车辆的位置、姿态等信息,是智能网联汽车基础。当前可用于汽车定位的技术及方案越来越多,由不同类型传感器组成的定位系统也变得多样化。常用定位技术包括卫星导航定位(Satellite Navigation and Positioning,SNP)、航迹递推(Dead Reckoning,DR)和地图匹配(Map Matching,MM)、车联网辅助定位技术等。

不同方式的定位依靠不同的硬件设备实现,图 2-22 所示为不同定位技术涉及的硬件系统。其中 MM 采用的激光雷达、毫米波雷达和摄像头已在 2.3 节进行了详细介绍,车联网辅助定位技术相关的车载单元(On Board Unit,OBU)和路侧单元(Road Side Unit,RSU)将在 2.5 节进行介绍,本节主要介绍卫星定位采用的全球导航卫星系统(Global Navigation

Satellite System，GNSS）和航迹递推采用的惯性导航系统（Inertial Navigation System，INS）。

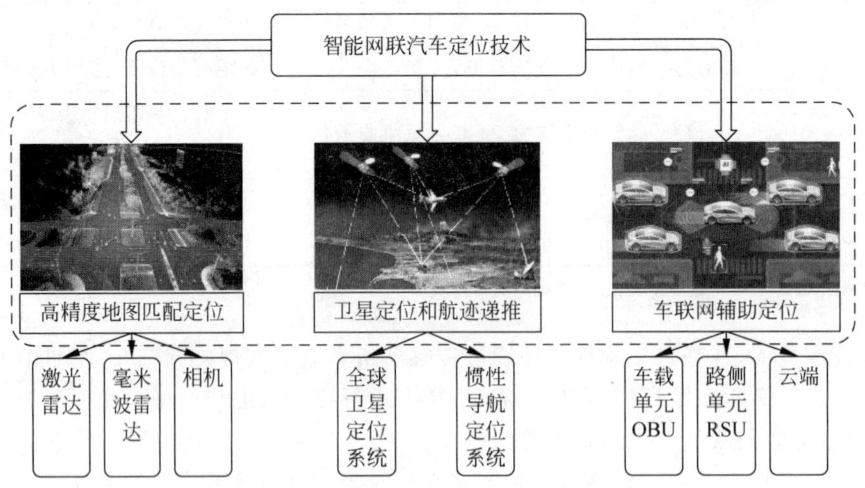

图 2-22　智能网联汽车定位技术及相关硬件

2.4.1　全球卫星导航定位系统

GNSS是随着现代科学技术的发展而建立起来的新一代卫星无线电导航定位系统，卫星定位技术是指通过卫星和接收机的双向通信来确定接收机的位置，实现全球范围内实时为用户提供准确的位置坐标及相关属性特征的技术。目前，美国的全球定位系统（Global Positioning System，GPS）、俄罗斯的格洛纳斯卫星导航系统（Global Navigation Satellite System，GLONASS）、中国的北斗卫星导航系统（Beidou Navigation Satellite System，BDS）与欧盟的伽利略卫星导航系统（Galileo Satellite Navigation System，GALILEO）并称为全球四大卫星导航定位系统[14]。除此之外，还有区域卫星导航系统、星基增强系统和地基增强系统。

1. 全球四大卫星导航定位系统对比

表 2-4 从卫星数量、定位精度、优势和应用领域四个方面对全球四大卫星导航定位系统进行了对比。这些全球卫星定位系统在系统组成和定位原理方面具有许多相似之处。由于GPS建成最早，拥有全球最多用户，并已广泛应用于诸多领域，因此本书将以GPS为例进行论述。

表 2-4　全球四大卫星导航定位系统对比

定位系统	卫星数量	定位精度	优势	应用领域
GPS	空间部分由 24 颗卫星组成，其中 21 颗卫星用于导航定位，3 颗属于备份卫星	单机导航精度约为 10m，综合定位精度可达毫米级，但民用领域开放的精度约为 10m	提供具有全球覆盖、全天时、全天候、连续性等优点的三维导航和定位能力，覆盖面积广，全球覆盖面积高达 98%	军事应用方面如坦克、飞机导航等；民用方面如交通管理、个人定位、汽车导航、应急救援、海上导航等

续表

定位系统	卫星数量	定位精度	优　　势	应用领域
GLONASS	空间部分由 24 颗卫星组成，其中有 21 颗正常工作卫星和 3 颗备份卫星	广域差分系统提供 5～15m 位置精度，区域差分系统提供 3～10m 精度，局域差分系统为离站 40m 内提供 10cm 精度	能够为海、陆、空的民用和军用提供全球范围内的实时、全天候连续导航、定位和授时服务，定位精度高，应用范围和领域广泛	主要应用在海洋测绘、地质勘探、石油开发、地震预报、交通等领域
BDS	空间部分由 5 颗地球静止轨道卫星和 30 颗非地球静止轨道卫星组成	定位精度达到 2.5～5m，但民用定位精度为 10m，测速精度为 0.2m/s，授时精度为 10ns	具有特殊的短报文通信功能，系统兼容性好，操作便利，卫星数量较多。观测条件良好的地区可以接收到 10 余颗卫星的信号	军用方面，运动目标定位导航、武器发射快速定位、水上排雷等；民用方面，个人位置服务、气象应用、铁路、海运、航空、应急救援等
GALILEO	空间部分由分布在 3 个轨道上的 30 颗地球轨道卫星构成，其中有 27 颗工作卫星、3 颗备份卫星	可提供实时的米级定位精度信息，为公路、铁路、航空、海洋，甚至是徒步旅行者提供精度为 1m 的定位导航服务	提供导航、定位、授时等服务，与 GPS 相比，GALILEO 更先进，也更可靠，定位精度高，安全系数高	GALILEO 系统提供的服务类型包括公开服务、生命安全服务、商业服务、公共授权服务和搜索救援服务

2. GPS 组成及特点

GPS 系统由空间卫星星座、地面监测系统和用户设备（信号接收机）三部分组成[15]，如图 2-23 所示。基于空间工作卫星发射的无线电信号，GPS 可以在全球范围内快速实现高精度三维导航、定位、授时、测速等功能。GPS 具有性能稳定、效率高、全天候、隐蔽性好等显著特点，其应用已遍及工程测绘、运动监测、运载系统定位、地质资源勘查等国民经济领域。

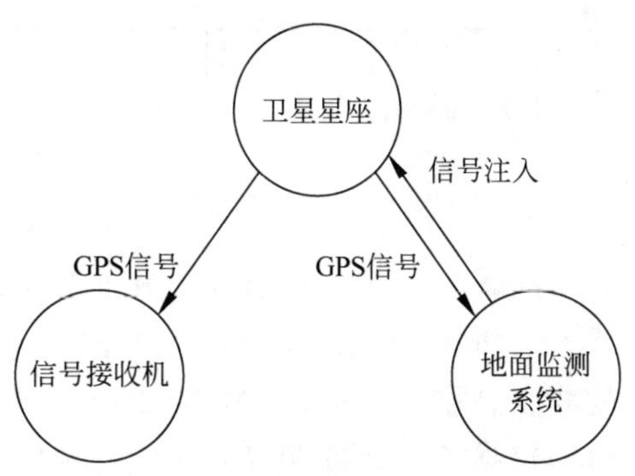

图 2-23　卫星导航定位系统组成[15]

1）空间卫星星座

GPS 空间卫星星座由 24 颗卫星组成，其中 21 颗卫星用于导航定位，3 颗属于备份卫星。24 颗卫星都能发射无线电信号实现导航定位功能，所有卫星以固定周期均匀分布在 6 条轨道上绕地球运行，运行轨道相对赤道倾角为 55°，运行周期约 12 恒星时。

2）地面监测系统

GPS地面监测系统主要由部署在全球的多个跟踪站所组成，根据跟踪站作用的不同，可分为主控站、监测站和注入站。主控站的主要作用是根据监测站的观测数据，推算卫星星历、钟差等修正参数，并通过注入站将修正参数注入卫星；同时，它能根据卫星状态向卫星发送控制指令，不仅可以保障卫星沿着预定轨道运行，而且还能调用备用卫星替换失效的工作卫星；此外，主控站也可观测卫星数据。监测站的作用是对卫星数据和当地环境信息进行观测、存储并提供给主控站。注入站的作用是将主控站推算的修正参数注入到相应卫星，并评估注入信息的准确性。

3）用户设备

GPS用户设备主要是卫星信号接收机，其作用是接收并处理空间卫星星座发出的无线电信号，据此计算接收机的地理位置。GPS信号接收机的硬件结构基本一致，主要由天线单元和接收单元组成。有些信号接收机可支持全星座信号（BDS/GPS/GLONASS/GALILEO）实现导航定位，既可单系统定位，也可多系统联合定位，如司南导航M300 GNSS接收机。

3. GPS信号的产生与构成

GPS卫星的广播信号包括载波信号（L_1 和 L_2）、测距信号（包括C/A码和P码）和导航信号（D码）。其中，测距信号是一种伪随机噪声（Pseudo Random Noise，PRN）码。GPS信号结构如图2-24所示。

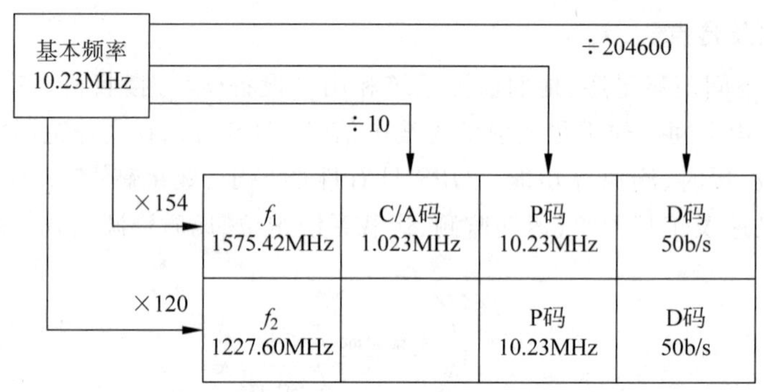

图2-24 GPS信号结构图[16]

GPS卫星广播的信号是由频率 $f_0=10.23$MHz的基准频率经过倍频和分频产生的。经154倍频形成频率 $f_1=1575.42$MHz的载波信号 L_1，其波长为19.03cm；经120倍频形成频率 $f_2=1227.60$MHz的载波信号 L_2，其波长为24.42cm。调制在 L_1 和 L_2 载波信号上的信号包括C/A码、P码和D码。其中调制在 L_1 载波上的C/A码又称为粗捕获码，为基准频率的十分频，对应的波长为293.1m，频率为1MHz，码长为1023位，属于伪随机噪声码。P码又称为精码，为测距码，是基准频率的一倍频，对应的波长为29.3m，被调制在 L_1 和 L_2 载波上，是10MHz的伪随机噪声码，周期为7天。D码为卫星导航电文，包括卫星广播星历（由6个轨道参数和9个反映轨道摄动力影响的参数组成）和空间卫星星历（卫星概略坐标），主要用来计算卫星坐标[16]。

2.4.2 惯性导航定位

惯性导航系统(Inertial Navigation System, INS)是一种既不依赖外部信息、也不向外释放能量的独立自主式导航系统,利用陀螺仪和加速度计等惯性敏感器件实现载体在导航坐标系中瞬时速度、位置和姿态连续、实时地自动解算[14]。其解算过程以牛顿力学定律为基础,基于惯性敏感器件测得载体在惯性参考系中加速度和角加速度,通过一次积分获得载体速度和角速度,通过两次积分获得载体位置信息,然后通过坐标变换,即可获得载体在导航坐标系中瞬时速度、航向和位置等信息。

1. INS 主要元部件

INS 通常由惯性敏感器件、计算单元、滤波电路、供电模块和外壳等部分组成,其中惯性敏感器件包括加速度计和陀螺仪,如图 2-25 所示,3 个陀螺仪可实现载体三个互相正交方向旋转运动的测量,3 个加速度计可实现载体三个互相正交方向平移运动的测量。

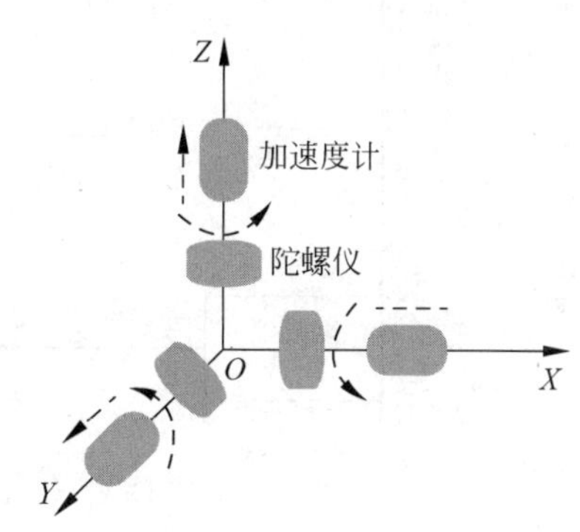

图 2-25 惯性传感器模块结构组成[14]

1) 陀螺仪

陀螺仪主要是由一个位于轴心且可旋转的转子构成。陀螺仪一旦开始旋转,由于转子角动量,陀螺仪有抗拒方向改变的趋势。螺旋仪是一种用来传感与维持方向的装置,是基于角动量守恒理论设计出来的。

2) 加速度计

加速度计是惯性导航系统的核心元件之一,依靠它对比力(比力定义为载体相对惯性空间的绝对加速度和重力加速度之和)的测量,确定载体的加速度、速度、位置。

2. INS 分类

根据 INS 导航坐标系构建方法的不同,可将 INS 分为平台式惯性导航系统(Gimbaled Inertial Navigation System, GINS)和捷联式惯性导航系统(Strap-down Inertial Navigation System, SINS)两类[17]。GINS 采用陀螺稳定平台(物理平台)模拟导航坐标系,物理平台实时跟踪所选定的导航坐标系;加速度计直接安装在物理平台,为加速度计的安装与测量提供了基准,能够在保证系统导航定位精度的同时降低计算量,但是物理平台的使用会增加 INS 的体积和成本。SINS 将惯性测量单元与载体直接固连,惯性测量单元敏感轴的指向通过计算载体的姿态角得到;由于惯性测量单元输出的加速度分量是沿载体坐标系轴向,所以需经坐标变换到导航坐标系再进行航迹递推。与 GINS 相比,SINS 结构相对简单、成本较低且便于维护,但固连在载体上的惯性敏感器件会受到载体运动的影响,所以对 SINS 中惯性测量单元的环境适应性提出了更高要求。综合考虑成本和车辆行驶工况,当前智能网联汽车领域常采用捷联式惯性导航系统。

图 2-26 所示为基于 SINS 的位置、速度、航向、姿态的解算原理,图中载体坐标系用 b 表示,导航坐标系用 n 表示。加速度计测量得到的载体平移运动信息经过比力坐标变换可以得到导航坐标系下载体运动信息,根据载体初始位置和速度信息,通过导航解算就可实时推

算载体当前位置和瞬时速度；陀螺仪测量得到的载体角运动信息经过姿态矩阵解算和航向、姿态解算就可实时获得载体当前航向和姿态信息。参考 GINS 结构特点，SINS 中姿态矩阵的解算过程相当于建立了虚拟的"物理平台"。因此，SINS 与 GINS 在实现导航定位过程本质上是一样的，但是在系统的具体实现方式上存在明显差异，对于 SINS 而言，姿态矩阵的动态更新与导航、航向、姿态解算算法是保证可靠定位的关键。

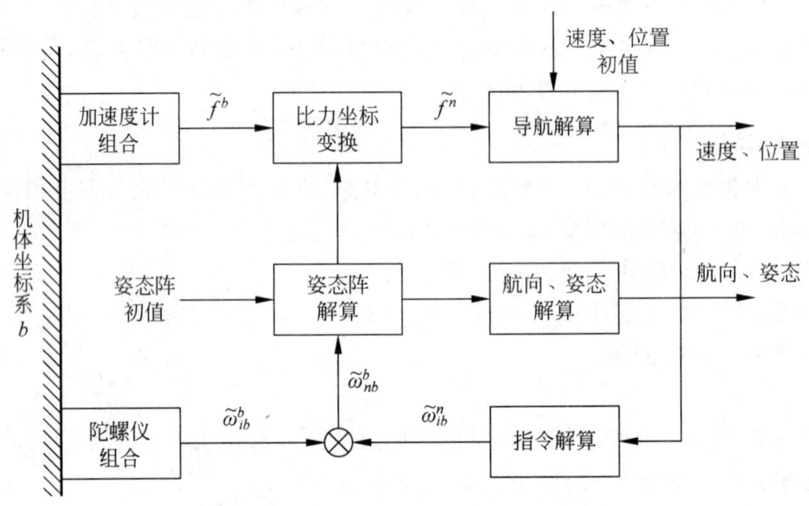

图 2-26 捷联式惯性导航系统原理[16]

2.5 网联通信

车联网(Vehicle to Everything，V2X)包含车辆与车辆通信(Vehicle to Vehicle，V2V)、车辆与道路基础设施通信(Vehicle to Infrastructure，V2I)、车辆与行人通信(Vehicle to Pedestrian，V2P)以及车辆与中央网络通信(Vehicle to Network，V2N)等不同形式，旨在将人、车、路、云有机地互联起来。

要实现车辆与以上交通参与者间的互联互通，需要按照特定的通信方式和数据交互标准在不同通信终端之间实现数据和信息的交换。下面将主要介绍与智能网联汽车相关的车载终端与路侧终端，以及目前广泛使用的两种通信方式，即专用短程通信(Dedicated Short Range Communication，DSRC)和基于蜂窝网的通信(Cellular-V2X，C-V2X)。

2.5.1 通信终端

通信终端通常包括具备车内通信、车间通信、车路通信、车网通信能力的车载单元(On Board Unit，OBU)和具备车路通信、路网通信能力的路侧单元(Road Side Unit，RSU)。终端是传输和记录数据的载体。车联网中的通信终端如图 2-27 所示。

1. 车载终端

车载终端是集成了多种传感器，用于采集和获取自车信息、感知行车状态及环境信息，并能和人车进行交互，且具有卫星定位和无线通信功能的电子设备。车载终端可以实现车

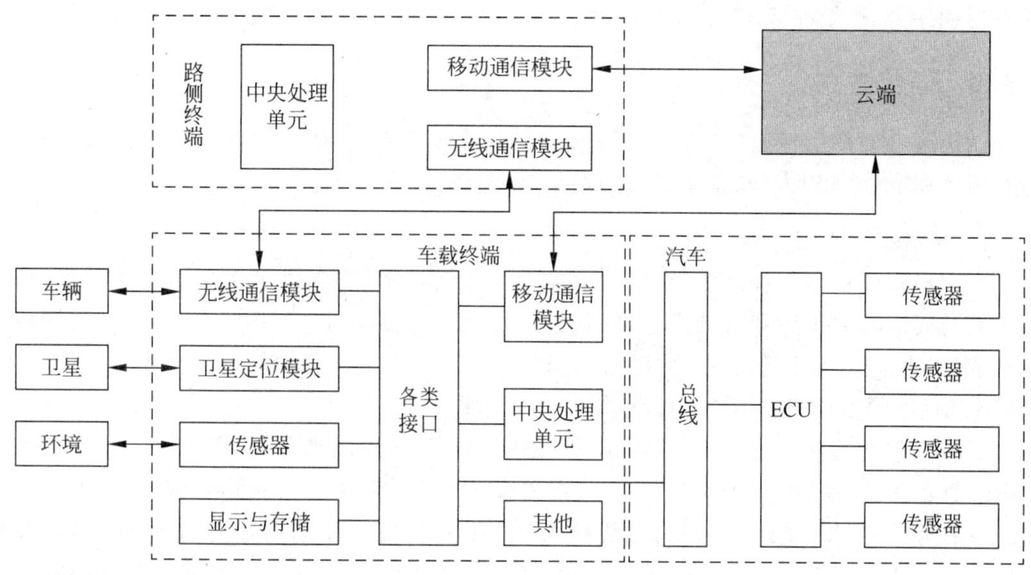

图 2-27 车联网中的通信终端[18]

内通信、车车通信和车网互联，可以提供声音和视觉方面最直接的用户体验，如图形界面、告警提示及音视频播放等。

车载终端中集成了移动通信模块、无线通信模块、卫星定位模块、多媒体播放模块、传感器及音视频数据采集模块、数据储存模块等部件，其在中央处理单元的统一调度、协调处理下工作。其过程具体包括：

(1) 移动通信模块负责车辆与互联网、云端的通信，主要应用于远程数据传输、无线上网及语音通话等方面。中央处理单元通过发送指令控制移动通信模块拨号，建立链接之后可以访问互联网，并进行数据传输。

(2) 无线通信模块负责车与车、车与路、车与行人之间的通信，主要应用于车辆、驾驶人与路网之间的信息交互。中央处理单元把卫星定位模块、传感器及音视频采集模块获取的信息经过加工处理后，通过无线通信模块实现数据传输。

(3) 卫星定位模块通过卫星获取车辆当前的经度、纬度、海拔高度、速度及方向等位置信息。

(4) 多媒体播放模块主要用于收音机、电视、CD、DVD 等音视频的播放。

(5) 数据采集模块通过车内网实时采集车辆运行信息，包括音视频和各类传感器获得的车辆数据。

(6) 数据存储模块主要用于车辆行车状态的记录及地图等数据的保存。

2. 路侧单元

路侧单元是安装在路侧对道路交通状态及环境信息进行感知，使用无线通信技术连接互联网并与车载终端和云端通信的电子装置。除网联通信功能外，路侧终端还可实现车辆身份识别、特定目标检测及图像抓拍、广播实时交通信息、电子扣分等功能。

路侧终端从所连接的车载终端上获取车辆的速度、位置、行车等信息，通过移动通信模块上传至云端，由云端交通控制中心系统进行分析处理，从而形成实时交通信息，并将结果返回给路侧终端，路侧终端通过无线通信的方式发送到其覆盖区域的车载终端。

2.5.2 通信方式

通信终端间使用特定的通信方式连接，目前主要有基于 IEEE 802.11p 无线通信协议的专用短程通信(DSRC)和基于蜂窝的通信(C-V2X)两种方案。

1. 专用短程通信

专用短程通信是一种高效、专用的车辆无线通信技术，它提供了短距离无线通信，可实现车辆与周围其他车辆和基础设施之间高效、安全的直接通信。DSRC 在 1998 年美国国会颁布的《21 世纪交通平等法》中被提出，它以 IEEE 802.11p 为基础，将 5.850～5.925GHz 中的 75MHz 频段作为智能交通系统中的无线电服务。

不同国家和地区会根据特定需求为 DSRC 制定不同的通信标准，图 2-28 为美国的 DSRC 通信协议栈[18]。DSRC 在物理层和介质访问控制层(Medium Access Control, MAC)采用了 IEEE 802.11p 作为无线接入标准；在协议栈中间层，采用了 IEEE 1609.4、IEEE 1609.3、IEEE 1609.2 标准分别负责信道切换、网络服务与安全服务；在网络和传输层，DSRC 还支持 IPv6、UDP 和 TCP，具体选用哪种传输协议取决于应用程序给定的需求。

在协议栈顶部，SAE J2735 标准指定了固定的消息格式来支持各种基于车辆的应用程序，它通过传输重要的车辆状态信息来支持 V2V 安全应用程序。SAE J2945.1 标准中对通信最低性能要求做了说明，包括基本安全消息的传输速率和功率、数据的准确性以及信息拥塞控制等。

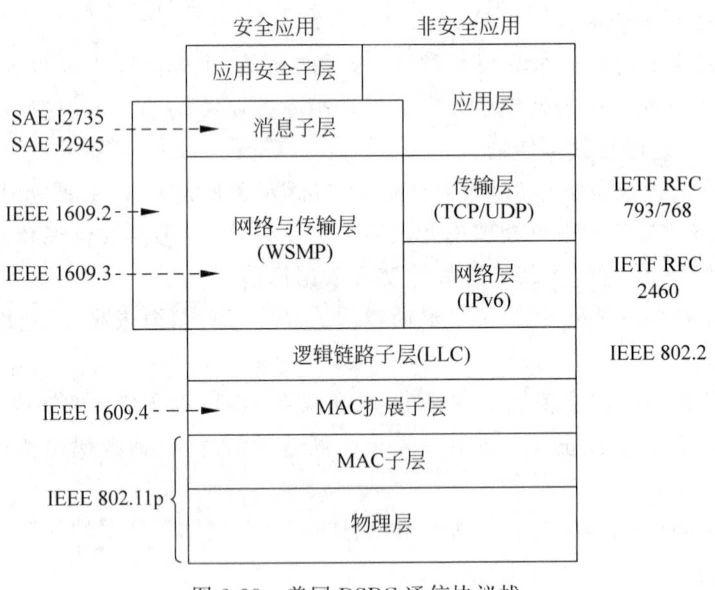

图 2-28 美国 DSRC 通信协议栈

不同国家和地区的 DSRC 频段分配如图 2-29 所示[18]。美国联邦通信委员会(FCC)和欧洲电信标准协会(ECC)分别在 5.9GHz 频段为智能交通系统划分了业务信道和控制信道，用于支持快速移动车辆间的通信以及车辆和路侧单元的通信。日本也在 5.8GHz 为 V2X 通信设定了 700MHz 特定频段。

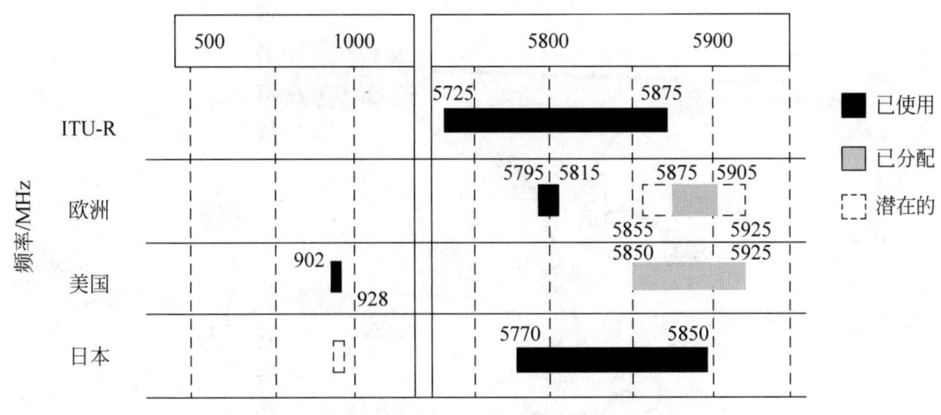

图 2-29 欧洲、美国、日本 DSRC 频段区别

2. 基于蜂窝的通信

C-V2X(Cellular-V2X)是指基于移动蜂窝技术的车用无线通信技术，包含基于 LTE(Long Term Evolution)网络的 LTE-V2X 以及 5G 网络的 NR(New Radio)-V2X。其借助现有的 LTE 网络设施来实现 V2V、V2N、V2I、V2P 的信息交互，具有低延迟、高可靠和高带宽的特性[19]。

3GPP(the 3rd Generation Partnership Project)作为国际通信标准组织，从 2015 年便开始了 LTE-V 的标准研究。3GPP C-V2X 研究主要分为三个阶段，如图 2-30 所示。第一阶段主要实现 LTE-V 的标准化以支持基本的 V2X 业务需求，在 R14(R 指 Release，发布版本)中完成；第二阶段实现了对 LTE-V 的技术增强，降低了通信时延，提升了传输速率和可靠性以支持更高级的 V2X 业务，在 R15 中完成；第三阶段主要是对 NR-V2X 的标准研究，主要在 R16 中完成。

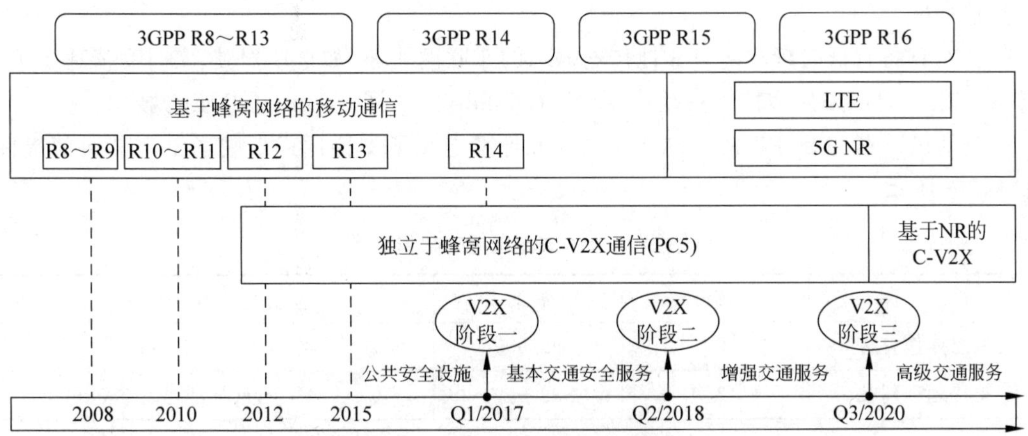

图 2-30 3GPP C-V2X 标准演进[19]

C-V2X 一般由车载单元(OBU)、路侧单元(RSU)、基站、云服务器等组成。C-V2X 既支持有蜂窝网络覆盖的场景，也支持没有蜂窝网络部署的场景，如图 2-31 所示。当支持 C-V2X 的终端设备(如车载终端、智能手机、路侧单元等)处于蜂窝网络覆盖范围内时，基站作

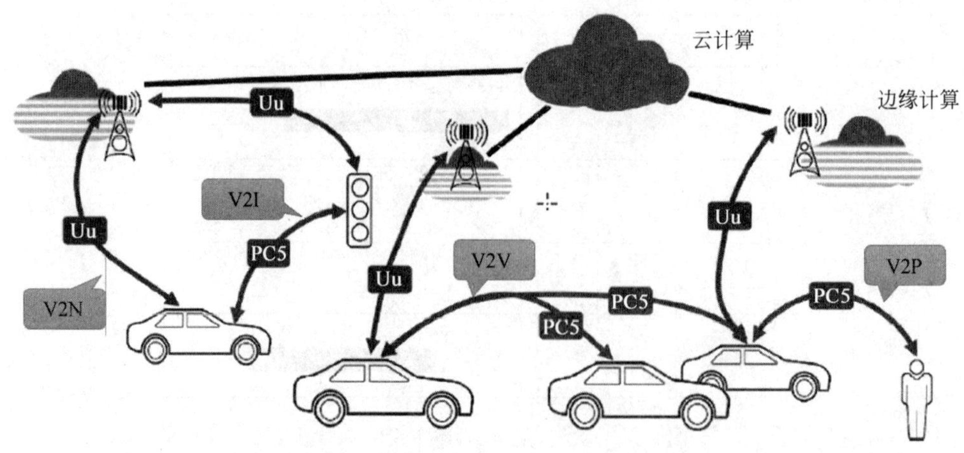

图 2-31 C-V2X 通信网络架构[18]

为通信控制中心，终端设备之间可以通过 Uu 接口进行大带宽、长距离通信，也可以通过 PC5 接口不经过基站直接与周围终端进行低时延、高可靠性通信；当终端设备不处于蜂窝网络覆盖时，终端之间通过 PC5 接口进行通信。

PC5 接口实现了车辆之间的直连，支持车辆间动态信息(位置、速度等)的快速交换，可以在高频段支持 500km/h 的相对移动速度。PC5 主要有调度式的资源分配方式(Mode-3)和终端自主式的资源分配方式(Mode-4)，保证通信资源的高效分配。此外，集中式和分布式相结合的拥塞控制机制还可提升高密度场景下的设备连接数。

Uu 接口需要基站作为控制中心，其他通信节点通过基站实现数据中转，这种方式支持高带宽的长距离通信。Uu 接口在上下行链路上做了传输增强，可大幅降低上行链路与下行链路的时延。此外，针对特定场景的车联网业务，还可采用多接入边缘计算技术进一步提升传输性能。

针对具备超低时延超高可靠性传输需求的车联网业务(如自动驾驶、实时高清地图下载等)，C-V2X 可以采用多接入移动边缘计算(Mobile Edge Computing，MEC)技术。

目前已冻结的 3GPP R15 eV2X 22.886 标准定义了支持远程驾驶场景定义通信指标，如表 2-5 所示。

表 2-5 R15 远程驾驶通信指标[20]

用　　例	时延/ms	可靠性/%	速率/Mb・s^{-1}
遥控操作支持	20	99.999	UL:25；DL:1
支持远程驾驶	20	99.999	UL:20；DL:1(移动速度 250km/h)

目前正在进行的 3GPP R16 NR-V2X 标准制定，围绕车辆编队(Platoonning)、远程驾驶(Remote Driving)、高级驾驶(Advanced Driving)、扩展传感器(Extended Sensor)四类典型业务，根据 TS22.186 for 5G-V2X 用例定义了四类业务的技术指标，如表 2-6 所示。

表 2-6 R16 典型业务通信指标[20]

用例	时延/ms	可靠性/%	速率/$Mb\cdot s^{-1}$
车辆编队	10	99.99	65
远程驾驶	5	99.999	UL:25; DL:1
高级驾驶	3	99.999	53
扩展传感器	3	99.999	1000

R16 定义的 C-V2X 标准在 2020 年 7 月冻结，R16 协议比 R15 在时延性能上有了大幅提升。

2.6 人机交互

随着人工智能、互联网、通信、计算机等技术的快速发展，以智能化和网联化为基础的智能汽车成为现代汽车发展的一大趋势。对于汽车智能驾驶技术（如图 2-32 所示），要经历从初期的危险预警，到高级驾驶辅助，最后要实现完全自主驾驶的发展过程。目前，由于技术的限制，在智能汽车发展到具备完全自主驾驶能力之前，驾驶人与车辆自主驾驶系统进行交互协同，共同实现车辆安全、高效、节能、舒适驾驶的情况将长期存在。

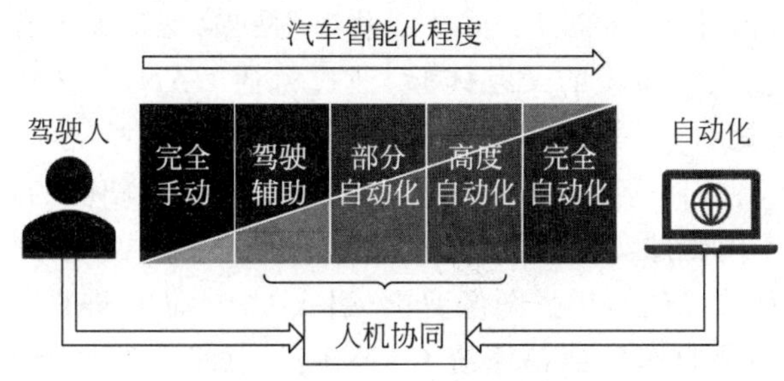

图 2-32 智能汽车发展进程[21]

在目前主流的汽车主动安全产品中，人机交互和人机协同模式主要处于初级辅助驾驶阶段，如危险预警等。随着信息技术的发展，高档汽车上配备了车载的人机交互系统，实现了人与车之间的对话功能。驾驶人可通过该系统，掌握车辆状态信息（车速、里程、当前位置、车辆保养信息等）、路况信息和各种功能设置状态。目前具有代表性的智能人机交互系统有宝马的 iDrive、奔驰的 COMAND、奥迪的 MMI、沃尔沃的 Sensus 等。下面按人机交互技术的发展分为基于传统硬件的交互和基于智能设备的交互。

2.6.1 基于传统硬件的交互

在完全由驾驶人驾驶的阶段，驾驶人主要通过转向盘、加速踏板、制动踏板、座椅等硬件与汽车进行交互。其中转向/驱动/制动等机构是传统的汽车人机交互硬件，驾驶人可通过转向/加速/制动来实现对汽车运动的控制，该类交互方法操作简单，是与传统机械装置的交互，相关的硬件执行机构可参见 2.8 节。

2.6.2 基于智能设备的交互

随着现代技术的发展，基于智能驾驶技术的人机协同研究越来越深入，比如协同感知、协同决策、协同控制等，如图 2-33 所示。在感知方面，驾驶人通过视觉、躯体感觉与车载传感协同感知车辆状态、路况等信息；在决策方面，集成驾驶人的大脑决策和自主驾驶系统的决策，形成人机协同决策机制；在控制方面，驾驶人通过方向盘、加速踏板、制动踏板、挡位等与自主驾驶系统执行机构进行交互，共同完成驾驶任务。

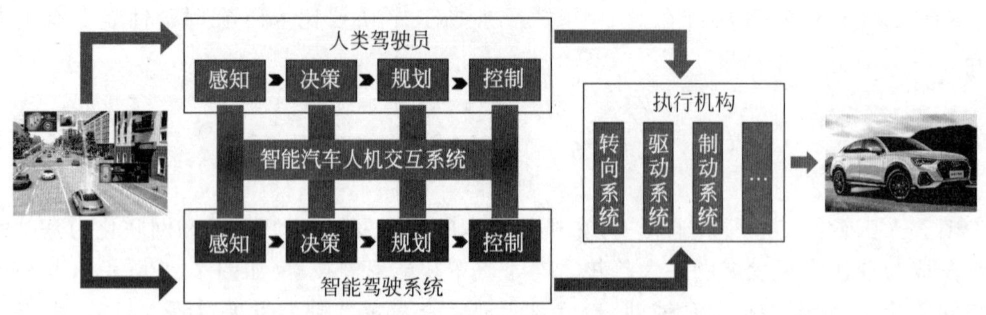

图 2-33 基于智能设备的人机协同交互示意图

另外，汽车智能驾驶舱（图 2-34）也是人机交互的发展方向，智能驾驶舱将为驾驶人提供更高效、更便捷的信息操作和交互方式。[22] 智能驾驶舱是多屏融合（液晶仪表、抬头显示系统、中控屏、后座娱乐屏）实现的交互体验，通过打通 CAN 总线协议和创新用户界面设计，以液晶仪表、抬头显示屏、中控屏和中控车载信息终端、后座娱乐屏、车内外后视镜为载体，实现手势操作、语音控制等更为智能的人机交互。智能驾驶舱的本质在于硬件虚拟化，GPU 加速助力。将车内硬件实现虚拟化，集成于嵌入式操作系统，形成智能驾驶舱统一的交互平台和界面，比如液晶仪表增强图像渲染，引入 GPU 芯片进行加速处理等。智能驾驶舱 HMI 上显示的信息来自车体通信系统 CAN/LIN 总线上的各个电子控制单元（ECU），形成整车电子系统集成运算能力的智能交互接口和主节点。新型图形处理架构能够为一系列应用提供高分辨率和高帧率的仿真模拟图像，包括多屏联动与后座娱乐系统、外置摄像系

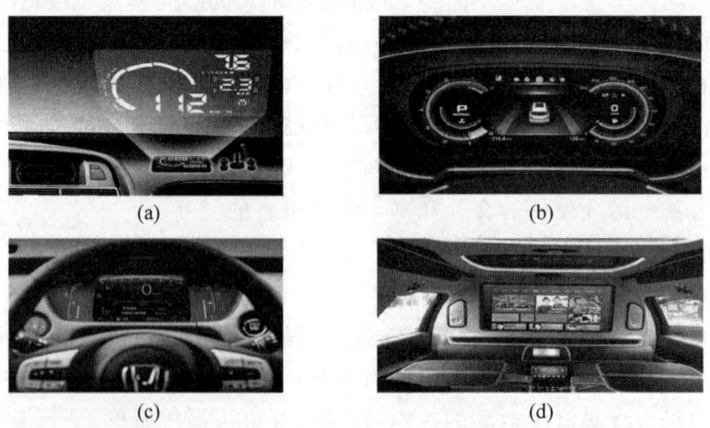

图 2-34 基于视觉的人机交互平台

(a) 抬头显示仪；(b) 液晶仪表盘；(c) 中控显示屏；(d) 汽车后座屏

统的集成虚拟加速、高级音频接口和数字仪表图形处理、车舱内自然语言处理、交互式驾驶舱控制，以及具有直观可视化显示的3D导航应用，如图2-35所示。

图2-35 智能汽车一体屏

1. 语音交互

视觉通道被占用时，驾驶人很难再执行其他任务，此时听觉通道的开启无疑带来更大的便捷。语音交互具有交互信息量大、交互效率高等优点，因此被越来越多地引入到智能汽车发展中。如图2-36所示，智能汽车语音交互通过自然语言输入、语音识别、结果匹配等，实现基于语音输入的自然交互，显著提高了驾驶人的驾驶乐趣。随着人工智能的发展和技术的更新迭代，语音识别技术也日趋成熟和完善，并为用户提供更加智能和自然的语音交互功能，比如多人对话、多种方言等，为用户提供更佳的驾乘与交互体验。

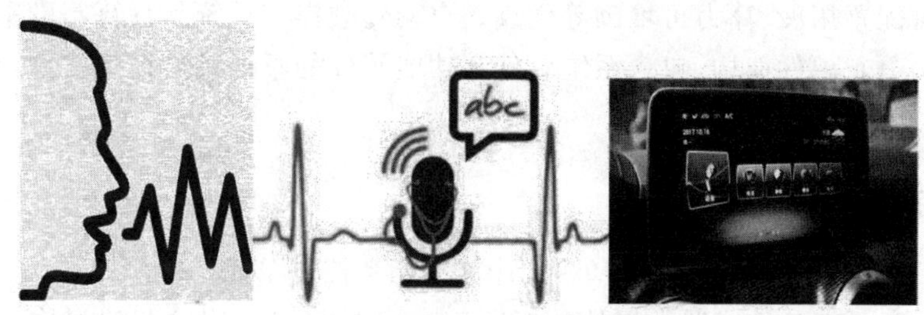

图2-36 智能汽车语音交互装置

2. 触控交互

触控交互是将通过传统按钮、开关、摇杆等实现的功能集成于驾驶舱的触控板，进而实现与驾驶人的交互。目前多以手指输入为主，随着触控交互技术的发展，触控交互也从单点触控发展到多点触控。驾驶人通过单指、双指、三指等在触控板上滑动、点击等实现汽车不同功能的操控，降低了模式设计复杂度、提高了交互的可靠性，触控技术特别是多点触控技术的引入，降低了智能座舱的硬件成本，同时也支持软件灵活升级。

驾驶人手指可在任何智能内饰表面上接触和触摸触控板，原本要用各种按键、旋钮、开关、摇杆等执行机构实现的功能，现在只需智能驾驶舱中的触控板即可实现原有功能，显著提升了交互的便捷性。

3. 手势交互

手势交互是基于动作识别、动作解析、指令输入等实现用户与车辆的交互，是控制车辆信息/娱乐系统的最新方式。例如，长城WEY摩卡、上汽MARVEL R等可通过手势实现音乐播放、天窗开关、自动挪车等，其核心是通过对动作及关键部位的捕捉、计算、处理，将得到的数据传至车载ECU，匹配与手势相对应的操作，进而执行相应功能。手势交互相较于其他交互方式，更加简单和便捷，成为人机交互领域新兴方向；另外，语音交互、触控交互、手势交互等形成的多模态交互将成为未来的发展趋势。

2.7 计算平台

智能网联汽车作为新型智能移动终端，其电子电气架构需要以具有强大的数据存储、计算和通信能力的计算平台作为基础。计算平台的主要任务是完成汽车行驶和信息交互过程中所产生的海量、多源、异构数据的高性能计算，利用人工智能、信息通信、互联网、大数据、云计算等新兴技术，实现实时感知、决策、规划，以及参与全部或部分控制，实现自动驾驶、联网服务等功能。计算平台的基础核心是计算基础平台。

计算基础平台主要是基于异构分布式硬件平台，同时采用车内传统网络和新型高速网络(如以太网、高速 CAN 总线等)，融合并集成系统软件和功能软件的原型系统，进行差异化硬件定制和应用软件加载，以实现满足智能网联汽车功能需求的完整计算平台[23]。下面主要从软硬件结合角度介绍智能网联汽车计算基础平台架构。

如图 2-37 所示，车载智能计算基础平台参考架构主要包含异构分布硬件架构和自动驾驶操作系统两部分[23]。其中，计算基础平台硬件架构指导异构芯片板级集成设计，具有芯片选型灵活、可配置拓展、算力可堆砌等优点。自动驾驶操作系统是计算基础平台的核心部分，是基于异构分布硬件架构，包含系统软件和功能软件的整体基础框架软件，具有安全、实时、高效的特点。

2.7.1 异构分布硬件架构

异构分布硬件架构主要包括 AI 单元、计算单元和控制单元。

AI 单元主要负责各传感器数据的处理任务。AI 单元可采用的芯片架构有集成图形处理器(Graphics Processing Unit，GPU)、现场可编程门阵列芯片(Field Programmable Gate Arrays，FPGA)、专用集成电路(Application-Specific Integrated Circuit，ASIC)等。在这些芯片构架中，GPU 因为其软硬件解耦，硬件与开发成本低等优点而更有可能成为未来 AI 单元的主流选择。

计算单元主要负责装载车用操作系统，完成任务调度，执行自动驾驶相关算法等任务。计算单元可由多个中央处理器(Central Processing Unit，CPU)组成，这些 CPU 可采用的架构有 ARM(Advanced RISC Machine)架构、X86 架构等。其中 ARM 架构因具有高性能、低功耗、可购买授权并进行适应性定制等诸多优势，因而广受欢迎。

控制单元主要负责与安全相关的车辆底层控制任务，例如实现车辆驱动总成控制、动力学横纵向控制等。控制单元主要基于传统车辆微控制单元(Micro Controller Unit，MCU)来实现车辆动力学控制并满足功能安全需求。

1. AI 单元

在自动驾驶汽车中，AI 单元需要处理多个不同种类的传感器数据，这些数据要在同一个计算中心内进行处理与融合以保证性能。这些都对车载处理器的并行计算效率提出了更高要求。应用在 AI 单元的主流芯片有 GPU、FPGA、ASIC 等。下面对这些芯片做出具体分析。

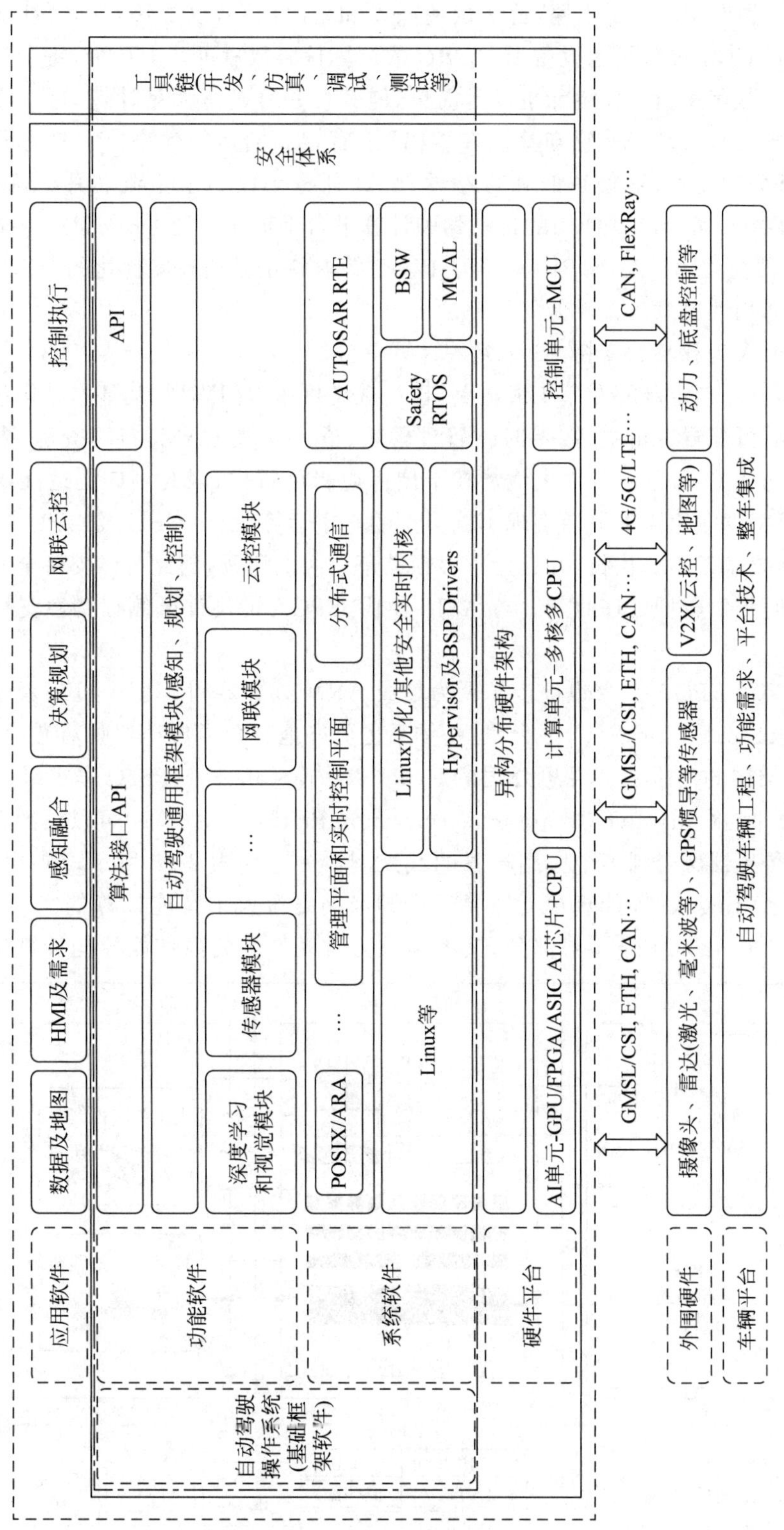

图 2-37 车载智能计算基础平台及计算基础平台参考架构[21]

1）以 GPU 为核心的 AI 单元

GPU 是一种专用的电子电路，旨在快速操纵和更改内存，以加快在帧缓冲区中创建图像的速度并将图像输出到显示设备上。GPU 的运算核心数量可达上百个，每个核拥有的缓存空间相对小，数字逻辑运算单元也少且简单，但其可并行进行大量计算，这一特点使得深度学习、机器学习等自动驾驶感知算法在 GPU 上有很高的运行效率。它具有同时处理大量简单计算任务的特性，这使得它在自动驾驶 AI 任务中成为了主流芯片。例如，特斯拉 Model S 上的 Autopilot 2.0 使用的自动驾驶计算平台是英伟达的 Drive PX 2，而 Drive PX 2 使用的处理器为 GPU Tesla P100。但 GPU 与针对特定算法高度优化的 ASIC 和 FPGA 相比，其高度通用性也意味着较低的效率。

2）以 FPGA 为核心的支持 AI 单元的计算平台

FPGA 是一种半定制的专用集成电路，也是现场可编程门阵列，其基本结构包括可编程输入输出单元、可配置逻辑块、数字时钟管理模块、嵌入式块 RAM、布线资源、内嵌专用硬核、底层内嵌功能单元[24]。其最大优势在于硬件逻辑可重构，因此可广泛适配多种应用场景。FPGA 可根据应用需求灵活实现不同类型的基本运算，相比 CPU 及 GPU 架构，FPGA 的特点是不需要基于指令执行，并且也不存在共享内存的瓶颈，因此可以支持全并行的计算及数据流，同时提供较低处理时延。与 ASIC 相比，FPGA 的硬件可编程特性支持应用算法的灵活升级。

近年来，主流 FPGA 平台也逐步扩展为集成 ARM 处理器和 FPGA 可编程逻辑的系统级芯片（System-on-a-Chip，SoC）平台，这一体系也更好地契合了自动驾驶对芯片计算能力、实时性、异构架构的需求。赛灵思公司的 Zynq® UltraScale＋ MPSoC 车规级计算平台以及自适应计算平台（Adaptive Compute Acceleration Platform，ACAP）可以灵活支持传感器智能处理，将传感器融合到多个应用场景的域控制器中。如图 2-38 所示，ACAP 提供的人工智能引擎（AI Engine）等计算单元非常适合神经网络等人工智能计算的实现，加上传统可编程逻辑（Adaptable Engines）部分，其逐渐成为自动驾驶的高性能异构计算平台首选。

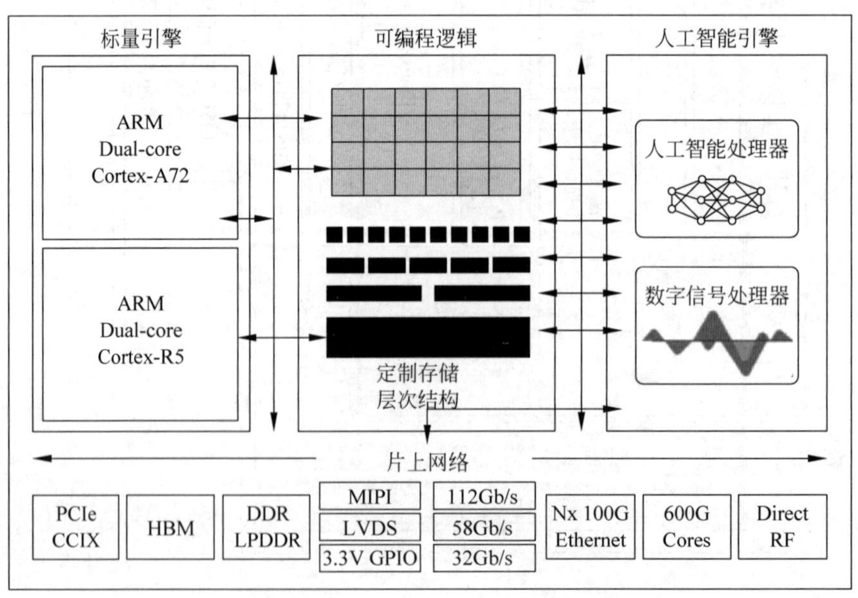

图 2-38 自适应计算平台（ACAP）器件功能架构示意图[25]

3）以 ASIC 为核心的 AI 单元

ASIC 为专用集成芯片，是根据任务需求专门定制的芯片，其计算能力和效率都可以根据需求进行设计。ASIC 的所有接口模块都连接到一个矩阵式背板上，可通过 ASIC 芯片间直接转发，因此可进行多模块通信。该交换矩阵访问效率高，可同时进行多点访问等，使得 ASIC 具有集成度高、低延迟、低功耗的特点，并在量产后具有显著的成本优势。但 ASIC 芯片算法固化，灵活性较低，对用户与主机厂高度封闭。近年来较为常见的 ASIC 产品有 Mobileye 公司推出的 EyeQ 系列产品，其专用的 ASIC 使得其计算机视觉相关算法功耗极低。

2. 计算单元

计算单元由若干个多核 CPU 组成。CPU 可在一块芯片内封装多个处理器核心，其每个核心都有较大的缓存以及众多数字和逻辑运算单元。这一特性使得 CPU 具有良好的通用性，且运算管理和调度能力强，可以进行复杂的逻辑运算，以及可以高效地处理计算密集型任务。但由于每核只运算单线程，使其并行处理性能受到其计算核心数量较少的限制。

3. 控制单元

控制单元由多个 ECU 和 DCU 构成，ECU 与 DCU 特点对比如表 2-7 所示。ECU 是汽车电子系统中的专用嵌入式控制器，有时被叫作“行车计算机”。ECU 一般由中央处理器(CPU/MCU)、存储器(ROM、RAM)、输入输出(I/O)、模-数转换器(A/D)等大规模集成电路组成。汽车电子发展初期，ECU 通常仅负责单一功能的相关计算，以保证系统的稳定性。如图 2-39 所示，这种分布式控制架构是当前汽车电子的典型模式。

表 2-7 ECU 与 DCU 特点对比

	ECU	DCU
并行计算	不可并行	不可并行
特点	分布式架构，计算能力有限	中心化架构、可扩展性强于 ECU

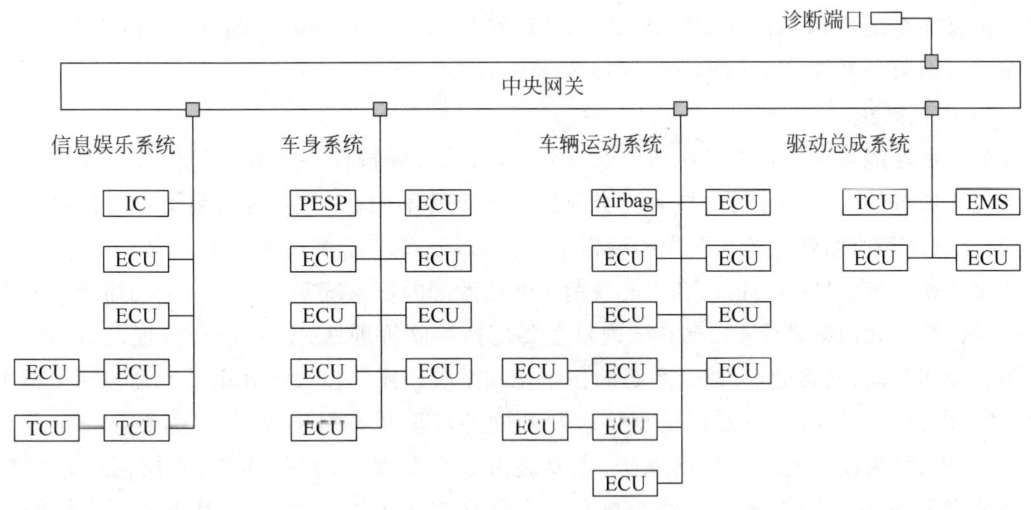

图 2-39 汽车 ECU 分布式架构示例

随着现代车辆的电子化、智能化程度的提高,ECU 的数量也越来越多。这些 ECU 负责控制驱动总成系统、车辆运动系统、车身系统以及信息娱乐系统。数量众多的 ECU 使得车辆的整体复杂性增加,可靠性下降。在这样的背景下,域控制器和多域控制器(Multi Domain Controller,MDC)等更强大的中心化架构正在逐步替代分布式架构。汽车电子部件可以根据功能被划分为动力总成、车辆安全、车身电子、智能座舱和智能驾驶等几个域。域控制器利用性能更强的多核 CPU/GPU 芯片去控制单个域中的电子部件,以取代分布式汽车电子电气架构。

在自动驾驶汽车中,原有的以 ECU 为组成单位的分布式计算架构以及域控制器架构已经无法适应需求。但 ECU/MCU 极高的可靠性意味着其在与安全高度相关的任务中仍然是无法取代的。

2.7.2 自动驾驶操作系统

自动驾驶操作系统是车载智能计算基础平台的重要组成之一。其主要功能是驱动与调动自动驾驶汽车的各种硬件传感器(如激光雷达、摄像机、毫米波雷达等),引导系统内置的高级人工智能计算子系统,以支持自动驾驶汽车的基础功能和高级功能,并对接收到的数据信息进行实时、可靠的反馈。

自动驾驶操作系统主要包括系统软件和功能软件两部分,这两部分是车载智能计算基础平台能够实时、准确、安全、高效运行的基础与核心。系统软件是指控制和协调车载智能计算基础平台和外部硬件传感器设备,支持复杂嵌入式系统开发和运行的系统。功能软件是根据自动驾驶的核心共性需求,实现智能网联功能的共性软件模块,如自动驾驶通用框架、网联、云控等。

1. 系统软件

系统软件是针对汽车场景定制开发的复杂大规模嵌入式系统运行环境,通常包含异构分布系统的内核系统、Hypervisor、POSIX(Portable Operating System Interface of UNIX,可移植操作系统应用程序接口)/ARA(AUTOSAR Runtime for Adaptive Applications)、分布式数据服务系统(Data Distribution Service,DDS)等[23]。

1) 内核系统

为满足性能需求以及差异化功能安全需求,自动驾驶操作系统要求异构分布硬件架构各单元所加载的内核设计与内核系统安全等级要有所不同。此外,内核系统要支持系统软件、功能软件和应用软件的开发库和编程性。目前,汽车或嵌入式系统中的 RTOS(实时操作系统),如 QNX、VxWorks、RT-Linux 等,可在考虑内核系统安全等级及市场需求基础上应用在计算单元内核搭建上。Linux 内核主要包括存储管理、CPU 和进程管理、文件系统、设备管理和驱动、网络通信,以及系统的初始化和系统调用等模块。其主要特性包括可移植性、动态内核、开源灵活,以及广泛支持芯片和硬件环境及应用层程序。QNX 是一个分布式、嵌入式、可规模扩展的 RTOS 系统,主要提供进程调度、进程间通信、底层网络通信和中断处理等服务。QNX 建立在微内核和完全地址空间保护基础之上,其安全可靠性能可达到汽车安全完整性等级(Automotive Safety Integration Level,ASIL)中最高等级 D 的需求。

2）Hypervisor

Hypervisor 又称虚拟机监视器，能协调管理并虚拟化硬件资源（如内存、CPU 和外围设备等），可允许多个操作系统和应用共享硬件并提供给运行在 Hypervisor 之上的多个内核系统。由于自动驾驶操作系统是基于异构分布硬件的，通过 Hypervisor 技术可以将不同的操作系统运行在同一个主控芯片上。Hypervisor 是实现跨平台应用和提高硬件利用率的重要途径。

3）POSIX/ARA

POSIX 是 IEEE 计算机协会为维护操作系统之间的兼容性而制定的一系列标准。ARA 是 Adaptive Autosar 的实时运行环境，由功能集群提供的应用程序接口组成。ARA 独立于实际应用程序工作，其在需要它的任何应用程序之间建立通信。POSIX 和 ARA 能够很好地适应自动驾驶所需要的高性能计算和高带宽通信等需求。

4）分布式数据服务系统

DDS 作为分布式实时通信中间件，面向实时系统的数据分布服务，采用发布/订阅体系架构并强调以数据为中心。自动驾驶操作系统需要建立跨多内核、多 CPU、多板的通用、高速、高效的 DDS 机制。通过 DDS，车内模块间的通信可简单地发布数据、控制进程并订阅到所需的数据。

5）管理平面和数据平面

管理平面和数据平面是自动驾驶操作系统实现的重要基础，也是复杂嵌入式系统的通用概念。管理平面包含日志、管理、配置、监控等非强实时功能，存在于每个硬件单元中。数据平面是实时控制平面，实现自动驾驶操作系统的主要功能和数据处理，运行自动驾驶通用数据[23]。

2. 功能软件

功能软件主要包含自动驾驶的核心共性功能模块。核心共性功能模块包括自动驾驶通用框架、网联、云控等，结合系统软件，共同构成完整的自动驾驶操作系统，支撑自动驾驶技术实现。高等级自动驾驶系统（L3 及以上）的自动驾驶通用框架，包括感知、规划、控制等模块及其子模块。自动驾驶通用框架是功能软件的核心和驱动部分，是保障自动驾驶系统实时、安全、可扩展和可定制的基础[23]。

1）自动驾驶通用框架

自动驾驶通用框架的各个模块提供对外接口 API（应用程序编程接口）和服务，以接入非共性或演进算法、HMI（人机接口）等。通用框架模块也会调用自动驾驶操作系统内的云控、网联、信息安全等功能软件模块，或使用这些模块提供的服务。目前自动驾驶通用框架中的各个模块和其子模块仍在快速发展迭代中。

2）自动驾驶网联模块

网联模块是智能网联汽车的典型特征，也是自动驾驶操作系统的核心功能之一。网联模块负责实现网联通信、处理网联数据、网联协同感知、网联协同规划、网联协同控制等网联自动驾驶功能。

如图 2-40 所示，网联模块的数据通过 V2X（车用无线通信技术）获得，其包括路侧数据、摄像头、智能信号灯、道路交通提示预警等信息及其他车辆信息等。这些网联数据与单车传感器系统的多种探测手段相结合和融合处理，能够将单车感知范围扩展到数百米，可以根据感知信息控制车辆启停、减速等行为，实现车辆间防碰撞等功能。单车智能化与 V2X 网联功能的有机结合，增强自动驾驶系统整体的感知、决策和控制能力，降低自动驾驶成本，最终实现无人驾驶[23]。

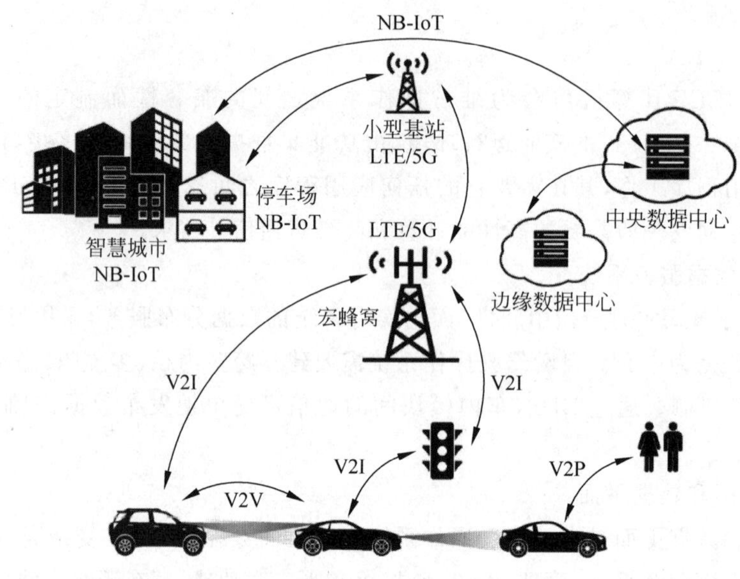

图 2-40 V2X（车用无线通信技术）示例

3）云控模块

云控模块是与云控基础平台交互的功能子模块。云控基础平台为智能网联汽车及其用户、管理及服务机构等提供车辆运行、基础设施、交通环境、交通管理等动态基础数据。此外，其还可以提供云控、智能网联数据标准化互联互通、大数据计算、动态交互场景库、体系化应用开发与测试环境五大服务。云控模块基于自动驾驶通用模块，提供云控基础平台所需的数据支撑，利用协同感知、云端决策与网联交通设施控制，形成车端-边缘云-区域云-中心云四级支撑体系，实现交通设施控制与车辆控制协同[23]。

2.8 执行装置

汽车的智能化和电动化呈现相互促进、共同发展的趋势。智能网联汽车的感知、决策和控制三大关键技术都离不开机电一体化执行技术的支撑。机电一体化的执行装置是智能网联汽车的“手”和“脚”，其性能将直接影响到智能网联汽车的功能实现。因此，下文将对智能网联汽车底盘执行机构的线控技术进行简要的介绍。

线控系统（X-by-wire），区别于传统的纯机械系统，是指采用“电线”或者电信号实现运动和力的传递控制，而不是通过机械连接装置来操作的系统。线控技术可理解为一种电控方式,这里的"X"代表着传统汽车上通常由机械或者液压控制的各个关键的功能零部件,例如:制动踏板、转向盘、悬架、加速踏板、离合器踏板、节气门和门锁等。对于传统非线控汽车而言,其机械系统操纵方式是通过驾驶人直接对制动踏板、加速踏板、换挡杆和转向盘等机构的操作,直接操纵汽车的行驶,进而改变汽车的行驶状态,机械系统直接实现驾驶意图的执行。而与传统汽车机械系统不同的是,线控系统先采集驾驶人的动作信号,并通过控制系统再输出符合驾驶人需求的电信号,从而实现汽车的操纵。

线控技术已被广泛用于航空业,用线控系统来取代传统的液压和机械系统已经成为技术发展的趋势[26-27]。由于线控系统相比于传统的机械系统存在诸如高效、轻便和灵敏度高等优点,这些优点为汽车设计空间的提升、控制系统的集成和整车布置的紧凑、轻量化等提供了极大的便利。因此,线控底盘技术的发展为智能网联汽车实现自动驾驶决策的准确可靠执行奠定了硬件基础。线控技术在汽车底盘上的应用前景广阔,采用线控技术的驱动系统、转向系统、制动系统有望在未来智能网联汽车上获得广泛的推广和普及。

线控系统的基本结构原理如图 2-41 所示。核心是实现驾驶员或智能网联汽车决策系统发出的操纵指令与执行机构之间的交互,并通过传感器获得功能装置执行指令是否实时准确等反馈信息,以便于驾驶员或决策系统发出反馈校正指令以及下一步的操纵指令。

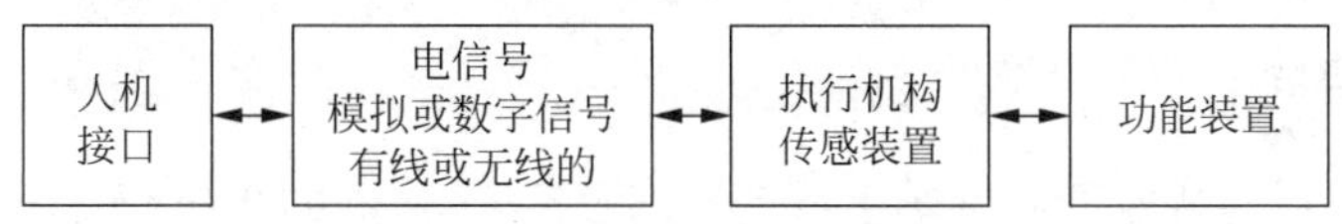

图 2-41 线控系统的基本结构原理

智能网联汽车的线控系统需要实现人机接口通信、执行控制机构和感知机构之间的有机联系,同时,线控系统还应保持车内外的通信和交互能力,这对线控系统的实时性和信息传输的可靠性提出了苛刻的要求。为最大限度提升线控系统的安全性,工程上通常采用"冗余设计"的方法,即在主系统之外再设置一套紧急备用系统,以保证在主系统故障或失效时备用系统能够及时激活,取代主系统实现汽车控制指令的准确可靠执行。

以下分别以汽车线控技术在驱动、转向和制动系统上的应用为例对汽车线控技术的应用进行阐述。

2.8.1 线控驱动

线控驱动系统 DBW 的英文全称是 Drive By Wire,也可以称作 Throttle By Wire,故可翻译为"线控节气门"或者"电控节气门"。图 2-42 所示是线控驱动系统结构图。对于人工驾驶汽车和人机共驾智能汽车而言,其线控驱动系统的组成机构有:加速踏板、踏板位移传感器、电控单元(ECU)、数据总线、伺服电动机和节气门执行机构等。而对于实现了完全自动驾驶的智能网联汽车而言,加速踏板和踏板位移传感器可取消。传统的人工驾驶车辆的发动机节气门控制方式是驾驶员通过脚操纵加速踏板,加速踏板的拉索就可直接对发动机节气门的开合程度进行控制,从而实现汽车的加速或减速行驶。

在线控驱动系统中,传统的机械踏板拉索被电子连接所取代。在人工驾驶车辆或人机

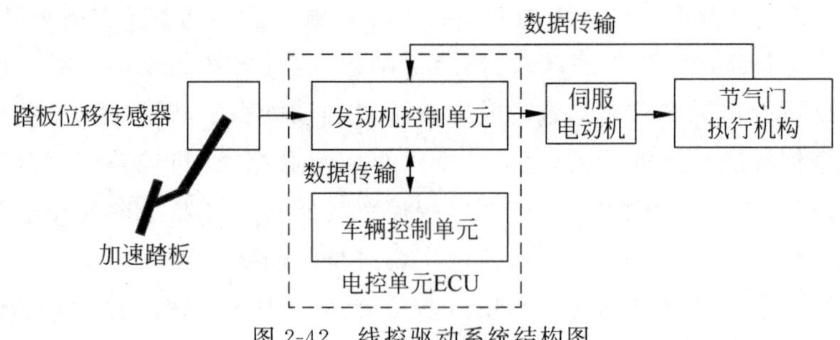

图 2-42 线控驱动系统结构图

共驾智能网联汽车中，加速踏板仍存在，但已经不是传统意义上的真实踏板，而变成了电子踏板。电子踏板通过采集驾驶员所施加的踏板位移信号，将其传递至汽车的控制器中，通过控制器的判断，产生电信号直接驱动电子节气门的开度。

线控驱动与传统机械式驱动系统相比，具有显著的优势。首先，线控的电子节气门的控制将更为实时和准确。其次，线控驱动所采用的电子节气门，不仅可以增加加速踏板的轻便性，同时还可通过对节气门开度的高精度微调，实现最佳节气门开度，以匹配汽车不同行驶工况对节气门开度的复杂多样化需求，在保证动力性的前提下，最大程度提升燃油经济性，并抑制传统节气门的燃油空气供给浓度比不佳所导致的汽车排放性能恶化现象。

2.8.2 线控转向

在 L2/L3 级别的智能网联汽车上，部分工况下，驾驶员的操纵仍是必不可少的，因此，转向系统在低等级智能网联汽车上仍存在。线控转向系统(Steer By Wire，SBW)取代传统的齿轮齿条或蜗轮蜗杆式转向系统，直接采用电机驱动转向轮，实现驾驶员或智能汽车决策系统转向意图的实现。转向盘位置传感器、力反馈电机、转向电机、转向电控单元、轮胎角度传感器等零部件构成了线控转向系统。图 2-43 所示是线控转向系统结构图。

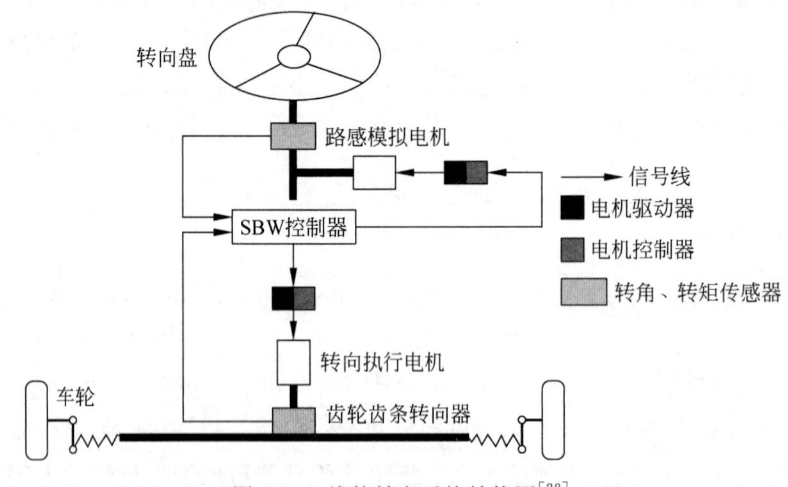

图 2-43 线控转向系统结构图[28]

现有量产车的线控转向系统一般由转向盘总成、电控单元、转向执行总成和自动防故障系统等子系统所组成。其中，转向盘总成实现转向意图的输入，控制器实现车轮转角大小和转向力矩大小的决策，转向执行总成通过电机直接驱动转向轮实现车轮转向，而自动防故障系统通过检测以上三个输入—控制—执行机构的实时运行状况，保证系统功能准确可靠的实现，在系统故障时，能够启动“冗余”备份系统，保障紧急工况下的安全性。

线控转向系统的转向盘总成主要由转向盘、转向盘转角传感器和转向盘回正力矩电机等零部件组成。转向盘总成有两大功能。首先，实现驾驶员转向意图的采集；其次，通过力矩电机模拟路感信号，增加驾驶员的驾驶体验，保证驾驶安全性。

电控单元的功能是实现所采集的转向盘转角信号的分析处理，根据输入转向盘转角的幅值和频率等信息，结合汽车当前的运动状态，以准确识别出所需的轮胎转角大小，并通过电信号将转角信号实时下发至转向执行电机，保证各工况下转向意图的准确实施。

转向执行总成的组成有轮胎转角传感器和转向执行电机等，转向执行总成负责实际轮胎转角的准确实施和实施效果的实时反馈，其执行精度直接影响到驾驶员转向意图是否准确快速地完成。

自动防故障系统是线控转向系统的“免疫系统”，通过系统输入—控制—执行机构上的传感器对系统运行状态进行实时的监测，并将监测结果实时反馈至控制器，并能够对系统的故障和失效进行处理。在系统失效时，通过激活“冗余”的备份系统，实现紧急工况下的危机处理，提高汽车的行驶安全性。

线控转向系统的应用有助于提升整车设计的紧凑性，提升驾驶舱空间布置的灵活性，还能提升转向的轻便性。在紧急工况下，如冰雪路面上车辆侧滑和跑偏时，能够启动应急机制，避免驾驶员转向误操作和转向频率以及幅值不足导致事故的发生。

2.8.3 线控制动

制动系统是智能网联汽车实现减速和停驶所必须具备的系统。传统汽车的制动系统由机械或液压机构所组成。目前，以电磁和电液混合等为代表的线控制动逐渐取代传统机械制动和液压制动，有望成为新一代智能网联汽车的制动系统。

现有主流的线控制动系统可分为电液制动系统 EHB(Electric-Hydraulic Brake)和电子机械制动系统 EMB(Electro-Mechanic Brake)两种不同的形式[28]。电液制动系统是制动系统电气化的过渡产物，完全由电磁驱动的电子机械制动系统将是智能网联汽车制动控制系统的未来方向。

与线控驱动和线控转向系统类似，为实现制动功能，线控制动系统须包括信息采集单元、电控单元和执行单元三大部分，以分别实现制动意图的采集、制动强度指令的下发和制动功能的执行。

线控制动系统的信息采集单元主要由制动踏板和踏板行程传感器所组成，其与传统制动踏板的区别是，线控制动的制动踏板为电子踏板，并不直接由制动踏板通过拉索机构驱动制动器实现制动意图的实施，而仅通过制动踏板采集制动信号。电控单元接收来自制动踏板的制动指令，根据汽车的行驶工况和驾驶员的制动意图，判断出制动的强度，并下发给制动执行机构。制动执行单元接收来自电控单元的制动强度指令，驱动电制动器或液压制动器等执行机构实现汽车的制动。

线控制动系统与传统制动系统相比，其优势主要体现在以下几个方面：首先，一定程度上解放了驾驶员的右脚，有助于缓解驾驶疲劳；其次，线控制动系统能够结合 ABS 系统或 ESC 系统的功能，通过四个车轮的非对称制动产生的横摆力矩协同控制，实现湿滑和冰雪路面等极限路况下汽车的制动安全性；最后，线控制动系统结构简单，制造成本较低，且能够减少制动液的使用，避免污染环境。综上，线控制动是智能网联汽车制动功能实现的良好载体。

2.9 云控平台

云控平台是云控系统的重要组成部分，由云控基础平台和各类企业或相关单位根据各自需求而建设的云控应用平台组成。云控应用平台通过云控基础平台获取全面的、标准化的智能汽车相关动态基础数据，结合企业或单位私有化数据为产业提供差异化、竞争类的增值应用服务。云控平台通常是一个概念对象，其通过与云控基础平台和云控应用平台的关系界定，为产业提供清晰、统一的系统级概念。云控基础平台与云控应用平台各自包含的内容及关系如图 2-44 所示。

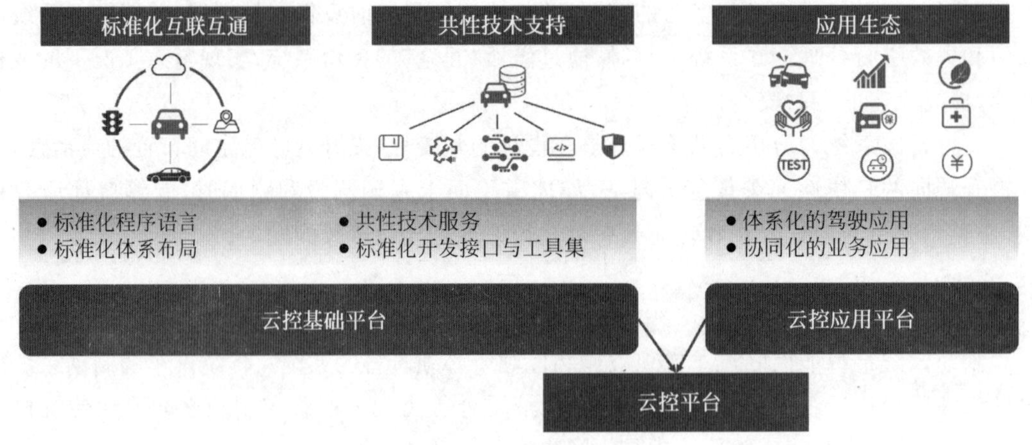

图 2-44 云控平台组成示意图

2.9.1 云控基础平台

在云控系统中，云控基础平台是云控平台的基础层，其具有实时信息融合与共享、实时计算编排、智能应用编排、大数据分析、信息安全等基础服务机制，可为智能汽车与其用户、管理及服务机构等提供车辆运行、基础设施、交通环境、交通管理等实时动态基础数据与大规模网联应用实时协同计算环境，是智能汽车的基础设施。

云控基础平台由边缘云、区域云与中心云三级云组成，形成逻辑协同、物理分散的云计算中心。云控基础平台主要提供核心的标准互联服务、动态基础数据实时融合与分级共享服务、智能网联驾驶与智能交通应用实时运行服务等。边缘云可服务于城市街区，运行实时或准实时云控应用；区域云可服务于市或省，运行准实时或非实时云控应用；中心云可服务全国，运行非实时云控应用。三者服务范围依次扩大，后一级统筹前一级，服务实时性逐渐降低，但服务范围逐步扩大。三级分层架构有利于满足网联应用对实时性与服务范围的各级要求。

云控基础平台是云控系统的功能核心，为其他组成部分或外部应用系统提供共性基础服务，包括统一公共基础服务和实时、准实时和非实时的标准数据互联与数据融合共享服务：

(1) 统一公共基础服务。云控基础平台提供开放的标准通信机制、实时动态基础数据、实时应用运行环境等公共服务，以标准方式按需分配给用户使用。各用户将云控基础平台作为基础层来开发、测试并运行自己的网联应用，减轻用户业务负担，使用户能专注于自己专长领域，并提高资源利用率，减少重复建设。

(2) 实时标准互联与数据融合共享服务。在标准互联服务下，车路终端与云平台能方便地接入云控基础以实现双向实时交互，形成数据闭环；云控基础平台对汇聚的车路云数据，在路侧、边缘云与区域云上进行不同范围、粒度与实时性的分层多源数据融合，实现高覆盖、高精度、高可靠的交通全要素实时数据映射；用户能按需实时获取融合后的动态基础数据或建立通信链路，提升数据源利用率，降低互操作成本，打破信息孤岛，实现数据赋能。

创建和发展云控基础平台有着重要意义：

(1) 在产业需求方面，云控基础平台是智能网联汽车产业生态建设的基石。新一代汽车产业升级的实现需要端、管、边、云的高度协调和融合。云控基础平台可以为各类云控应用平台提供支撑，在整个体系中起着"大脑"的作用，它不仅是各类车辆信息、交通信息的收集方，也是复杂控制、指挥调度的基础数据和基础服务方。随着网联化的进一步发展，高度信息共享的要求需要逐渐打破不同品牌之间的界限，继而促进更广泛的交互以及更普适的应用。云控基础平台可以为产业提供全方位的多源、异构数据，用于指导汽车的下一步生产制造和性能优化；大量基础数据的标准化处理为指令发放和指挥调度提供依据，是智能网联时代推动汽车产业向开放、共享、有序方向发展的重要基础。

(2) 在国家战略方面，云控基础平台是支撑智能网联汽车实现我国由汽车大国迈向汽车强国的必要支撑。进入智能网联时代之后，将产生大量汽车、交通等相关领域的数据，这些数据不仅有利于实时掌控运行状态，而且可以为制定相关政策、指导行业发展提供重要支撑，甚至同国家信息安全息息相关。因此，作为国家大力发展的重点产业之一，为智能网联汽车建立云控基础数据平台，并建设成为国家基础信息设施，具有非常重要的战略意义。

(3) 在行业监管方面，云控基础平台可以实时收集准确的各类数据，为汽车行业、交通行业提供真实、透明的数据来源，通过专业的数据分析为行业监管提供数据支撑。同时，数据的分类存储和针对特定事件的建模分析在调查分析和数据溯源方面也将起到很重要的作用。

2.9.2 云控应用平台

云控应用主要包括增强行车安全和提升行车效率与节能性的智能网联驾驶应用、提升交通运行性能的智能交通应用，以及车辆与交通大数据相关应用。根据云控应用对传输时延要求的不同，可以分为实时协同应用和非实时协同应用。

云控应用是企业云控应用平台的核心功能。云控应用平台是指利用云控基础平台为基础能力或服务,实现部署和运行包括智能网联汽车协同感知、决策与控制,智能交通管控,公共出行服务,智能网联汽车测试等领域应用的智能网联汽车服务平台。既有的企业应用平台多为各类企业或相关单位根据各自需求建设而成。而在云控基础平台之上建设的云控应用平台是面向智能网联汽车有效整合人-车-路-云信息,结合 V2X 和车辆远程控制技术,通过"端、边、云"协同,实现车辆行驶性能提升与运营全链路精细化管理的协同管控平台。

云控应用平台是由各类企业、机构及政府相关部门等基于各自需求而建设的,可获取最全的、标准化的智能汽车相关动态基础数据,可实现智能网联车辆行驶性能提升与运营的全链路、精细化管理,为企业提供基于产业各类需求的差异化、定制化服务,以支持网联式高级别自动驾驶、盲区预警、实时监控、远程控制、远程升级、最佳路径规划、网络安全监控等众多功能。

本章习题

2.1 智能网联汽车实时感知内部与外部环境信息的方式有哪些?

2.2 图 2-45 为特斯拉(Tesla)Model 3 轿车的电子电气架构示意简图,Model 3 属于量产车中较早采用新型电子电气架构的车型。通过图中给出的信息,请尝试分析 Model 3 的电子电气架构处于本章中介绍的博世架构路线图中哪一阶段(注:题目中给出的电子电气架构图省略了部分细分线路连接关系和部分控制器模块,仅为示意简图。但省略内容并不影响对题目的理解和判断)。

2.3 2.2 节中介绍了云控系统的架构,通过车辆及路侧设备和云端的连接,车辆可以获得更丰富的信息,实现更丰富的功能。请尝试设计列举 2~3 个智能网联汽车利用云端信息实现的功能。

2.4 智能网联汽车安装有哪些传感器?各传感器的主要功能是什么?

2.5 画出一种典型的智能网联汽车传感器布置形式。

2.6 已知某长距离毫米波雷达(77GHz)信号频率带宽为 4GHz,线性调频周期为 40μs。装有该毫米波雷达的车辆以 40km/h 的速度在道路上行驶,前方某车辆以比该车更快的速度匀速行驶,发射信号与回波信号频率差为 0.1GHz,多普勒频率为 0.01MHz,该车的速度是多少?和本车的相对距离又是多少?

2.7 从异构计算的芯片架构、计算性能、功耗、开发难度 4 个方面来对比 4 种计算芯片(CPU、GPU、FPGA、ASIC)的性能差异。

2.8 分析智能网联汽车与传统汽车的执行机构的主要区别和联系。

2.9 车联网是 5G 产业中重要的应用场景,请调研 5G 通信的关键技术,并初步分析智能网联汽车对其通信性能的需求。

2.10 智能网联汽车定位方式有哪些?不同定位方式由哪些硬件支撑?

2.11 阐述现有人机交互系统的优缺点,尝试分析未来汽车可能出现的人机交互场景及硬件系统。

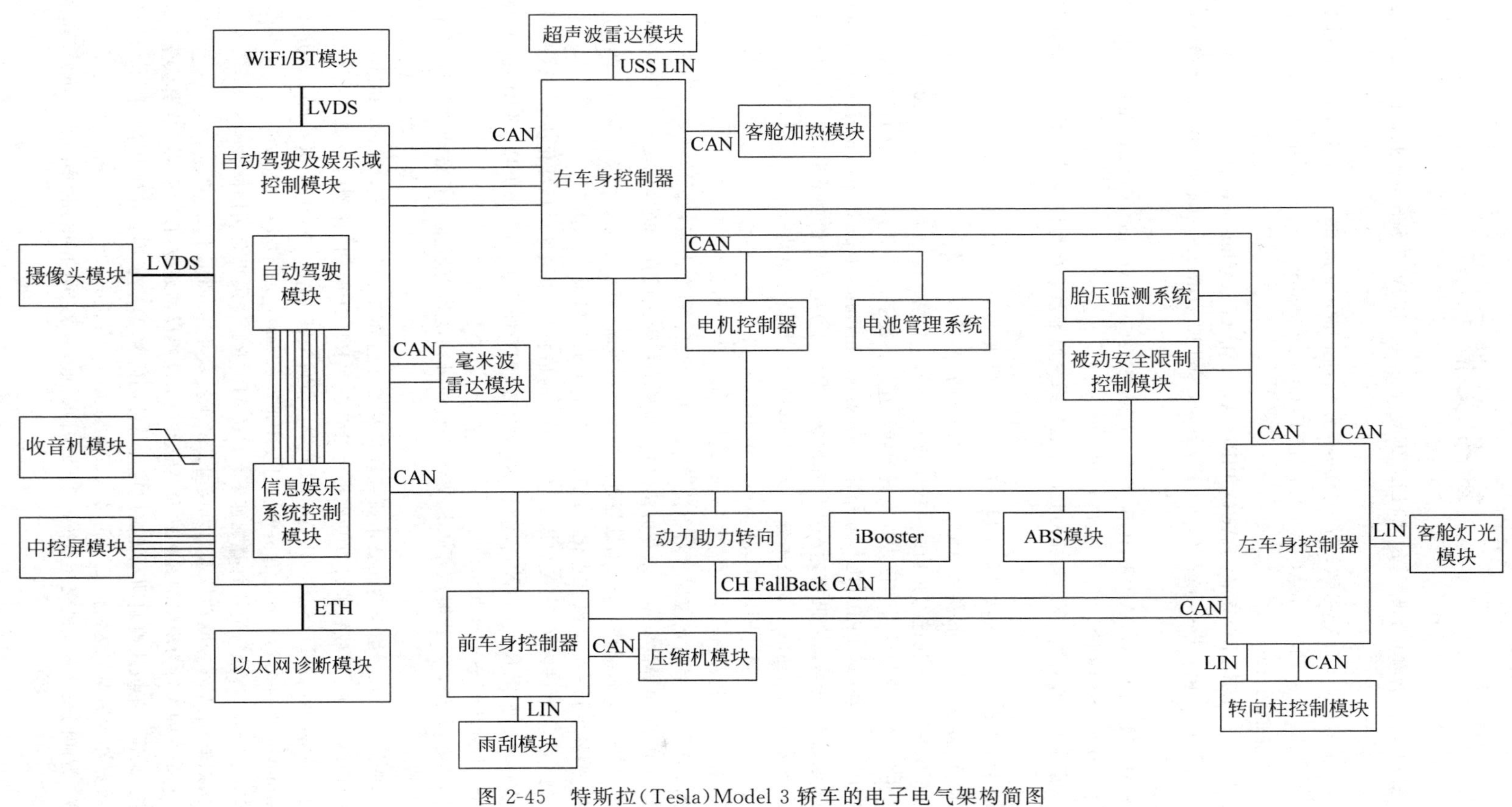

图 2-45　特斯拉（Tesla）Model 3 轿车的电子电气架构简图

参考文献

[1] KELLERMAN H, NEMETH G, KOSTELEZKY J, et al. BMW 7 Series architecture[J]. ATZextra, November, 2008, 2(8).

[2] CHEN C, PAN J, CHANG X, et al. System Design and Function Verification of an Extensible Autonomous Driving Platform[C]. 2019 IEEE International Symposium on Circuits and Systems (ISCAS). IEEE, 2019: 1-5.

[3] NAVALE V M, WILLIAMS K, LAGOSPIRIS A, et al. (R)evolution of E/E architectures[J]. SAE International Journal of Passenger Cars—Electronic and Electrical Systems, 2015, 8(2015-01-0196): 282-288.

[4] TRAUB M, MAIER A, BARBEHÖN K L. Future automotive architecture and the impact of IT trends[J]. IEEE Software, 2017, 34(3): 27-32.

[5] 李克强，李家文，常雪阳，等. 智能网联汽车云控系统原理及其典型应用[J]. 汽车安全与节能学报，2020，11(3)：261.

[6] 赵刚. 数码相机感光元件新技术的发展与现状(上)[J]. 影像材料，2004(6)：6-8.

[7] 郭辉. CMOS传感器技术的发展与走势[J]. 中国安防，2015(10)：7-10.

[8] 崔胜明. 智能网联汽车先进驾驶辅助系统关键技术[M]. 北京：化学工业出版社，2019.

[9] 韩宝石，王峥. 车载毫米波雷达国内外发展现状综述[J]. 数字通信世界，2019(9)：15-16.

[10] 博世中国. 产品和服务[EB/OL]. https://www.bosch.com.cn/products-and-services/mobility/.

[11] 贾海昆，池保勇. 硅基毫米波雷达芯片研究现状与发展[J]. 电子与信息学报，2020，42(1)：173-190.

[12] 余莹洁. 车载激光雷达的主要技术分支及发展趋势[J]. 科研信息化技术与应用，2018，9(6)：16-24.

[13] 百度. Apollo自动驾驶[EB/OL]. https://apollo.auto/.

[14] 李晓欢，等. 自动驾驶汽车定位技术[M]. 北京：清华大学出版社，2019.

[15] 刘基余. GPS卫星导航定位原理与方法[M]. 2版. 北京：科学出版社，2003.

[16] 黄丁发. GPS卫星导航定位技术与方法[M]. 北京：科学出版社，2009.

[17] 邓志红，付梦印，张继伟，等. 惯性器件与惯性导航系统[M]. 北京：科学出版社，2012.

[18] 李兆荣. 跨界生长·车联网在进化[M]. 北京：电子工业出版社，2016.

[19] IMT-2020 (5G)推进组. C-V2X白皮书[R]. 中国通信协会，中国通信标准化协会，2018.

[20] White Paper: 3GPP R15 eV2X 22.886 [R/OL]. (2018-12-21) [2020-10-01]. https://www.3gpp.org/DynaReport/22-series.htm.

[21] 胡云峰，曲婷，刘俊，等. 智能汽车人机协同控制的研究现状与展望[J]. 自动化学报，2019，45(7)：1261-1280.

[22] 王宇希，张凤军，刘越. 增强现实技术研究现状及发展趋势[J]. 科技导报，2018，36(10)：75-83.

[23] 中国软件评测中心. 车载智能计算基础平台参考1.0[R]. 中国软件评测中心，2019.

[24] SHAWAHNA A, SAIT S M, EL-MALEH A. FPGA-based accelerators of deep learning networks for learning and classification: A review[J]. IEEE Access, 2018, 7: 7823-7859.

[25] XILINX. Versal：首款自适应计算加速平台(ACAP)[R]. 赛灵思公司团队，2018.

[26] 宗长富，刘凯. 汽车线控驱动技术的发展[J]. 汽车技术，2006(3)：1-5.

[27] 罗兰. 基于驾驶人行为辨识的线控转向系统可调节路感反馈研究[D]. 长春：吉林大学，2019.

[28] 张艳华. 某轿车集成线控制动系统响应特性与控制研究[D]. 长春：吉林大学，2018.

[29] 佚名. 9张图读懂斯柯达柯迪亚克整体式安全防护[J]. 看世界，2017(23)：5.

[30] 肖绍章. 智能网联汽车人机交互系统研发[EB/OL]. https://ced.hyit.edu.cn/info/1032/5573.htm.

3 环境感知与理解

3.1 绪论

环境感知系统是智能网联汽车获取外界信息的通道，其利用传感器获取外界信息，并将传感器数据转化成决策系统所需要的输入。环境感知所输出的任何错误感知结果都可能导致决策算法的失效，严重时会造成重大事故。因此，提高环境感知系统的准确性、精确性、鲁棒性、实时性是保证智能网联汽车安全性、舒适性的关键环节，也是其能正式落地的重要前提。

智能网联汽车环境感知系统具有复杂的结构，需要搭载多种传感器以应对复杂多样的交通场景，并完成多项环境感知与理解的任务，主要包括目标检测、目标跟踪、语义分割、意图识别、轨迹预测与风险评估等；由于不同传感器的数据类型差异较大，不同感知任务期望的输出形式也各不相同，单一的算法无法完成由多传感器数据到多任务结果的映射，因此环境感知系统的研究往往会涉及多个学科，涵盖范围极其广泛。一个典型的环境感知系统如图 3-1 所示。

由于多类型输入到多类型输出任务的复杂性，传统的算法始终难以满足智能网联汽车

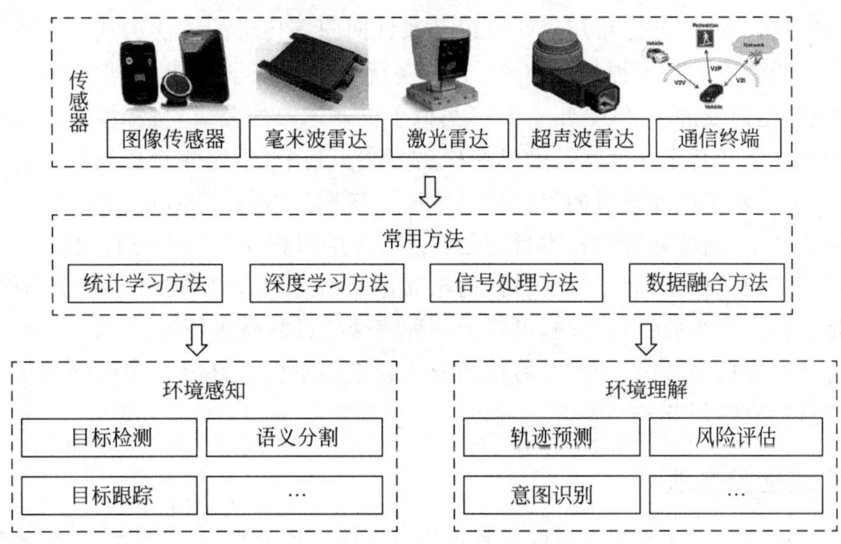

图 3-1 环境感知系统示意图

的感知要求，导致环境感知系统成为智能汽车发展的瓶颈之一。随着深度学习的出现，以及其在图像领域的重大突破，环境感知系统的发展出现了新的契机。基于深度学习的图像、点云数据处理方法层出不穷，无论是在目标检测、分割、跟踪，还是在环境认知、数据融合方面都带来了巨大的提升，使得深度学习被认为是感知系统最为有效的解决方案。然而，深度学习方法也存在缺陷：首先，深度学习理论的发展不足，限制了其感知效果的进一步提升；其次，深度学习方法需要海量数据的支持以确保感知精度，当训练好的模型遇到训练集中未覆盖的一些交通情况时，其往往会给出错误的判断结果，且这种错误是难以预估的。因此，现有的环境感知算法还有待进一步发展。

下文主要以感知任务为分类标准，首先介绍环境感知中的目标检测与目标跟踪算法及多传感器数据融合方法，接着介绍环境理解中的意图识别、轨迹预测与风险评估的方法。

3.2 目标检测

3.2.1 概述

智能网联汽车环境感知系统中的目标检测任务采用第 2 章介绍的摄像头、激光雷达、毫米波雷达等多种车载传感器来检测感知对象。在实际的交通场景下，感知对象可分为静态的车道线、标志牌、红绿灯等和动态的交通道路参与者，如车辆、行人、骑车人等[1]。另外，不同种类的车载传感器也有各自的应用特点[2,3]，比如激光雷达能为感知对象提供位置信息，但采集的点云能提供的分类信息有限；毫米波雷达则能完成运动目标的速度探测。相比于这些能发送探测信号的主动传感器，摄像头作为被动传感器，以其语义信息丰富、性价比高、易扩展等优势，广泛应用于智能网联汽车的环境感知任务。

下文不以传感器的种类或感知对象的类别为依据，进行目标检测方法的介绍，而是着重介绍通用的目标检测方法。从 20 世纪 80 年代末期以来，以神经网络中的隐藏层数目为分类标准，机器学习的发展大致经历了两次浪潮：浅层学习和深度学习。前者在 1986 年兴起，以支持向量机、提升方法、单层感知机以及线性回归等传统的方法为代表[4,5,6,7]。而后者是包含多个隐藏层的人工神经网络[8]，其具备优异的特征学习能力，常作为一种高效的机器学习方法，迅速发展于 2012 年[9,10]。类似于机器学习的分类，目标检测方法可分为传统的目标检测方法和基于深度学习的目标检测方法。其中，传统的目标检测方法可简称为“传统检测方法”，基于深度学习的目标检测方法可简称为“深度学习检测方法”。由于在车载环境感知任务中，图像处理的根本目的是将感兴趣的目标与背景进行有效地分割，不仅输出目标的矩形框图像信息，而且给出目标的轮廓像素信息，从而实现目标的全面检测，因此目标分割是一种像素级的目标检测，可视为一种特殊的目标检测任务。

下文将从传统检测方法、深度学习检测方法和应用举例三部分介绍面向智能网联汽车环境感知的目标检测任务。

3.2.2 传统检测方法

传统的目标检测方法根据检测的过程可细分为图像预处理、候选区域选择、特征设计与特征提取、目标分类和定位优化几部分，如图 3-2 所示。其中，候选区域选择、特征设计与特

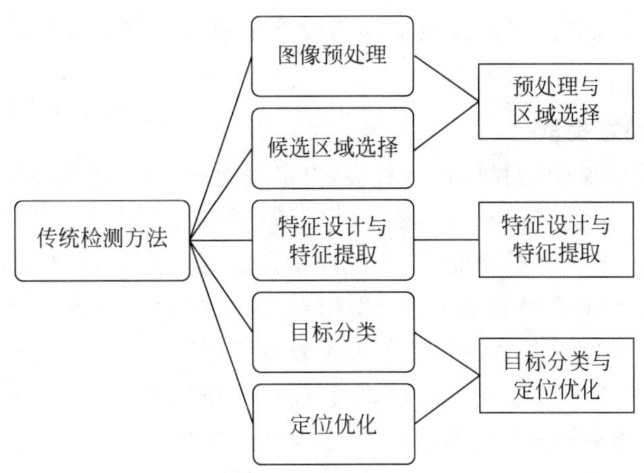

图 3-2 传统的目标检测方法的整体流程

征提取、目标分类三部分为目标检测方法的核心过程。图像预处理作为目标检测方法的前处理过程，可整合到候选区域选择部分。类似地，定位优化作为目标检测方法的后处理过程，可整合到目标分类部分。

传统的目标检测方法一般实现流程如下：

(1) 采用图像处理方法进行输入图像的预处理；

(2) 使用固定(或不同)长宽比的滑动窗口在原始尺度(或被缩放)的图像上，以一定大小的步长遍历所有可能存在目标的候选区域；

(3) 针对每一个滑动窗口对应的像素集，使用事先设计的特征描述子(Feature Disciptor)进行特征提取；

(4) 使用基于规则、模型或数据驱动的方法进行候选区域的分类。

以上步骤将在后续章节逐一进行介绍。

1. 预处理与区域选择

由于车载传感器在采集图像数据时，往往会引入噪声，为了实现对图像中的目标进行准确的检测，通常需要对输入的图像数据进行预处理。图像预处理技术包括图像滤波、边缘增强、灰度拉伸、图像分割、形态学处理等，适用于易受光照条件变化影响的检测场景，或外观和颜色特征比较简单的目标对象的检测任务，如车道线和红绿灯检测。

常用的候选区域选择方法为滑动窗口法(Sliding Window)[11]，该方法通常采用图像金字塔(Image Pyramid)扫描的形式，将图像缩放到不同的尺度大小，并使用固定大小的模板在不同尺度的图像上遍历所有可能存在检测对象的区域。滑动窗口法选择的候选区域数量与输入图像的大小成正比，常见的输入图像大小范围在 640×480 像素到 2048×1024 像素，会产生 $10^5 \sim 10^6$ 数量级的窗口，具体的待检测窗口数量与图像大小、模板尺寸、图像金字塔稠密程度及扫描步长等有关。如此规模的待检测窗口增加了后续特征提取和目标分类的计算量，直接影响了检测算法在智能网联汽车中的实际应用。另外，将大量不包含前景对象的区域送往接下来的分类步骤，也增加了分类错误的可能性，从而影响最终的检测效果。实际应用中，可根据特定的应用场景与检测对象对选择的候选区域进行约束。例如，针对车载图像中的行人识别，可假设地面是平的、行人站在地平面上、行人高度和高宽比在一定约束范围内等，此类约束也被称为行人尺寸约束[5]。常见的行人尺寸约束是假设行人高度约为

1～2m，标准差约为0.2m，满足此约束条件的候选区域才能够进入下一步的特征设计与特征提取阶段。

2. 特征设计与特征提取

为了实现对视觉图像中的目标进行有效、准确的检测，通常需要事先人为地设计目标的典型特征，然后基于相应的算法对获得的候选区域进行特征提取，以便为后续目标的分类提供必要依据。具体地，就特征提取而言，首先要确定目标具有何种典型的图像信息特征，这通常是基于先验知识和工程经验确定的，然后就是考虑采用何种方法能够获取相应的典型特征。这里获取的特征指的是将图像中的像素点在经过一系列四则、逻辑等运算或数据统计后得到的结果，特征表现的形式可以是数值、向量或矩阵等。

对于智能车辆环境感知需要检测的物体，常涉及的具有代表性的特征有简单的颜色、形状和梯度（见图3-3(b)）等，或集成多种简单特征的梯度方向直方图（Histograms of Oriented Gradients，HOG）特征[12]、哈尔（Haar）特征[4]等。其中，HOG特征的提取方法是先把候选区域分为若干个细胞单元（Cell），每几个细胞单元组成一个图像块（Block）；其次统计细胞单元内每个像素点在不同梯度方向上梯度幅值投影的权重得到直方图特征，并把每个图像块内细胞单元的直方图特征串联起来组成该图像块的特征向量；然后对重叠的图像块内细胞单元的直方图进行归一化处理；最后将所有图像块的特征向量连接起来形成HOG特征，可视化效果如图3-3(c)所示。

(a)

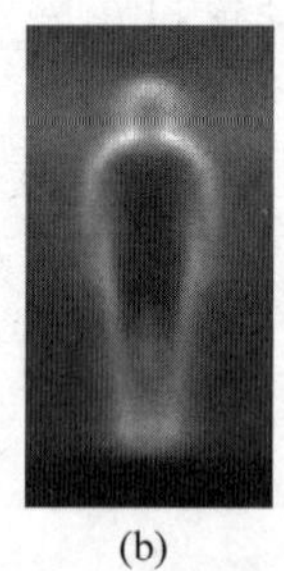

(b)

(c)

图3-3 输入图像和特征图[12]

(a) 输入图像；(b) 平均梯度特征；(c) HOG特征

Haar特征体现了图像的灰度变化情况，它有三个基本类别的特征模板：边缘特征、线性特征和中心特征，如图3-4所示。每种特征模板内有白色和黑色两种矩形像素块，每种特征模板的特征值定义为白色矩形像素之和减去黑色矩形像素之和。

基于设计的HOG特征或Haar特征，研究者们提出了很多有效的目标分类方法，在当时获得了很好的检测性能。例如，采用HOG特征和SVM分类器的行人检测器[12]先使用64×128像素大小、步长为8像素的滑动窗口分别在缩放比为1和1.2的图像上扫描得到目标候选区域，再对每一个区域，计算其HOG特征，最后使用线性支持向量机（Support Vector Machine，SVM）对其分类。类似地，有采用拓展的Haar特征结合AdaBoost级联分类器的目标检测方法来检测行人和车辆目标[4]。其中，分类器的含义是给定一个样本，判定这个样本是属于哪一类别的方法，如SVM和AdaBoost等。

3. 目标分类与定位优化

目标分类与定位优化子模块的输入是一系列的候选区域，这些候选区域中有包括目标

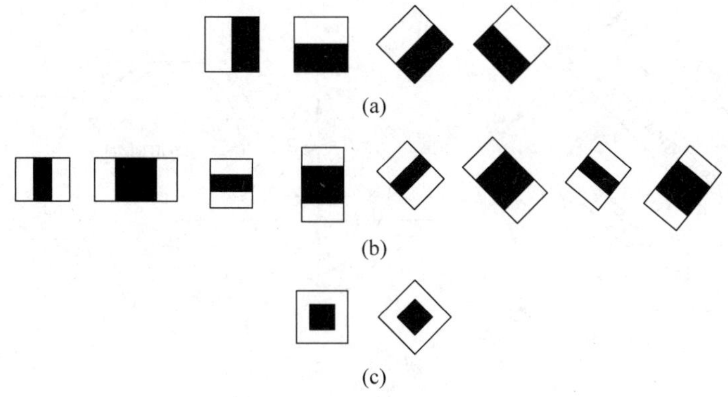

图 3-4　Haar 特征的基础模板[4]
(a) 边缘特征；(b) 线性特征；(c) 中心特征

对象的，也有没有包括目标对象的。在这个阶段，要在保证尽量少的误识别和漏识别的前提下，将候选区域分类为目标对象和非目标对象。

这里以车载环境中常见的行人目标为例，针对行人的目标分类，最初的尝试工作是一些基于轮廓匹配的分类方法，因为行人轮廓相对骑车人或其他外形多变的目标来说相对简单些。最简单、直接的方法是基于二值图像的方法，图像在经过对称分割和校正后，直接与人体上身的边缘图像模型进行匹配。另一种基于轮廓匹配的分类方法首先采用多层模板匹配的方式，借助角点的特征锁定候选区域，然后使用多层模板进行轮廓匹配，最后结合由粗到细的搜索方式，使用 SVM 分类器验证候选区域的有效性。

基于传统机器学习的方法一般包含能够表示目标特性的特征向量和基于正负样本训练的分类器。这里介绍行人或骑车人检测中常用的分类器，如人工神经网络(Artificial Neural Network, ANN)、SVM 及 AdaBoost 等。ANN 可以通过复杂的模式描述来学习模式的特征，它在行人检测上有广泛的应用。例如，有研究者采用图像梯度的幅值作为特征，利用三层的前馈神经网络作为分类器来检测行人，这类方法借助梯度特征来消除光照变化的影响，同时也可避免二值化过程中阈值选择的问题。许多用于行人检测的特征都能与 SVM 或 AdaBoost 分类器相结合，具体地，可以结合 HOG 特征和 SVM 分类器对正负样本(Positive and Negative Samples)进行模型训练，用训练好的模型来检测行人[13]，或结合 AdaBoost 级联分类器和 Haar 特征来训练和检测人脸[4]。

上面提到的 SVM 分类器是定义在特征空间上间隔最大的线性分类器，当训练样本集的特征空间线性可分时，SVM 分类器能学习到正确划分样本空间并且得到几何间隔最大的分离超平面 $\boldsymbol{w} \cdot \boldsymbol{x} + b = 0$，如图 3-5 所示，虚线上浅色的点为支持向量；如图 3-6 所示，当特征空间线性不可分时，SVM 分类器引入核函数将原始特征映射到一个高维特征空间中，从而将原始空间线性不可分的问题转换为高维空间中线性可分的问题[14]。核函数是映射关系的内积，更多关于核函数的解释，可以参考书籍《统计学习方法》。AdaBoost 级联分类器是一种基于级联分类模型的分类器。首先将若干个弱分类器加权组成一个强分类器，然后将多个强分类器连接在一起逐级地进行正负样本判决的操作，组成最终的 AdaBoost 级联分类器。

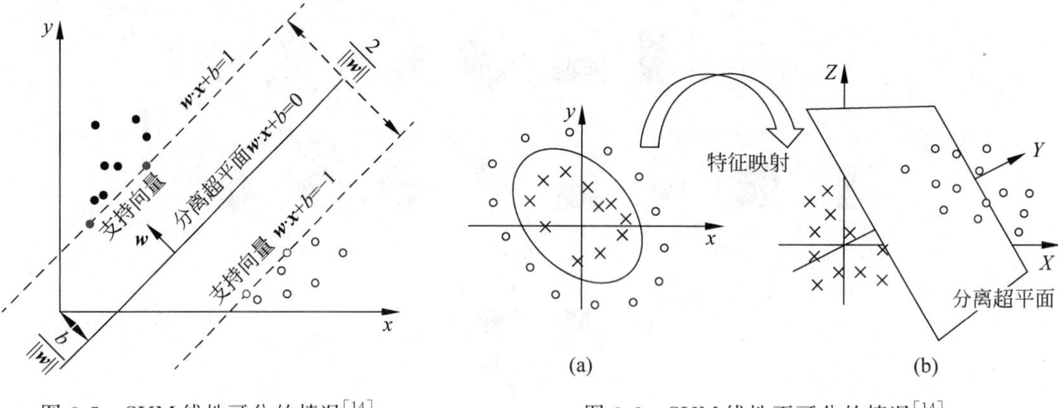

图 3-5 SVM 线性可分的情况[14]

图 3-6 SVM 线性不可分的情况[14]

(a) 线性不可分；(b) 线性可分

3.2.3 深度学习检测方法

1. 网络结构设计

不同于传统的机器学习方法，深度学习方法无须手动设计需要提取的特征，同时弱化了特征提取和目标分类的界限。基于深度学习的目标检测方法常涉及的基础网络结构有卷积神经网络（Convolutional Neural Networks，CNN）和全卷积网络（Fully Convolutional Networks，FCN）。其中，CNN 由卷积层、池化层和全连接层组成，每个层的具体含义将在附录 A.2 中进行解释说明。卷积层和全连接层具有需要学习的权重参数，因此也被称为权重层。池化层不涉及权重，因此不属于权重层。而 FCN 将 CNN 中的全连接层替换为卷积层，使得输入图片尺寸可变，同时利用反卷积技术解码输出与输入同分辨率的语义分割图。CNN 常用作对图像中的前景目标进行目标级的分类，而 FCN 用于对图像进行像素级的分类，从而解决了语义级别的图像分割，两者的对比如图 3-7 所示。

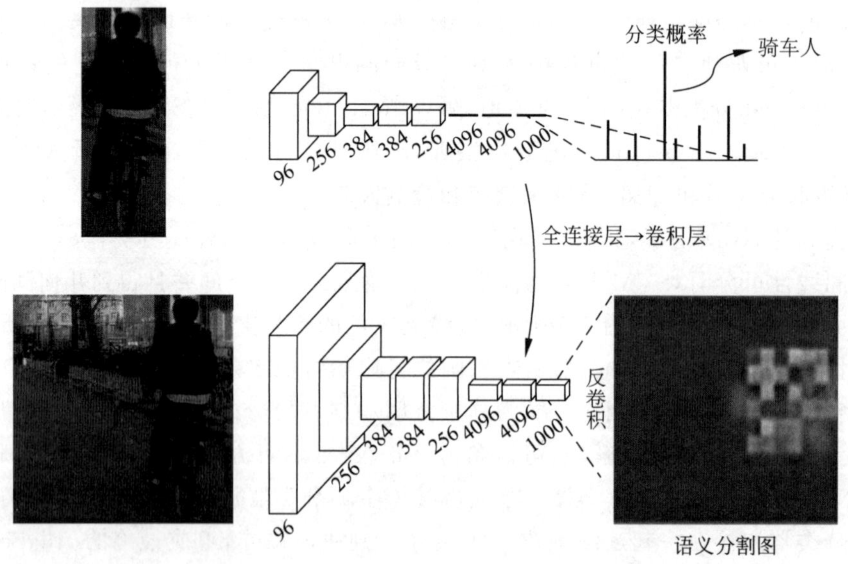

图 3-7 用于分类的 CNN 和 FCN[15] 对比

这些深度学习网络的优势在于它们的多层网络结构能够从不同的网络层次中自动学习最能表征目标的特征。不同的层次指的是整个网络结构中不同的网络层，靠近输入层的网络层称为“浅层网络”，靠近输出层的网络层称为“深层网络”。其中，浅层网络的感受野（即每层网络输出的特征图上的像素点映射到原始图像上的区域位置的大小）较小，相比全局特征能较好地学习到局部特征，如目标局部的边缘和纹理，甚至头部和躯干等模式；深层网络的感受野较大，能学到更加抽象的全局语义特征，如目标的位置、尺寸和朝向等。基于深度学习的目标检测方法可以从样本数据中自动学习进行分类所需的特征，无须事先设计，深度学习方法也可以融合不同网络层的特征图作为整张图的特征图，然后通过位置的映射获取候选区域对应的特征图，最后利用 SVM 或 Softmax 层进行单前景目标与背景的二分类或多前景目标与背景的多分类。

前面提到的 Softmax 层由 Softmax 评分函数和交叉熵损失函数（Cross-Entropy，CE）组成。Softmax 评分函数把多个输入归一化地映射为 0～1 的分类概率值，所有概率值之和为 1。Softmax 函数的定义如下：

$$\mathrm{Softmax}(x_i)=\frac{\exp(x_i)}{\sum_k \exp(x_k)}$$

式中，exp()为指数函数，x_i 为 Softmax 层的第 i 个输入。

CE 常作为多分类问题中的损失函数，其定义如下：

$$\mathrm{CE}(y,\hat{y})=-\sum_i y_i \ln \hat{y}_i$$

式中，$\hat{y}_i$ 为第 i 个预测值，y_i 为对应的真值。

在介绍目标检测网络的具体分类之前，首先描述目标检测中锚点框（anchor box）这一关键的概念。锚点框用于深度学习方法中目标候选区域的生成，在图像的不同位置生成预定义的边界框（作为优化的初值），以卷积后特征图上的每个点为中心生成多个大小和宽高比不同的边界框。如图 3-8 所示，以特征图上的一点为中心就可以生成 9 种不同形状、不同大小的锚点框。

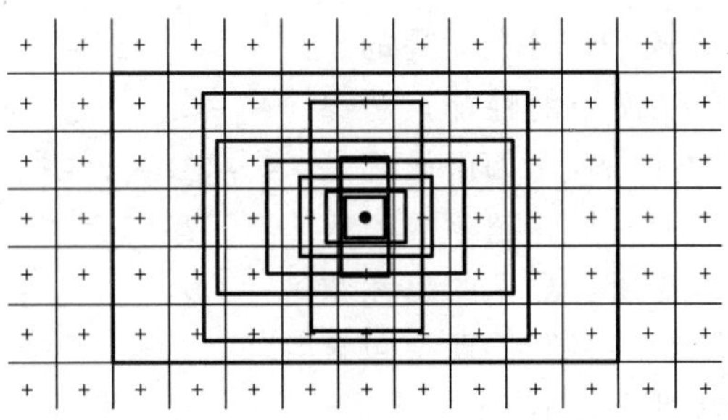

图 3-8 锚点框的生成[16]

按照目标检测网络是否利用锚点框来提取候选目标框（proposal）的分类标准，深度学习目标检测网络的结构设计方法可以分为基于锚点（anchor-based）的网络、不基于锚点框（anchor-free）的网络和融合上述两者的网络三类。其中，基于锚点的网络可根据是否需要单独产生候选框进而输入到分类和回归子网络，可进一步分为两阶段（two-stage）的网络和一阶段（one-stage）的网络。按是否利用锚点框来提取候选目标框和是否需要单独产生候选目标框这两个层级的分类标准，基于深度学习方法的目标检测网络结构分类如图 3-9 所示。

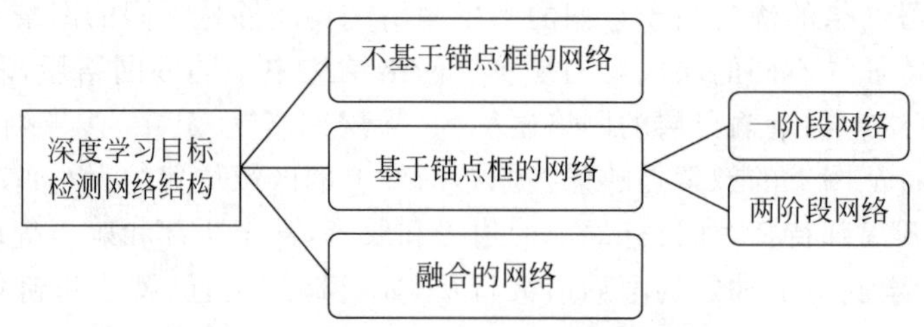

图 3-9 深度学习目标检测网络结构分类

深度学习目标检测方法中需要进行候选区域选择步骤而产生候选目标框的两阶段的目标检测网络结构如图 3-10 所示。

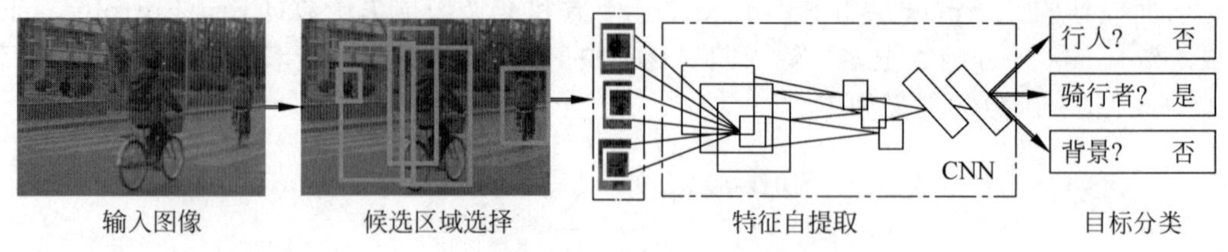

图 3-10 两阶段的目标检测网络结构示意图

2. 模型的参数和超参数

模型参数的选取直接影响基于深度学习的目标检测方法的性能。深度学习模型涉及的参数集合可细分为自动估计的参数和人为设计的超参数两部分。其中，模型的参数是深度学习网络从数据中自动估计的，而模型的超参数是在模型训练前手动设置的，用于在模型训练的过程中估计网络模型的参数。

(1) 参数：指的是模型可以根据训练集中的样本数据而自动学习出的变量，即模型的参数(见图 3-11)。比如，深度学习的权重 W 和偏差 B。

(2) 超参数：指的是在模型训练前设置的参数，可用来调整(Fine-Tune)模型的性能。超参数不同，学习到的模型是不同的，比如假设都是 CNN，若层数不同，则模型不一样。超参数一般就是根据经验人为确定的变量。常见的超参数有学习速率、迭代次数、隐藏层层数、隐藏层包含神经元的数目、激活函数和批次大小等。

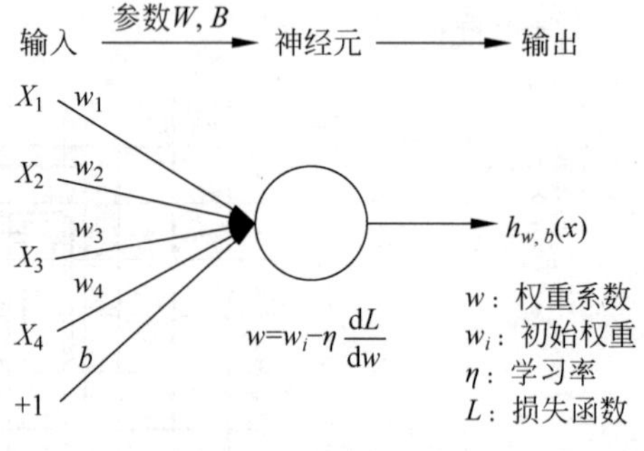

图 3-11 参数的含义

3. 算法相关技巧

为了保障深度学习目标检测模型的精度性能和速度性能，本节主要介绍深度学习目标检测方法中常用的锚点框设计技巧和梯度下降策略。

锚点框的设计会影响深度学习方法的检测精度和速度。目前锚点框尺寸和数量的选择主要有以下三种方式：经验阈值选取；K-means 聚类选取和上述模型的超参数进行学习。其中，基于 K-means 聚类的锚点框设计算法不仅保持了从数据中学习的能力，而且计算复杂度也不高，因此被广泛应用于深度学习网络锚点框的设计中。

深度学习网络模型利用梯度下降方法进行优化,不同的梯度下降策略会影响模型的收敛性和计算的复杂性。按照损失函数(Loss Function)的计算规模和参数更新的频率,优化方法可分为批梯度下降(Batch Gradient Descent, BGD)、随机梯度下降(Stochastic Gradient Descent, SGD)和小批梯度下降(Mini-batch Gradient Decent, MGD)三类,相关含义如下。

(1) BGD 计算损失函数的策略是遍历全部数据集后计算一次损失函数,然后求取函数对各个参数的梯度,并利用图 3-11 中的梯度下降公式 $w=w_i-\eta \mathrm{d}L/\mathrm{d}w$ 更新参数的梯度。BGD 的特点是遍历完数据集中的所有样本后才进行一次参数的更新学习,其计算复杂度高,计算速度慢,不支持在线学习。

(2) SGD 计算损失函数的策略是每使用一个数据样本就计算一次损失函数,然后求取梯度更新参数。SGD 的特点是收敛速度快,但是其收敛性能有限,可能在最优点附近摇摆,导致模型训练不能收敛到性能的最优点。另外,相邻两次参数的更新也有可能互相抵消,从而导致收敛性差。

(3) 为了克服以上两种梯度下降方法 BGD 和 SGD 的缺点,基于 BGD 和 SGD 的特性,现有深度学习网络模型的训练常采用的是一种折中的优化策略,即把数据分为若干个批次(Batch),按不同批次来更新参数,批次大小(Batch Size)作为神经网络的超参数,具体的设置受内存效率和内存容量的影响。一方面,由于一个批次中的一组数据共同决定了本次梯度的方向,这样参数梯度下降起来就不易跑偏,减少了随机性;另一方面,由于批次的样本数与整个数据集相比小了很多,因此算法也保持了较低的计算复杂度。

3.2.4 应用举例

环境感知是智能车辆与外界交互的基础,主要的感知对象是车道线、交通标志、车辆和人。车道线作为基本的交通标志线,是智能车辆行驶的约束与指示。准确、实时地检测车道线是无人驾驶智能车准确行驶的前提条件。同时,车道线检测是车道偏离预警系统(Lane Departure System, LDW)、自适应巡航系统(Adaptive Cruise Control, ACC)等先进驾驶辅助系统(Advanced Driving Assistance System, ADAS)的重要组成部分。因此,下文以车道线检测为例,介绍基于机器学习和基于深度学习的车道线检测方法。

车道线检测的挑战在于城市道路场景复杂多变、外界环境光照和阴影对于检测效果影响大,以及车道线本身的质量问题等。现有车道线检测方法按车载传感器的种类可分为基于主动传感器和基于被动传感器的检测方法。主动传感器中,基于激光雷达反射值进行车道线检测的算法对硬件要求高且性能不稳定。而被动传感器又可细分为单目相机、双目相机和环视相机,各有优缺点。单目相机因为性价比高、可扩展性强、安装便捷等优点,广泛应用于 LDW 和 ACC 系统,下文也将基于单目相机介绍车道线检测实例。

基于深度学习的车道线检测方法能在模型训练学习过程中自动学习有代表性的目标特征,对不同场景的适应性强,但依赖于数据,收敛困难。基于机器学习的车道线检测方法又可细分为基于纹理、颜色等特征的方法和基于曲线拟合、直线拟合等模型的方法[17]。这些传统的机器学习方法相对简单,实时性好,但往往适用于单一的路况场景。基于特征的方法利用车道线与道路路面及其周边之间的纹理、灰度值、梯度变化以及边缘等特征差异,借助图像阈值分割、随机抽样一致性(Random Sample Consensus, RANSAC)等算法,将车道线的特征信息从道路中提取出来，并拟合输出最终的车道线结果。如图 3-12 所示，首先利用相机内外参数，将输入从图像像素坐标系转换到世界坐标系，得到预处理后的逆透视变换的鸟瞰图。然后，采用自适应阈值分割算法进行 0/1 二分类得到二值化图像。接着，使用霍夫变换(Hough Transform, HT)进行候选车道线线条的提取，得到高得分的候选车道线线条。其次，进行分段提取特征，在作为候选区域的车道线线条上利用等间隔的竖线采样柱获得采样点，并在灰度图像得到对应的采样点和这些采样点的灰度值变化图，将中心采样点的灰度值变化图作为模板进行匹配，从而得到最佳的车道标线的估计点。最后，对收集到的最佳车道标记估计点采用 RANSAC 算法拟合曲线，进行车道线的定位优化，得到最终的车道线检测的二分类结果图，即图像中在车道线的点和非车道线上的点，如图 3-13 所示。

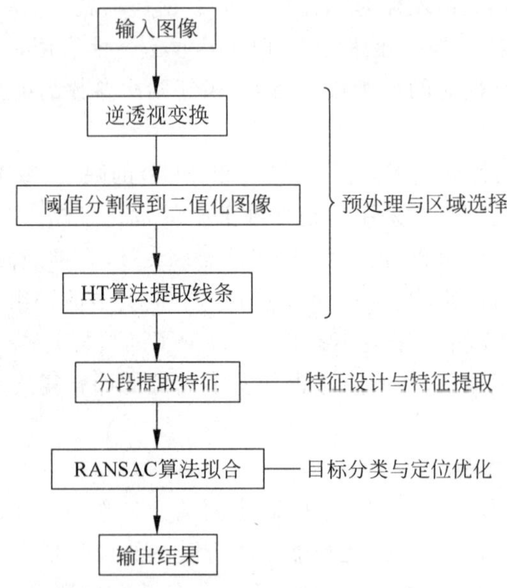

图 3-12　机器学习方法中基于特征的车道线检测方法的示例流程

图 3-13　车道线检测结果[18]（见彩页）

(a) 两车道；(b) 多车道

机器学习方法中基于模型的车道线检测方法的原理是将车道线检测的问题，简化为求模型参数的问题，将车道线抽象成一个适当的几何模型[19]。具体的检测方法(见图 3-14)是首先将具有相似灰度梯度方向的像素的连接区域进行分组，计算适合分组的连接区域的线方程来形成线，对得到的图片再使用 HT 算法提取直线，在霍夫空间中通过累积的投票可以检测各个直线，结合消失线的先验知识（消失点定义为平行线投影相交的点，消失点位于消失线上）筛选出消失线；其次，利用边缘检测器，通过检测梯度变化的特征可以检测出边缘；最后，通过样条曲线[19]建立车道模型，搜索车道线的控制点，进行车道线位置的优化，输出最终的车道线结果。

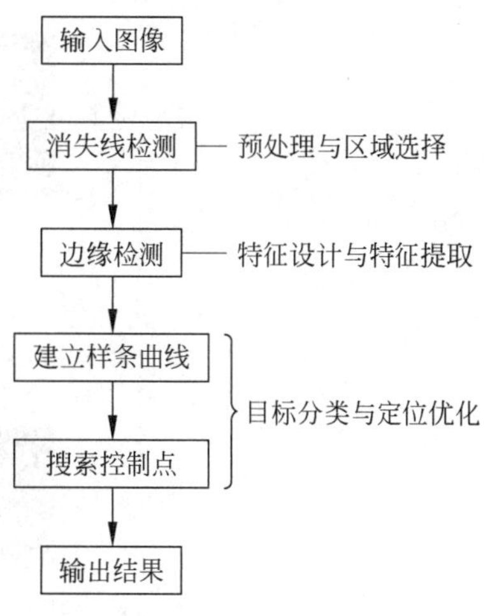

图 3-14 基于模型的车道线检测方法的示例流程

基于机器学习的车道线检测方法在具有清晰车道线的结构化道路中获得较好的结果，但不适应于非结构化道路（这类道路没有车道线和清晰的道路边界），两种道路的对比如图 3-15 所示；而基于深度学习的车道线检测方法往往在两种道路环境下都能获得较好的结果。

(a)

(b)

图 3-15 结构化道路和非结构化道路的示例

(a) 结构化道路（车道标线清晰可见）；(b) 非结构化道路[20]

基于深度学习的车道线检测方法将研究对象从车道标线扩展为路面的可通行区域，将车道线检测方法转换为道路分割方法，输出为自车的可通行区域，如图 3-16 中的绿色填充区域。

图 3-16 自车的可通行区域检测[20]（见彩页）

道路分割方法的深度学习模型往往使用全卷积神经网络（Fully Convolutional Networks，FCN），将原始 $H\times W\times 3$ 的输入图像，输入 FCN，得到抽象后的特征图，如大小为$\frac{H}{8}\times\frac{W}{8}\times 2$ 的特征图，最后通过上采样和阈值划分输出最终的分割结果，整体流程如图 3-17 所示。

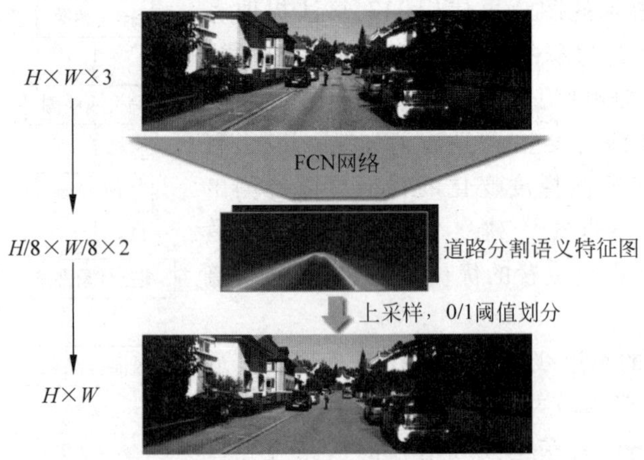

图 3-17　基于深度学习的车道线检测方法流程(见彩页)

3.3　目标跟踪

3.3.1　概述

单目标跟踪方法(Single Object Tracking，SOT)最开始应用于军事制导、视频监控领域，主要作用是进行目标状态的估计和更新。随着估计理论的产生和迅速发展，目标跟踪已演变为智能网联车辆中数据融合的核心技术之一。目标跟踪能够根据从车载传感器获取的测量数据，估计当前时刻目标的运动状态，如位置、速度、加速度等信息，并通过目标轨迹的建立、维持和更新等生命周期管理技术进行噪声和干扰的滤除，以及预测目标在下一时刻的运动状态[21]。

在目标跟踪系统中，首先利用运动学模型在既定的目标轨迹上估计下一帧的目标轨迹，然后利用跟踪门技术粗略判断估计轨迹和测量数据配对的问题，最后利用数据关联技术确定最合理的估计轨迹和测量数据配对，并更新目标状态。生命周期管理方法中的跟踪维护技术由两部分组成：机动识别和跟踪过滤。跟踪维护技术用于管理被跟踪对象在当前时刻的估计运动状态和目标对象在未来的预测运动状态：如果测量数据与现有的估计轨迹不相关，应进一步判断是否存在新的目标或误报现象。据此，需要使用跟踪起始技术，并更新相应目标生命周期状态的记录；当为了减少跟踪算法的计算量和复杂性，需要删除不可能的冗余目标时，可以使用相应的跟踪终止技术，并同时更新相应目标生命周期状态的记录。

多目标跟踪方法(Multi-Object Tracking，MOT)是由单目标跟踪方法发展而来的，它融入了连续多帧图像目标间的数据关联技术。MOT 综合运用了估计理论、模糊推理和随机统计学等多学科技术，通常基于视觉传感器、激光雷达、毫米波雷达和超声波雷达等车载传感器来进行数据采集和处理。多目标跟踪技术通过处理这些车载传感器的量测信息，来确定智能网联车辆周围的目标数量和对应的目标状态信息，其目标状态包括坐标、速度、加速度，以及目标类型特征(如类别、尺寸等)。MOT 同时也需要进行目标的生命周期管理，实时地生成、保持、更新、删除目标轨迹，滤除噪声和干扰，并对未来一定时域的目标运动状态进行预测，为安全态势评估和后续的决策规划提供依据。

按目标跟踪系统在实施过程中是否引入深度学习方法和手段，目标跟踪方法可分为传统的目标跟踪方法和基于深度学习的目标跟踪方法。因此，下面将从传统学习方法和深度学习方法两个维度进行目标跟踪方法的介绍。

3.3.2 传统跟踪方法

如 3.3.1 节介绍的，目标跟踪方法可以分为 SOT 和 MOT 两种。SOT 仅仅关注特定需要跟踪的单一目标，而 MOT 需要对图像内关注的所有运动目标进行跟踪，涉及数据关联的方法。以 MOT 为例，传统的目标跟踪整体框图如图 3-18 所示，此类方法一般是利用已有的检测结果或传感器的量测输出。

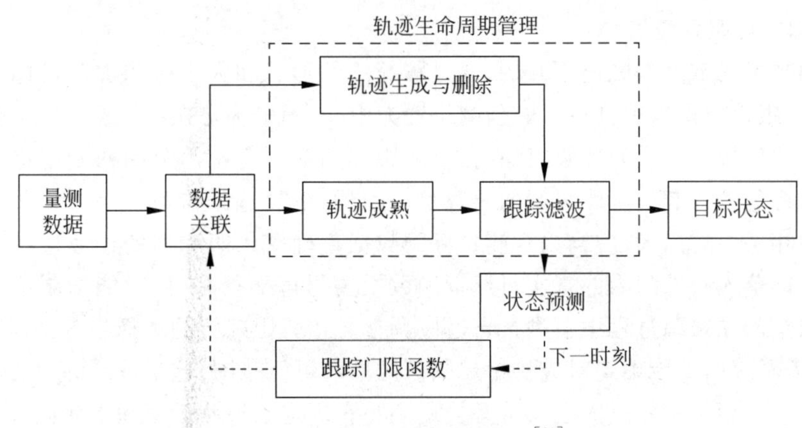

图 3-18 目标跟踪整体框图[21]

目标跟踪方法首先采用跟踪门技术和数据关联技术，对历史数据生成的目标轨迹和传感器的最新量测数据进行合理的匹配，然后根据匹配结果对目标轨迹进行基于模型和估计理论的跟踪滤波，以对跟踪成功的目标轨迹进行跟踪维持；未匹配成功的量测数据和目标轨迹都作为跟踪起始和终结模块的输入，用于生成新目标轨迹和删除未跟踪上的旧目标轨迹。多目标跟踪系统可为智能网联汽车中的路径规划和驾驶决策提供跟踪目标的状态。

1. 数据关联

对于单个目标，数据关联是将目标在当前时刻中的不确定性测量值与上一时刻目标的轨迹值进行多对一的关联过程。扩展到多个目标，就是将所有目标在当前时刻中的不确定性测量值与上一时刻所有目标的轨迹值进行多对多的关联过程。同一目标在相邻时刻或相邻帧之间的测量数据有一些相似的特征，但由于外部干扰或传感器设备之间的性能差异，这些特征非常相似但不完全相同。数据关联就是利用测量数据的相似性来判断具有不同特征的测量数据是否来自同一个运动物体。数据关联的一般过程分为以下三部分：

(1) 根据目标的运动特性，设计跟踪门的类型，设置跟踪门限，并根据设置的跟踪门限过滤掉门之外的量测值，跟踪门的相关知识在下节将进行更详细的介绍；

(2) 设计目标匹配的相似度度量方法，如欧氏距离、余弦相似度等，并建立相邻时刻所有目标之间的关联矩阵；

(3) 确定目标间的关联判定方法，获得最终的关联匹配对。

常用的关联判定方法有全局最近法(Global Nearest Neighbor，GNN)、概率数据关联法(Probability Data Association, PDA)[22]、联合概率数据关联(Joint Probability Data Association, JPDA)[23]以及多假设跟踪(Multiple Hypothesis Tracking, MHT)[24]等。MHT是一种理论上的最优方法,但由于大量的存储和计算要求,导致该方法难以满足实时性要求;JPDA则广泛应用于各类实际工程中,该方法通过聚类,计算得到每一帧中目标与所有跟踪目标的关联程度,然后计算每个聚类结果与某个跟踪目标的隶属概率,最后得到跟踪目标的综合观测值,它们的对应关系会随着目标数量的增加呈指数增长。相比其他方法,GNN简单且易实施,属于最优分配的问题,其目标是使总的关联代价达到最小。GNN方法中,一个目标最多只能与一个检测值对应,常用于道路参与者目标没有出现人群大量聚集的相对稀疏的场景。

2. 跟踪门与跟踪滤波

跟踪门技术是数据关联离不开的,通过跟踪门的形状和大小排除虚假目标而得到真实的目标[25]。跟踪门是以观测目标的预测位置为中心,用来确定在该目标的观测值中可能出现范围的一块区域[26],比如椭圆跟踪门、矩形跟踪门等。跟踪门分为初始跟踪门和相关跟踪门。在目标的轨迹起始阶段采用初始跟踪门,目标的轨迹维持阶段采用相关跟踪门。初始跟踪门比相关跟踪门大,应当以观测目标的数据正确落入跟踪门的概率选择跟踪门的大小和形状。即落入跟踪门内的真实目标量测数据要尽可能得多,同时能抑制虚假杂波的进入。相关跟踪门在跟踪过程中会进行自适应调整。相关跟踪门的选择是多目标跟踪中的重要环节,相关跟踪门要能确定对应目标观测值区域的可能范围,这个范围的中心区域尽量保证正确回波落入相关跟踪门内且没有无关点迹。它决定了检测概率和虚警概率[27]。

另外,在运动过程中,目标突然出现的转弯、加减速等运动会导致目标跟踪系统在实际中是非线性的。对于非线性目标跟踪问题,系统状态方程和量测方程组成的非线性系统是主要研究对象。因此,需要采用跟踪滤波算法来解决非线性问题,并进行目标下一时刻的状态估计。常见的非线性跟踪滤波有扩展卡尔曼滤波(Extended Kalman Filter, EKF)、无迹卡尔曼滤波(Unscented Kalman Filter, UKF)、粒子滤波(Particle Filter, PF)、蒙特卡罗计算算法等[21]。进一步地,非线性目标跟踪滤波算法分类如图3-19所示。

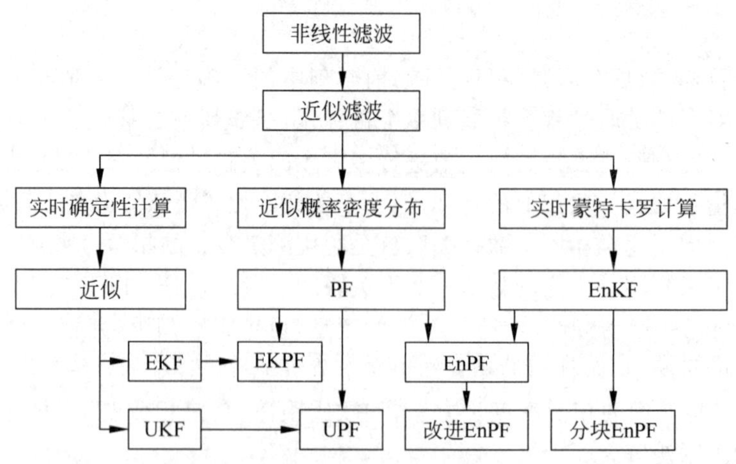

图3-19 非线性目标跟踪滤波算法分类[21]

注:EnKF为集合卡尔曼滤波。

3. 生命周期管理

在智能网联汽车实际的行驶工况中，由于存在交通参与者目标受遮挡、频繁进入和离开传感器的视野(Field of View, FOV)，以及传感器的目标检测性能不佳等问题，多目标跟踪方法难以得到连续、稳定且准确的轨迹，包括目标的类型、速度和位置等参数。为解决这一问题，多目标跟踪系统需要进行交通参与者目标的轨迹生命周期管理，即按照一定的方法或规则实现轨迹生成、轨迹成熟、轨迹更新、轨迹选择和轨迹删除的过程。最常见的轨迹生命周期管理方法是基于计分法的管理策略：若某一目标对象连续数帧都能与量测对象关联成功，则对其轨迹进行保持处理；若某一目标对象连续数帧都与量测对象关联失败，则对其轨迹进行删除处理，结束该目标的生命周期。除此之外，有限状态机(Finite State Machine, FSM)和马尔可夫决策过程(Markov Decision Process, MDP)也能用于实现不同轨迹生命状态的转移[21]。

3.3.3 深度学习跟踪方法

本节以多目标跟踪方法为例，简要介绍基于深度学习的跟踪方法。多目标跟踪方法根据初始化方式的不同、是否使用未来的信息，以及输出是否存在随机性，可分为如表 3-1 所示的几种方式。

表 3-1 不同的多目标跟踪方法分类[28]

分类标准		描述
初始化方式的不同	基于检测的跟踪方法	依赖于检测性能
	不基于检测的跟踪方法	需要人工标定第一帧图像中的目标
是否使用未来的信息	在线跟踪	适合在线任务，缺点是观测量会比较少
	离线跟踪	输出的结果存在时延，理论上能获得全局最优解
输出是否存在随机性	基于概率推理的跟踪	概率性推断
	基于确定性优化的跟踪	求解最大后验概率

1. 网络结构设计

基于检测的多目标跟踪方法(Detection-Based Tracking, DBT)是在每帧图像中目标检测框的结果直接由检测算法计算得到的基础上进行跟踪。随着深度神经网络在图像领域的应用，目标检测算法已经取得了巨大的进步，现有算法的检测结果已经可以达到非常高的准确率(Precision，表示预测为正的样本中真正的正样本的占比)和召回率(Recall，表示样本中的所有正例中被正确预测的占比)，对多目标跟踪领域也产生了深远的影响，因此目前基于DBT 框架的多目标跟踪方法是主流的方法。另外，需考虑实时性能的智能车辆感知相关任务主要关注基于检测的在线跟踪方法，所以介绍的重点是 DBT 框架下的目标跟踪方法。常见的基于深度学习的 DBT 框图如图 3-20 所示，图中的核心步骤 1 到步骤 5 全部或部分由深度学习网络来完成。

随着深度学习的不断发展及其在图像领域的广泛应用，近年来多目标跟踪方法与深度神经网络结合非常紧密[29]。由于深度神经网络强大的拟合能力，传统人为设计的外表特

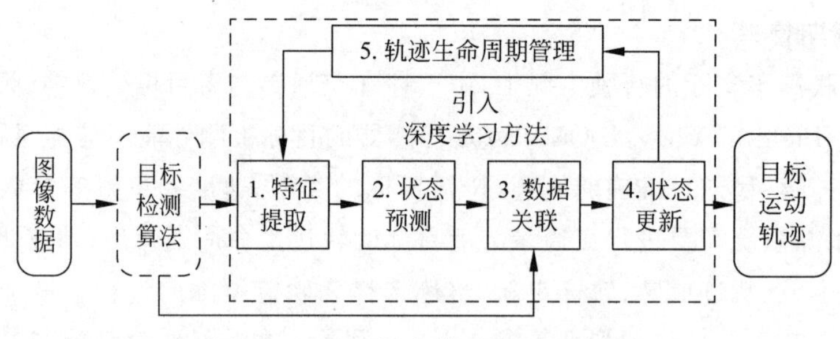

图 3-20 基于深度学习的 DBT 框图

征、目标的运动模型及不同目标间相互的作用关系都可转变成由神经网络来进行描述。例如，图 3-21 中的 MOT 方法[30]利用循环神经网络(Recurrent Neural Network，RNN)及长短期记忆网络(Long Short-Term Memory，LSTM)提取目标外观、运动、交互三大特征，将融合的特征输入至全连接网络，再计算当前图像帧中目标的线索与下一帧检测结果之间的相似度，最后计算所得的度量相似度借助匈牙利算法完成目标关联。

深度神经网络对图像特征、时间序列特征具有强大的表征能力，其对多目标跟踪也起到了明显的推动作用，呈现出了神经网络的强大能力及其在多目标跟踪领域的巨大潜力。

2. 算法的相关技巧

本节主要介绍深度学习目标跟踪方法中常涉及的在线更新方法。在线更新是针对离线目标检测器而言，其作用是评估待关联的各个离线检测目标；找回短时间丢失的跟踪目标，实现不间断连续跟踪；提供比离线检测结果更合适的目标来更新跟踪目标；提供在线检测目标来更新未关联的跟踪目标。

为了增加在线分类器的鲁棒性和判别能力，基于正负约束专家即“P-N 专家”的在线学习框架[31]被广泛应用于目标跟踪中，P 专家用来找出漏识别的样本(False Negative，FN)，扩展正样本，可发现目标新出现的外观，进而提高在线检测模型的泛化能力；N 专家用来找出误识别的样本(False Positive，FP)，扩展负样本，可提高目标在线分类模型区分其他目标或背景的分辨能力。虽然这两类专家自己都会犯错，但 P 和 N 是相互独立的，它们可以弥补对方的判断错误。P-N 专家学习的过程受到正负约束的共同控制，使用标记的样本训练一个初始分类器，在未标记的训练集上评价分类器，对检测器的分类结果进行相关的评估，甄别其中与约束条件相矛盾的样本，修正样本的标记，并将这些样本加入训练样本集，重新训练优化分类器，其过程如图 3-22 所示。

3.3.4 应用举例

本节以基于车载传感器的行人多目标跟踪为例说明目标跟踪方法。目标跟踪方法综合连续多帧内的检测结果，对于检测到的行人目标，采用合适的跟踪方法，不仅可以提供目标检测的候选区域，缩短算法的运行时间，减少行人误识别，提高行车识别稳定性，而且还能为计算自车与行人相对距离和相对速度提供基础的技术支撑。

图 3-23 所示为行人多目标跟踪的效果示例图，不同的行人个体用不同的颜色或不同的 ID 号表示。

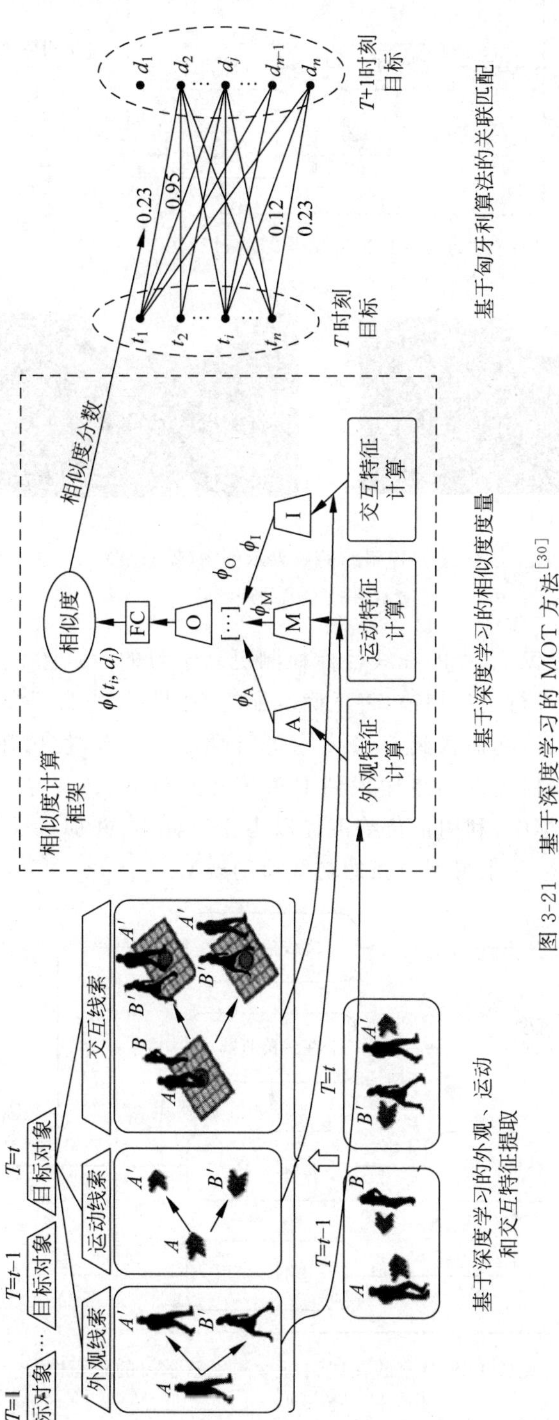

图 3-21 基于深度学习的 MOT 方法[30]

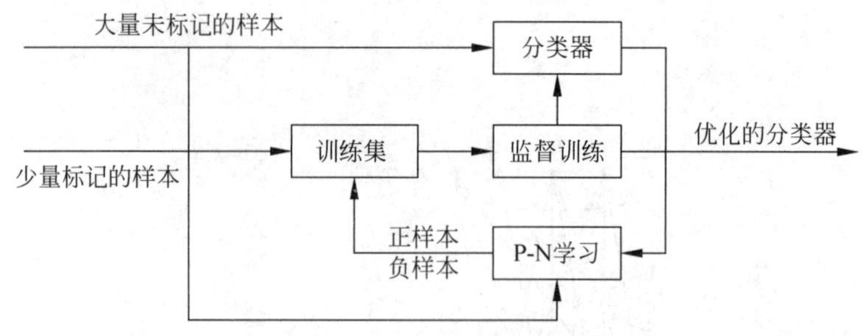

图 3-22　P-N 专家学习的过程图

图 3-23　多目标跟踪的效果示例图(见彩页)
(a) 示例 1；(b) 示例 2

图 3-24 为集成 P-N 专家[32,33]的在线目标检测更新学习的示意图。首先，利用训练好的离线检测器对整张图像进行全局扫描，将正确匹配的检测目标作为正样本，其他所有未匹配的候选目标作为负样本，一起输入到 P-N 专家进行学习。其次，使用在线检测器扫描跟踪目标的周边区域，同样将检测的结果输入到 P-N 专家。最后，P-N 专家从离线检测器和在线检测器输出的候选目标中，利用正负约束提取出正负样本，并加入训练样本集，进而在训练样本集中进行监督式学习来得到更新的在线检测模型。

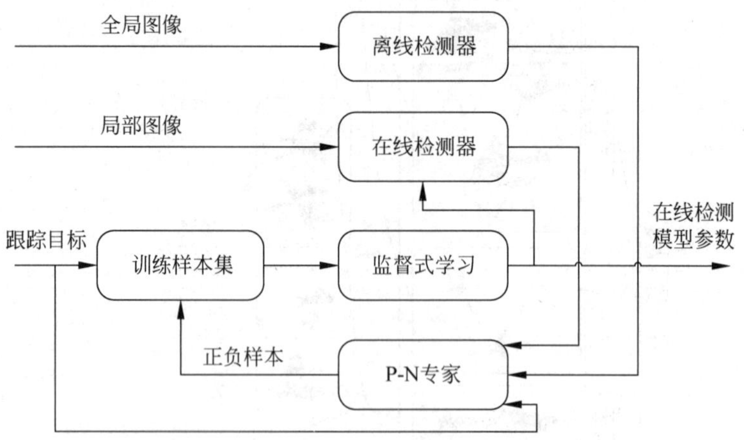

图 3-24　集成 P-N 专家的在线目标检测更新学习的示意图[2]

基于 P-N 专家的目标跟踪方法的跟踪结果如图 3-25 所示。首先对输入的多帧图像序列进行目标检测，然后对多帧图像检测出的多个候选结果借助 P-N 专家进行优化，并输出目标最终的运动轨迹(图 3-25(c)中的黑点)。

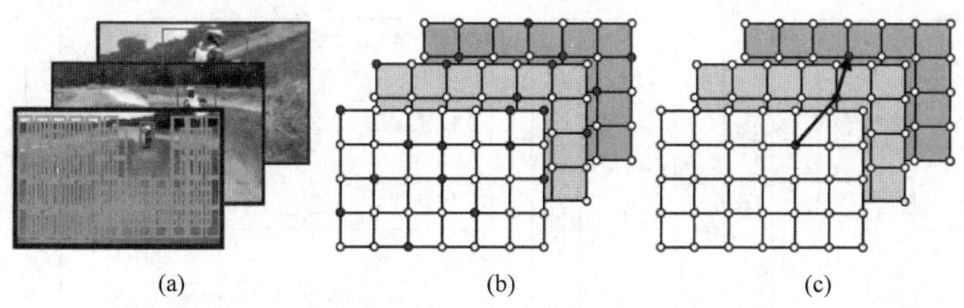

图 3-25 基于 P-N 专家的在线目标检测更新学习的示意图[2,31]

(a) 输入的图像序列；(b) 检测器检测结果；(c) P-N 专家输出结果

3.4 融合感知

3.4.1 概述

基于单一传感器的感知结果，其精度、可靠性和鲁棒性等一般都难以满足智能网联汽车的需求，且不同传感器获取的信息及适应的驾驶工况一般不同，如相机可获取丰富的轮廓、纹理等信息，但是深度信息不明确且难以适应雾天、夜晚等驾驶工况，而毫米波雷达可获取精确的深度信息且可用于雾天、夜晚等工况，但是无法获得物体的纹理特征，因此基于多传感器数据融合的感知方法是保障感知系统性能必要的组成部分。

智能网联汽车所搭载的传感器一般有相机、激光雷达、毫米波雷达、超声波雷达、GPS、IMU 以及 V2X 通信设备等，传感器种类繁多，且同一种类的传感器数量经常不唯一，如 Waymo 自动驾驶系统搭载了 5 个激光雷达及 4 个毫米波雷达。常见的传感器数据融合方法可按融合阶段数据的抽象程度分为 4 类，即数据级融合、特征级融合、目标级融合及决策级融合[34]，如图 3-26 所示。

数据级融合一般为融合各个传感器采集的原始数据，如图像和激光雷达点云；特征级融合首先对各传感器的原始数据进行全局的特征提取，将提取到的全局特征进行融合，如对图像和点云经过深度神经网络提取到的特征图进行融合；目标级融合需要对每个传感器的数据进行目标检测，将所检测得的目标特征作为融合算法的输入，目标级融合需要通过数据关联算法得到不同传感器检测目标之间的匹配关系；决策级融合将每个传感器看成一个封装完好的感知单元，每个感知单元根据感知任务输出其感知结果，如检测到的目标位置、路面区域及目标类别等，融合算法以各个感知单元的感知结果为输入，输出最终的融合感知结果。其中，数据级融合与特征级融合又可称为前融合；目标级融合与决策级融合可看作各个感知单元的后处理过程，又称为后融合。

传统的估计理论和统计推理理论为多传感器融合技术奠定了良好的基础，其主要包括贝叶斯估计、卡尔曼滤波、粒子滤波以及证据理论等[35]。除此之外，一些应用于多传感器融合领域的新方法也涌现出来，成为助力多传感器融合技术发展的重要力量，其中最为主要的是人工神经网络。下文以基于神经网络方法和基于概率的融合方法为划分进行介绍。前融合(数据级融合、特征级融合)由于数据较为抽象，且数据量庞大，难以建立可靠的概率模型，因而一般采用神经网络的方法进行融合。后融合(目标级融合、决策级融合)通常采用基于

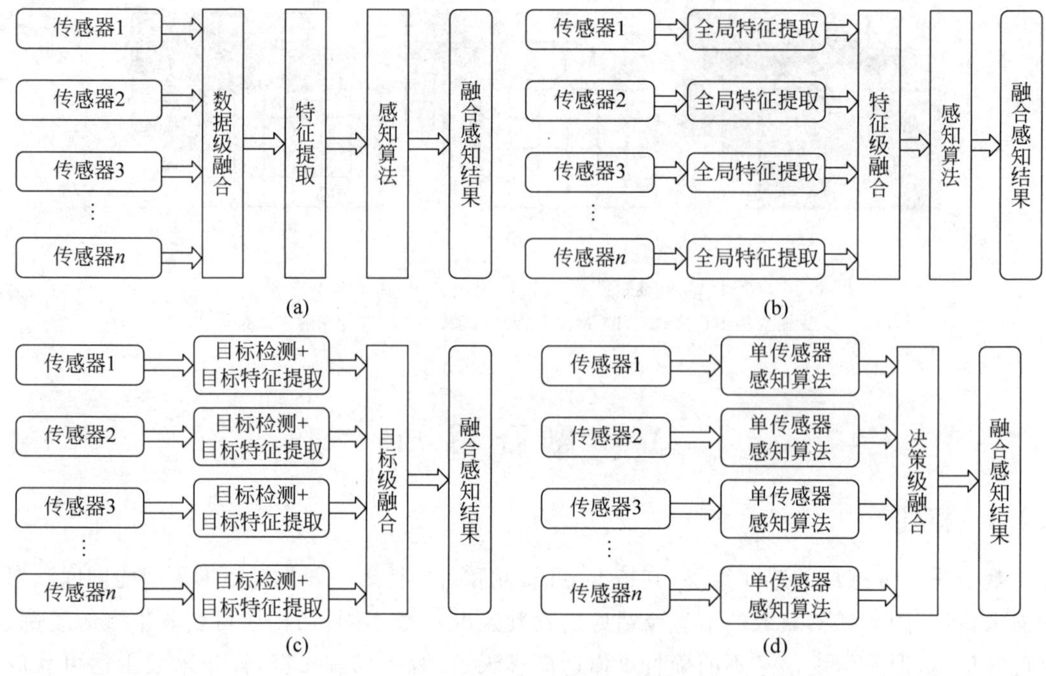

图 3-26 多传感器数据融合分类

(a) 数据级融合；(b) 特征级融合；(c) 目标级融合；(d) 决策级融合

概率的方法进行融合。

3.4.2 神经网络融合方法

数据级融合和特征级融合需要处理大量且信息丰富的数据，利用神经网络强大的非线性拟合能力，可以对数据级和特征级数据进行可靠融合。特别地，由于深度学习的快速发展，基于神经网络的融合方法也有了巨大突破，成为数据融合领域至关重要的组成部分。

由于不同传感器的数据融合所构建的神经网络结构差异较大，本节以自动驾驶最为常用的传感器搭配——相机加激光雷达为例，介绍神经网络在数据融合中的应用。相机所获取的图像数据具有丰富的色彩、纹理等信息，且分辨率较高，但是图像数据缺乏深度信息，难以准确地计算出目标的三维坐标；激光雷达获得的点云数据具有精准的深度信息，常用于三维目标检测，但是点云数据不具备色彩、纹理特征，难以提取目标的语义信息。因此，图像数据和点云数据优势互补，两者融合可以提高目标检测结果的精度。

1. 数据级融合方法

点云与图像的数据级融合最关键的步骤是数据配准，即如何将三维坐标下的点云数据与二维图像坐标下的像素数据转换到同一坐标系下，并在该坐标系下进行拼接。数据配准通常是基于两种不同坐标系之间的几何旋转与平移的关系进行数据转换。常见的数据配准方式有两种：一种是将点云数据从激光雷达坐标系投影到图像坐标系下，为每个图像的像素点提供深度信息，RGB-D 相机即是这种原理，这种方式下融合后的数据可以直接利用基于图像的二维神经网络；另一种是将像素坐标转换至激光雷达的三维坐标系下，为点云数据提供颜色、纹理等特征。

本节以 PointPainting 算法为例对上述第二种方式的点云与图像数据融合进行介绍[36]。PointPainting 算法包括三个步骤：图像分割、点云着色及点云目标检测。由图像分割方法计算出每个像素点的类别信息，例如关注的对象一共有 a 个类别，则图像分割网络将 $H \times W \times 3$ 的三通道图像转换成 $H \times W \times a$ 的分类结果，其中每个像素点的 a 维向量即为每个类别的置信度。接下来，利用齐次变换将点云坐标(x, y, z, r)投影至图像坐标系下，此时便可为每个点云坐标分配相应图像坐标的 a 维向量代表的分类结果，将点云数据由原本(x, y, z, r)的 4 维数据扩充成 $4+a$ 维数据。最后利用点云目标检测算法得到最终的感知结果。算法流程如图 3-27 所示。

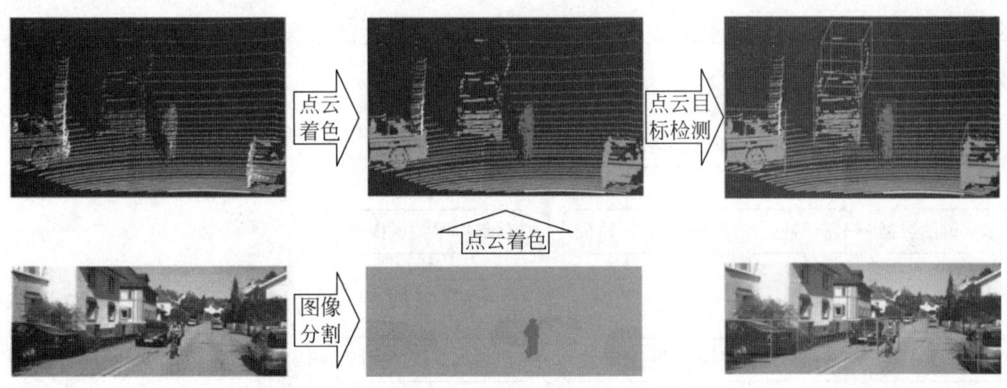

图 3-27 PointPainting 算法流程[36]（见彩页）

2. 特征级融合方法

神经网络提取出的特征以张量的形式进行存储，可以灵活地进行融合操作，例如拼接、按元素相乘、按元素相加等。假设神经网络提取的两个特征 A 和 B 以三阶张量的形式存储，维度分别为 $H_A \times W_A \times C_A$ 和 $H_B \times W_B \times C_B$，若 $H_A = H_B = H$ 且 $W_A = W_B = W$，则可以将两个特征在通道维度进行拼接得到融合后的特征 $H \times W \times (C_A + C_B)$；若特征 A 和 B 的维度完全相等，则可以利用按元素相乘或相加的形式进行融合，得到融合后的特征维度保持不变。融合后的特征往往包含更多的信息，可以继续利用神经网络进行下一步处理，理论上可以得到更好的效果。对于点云和图像的特征级融合，需要利用卷积神经网络同时对点云和图像进行特征提取，得到相应的特征图。图片数据是以张量形式进行存储的，所以可以直接输入至卷积神经网络中，而对于点云数据需要将其投影至某一平面上，常用的点云视图有鸟瞰图与前视图，如图 3-28 与图 3-29 所示。

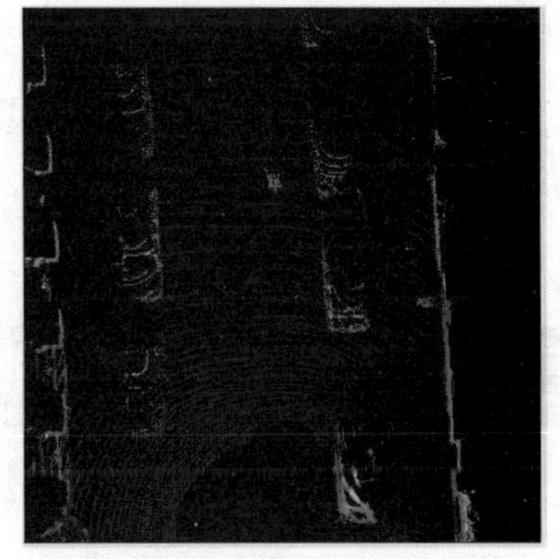

图 3-28 激光雷达点云鸟瞰图[37]（见彩页）

由于鸟瞰图下物体的大小与实际大小几乎一致，因此首先利用鸟瞰图特征进行 3D 候选区域的提取。接着将所提取的 3D 候选区域投影，得到对应的 2D 候选区域，将 2D 候选区域内部的子特征进行拼接、按元素相乘、按元素相加等方式进行融合。将融合后的特征输入

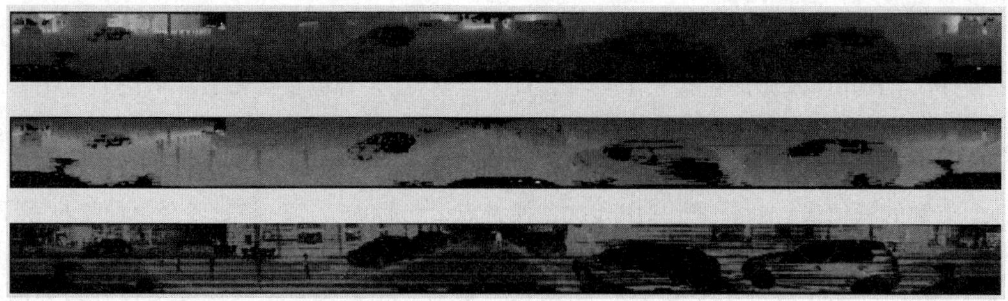

图 3-29 激光雷达点云前视图[37]（见彩页）

至两个网络分支，目标分类网络与 3D 框回归网络，得到最终的检测结果。网络结构如图 3-30 所示[37]。

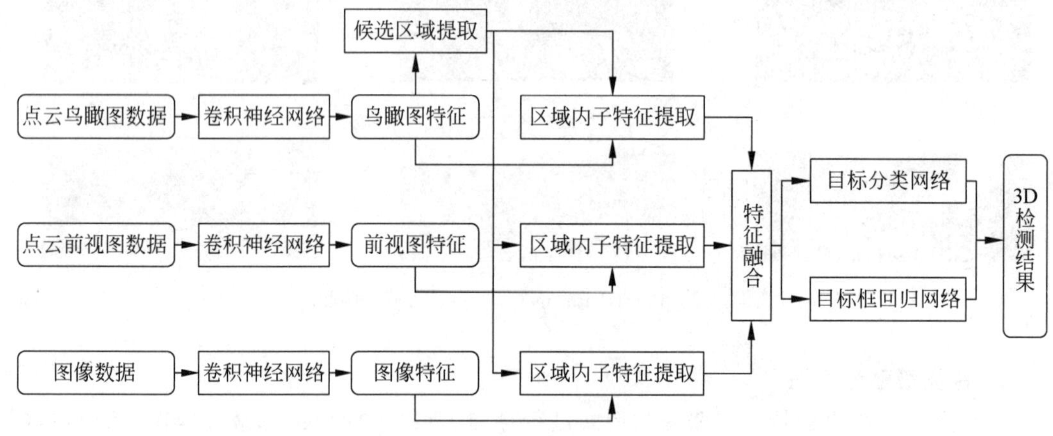

图 3-30 点云-图像特征级融合神经网络结构

图像与点云的融合方法中，除了上面介绍的数据级和特征级融合方法外，利用人工神经网络还可以进行目标级、决策级的数据融合，通过多层次数据融合以达到更高的精度。

3.4.3 概率融合方法

1. 贝叶斯估计法

对于目标状态为连续的融合场景，假设传感器观测向量为 $\boldsymbol{Y}$，目标状态向量为 $\boldsymbol{X}$，其满足的关系如式(3-1)所示：

$$\boldsymbol{Y} = f(\boldsymbol{X}) + \boldsymbol{V} \tag{3-1}$$

式中，$\boldsymbol{V}$ 为观测的误差向量。假设由观测向量 $\boldsymbol{Y}$ 估计出的目标状态为 $\hat{\boldsymbol{X}}$，并设定 $\boldsymbol{X}$ 与 $\hat{\boldsymbol{X}}$ 直接的损失函数为 $L = L(\hat{\boldsymbol{X}}, \boldsymbol{X})$，因此可得待优化的目标方程为：

$$g = E(L(\hat{\boldsymbol{X}}, \boldsymbol{X})) = \int L(\hat{\boldsymbol{X}}, \boldsymbol{X}) P(\boldsymbol{X} \mid \boldsymbol{Y}) \mathrm{d}\boldsymbol{X}$$

求目标函数的最小值，在其为凸函数的情况下可得式(3-2)：

$$\frac{\partial g}{\partial \hat{\boldsymbol{X}}}=\int \frac{\partial L(\hat{\boldsymbol{X}},\boldsymbol{X})}{\partial \hat{\boldsymbol{X}}}P(\boldsymbol{X}\mid \boldsymbol{Y})\mathrm{d}\boldsymbol{X}=0 \tag{3-2}$$

一般情况下，损失函数 L 可设为 $(\hat{\boldsymbol{X}}-\boldsymbol{X})^{\mathrm{T}}\boldsymbol{W}(\hat{\boldsymbol{X}}-\boldsymbol{X})$，则根据式(3-2)可得：

$$\hat{\boldsymbol{X}}=\int \boldsymbol{X}P(\boldsymbol{X}\mid \boldsymbol{Y})\mathrm{d}\boldsymbol{X}=E(\boldsymbol{X}\mid \boldsymbol{Y})$$

若假设 $P(\boldsymbol{X}|\boldsymbol{Y})$ 为高斯分布，则：

$$\hat{\boldsymbol{X}}=\underset{\boldsymbol{X}}{\operatorname{argmax}}P(\boldsymbol{X}\mid \boldsymbol{Y})$$

若存在 N 个传感器的观测数据 $\boldsymbol{Y}_i(i\in[1,N])$，则最优状态估计值为：

$$\hat{\boldsymbol{X}}=\underset{\boldsymbol{X}}{\operatorname{argmax}}P(\boldsymbol{X}\mid \boldsymbol{Y}_1,\boldsymbol{Y}_2,\cdots,\boldsymbol{Y}_N)$$

假设传感器观测向量相互独立，利用贝叶斯公式可得：

$$P(\boldsymbol{X}\mid \boldsymbol{Y}_1,\boldsymbol{Y}_2,\cdots,\boldsymbol{Y}_N)=\frac{P(\boldsymbol{Y}_1\mid \boldsymbol{X})P(\boldsymbol{Y}_2\mid \boldsymbol{X})\cdots P(\boldsymbol{Y}_N\mid \boldsymbol{X})P(\boldsymbol{X})}{P(\boldsymbol{Y}_1,\boldsymbol{Y}_2,\cdots,\boldsymbol{Y}_N)}$$

由于 $P(\boldsymbol{Y}_1,\boldsymbol{Y}_2,\cdots,\boldsymbol{Y}_N)$ 与 $\boldsymbol{X}$ 无关，因此

$$\hat{\boldsymbol{X}}=\underset{\boldsymbol{X}}{\operatorname{argmax}}P(\boldsymbol{X})\prod_{i}^{N}P(\boldsymbol{Y}_i\mid \boldsymbol{X})$$

假设观测误差 $\boldsymbol{V}$ 服从零均值高斯分布 $N(0,\Sigma_{\boldsymbol{V}})$，且式(3-1)为线性的，即

$$\boldsymbol{Y}=\boldsymbol{A}\boldsymbol{X}+\boldsymbol{V}$$

则 $P(\boldsymbol{Y}_1|\boldsymbol{X})$ 同样服从高斯分布，并假设 $\boldsymbol{X}$ 的先验概率服从 $N(\bar{\boldsymbol{X}},\boldsymbol{\Sigma}_{\boldsymbol{X}})$：

$$P(\boldsymbol{Y}_i\mid \boldsymbol{X})=N(\boldsymbol{A}_i\boldsymbol{X},\boldsymbol{\Sigma}_{\boldsymbol{V}_i})$$

$$\begin{aligned}P(\boldsymbol{X})\prod_{i}^{N}P(\boldsymbol{Y}_i\mid \boldsymbol{X})&=\alpha\exp\Big[-0.5(\boldsymbol{X}-\bar{\boldsymbol{X}})^{\mathrm{T}}\boldsymbol{\Sigma}_{\boldsymbol{X}}^{-1}(\boldsymbol{X}-\bar{\boldsymbol{X}})-\\&\quad 0.5\sum_{i}^{N}(\boldsymbol{Y}_i-\boldsymbol{A}_i\boldsymbol{X})^{\mathrm{T}}\boldsymbol{\Sigma}_{\boldsymbol{V}_i}^{-1}(\boldsymbol{Y}_i-\boldsymbol{A}_i\boldsymbol{X})\Big]-\ln\Big(P(\boldsymbol{X})\prod_{i}^{N}P(\boldsymbol{Y}_i\mid \boldsymbol{X})\Big)\\&=0.5(\boldsymbol{X}-\bar{\boldsymbol{X}})^{\mathrm{T}}\boldsymbol{\Sigma}_{\boldsymbol{X}}^{-1}(\boldsymbol{X}-\bar{\boldsymbol{X}})+\\&\quad 0.5\sum_{i}^{N}(\boldsymbol{Y}_i-\boldsymbol{A}_i\boldsymbol{X})^{\mathrm{T}}\boldsymbol{\Sigma}_{\boldsymbol{V}_i}^{-1}(\boldsymbol{Y}_i-\boldsymbol{A}_i\boldsymbol{X})-\ln\alpha\end{aligned}$$

其中，α 为常数，上式对 $\boldsymbol{X}$ 求导，并令导数等于零，计算 $\boldsymbol{X}$ 的极值点，得：

$$\boldsymbol{\Sigma}_{\boldsymbol{X}}^{-1}(\boldsymbol{X}-\bar{\boldsymbol{X}})+\sum_{i}^{N}-\boldsymbol{A}_i^{\mathrm{T}}\boldsymbol{\Sigma}_{\boldsymbol{V}_i}^{-1}(\boldsymbol{Y}_i-\boldsymbol{A}_i\boldsymbol{X})=0$$

$$\hat{\boldsymbol{X}}=\Big(\boldsymbol{\Sigma}_{\boldsymbol{X}}^{-1}+\sum_{i}^{N}\boldsymbol{A}_i^{\mathrm{T}}\boldsymbol{\Sigma}_{\boldsymbol{V}_i}^{-1}\boldsymbol{A}_i\Big)^{-1}\Big(\boldsymbol{\Sigma}_{\boldsymbol{X}}^{-1}\bar{\boldsymbol{X}}+\sum_{i}^{N}\boldsymbol{A}_i^{\mathrm{T}}\boldsymbol{\Sigma}_{\boldsymbol{V}_i}^{-1}\boldsymbol{Y}_i\Big)$$

同时可得，$P(\boldsymbol{X}|\boldsymbol{Y}_1,\boldsymbol{Y}_2,\cdots,\boldsymbol{Y}_N)$ 的方差为：

$$\boldsymbol{\Sigma}_{\hat{\boldsymbol{X}}}=\boldsymbol{\Sigma}_{\boldsymbol{X}}^{-1}+\sum_{i}^{N}\boldsymbol{A}_i^{\mathrm{T}}\boldsymbol{\Sigma}_{\boldsymbol{V}_i}^{-1}\boldsymbol{A}_i$$

若 $\boldsymbol{X}$ 的先验概率未知，基于贝叶斯公式的最大后验概率问题可转化为最大似然问题，即

$$\hat{\boldsymbol{X}} = \underset{\boldsymbol{X}}{\operatorname{argmax}} P(\boldsymbol{Y}_1, \boldsymbol{Y}_2, \cdots, \boldsymbol{Y}_N \mid \boldsymbol{X}) = \underset{\boldsymbol{X}}{\operatorname{argmax}} \prod_i^N P(\boldsymbol{Y}_i \mid \boldsymbol{X})$$

$$\hat{\boldsymbol{X}} = \left(\sum_i^N \boldsymbol{A}_i^{\mathrm{T}} \boldsymbol{\Sigma}_{\boldsymbol{V}_i}^{-1} \boldsymbol{A}_i \right)^{-1} \left(\sum_i^N \boldsymbol{A}_i^{\mathrm{T}} \boldsymbol{\Sigma}_{\boldsymbol{V}_i}^{-1} \boldsymbol{Y}_i \right)$$

$$\boldsymbol{\Sigma}_{\hat{\boldsymbol{X}}} = \sum_i^N \boldsymbol{A}_i^{\mathrm{T}} \boldsymbol{\Sigma}_{\boldsymbol{V}_i}^{-1} \boldsymbol{A}_i$$

实际应用中，除了连续目标状态集合外，也会遇到目标状态集合为离散的情况，假设其离散集合为$\{\boldsymbol{X}_1, \boldsymbol{X}_2, \cdots, \boldsymbol{X}_M\}$。另外传感器观测数据为$\boldsymbol{Y}_i (i \in [1, N])$，同样假设各传感器观测数据相互独立，则对于目标状态$\boldsymbol{X}_i$的后验概率为：

$$\begin{aligned} P(\boldsymbol{X}_i \mid \boldsymbol{Y}_1, \boldsymbol{Y}_2, \cdots, \boldsymbol{Y}_N) &= \frac{P(\boldsymbol{Y}_1 \mid \boldsymbol{X}_i) P(\boldsymbol{Y}_2 \mid \boldsymbol{X}_i) \cdots P(\boldsymbol{Y}_N \mid \boldsymbol{X}_i) P(\boldsymbol{X}_i)}{P(\boldsymbol{Y}_1, \boldsymbol{Y}_2, \cdots, \boldsymbol{Y}_N)} \\ &= \frac{\prod_{j=1}^N P(\boldsymbol{Y}_j \mid \boldsymbol{X}_i) P(\boldsymbol{X}_i)}{\prod_{j=1}^N \sum_{i=1}^M P(\boldsymbol{Y}_j \mid \boldsymbol{X}_i) P(\boldsymbol{X}_i)} \end{aligned}$$

各传感器先分布式地计算出其各自的似然函数值$P(\boldsymbol{Y}_j | \boldsymbol{X}_i)$，再由融合中心结合各传感器输入的似然函数值及先验概率计算出后验概率，最终给出融合结果$\hat{\boldsymbol{X}} = P(\boldsymbol{X}_i | \boldsymbol{Y}_1, \boldsymbol{Y}_2, \cdots, \boldsymbol{Y}_N)$。

2. D-S 证据理论

对于离散目标状态集合的决策级融合问题，可以使用 D-S 证据理论完成。D-S 证据理论可以看成贝叶斯估计理论的拓展，其利用可信度区间去描述概率数值本身的不确定性。

假设目标状态集合为θ，这里又称其为辨识框架，θ中的事件互不相容。2^θ为θ的所有子集组成的集合，并定义基本可信度分配函数$m: 2^\theta \to [0,1]$，满足以下条件：

$$m(\varnothing) = 0$$

$$\sum_{A \in 2^\theta} m(A) = \sum_{A \subset \theta} m(A) = 1$$

$m(A)$成为A的基本可信数，其反映了对A本身的信度大小。$m(\varnothing)=0$说明空集的基本可信数恒等于零，$\sum_{A \subset \theta} m(A) = 1$说明辨识框架$\theta$所有子集的基本可信数之和恒等于 1。基本可信数的定义与概率的定义类似，只不过概率定义的是对θ上所有元素的概率之和等于 1。

D-S 证据理论还定义了两个函数，信度函数 Bel 及似真函数 pl，公式为：

$$\mathrm{Bel}(A) = \sum_{B \subseteq A} m(B), \quad \forall A \subset \theta$$

$$\mathrm{pl}(A) = 1 - \mathrm{Bel}(\bar{A}) = \sum_{B \subset \theta \wedge A \cap B \neq \varnothing} m(B)$$

信度函数 Bel(A)用于描述对集合A的信任程度，其值越大表示对集合A的信任度越高，其等于A所有真子集的基本可信数之和。若$m(A) \neq 0$，则称A为信度函数 Bel 的焦元。结合基本可信数定义，可以得出信度函数的两个基本性质：

$$\text{Bel}(\varnothing)=0$$

$$\text{Bel}(\theta)=1$$

似真函数 pl(A)和信度函数具有同样性质，即：

$$\text{pl}(\varnothing)=0$$

$$\text{pl}(\theta)=1$$

根据定义可得：

$$\text{Bel}(A)-\text{pl}(A)=\text{Bel}(A)+\text{Bel}(\bar{A})-1=\sum_{B\subseteq A\vee B\subseteq\bar{A}}m(B)-\sum_{B\subseteq\theta}m(B)\leqslant 0$$

$$\text{Bel}(A)\leqslant\text{pl}(A)$$

D-S 证据理论利用 Bel(A)和 pl(A)来描述集合 A 的不确定性，其含义如图 3-31(a)所示。

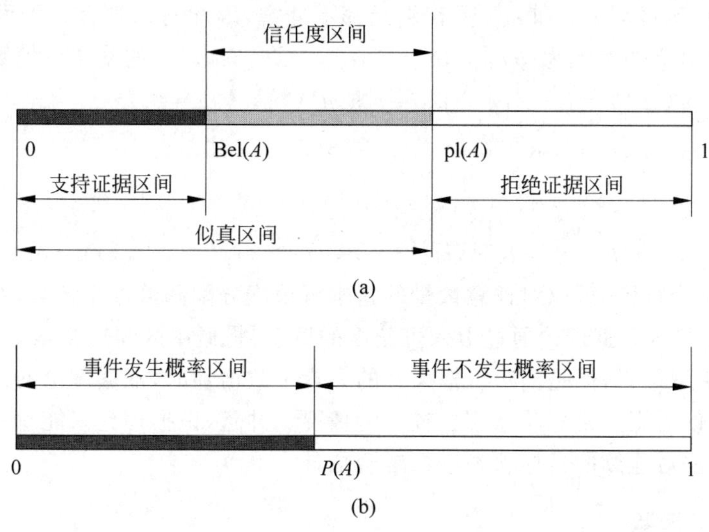

图 3-31　证据区间与概率区间对比图

(a) 证据区间示意图；(b) 概率区间示意图

[0,Bel(A)]代表支持证据区间，与概率区间中的[0,$P(A)$]相对应，其区间长度与 A 的可信度、发生概率成正相关；[pl(A),1]代表拒绝证据区间，与概率区间中的[$P(A)$,1]相对应，其区间长度与 A 的可信度、发生概率成负相关，与 $\bar{A}$ 的可信度、发生概率成正相关；[Bel(A),pl(A)]称为中性证据区间或信任度区间，表示既不支持 A 也不拒绝 A，一般情况下满足 Bel(A)$\leqslant P(A)\leqslant$pl(A)。如果信任度区间的区间长度为 0，即当 Bel(A)=pl(A)时，证据区间与概率区间含义一致。

利用 D-S 证据理论进行数据融合时，需要对多个基本可信度函数进行组合，此处需要引入一定的组合规则，类似于概率中的加法和乘法公式。这里介绍 Dempster 组合规则。假设 m_1 和 m_2 为同一辨识框架 θ 下的两个基本可信度分配函数，A_i ($i\in[1,N_1]$)和 B_j ($j\in[1,N_2]$)为其焦元，则组合后的基本可信度分配函数为：

$$m(C)=K^{-1}\sum_{A_i\cap B_j=C}m_1(A_i)m_2(B_j)$$

其中，K 为归一化常数，其值等于 $1-\sum_{A_i\cap B_j=\varnothing}m_1(A_i)m_2(B_j)$。当 $K\neq 0$ 时，m 满足基本可信

度分配函数的条件,即 $\sum_{A \subset \theta} m(A) = 1$ 和 $m(\varnothing) = 0$;当 $K=0$ 时,m_1 和 m_2 无法通过此规则进行组合,这是由于 m_1 和 m_2 所提供的可信度信息完全冲突,冲突项 $\sum_{A_i \cap B_j = \varnothing} m_1(A_i) m_2(B_j)$ 的值等于1。

例 假设辨识框架为 $\theta=\{a,b,c\}$,m_1 对应的焦元为 $\{a,b\}$ 和 θ,m_2 对应的焦元为 $\{b,c\}$ 和 θ,且 $m_1(\{a,b\})=0.4$,$m_1(\theta)=0.6$,$m_2(\{b,c\})=0.5$,$m_2(\theta)=0.5$,根据 Dempster 组合规则求出组合后的基本可信度分配函数 m。

先求出 K,判断是否可以组合:

$$K = 1 - \sum_{A_i \cap B_j = \varnothing} m_1(A_i) m_2(B_j) = 1$$

冲突项等于0,说明 m_1 和 m_2 所有焦元都不冲突,因此可以组合。下面求基本可信度分配函数 m,m 对应的焦元为 $\{b\}$,$\{a,b\}$,$\{b,c\}$,$\{a,b,c\}$,对应的基本可信数为:

$$m(\{b\}) = K^{-1}(m_1(\{a,b\}) \times m_2(\{b,c\})) = 0.2$$

$$m(\{a,b\}) = K^{-1}(m_1(\{a,b\}) \times m_2(\{a,b,c\})) = 0.2$$

$$m(\{b,c\}) = K^{-1}(m_1(\{a,b,c\}) \times m_2(\{b,c\})) = 0.3$$

$$m(\{a,b,c\}) = K^{-1}(m_1(\{a,b,c\}) \times m_2(\{a,b,c\})) = 0.3$$

根据以上组合规则,可以对任意数量的基本可信度分配函数进行组合,并利用组合结果进行最终决策。D-S 证据理论通过引入可信度的概念,将概率区间扩充至证据区间,可以得到更为合理的决策结果,但是当辨识框架 θ 的元素个数增加时,证据理论的计算复杂度呈指数增长,因此其仅适用于目标状态集合较小的情况。并且,证据理论只能解决目标状态为离散值的情况,无法对连续的目标状态进行融合估计。

3. 概率数据关联

数据关联方法是目标级融合中的重要环节,其目的是找到来源于同一目标的数据。例如当多个传感器进行目标检测时,数据关联方法将当前时刻的传感器数据与现有已知的目标关联起来,以进行下一步目标状态的更新。

数据关联第一步是通过门限函数获得观测数据与目标之间的关联矩阵,即通过设置阈值过滤掉与目标之间关联性非常小的观测数据。如图 3-32 所示,其中存在两个目标,对应的预测观测值为 S_1 和 S_2,4 个 k 时刻的观测数据为 Z_1, Z_2, Z_3, Z_4,椭圆表示两个目标的关联门,则可得关联矩阵 $\boldsymbol{\Omega}$,其中第 i 行第 j 列的元素 $\boldsymbol{\Omega}_{ij}=1$ 表示第 i 个观测数据与第 j 个目标可能关联,$\boldsymbol{\Omega}_{i0}$ 恒等于1表示观测数据始终可能为误检数据。

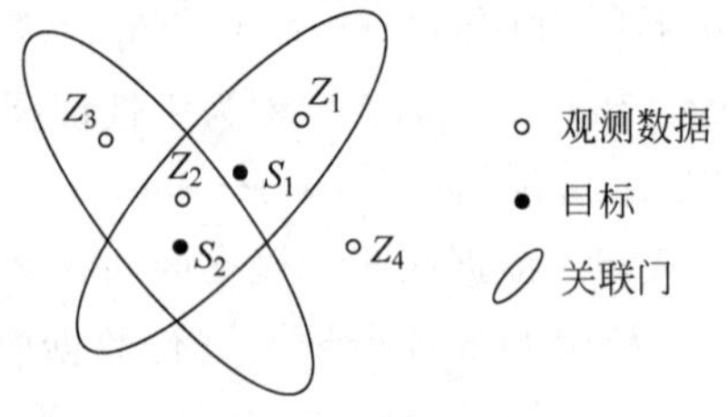

图 3-32 概率数据关联

$$\boldsymbol{\Omega} = \begin{pmatrix} 1 & 1 & 0 \\ 1 & 1 & 1 \\ 1 & 0 & 1 \\ 1 & 0 & 0 \end{pmatrix}$$

概率数据关联方法考虑关联门内所有的观测数据,并在状态估计时以概率为权系数计

算融合结果,计算公式为:

$$\hat{\boldsymbol{X}}=\sum_{i}P_i\hat{\boldsymbol{X}}_iI(\boldsymbol{Z}_i)$$

当观测数据 $\boldsymbol{Z}_i$ 在目标的关联门内时 $I(\boldsymbol{Z}_i)$ 等于 1,反之等于 0。P_i 为观测数据 $\boldsymbol{Z}_i$ 来自于对应目标的概率,$\hat{\boldsymbol{X}}_i$ 为以 $\boldsymbol{Z}_i$ 为观测数据得到的目标状态估计值。假设观测数据服从高斯分布,则 P_i 的计算公式为:

$$P_i=\frac{P_DN(\boldsymbol{Z}_i\mid \boldsymbol{Z},\boldsymbol{S})}{(1-P_D)+\sum_{j}P_DN(\boldsymbol{Z}_j\mid \boldsymbol{Z},\boldsymbol{S})}$$

其中,$\boldsymbol{Z}$ 为当前时刻目标观测数据的预测值,$\boldsymbol{S}$ 为预测值的协方差矩阵,P_D 为检测概率。概率数据关联常与卡尔曼滤波结合使用,即概率数据关联滤波器。在进行状态估计时,得到目标 k 时刻的状态估计值如式(3-3)所示:

$$\hat{\boldsymbol{X}}_{k/k}=\sum_{i}P_{i,k}\hat{\boldsymbol{X}}_{i,k/k}I(\boldsymbol{Z}_i) \tag{3-3}$$

利用式(3-3)计算观测数据的概率权重时,预测值的协方差矩阵利用卡尔曼滤波得到,计算公式为(A-18)。除了进行目标状态更新时与标准卡尔曼滤波有区别,在进行协方差矩阵更新时也需要考虑到各个观测的概率权重,其更新方程为:

$$P_k=P_{k/k-1}-(1-P_0)\boldsymbol{K}_k\boldsymbol{S}\boldsymbol{K}_k^{\mathrm{T}}+P_{k,\mathrm{W}}$$

其中,$P_{k,\mathrm{W}}$ 计算公式为:

$$P_{k,\mathrm{W}}=\boldsymbol{K}_k\left[\sum_{i}P_i\boldsymbol{e}_i\boldsymbol{e}_i^{\mathrm{T}}-\left(\sum_{i}P_i\boldsymbol{e}_i\right)\cdot\left(\sum_{i}P_i\boldsymbol{e}_i\right)^{\mathrm{T}}\right]\boldsymbol{K}_k^{\mathrm{T}}$$

$P_{k,\mathrm{W}}$ 用于描述关联门内观测数据的散度,其中 $\boldsymbol{e}_i$ 为 $\boldsymbol{Z}_i$ 相对于观测预测值残差,即 $\boldsymbol{e}_i=\boldsymbol{Z}_i-\boldsymbol{Z}_{k/k-1}$。

概率数据关联最大的优点在于其与卡尔曼滤波的计算复杂度一致,易于实现。但是当目标比较密集时,估计精度会大大降低。例如图 3-32 所示的例子中,观测值 Z_2 同时处于两个目标的关联门内,因此两个目标状态进行更新时都会考虑到 Z_2 的信息,但是同一个观测值不可能来源于两个不同的目标,概率数据关联方法利用了错误的数据进行状态估计,致使精度下降。

3.4.4 应用举例

假设开放道路场景下部署有多个传感器,对车辆进行目标检测,其中第 i 个传感器在其自身坐标系下 t 时刻检测得到第 j 个目标的数据为 $X_{ijt}=[x_{ijt},y_{ijt},h_{ijt},w_{ijt}]$,利用多传感器目标检测结果进行目标级数据融合,完成多目标跟踪并计算出目标运动轨迹。

基于多传感器数据融合的多目标跟踪算法框架如图 3-33 所示,其中包括三个主要步骤:多传感器数据关联、目标级融合及状态更新和生命周期管理。多传感器数据关联确定传感器数据与目标历史轨迹的匹配关系,例如 t 时刻与第 k 个目标轨迹所关联的数据为 $\{X_{ijt}\mid i\subset[1,N],I(ij,k)-1\}$,其中 $I(ij,k)=1$ 表示第 i 个传感器的第 j 个检测数据与第 k 个目标轨迹关联成功,反之表示关联失败。利用所关联的数据 $\{X_{ijt}\mid i\in[1,N],I(ij,k)=1\}$ 及 $t-1$ 时刻的状态 $X_{k,t-1}$ 对第 k 个目标 t 时刻的状态进行估计,即计算 $\hat{X}_{k,t}$。由于开放道路场景下车辆会频繁地进出传感器覆盖范围,因此还需要设置合理的生命周期管理规则

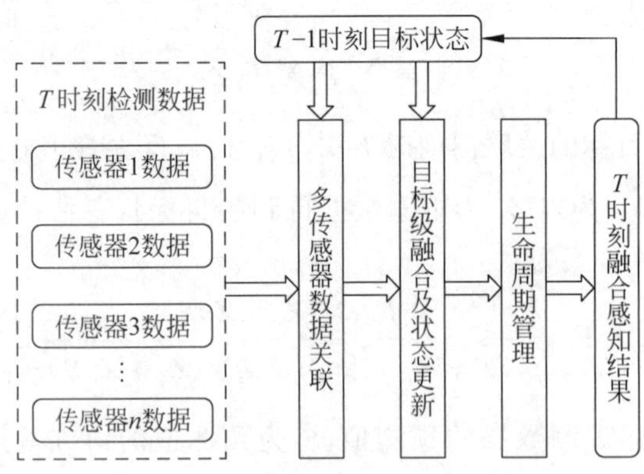

图 3-33　多传感器多目标跟踪算法框架

完成对轨迹的生成和删除。

此应用举例可利用 CityFlow 数据集[38]完成，其为多相机多目标跟踪的数据集，一共包含 5 个场景，共 59 个视频及车辆标注数据，图 3-34 为场景一中的数据举例。

图 3-34　CityFlow 数据集中的数据举例[38]

3.5　意图识别与轨迹预测

3.5.1　概述

智能网联汽车需要具备能够准确判断周围车辆的运动意图，并获取周围车辆的预测轨迹的能力。这能够帮助智能网联汽车做出合理的决策规划，提高车辆行驶的安全性。

车辆的意图识别旨在准确判断驾驶人的行驶意图，其研究方法众多，1986 年，Rasmussen 提出的人机交互模型受到广泛关注，其中包含了对驾驶行为的分类识别[39]。1998 年，Boer 在人机交互的模型的基础上，提出了 IDM(Integrated Driver Model)模型，解释了驾驶行为的选择[40]。1999 年，针对匝道汇入的场景，Kita 采用博弈论的方法分析了不同驾驶行为博弈的收益[41]。由于机器学习在行为的分类和预测任务中的有效性，很多研究人员试图用机器学习的方法来实现驾驶意图识别[42]。针对驾驶意图的识别，研究人员提出了基于隐马尔可夫模型（Hidden Markov Model，HMM）、支持向量机（Support Vector Machine，SVM）和贝叶斯网络（Bayesian Network）的意图识别方法。

轨迹预测就是根据物体的历史运动信息和周围环境信息，对物体未来一段时间的运动轨迹进行预测。轨迹预测方法一般分为三大类：基于物理模型的方法、基于行为的方法和基于交互模型的方法。对于基于物理模型的轨迹预测，研究人员采用建立运动学或动力学模型的方法来预测轨迹，并结合卡尔曼滤波和蒙特卡罗方法在模型的不确定性预测上取得了成效。基于行为的方法将车辆表示为独立的机动实体，模型的轨迹预测是基于对驾驶人意图执行行为的早期识别。如果能确定驾驶人的机动意图，就可以假定车辆的未来运动将与该机动意图相匹配，基于此的长时域预测比从基于物理模型推导出的轨迹更可靠。比如采用原型轨迹聚类的方法将车辆历史行驶轨迹分类，能够帮助预测车辆下一次的行驶轨迹。对于基于交互模型的方法，一般采用动态贝叶斯网络来进行。目前，很多研究人员通过深度学习的方法来搭建神经网络去预测车辆的轨迹。

3.5.2 意图识别方法

1. 基于博弈论的方法

基于博弈论的驾驶意图识别方法，通过研究驾驶人所侧重的不同需求和期望因素，得出能够反映当前场景下的驾驶策略。驾驶人作为交通参与者，能够实时获取交通信息，其行为可以看作一个动态决策和反复调整的过程。驾驶人依靠自身的经验和接收到的交通信息，判断在当前情况下的各个行为的收益大小，从而做出最有利于自己的决策。

通常，博弈论的研究是基于特定场景的，例如一个匝道汇入的场景，P_1 为想要汇入主车道的车辆，P_2 是在主车道上行驶且与 P_1 可能形成冲突的车辆。P_1 车的策略为 p，P_2 的策略为 q，表示为：

$$p = \{1:\text{merge}, 2:\text{pass}\}$$

$$q = \{\text{Ⅰ}:\text{giveway}, \text{Ⅱ}:\text{donotgiveway}\}$$

这样一来，我们就可以得到收益矩阵如图 3-35 所示，$[P_1]$矩阵表示 P_1 在两车做出不同选择组合下的收益，$[P_2]$则表示 P_2 的收益。其中 a_{ij}，b_{ij} 的值取决于当前场景内各个车辆的驾驶行为偏好。

$$[P_1] \quad \begin{array}{c c} & \begin{array}{cc} \text{Ⅰ} & \text{Ⅱ} \end{array} \\ \begin{array}{c} 1 \\ 2 \end{array} & \begin{pmatrix} a_{11} & a_{12} \\ a_{21} & a_{22} \end{pmatrix} \end{array} \qquad [P_2] \quad \begin{array}{c c} & \begin{array}{cc} \text{Ⅰ} & \text{Ⅱ} \end{array} \\ \begin{array}{c} 1 \\ 2 \end{array} & \begin{pmatrix} b_{11} & b_{12} \\ b_{21} & b_{22} \end{pmatrix} \end{array}$$

图 3-35 匝道汇入场景的收益矩阵

在得到收益矩阵之后，可以采用纳什均衡（Nash Equilibrium）来求得一个均衡解。纳什均衡的思想是在一个博弈过程中，无论对方的策略选择如何，当事人一方都会选择在对方的选择下对自己最有利的选择。在这个场景里，P_1 和 P_2 的均衡策略都是为了达到自己期望收益的最大值。

让道和汇入行为有一些相似之处，它们都是选择留在当前车道或移入相邻车道。有研究人员[42]使用离散选择模型对道路入口匝道的汇入行为进行了建模。该模型显示出良好的复现交通行为的能力，包括获取沿直通车道的汇入位置分布。模型的基本思想是，驾驶人比较保持车道和移至相邻直通车道的效用，并选择具有更高效用的动作。在这项研究中，驾驶人的效用可以等同于有偿收益，并且很明显，其很大程度上受到汇入汽车周围间隙大小的影响。

2. 基于马尔可夫模型的方法

1907 年，马尔可夫随机过程由俄国数学家安德雷·马尔可夫提出。在该过程中，已知现在的条件下，未来的变化不依赖于过去的变化，即每一个状态的转移只依赖于前一个时刻的状态，如式(3-4)所示。

$$P(X_{n+1} \mid X_1 = x_1, X_2 = x_2, \cdots, X_n = x_n) = P(X_{n+1} \mid X_n = x_n) \tag{3-4}$$

假设天气的变化服从马尔可夫过程，只存在晴天和阴天，有规律为：假如今天是晴天，则明天变成阴天的概率为 0.1；假如今天是阴天，则明天变为晴天的概率为 0.5，展示如表 3-2 所示。

表 3-2 天气变化的概率

	晴天	阴天
晴天	0.9	0.1
阴天	0.5	0.5

上述表格即为天气变化这个马尔可夫过程的状态转移矩阵。

在某些复杂情况下，例如进行车辆驾驶意图识别的任务时，有些状态参数是不可观测的，称为隐藏参数。从可观测的参数来确定该过程的隐藏参数，进而进行分析，这个方法叫作隐马尔可夫模型。

在隐马尔可夫模型中存在三个问题。

第一个问题是如何评估模型与观测序列的匹配程度。这个评估问题就是在已知一个观测序列和模型的情况下，计算观测序列的概率。如果用枚举的方法需要穷尽所有的状态组合，会导致指数爆炸。所以，提出了前向、后向算法来解决这个问题。算法的思想为每一步要求的概率在前一步的基础上进行，减少了计算的复杂度。

第二个问题是如何推断模型的隐藏状态。这里使用了维特比(Viterbi)算法，它是一种特殊的动态规划算法，用于解决一个图中的最短路径问题。凡是采用隐马尔可夫模型来描述的问题都可以用维特比算法来进行解码。

第三个问题是如何训练模型来最好地描述观测数据。一般采用 Baum-Welch 算法，该算法本质上是 EM(Expectation Maximum)算法，即最大期望算法，通过极大似然估计的迭代来进行优化，常用于对包含隐变量和缺失数据的概率模型进行参数估计。

一个隐马尔可夫模型可以表述为 $\theta=[P_0, \boldsymbol{A}, \boldsymbol{B}]$，用于驾驶意图识别。用 $\boldsymbol{Q}$ 表示隐藏状态，即驾驶意图，用 v 表示可观测的驾驶行为，$\boldsymbol{A}=[a_{ij}]$表示从意图 Q_i 到 Q_j 的转移矩阵，$\boldsymbol{B}=[b_{jk}]$表示从意图 Q_j 产生驾驶行为 v_k 的矩阵。

如图 3-36 所示，在设定模型参数的初始值之后，采用前向-后向算法来对模型参数 θ 进行重估。在获取驾驶行为序列 v 的情况下计算驾驶意图 $\boldsymbol{Q}$ 的转移概率，根据模型参数之间的函数关系反复迭代计算 $\boldsymbol{A}$ 和 $\boldsymbol{B}$ 直到收敛。在进行驾驶意图识别时，采用维特比算法求出模型参数对驾驶行为序列 v 的输出概率，选择所有模型中的输出概率最大的作为意图的识别结果。

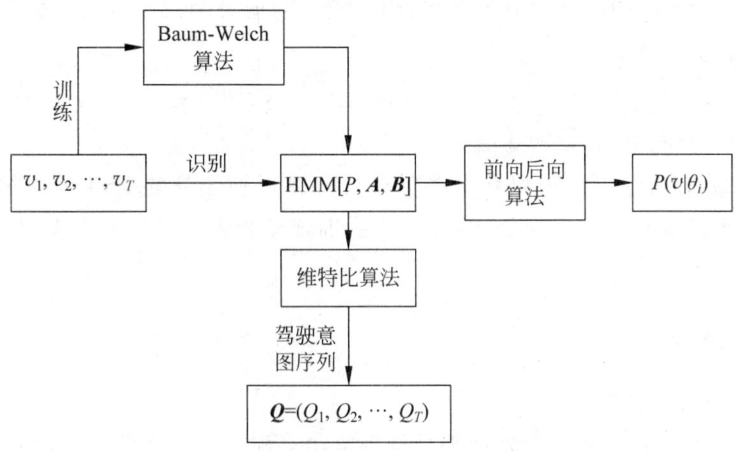

图 3-36 隐马尔可夫模型流程图

3. 基于神经网络的方法

在相同的驾驶环境中，由于不同驾驶人的驾驶性格不同，可能会产生不同的驾驶意图，从而产生不同的驾驶行为。因此，可以对过去一段时间的驾驶数据进行分析，来简要识别出不同驾驶人的驾驶性格特征，从而预测其下一步的驾驶行为。

循环神经网络具有记忆性、参数共享并且图灵完备的特性，因此在对序列的非线性特征进行学习时具有一定优势。循环神经网络由于其特殊的记忆机理，不同于其他的神经网络模型只有一种结构，它出现了相对运用比较广泛的四种模型结构，分别是单输入单输出的"一对一"结构、多输入和单输出的"多对一"结构、单输入和多输出的"一对多"结构、多输入和多输出的"多对多"结构。由于驾驶行为预测模型需要对过去一段时间的序列数据进行分析输入，模型的输出为目前时刻驾驶行为的概率预测，因此常选择"多对一"结构的 LSTM 神经网络结构作为模型的整体结构。

将历史数据 $x^{<t-h>},\cdots,x^{<t>}$，按照每个时间步长输入到 LSTM 网络中(图 3-37)。在输入信息通过 LSTM 编码之后，将状态向量传递给下一个时刻。因此，一个单元除了在当前时刻接收输入信息外，还会接收前一时刻的状态向量，该状态向量包含所有先前历史时刻的信息。在经过一个全连接层之后，通过 Softmax 激活函数输出驾驶行为的概率分布。

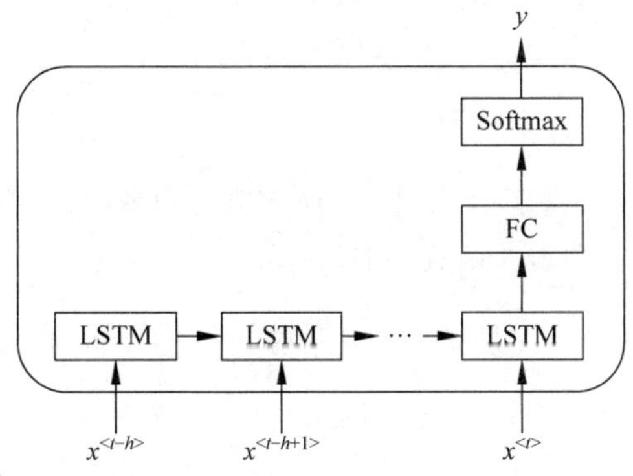

图 3-37 LSTM 神经网络的结构

由于驾驶行为模型的输出为分类输出，因此模型的损失函数采取交叉熵(Cross-Entropy)损失函数，如式(3-5)所示。

$$L(a,y)=-[y*\ln a+(1-y)\ln(1-a)] \tag{3-5}$$

其中，a 是模型的预测值，y 是标签值。

在经过训练和测试之后，可以获得能够进行意图识别任务的 LSTM 网络，对车辆的驾驶意图进行分类识别和输出。但是，神经网络的训练需要大量的标签数据，且模型训练时间较长。

3.5.3 轨迹预测方法

1. 基于物理模型的方法

基于物理的运动模型将车辆表示为受物理定律支配的动态实体。一般使用动力学模型和运动学模型预测未来运动，这些模型将输入信息、汽车特性、外部条件等与车辆状态的演变联系起来。

动力学模型根据拉格朗日方程式描述运动，并考虑到影响车辆运动的不同力，例如轮胎的纵向和横向力等。由于车辆受到复杂的物理原理(驾驶人的操控对发动机、变速器、车轮等的影响)控制，因此动力学模型可能会变得非常复杂，并涉及车辆的许多内部参数。这种复杂的模型与面向控制的应用程序相关，但是对于诸如轨迹预测的应用程序，更简单的模型会是更常用的选择。这类模型通常基于“自行车模型”来表示，将汽车表示为在二维平面上移动的两轮车。

运动学模型基于运动参数(例如位置、速度、加速度等)之间的数学关系来描述车辆的运动，而无须考虑影响运动的力。因此，摩擦力被忽略，并且假定每个车轮处的速度沿车轮方向。对于运动轨迹预测，运动学模型比动力学模型要常用得多，因为工程实现更为简单和有效。研究人员对车辆运动学模型进行了调查[43]，并总结如下。最简单的模型是恒定速度(Constant Velocity, CV)和恒定加速度(Constant Acceleration, CA)模型，它们均假定车辆为直线运动。

CV 模型状态空间表示 $\boldsymbol{X}(t)$ 和转移函数一般写作：

$$\boldsymbol{X}(t)=\begin{pmatrix} x(t) \\ y(t) \\ v_x \\ v_y \end{pmatrix}, \quad \boldsymbol{X}(t+\Delta t)=\begin{pmatrix} x(t)+v_x\Delta t \\ y(t)+v_y\Delta t \\ v_x \\ v_y \end{pmatrix}$$

其中，4 个状态向量分别表示横坐标、纵坐标、横向速度和纵向速度。

CA 模型状态空间表示和转移函数一般写作：

$$\boldsymbol{X}(t)=\begin{pmatrix} x(t) \\ y(t) \\ \theta \\ v(t) \\ a \end{pmatrix}$$

$$
\boldsymbol{X}(t+\Delta t)=\boldsymbol{X}(t)+\begin{pmatrix}\left(v(t)\Delta t+\dfrac{a}{2}\Delta t^{2}\right)\cos\theta \\ \left(v(t)\Delta t+\dfrac{a}{2}\Delta t^{2}\right)\sin\theta \\ 0 \\ a\Delta t \\ 0\end{pmatrix}
$$

其中，5 个状态向量分别表示横坐标、纵坐标、与横轴的夹角、线速度和加速度。

恒定转弯率和速度(CTRV)模型以及恒定转弯率和加速度(CTRA)模型通过在车辆状态向量中引入偏航角和偏航率来考虑横摆运动。

当速度和偏航率解耦时，模型的复杂度仍然较低。通过在状态变量中考虑转向角而不是横摆率，可以获得“自行车模型”表示，其中也考虑了速度和横摆率之间的相关性。根据此表示，可以得出恒定转向角和速度(CSAV)以及恒定转向角和加速度(CSAA)。

上面描述的模型可以各种方式用于轨迹预测，主要区别在于不确定性的处理。高斯噪声仿真可以通过正态分布对当前车辆状态及其演变的不确定性进行建模，如图 3-38 所示。不确定性的“高斯噪声”表示在卡尔曼滤波器中的使用较为广泛，可从嘈杂的传感器测量值中递归估算车辆的状态。

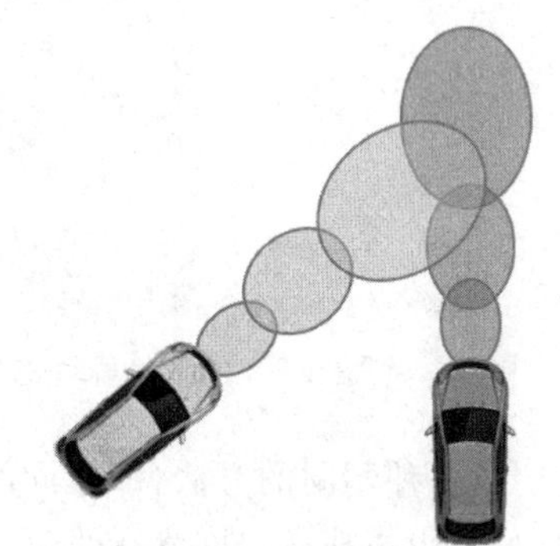

图 3-38 等速运动模型的轨迹预测和高斯噪声模拟[44]

基于物理模型的轨迹预测方法存在一定的局限性，由于它们仅依赖于运动的低级属性即动力学和运动学属性，因此基于物理学的运动模型仅限于短期(少于 1s)的运动预测。通常，这类模型无法预测由于执行特定操作而导致的汽车运动的任何变化(例如，减速，以恒定速度转弯，然后加速以在交叉路口转弯)，或由外部因素引起的变化(例如，避让其他障碍物)。

2. 基于行为认知的方法

基于行为认知的方法将车辆表示为独立的机动实体，即假设车辆在路网上的运动对应一系列独立于其他车辆执行的策略。模型的轨迹预测是基于对驾驶人意图执行行为的早期识别。如果能确定驾驶人的机动意图，就可以假定车辆的未来运动将与该机动相匹配。由于这一先验知识，从这个方案推导出的轨迹在长时域内比从基于物理的运动模型推导出的轨迹更相关和可靠。基于行为认知的模型是基于原型轨迹或基于机动意图估计的运动模型，如原型轨迹聚类和高斯过程回归。

原型轨迹聚类方法的思想是将道路网络上的车辆轨迹分组为一个有限的簇集，每个簇都对应一个典型的运动模式。示例集群如图 3-39 所示。运动模式使用原型轨迹表示，这些轨迹是在训练阶段从数据中学习到的。通过寻找最可能的运动模式并使用原型轨迹作为未来运动的模型，可以对给定的部分轨迹进行在线预测。

运动模式的随机表示可以通过计算样本轨迹的均值和标准偏差来得到。另一种解释运动模式执行变化的方法是，为每个类都提供多个原型例如训练样本的一个子集。有研究人

图 3-39　集群轨迹：每个轨迹簇都对应一个典型的运动模式[45]

员提出了一种不同的方法，即不同的行为不被单独的原型表示，而是合并到一个单一的图形结构中，使用拓扑学习网络在线学习。近年一些工作表明，高斯过程很适合在道路交通环境中表示运动模式。

长期以来，原型轨迹聚类的主要限制是它们对时间的严格确定性表示。事实上，当使用有限的轨迹集来表示运动模式时，将需要大量的原型来模拟运动模式执行中的巨大变化。例如，为了识别包含在停止线上等待时间的动作，必须使用硬阈值来识别等待时间间隔，并在计算两个轨迹之间的距离时忽略它们。对于这类模型来说，处理由交通拥挤引起的速度变化等更为微妙的变化仍然是一个问题。

使用原型轨迹聚类的另一个困难是它们要适应不同的道路结构，特别是应用到道路交叉口时。因为每个运动模型都是针对特定的交叉点几何结构和拓扑进行训练的，所以它们只能在具有相似布局的交叉点上重复利用。

3. 基于交互模型的方法

交互模型将车辆表示为相互作用的机动实体，即假设车辆的运动受到场景中其他车辆运动的影响。与上一节所述模型相比，它考虑到车辆之间的交互关系，从而可以更好地解释车辆的运动。因此，它有助于更好地理解行车场景和更可靠地评估风险。

大多数交互感知运动模型都基于动态贝叶斯网络(Dynamic Bayesian Network，DBN)。动态贝叶斯网络结构示意图如图 3-40 所示。多个移动实体之间的成对依赖关系可以用耦合隐马尔可夫模型(Coupled Hidden Markov Model，CHMM)建模[46]。然而，由于可能成对依赖的数量随着实体的数量呈二次增长，在复杂交通场景下其计算复杂度很高。一种简化模型的解决方案是，通过假设车辆与周围会产生影响的车辆形成成对依赖关系，反之则不然，这样使耦合隐马尔可夫模型不对称。这种非对称依赖的假设大大降低了问题的计算复杂度，因此在许多研究中被使用，特别是在处理变道、超车和跟随的场景时。

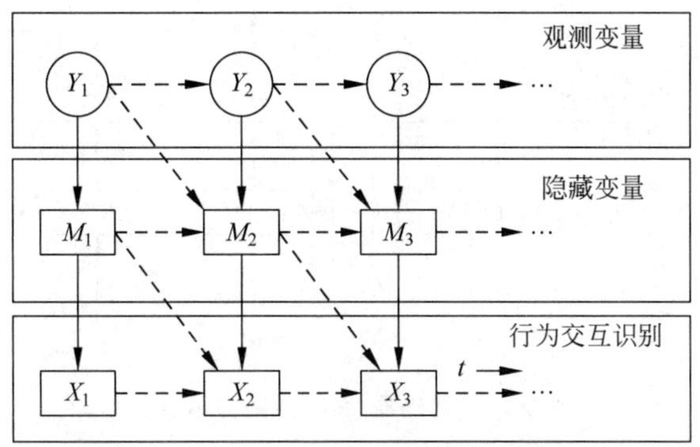

图 3-40 动态贝叶斯网络结构示意图

应用过程为：

$$Z_t = (Y_t, M_t, X_t)$$

$$P(Z_t \mid Z_{t-1}) = \prod_{i=1}^{N} P(Z_t^i \mid Pa(Z_t^i))$$

$$P(Z_{1:T}) = \prod_{t=1}^{T} \prod_{i=1}^{N} P(Z_t^i \mid Pa(Z_t^i))$$

式中，Y_t 表示 t 时刻的观测变量，M_t 表示 t 时刻的隐藏变量，X_t 表示 t 时刻的行为识别，Z_t 为上述变量的集合，P 表示变量之间的转移概率，Pa 表示父节点的概率。与基于物理的运动模型相比，交互模型可以进行较长时域预测，而且由于考虑了车辆之间的依赖关系，因此比运动模型更可靠和更全面。然而，这种穷尽性有一些缺点：用这些模型计算车辆的所有潜在轨迹是需要强大的计算能力的，并且不兼容实时风险评估。

4. 基于神经网络的方法

车辆的行驶轨迹是一系列时间序列性数据，即过去时刻的车辆轨迹会影响未来时刻的车辆轨迹，最典型的例子就是上一时刻的轨迹与下一时刻的轨迹应该是密切相关联的。使用过去时间序列的轨迹数据作为模型的输入，可以反映出驾驶人的一系列驾驶特征，使得预测轨迹更加准确。由于输入/输出都是基于时间序列的轨迹数据，因此可以选择使用 LSTM 神经网络的“多对多”结构。轨迹预测模型常常使用编码器-解码器结构，具体的模型结构如图 3-41 所示。

编码器的特定预测过程是：在每个时间步长将数据列表 $x^{<t>}$ 输入到编码器的 LSTM 单位。同时，该单元还接收前一个单元的状态向量。LSTM 层仅在每个时间步长输出其状态。最后，编码器的输出是 LSTM 层的状态向量。

解码器的特定预测过程是：在每个预测时间步长中，解码器的 LSTM 单元接收两个输入向量：第一部分是通过输入层的输入向量；第二部分是编码器的输出状态向量状态。通过输入更新 LSTM 的状态后，将生成一个新状态，并用于预测当时的输出。然后，在经过全连接层之后输出预测的水平坐标和垂直坐标。新的单元状态和预测的轨迹位置将输入到下一个时间步长。该循环一直持续到预测结束。

轨迹预测模型的最终输出是连续值，可以选择均方误差（Mean Square Error，MSE）作

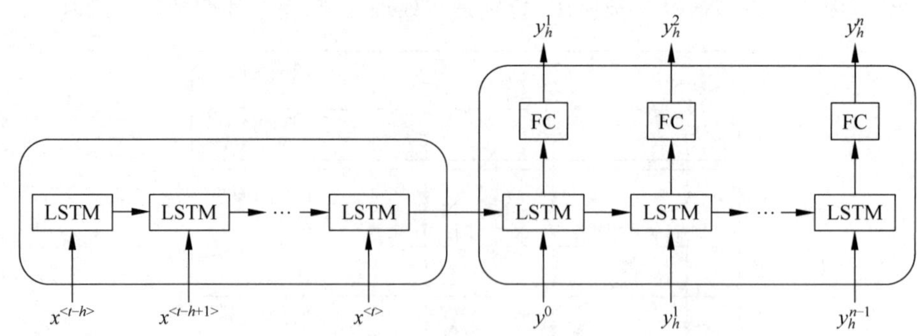

图 3-41 编码器-解码器结构示意图

为模型的损失函数,如式(3-6)所示。

$$\text{Loss} = \text{MSE} = \frac{\sum_{i=1}^{n}(y_i - y_{pi})^2}{n} \tag{3-6}$$

在实际应用中,该模型能够实时预测目标车辆未来短时间内的位置分布,实现轨迹预测的功能。但是,该模型需要大量基于场景的数据进行训练,并且模型的适用场景取决于训练数据的场景,模型在不同场景之间的迁移能力较差。

3.5.4 应用举例

在如图 3-42 所示的场景中,获取目标车辆的信息和目标车辆周围车辆的信息,包括横坐标、纵坐标、外形大小、横向速度以及纵向速度。通过数据训练一个 LSTM 神经网络,得到一个能够对目标车辆的驾驶意图进行判断的模型。

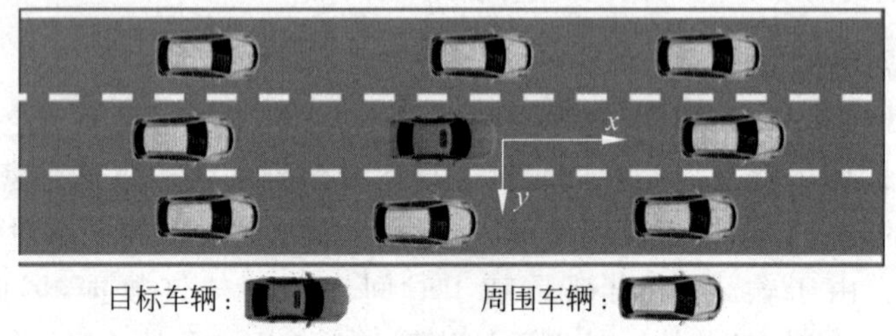

图 3-42 应用场景示意图

1. 数据处理

首先,一些可用的数据集包括 HighD 数据集或者 NGSIM 数据集,以 HighD 数据集为例,选取需要的数据如表 3-3 所示。

表 3-3 训练所需的数据

变量名	描　述	单位
frame	数据的帧数	
id	车辆的编号	
x	车辆在 x 方向的位置	m

续表

变量名	描　述	单位
y	车辆在 y 方向的位置	m
xVelocity	车辆在 x 方向的速度	m/s
yVelocity	车辆在 y 方向的速度	m/s
width	车辆在 x 方向的尺寸	m
height	车辆在 y 方向的尺寸	m

对于换道轨迹的提取，需要准确找出换道初始点（见图 3-43）和换道终点，可以首先计算角度 θ_i：

$$\theta_i = \left| \frac{y_i - y_{i-1}}{x_i - x_{i-1}} \right|$$

其中，x_i 和 y_i 是被选取车辆在第 i 帧的坐标点。

图 3-43　车辆换道起始点的判断

然后，为航向角设置一个阈值 θ_s。当三个连续帧 θ_i 大于 θ_s 时，可以认为车辆开始进入车道变更过程。在进入车道变更过程之后，当三个连续帧 θ_i 小于 θ_s 时，车辆的车道变更过程结束。当轨迹的结尾包含车道变换过程的起点时，将其标记为车道变换轨迹。当轨迹不包含车道变更过程的任何点时，将其标记为直线轨迹。考虑到训练数据分类的统一性，获取的数据需要每类数量相同。

此外，数据的归一化处理可以使神经网络具有更好的训练效果。在这里，可以使用最大最小归一化（Maximum-minimum Normalization）方法将位置信息和速度信息线性映射到[0,1]。

$$x^* = \frac{x - \min}{\max - \min}$$

其中，x 是原始数据值，x^* 是归一化后的数据值，max 是原始数据最大值，min 是原始数据最小值。

2. 输入与输出的设计

模型的输入由多维向量 $\boldsymbol{X}$ 表示，从时刻 1 到时刻 t 的数据则表示为：

$$\boldsymbol{X} = \{\boldsymbol{X}^{<1>}, \boldsymbol{X}^{<2>}, \cdots, \boldsymbol{X}^{<t>}\}$$

$$\boldsymbol{X}^{<t>} = \{x_{\text{target}}^{<t>}, x_{v1}^{<t>}, x_{v2}^{<t>}, \cdots, x_{v8}^{<t>}\}$$

其中，$x_{\text{target}}^{<t>}$ 和 $x_v^{<t>}$ 表示目标车辆和周围车辆的位置信息和速度信息。

模型的输出由一维向量 $\boldsymbol{Y}$ 表示：

$$Y=\{y_1,y_2,y_3\}$$

y_1、y_2 和 y_3 分别是车辆左转、保持直行、右转的概率。在这里，为了训练的效率，使用独热编码(One-hot Code)来进行表示。

当目标车辆左转时：$Y=\{1,0,0\}$；

当目标车辆直行时：$Y=\{0,1,0\}$；

当目标车辆右转时：$Y=\{0,0,1\}$。

3. 神经网络的参数选择

LSTM 网络主要的超参数有神经网络的层数、每层神经网络的神经元数目、批尺寸(Batch Size)和学习率(Learning Rate)。不同的超参数设置会带来不同的准确率，也会影响到数据的训练时间。

在这个任务中，损失函数同样可以选择交叉熵函数。

最后，将数据分为训练集和测试集，使用训练集来进行神经网络的训练，使用测试集来验证模型的正确率。

3.6 行车风险评估

3.6.1 行车风险定义

交通环境的风险认知是智能车辆进行决策的基础。行车环境风险认知的关键是对行车风险进行准确评估。现有研究对风险的定义主要有两大类：一是把风险看成系统内有害事件或非正常事件出现可能性的量度；二是把风险定义为发生一次事故的后果大小和该事故出现概率的乘积。系统安全工程研究认为，事故的根本原因是存在危险源。通过控制和消除系统中的危险源可以防止意外事故的发生。通常危险源可以分为两类：一是系统中可能意外释放的能量或危险物质；二是指导致能量或危险物质约束失效的各种不安全因素，主要包括系统故障、人为失误和环境因素。因此，可以根据上述定义方便地分析道路运输系统中的危险源。第一类危险源包括车辆的动能、燃料和危险化学品等危险物质；第二类危险源包括人的失误、机械故障、恶劣路况、恶劣天气等。在本书中，从风险产生的本质出发，定义风险为在某一特定环境下，在某一特定时间段内，损失发生的可能性。广义风险可以认为是由风险因素、风险事故和风险损失等要素组成。

在交通环境中，风险的产生主要与交通系统所包含的驾驶人、车辆和道路等各种要素有关，驾驶人-车辆-道路闭环系统的广义不稳定性会引发驾驶风险。行车风险涉及驾驶人失误、车辆故障、路况、环境状态等因素，同时驾驶人的感知和反应通常也会在不同的情况下发生变化。车辆行驶过程中，风险认知能为决策系统提供环境理解基础，并作为智能车辆的基本模块发挥重要作用，因此，对行车风险进行定义至关重要，本书主要考虑在行驶过程中受各种交通要素带来的潜在损失和造成损失的概率两方面定义行车风险，即交通环境中，车辆行驶过程产生某种损失的可能性。具体地，在行车过程中，根据损失类别分为碰撞损失、违规损失等。可见的碰撞损失形成碰撞主导风险；不可见的碰撞损失与驾驶人的经验有关。例如，有经验的司机会在有盲区的交叉路口提前减速。违规损失包括违反交通法规和危险驾驶行为带来的损失。

3.6.2 行车风险影响因素

1. 驾驶人造成的潜在风险

在道路交通系统中，驾驶人行为对行车安全的影响不容忽视。统计数据显示 70%～95%的交通事故归因于人为因素。驾驶人的驾驶决策正确性影响整个驾驶过程的安全性。驾驶人在驾驶过程中做出一次决策之前，通常首先会对当前交通环境的风险进行判断，在认为下一步动作不会造成事故或可以躲避事故后决策并迅速做出反应。因此，在分析驾驶人如何造成潜在风险时需要对驾驶人认知、决策行为的影响因素和驾驶人认知与行为规律进行探究。

不同驾驶人个人属性、驾驶习惯差异明显，在面对同样的场景时，会造成不同驾驶人采取的决策策略也有一定的差异。驾驶人认知、决策行为的影响因素主要包括驾驶技能、风险感知能力、环境因素等方面。通过对驾驶人的危险感知能力进行分析，可发现不同驾驶人的风险感知能力对驾驶人认知、决策行为过程具有明显的影响。同时，对于个体驾驶人而言，其操控行为和认知特性也能反映驾驶人风险感知的能力。驾驶人对于外界环境的信息处理过程，可以理解为主要从视觉信息输入到大脑认知层，再通过认知层处理，输出决策行为[47]。现有探究导致驾驶人认知与行为决策差异影响因素的理论主要有三种：第一种是 Heinrich 于 1931 年提出的多米诺骨牌理论，该理论指出事故的发生是由于偶然因素以其内在顺序发生后引起的结果。但该理论过于片面，未考虑偶然因素的可能影响。第二种则是零风险理论，通常认为只有在达到一定危险程度时，驾驶人才会开始考虑认知风险，并采取避险行为，其行为与时间压力等因素有关。第三种是交通事故致因理论。该理论认为交通系统包括驾驶人个体、车辆、道路环境等任一因素都会导致交通事故，且管理缺陷同样有可能成为导致风险的根本原因。因此，事故原因是由多因素共同导致的，需要逐一分析各因素，消除不安全点，以杜绝事故的发生。

针对驾驶人认知与行为规律的研究，主要是基于控制系统理论基础来建立驾驶人行为认知模型。驾驶人行为决策模型主要可分为描述性模型和功能性模型。描述性模型中应用较多的是 Trait 模型[48]。Trait 模型基于大量数据，通过因子分析与统计等方法建立驾驶人内在、外在特性与其行为模式及认知机制等的关系。如可以利用 Trait 模型准确描述驾驶人行为的差异性，但该模型过于依赖已有经验，一旦面对未知场景，模型偏差较大。功能性模型中具有代表意义的是动机模型，通常用来描述驾驶人主动避让风险行为。动机模型一般通过描述驾驶人动态感知风险并进行动作输出，模拟驾驶人认知行为过程与认知机制[47]。动机模型能预测驾驶人心理认知过程，能更好地对人的特性进行模拟，但模型精确度很难保证。总体来说，现有对驾驶人认知与行为规律研究的成果通常仅能体现驾驶人整体驾驶行为及认知过程之间的关系，而对不同驾驶人认知与行为决策的差异关注较少，驾驶人造成潜在行车风险是一个多维多元过程，感知不足会影响人对速度、位置、道路和交通标志的判断，导致风险源输入信息不准确；认知不足导致人对风险及其变化规律的理解出现偏差；决策不足导致在风险规避行为选择和路径生成过程中未能制定正确策略；操控不足导致动作不到位而引发风险行为。其中，感知、认知、决策和人的风险行为是间接作用关系，而操控和人的风险行为是直接作用关系，然而任意阶段出现异常都会引发人产生风险行为。

2. 道路使用者造成的潜在风险

道路使用者为交通系统的直接参与者，即其他车辆驾驶人操控下的机动车、骑车人操控下的非机动车和行人等。这类交通参与者造成的行车风险的大小与其类型、位置和运动状态相关。道路使用者的多样性、随机性等属性会对整个交通系统产生高影响值，如在实际行车过程中，当驾驶人因其他道路使用者的动态变化而造成与预期产生偏差时会选择实时调整自身状态以达到期望驾驶状态。在经典驾驶工况下，主要指跟车工况、超车工况、换道工况等，驾驶人因其他参与者速度位置关系会从稳定的跟车状态转换为换道超车状态，在这个过程中，产生潜在的风险。同时，道路使用者自身的主动碰撞等因素也会造成交通事故的发生。

从交通管理者的第三方视角来看，道路交通事故中碰撞过程的本质是运动物体所具有的能量（如动能、化学能等）转化为其他形式的能（如热能、弹性势能等），并造成弹性、塑性形变的过程。能量转移理论认为：事故是能量的不正常转移。在交通系统中，运动物体（如车辆、骑车人、行人）都具有动能，车辆从起步开始加速至某一速度的过程实际上是自身动能不断增长的储能过程，若在某一时刻与某一物体发生碰撞事故，则其储存的能量将释放和转移并导致弹性和塑性变形，那么在碰撞过程中，动能越大造成的损失则越大。因此，道路使用者的行车风险可通过碰撞紧迫度和碰撞损失衡量，参与碰撞的交通元素的基本属性（质量、尺寸、类型等）、运动状态（位置、速度和加速度等）也是风险的影响因素。此外，机动车或者非机动的机械系统（制动、转向、轮胎）、电气系统（照明、信号装置、控制系统）和传感器也是行车风险的重要影响因素。

3. 道路环境造成的潜在风险

道路环境从广义上是指对驾驶人产生影响使其驾驶行为发生改变的各种外界和内在的条件，主要分为道路条件和环境条件。道路条件主要包括道路附着系数、道路线形、道路抗滑性能、道路坡度、车道数量等，而环境条件主要包括周边环境条件（静止障碍物）、天气状况（如昼夜、阴晴、雪雨雾风、温度和气压等）和各种信号标志、交通标志等。还有另一种关于社会性道路环境的定义，主要为整个系统中的参与要素，包括驾驶人、乘客、行人、自行车人等在内的道路交通参与者之间的关系。本书中的道路环境是指客观存在的道路条件和环境条件，驾驶人在这个真实的复杂道路交通环境下对车辆进行操纵。

道路交通设施与规则都是用来提高行车安全的，本书将其分为四类：第一类为将具有轨迹交叉可能性的车辆从空间上隔离的设施，例如立交桥、人行天桥和人行地下通道等；第二类是采用强制一方停车的方式避免车辆行驶轨迹产生交叉的设施，例如交通信号灯、禁止或限制车辆行为的道路交通标志（如停车让行标志）等；第三类是通过警示或增加另一方车辆路权的方式，使车辆降低通行速度从而降低行车风险的设施，例如人行横道线等指示标线、道路交通警示标志等；第四类是通过分隔同向或异向行驶的交通流、指导车辆的运动方向来控制行车风险的设施，例如道路交通标线。第一类设施已经从根本上将车辆产生的行车风险进行了隔离，能够在不影响交通效率的情况下避免交通事故发生，有效提高行车安全。

道路环境造成的潜在风险通常间接影响行驶安全。例如，天气条件（雨、雪、雾等天气）

会影响路面的附着系数以及驾驶人感知的视野,继而对行车风险产生影响(见图 3-44)。道路设计因素(道路曲率、宽度、坡度和附着系数等)主要通过影响车辆的性能而影响行车风险。

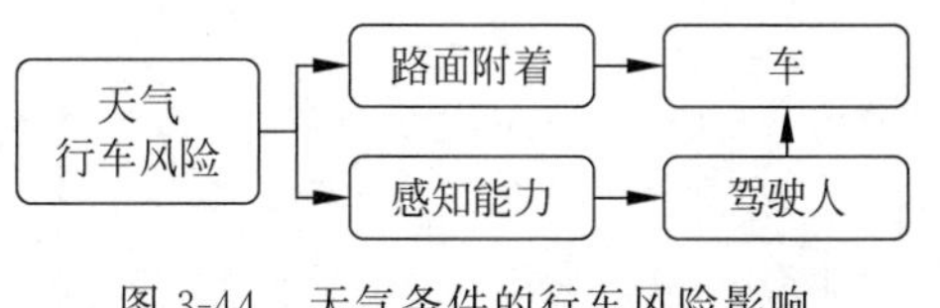

图 3-44 天气条件的行车风险影响

4. 人-车-路间的相互作用关系

道路交通系统是一个由驾驶人、道路使用者、道路环境等交通要素有机构成的复杂动态系统。当人、车、路三要素构成的交通系统的协调出现问题时,就有可能引发交通事故。交通事故的直接原因是交通参与者的风险处于失控状态,而形成原因包括:

(1) 人的风险行为(失误或者违规)导致道路使用者处于风险状态,例如,驾驶人疲劳分心、行人闯红灯等;

(2) 外部环境因素导致道路使用者处于风险状态,例如,极端异常天气和道路条件使得机动车制动或者转向失控等;

(3) 内部系统因素、机械或者电气系统故障等内在原因导致道路使用者(机动车本体和非机动车本体)处于风险状态。

下面将分别讨论人的风险行为、外部环境因素、内部系统因素与道路使用者风险状态的因果关系。

这些因素之间的相互作用关系也直接影响交通风险。如驾驶人在视觉、心理上的反应取决于线形设计,即驾驶人视距上的差异性。驾驶人视距计算与道路线形、车辆行驶速度、车辆的制动性能、驾驶人克服障碍物采取的措施、天气情况等客观环境和车辆参数密切相关。道路交通状况结合车辆性能的客观因素能够给予驾驶人不同的信息刺激,从而激发出各类驾驶行为,即人的驾驶行为特征的表达除了是驾驶人生理、心理、习惯等主观因素的外化,更是车辆物理特性、道路交通条件等客观因素共同作用的结果。因此驾驶人操纵行为会呈现出动态性和时变性。

在由人、车、路组成的道路交通系统中,汽车是核心组成部分,驾驶人的驾驶行为是核心行为,道路与环境是汽车行驶的基本条件,对系统进行智能管控是提高交通通行效率与道路交通系统安全的重要手段。因此,对于整个道路交通系统而言,事故发生与驾驶人、道路使用者、道路环境中的某一因素发生不良变化或多要素之间的相互作用密切相关。即在交通环境中,因为部分因素的突变可能导致短暂时间内出现的突发因素,这也可能造成潜在风险显现。同时在未加防控过程中会进一步导致其他后续因素也发生突变,经逐级因素间相互作用而导致事故发生。因此,可以理解为人-车-路综合因素对行车风险的影响主要体现在影响风险源本身以及从风险源出发风险在纵向或横向上的梯度变化趋势,在分析人-车-路相互作用时可以转化为风险源、风险影响范围和程度的动态变化,进而更好理解人的风险行为、外部环境因素、内部系统因素的交互。

行车风险主要影响因素如图 3-45 所示。

3.6.3 行车风险评估方法

行车风险评估就是量化交通环境中各要素对车辆行驶造成的碰撞风险、违规风险等,是智能汽车安全决策的重要前提。车辆的行车风险受到包括驾驶人、车和环境在内的多种交

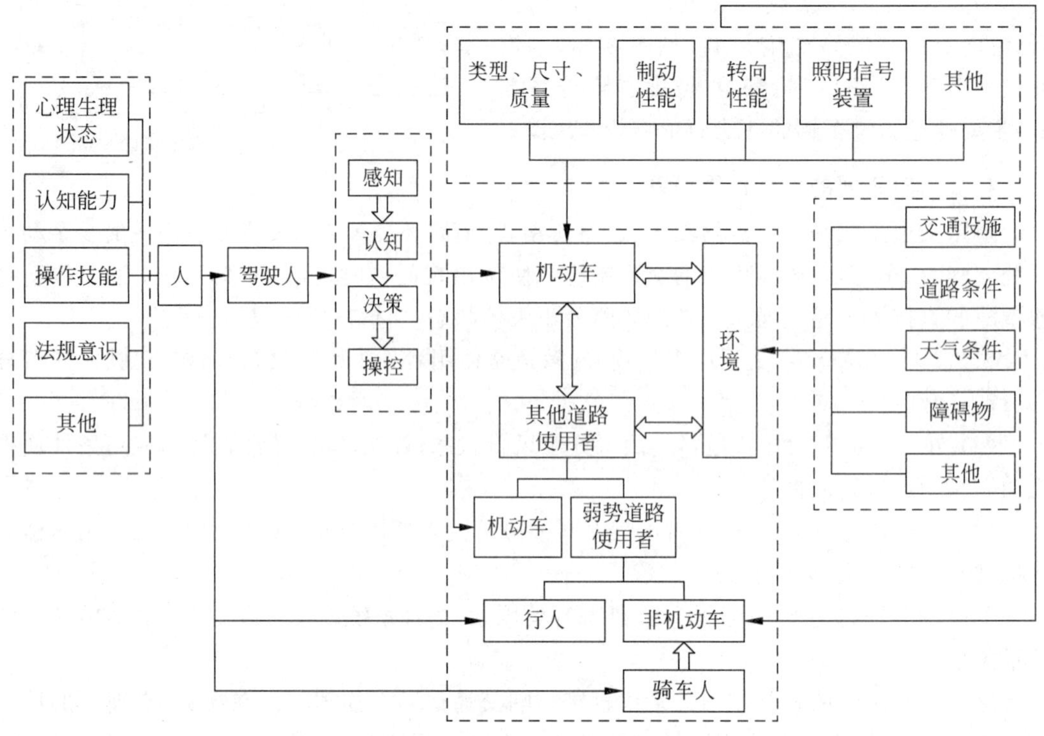

图 3-45 行车风险主要影响因素

通因素的影响，但现有的部分风险评估模型考虑的因素单一，适用的场景有限[49]。而且，自动驾驶技术在发展过程中，将面临长期的无人车和传统汽车混行的状态，需要考虑驾驶人的特性对整个交通环境的行车风险的影响，而现有的风险方法对驾驶人的风险特性考虑不足。因此，本书希望建立综合驾驶人、车和环境的统一的风险评估模型。为此，需要分析行车风险的影响因素，包括驾驶人特性、道路使用者和环境因素与行车风险的因果关系，结合事故数据，进一步分析行车风险及其致因机理。然后，基于行车风险的致因机理建立行车风险评估模型实现动态的风险评估。在风险评估中，一些关键的评价指标可以作为量化场景的风险程度的度量。在过去的几十年中，已经提出了具有不同评估准确度和计算复杂性水平的关键指标，如表 3-4 所示。智能车辆行车风险评估方法的分类可以从宏观交通视角和微观车辆视角两方面进行大类分类，每类风险评估方法都有其优势和局限性，影响其实际实施。

表 3-4 智能车辆行车风险评估方法

视角	方法	优 点	不 足
宏观交通视角	宏观统计分析	考虑宏观交通环境不确定性； 可描述非线性动态特性； 大量数据驱动，挖掘风险致因方法，如机器学习	计算复杂，实时性低； 易陷入局部优解，过拟合等； 需大量标定数据，易受样本完备性影响
	异常行为挖掘	考虑异常/违规驾驶行为造成的风险（交通流骤变、速度梯度差）； 道路监控特殊情况风险研判	难以检测异常驾驶行为； 难以准确量化异常行为造成的突发风险

续表

视角	方法	优　　点	不　　足
微观车辆视角（驾驶人风险认知视角）	时间逻辑	简单场景高效（如追尾场景）； 经过大量验证； ADAS 产品应用	固定的模型参数难以应对复杂多变的场景和驾驶人特性； 横向风险不敏感
	动力学特征参数	简单场景高效； 易用于控制（如加速度）	固定的模型参数难以应对复杂多变的环境和驾驶人特性
	势能场	描述复杂场景的综合风险； 易用于决策和控制	模型复杂； 参数标定困难

在智能车进行实时行车风险评估过程中，通常更多应用基于微观车辆视角的方法。现有从微观车辆视角对于行车风险的研究主要可以分为五大类（见图 3-46），包括时间逻辑方法（跟车时距、避撞时间等）、运动学指标（距离、加速度等）、碰撞概率指标、人工势能场方法、统计学习方法。

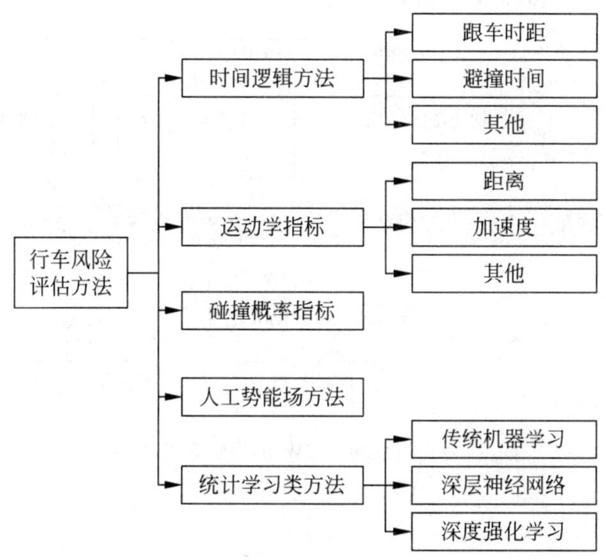

图 3-46　行车风险评估方法的分类

1. 时间逻辑方法

基于时间的风险评估算法以时间作为行车风险评估的依据，主要包括距离碰撞时间（Time-to-Collision，TTC）、距离碰撞时间的倒数（Inverse Time-to-Collision，TTCi）、TTC 的扩展、车头时距（Time Headway，THW）等[50]。其中，TTC 及其扩展指标主要用于车辆与障碍物之间的碰撞风险评估，而 THW 指标只适用于跟车场景下驾驶人的跟车特性和风险分析。THW 指标可定义为：

$$\mathrm{THW} = t_l - t_h \tag{3-7}$$

式中，t_l 和 t_h 分别表示前车和自车的车头经过相同观测位置的时刻。

TTC 指标可定义为：

$$\mathrm{TTC}=\{t \mid d_{\mathrm{r}}^{t}=0\}=\begin{cases} -\dfrac{d_{\mathrm{r}}^{0}}{v_{\mathrm{r}}^{0}} & v_{\mathrm{r}}^{0}<0, a_{\mathrm{r}}^{0}=0 \\ -\dfrac{v_{\mathrm{r}}^{0}}{a_{\mathrm{r}}^{0}}-\dfrac{\sqrt{(v_{\mathrm{r}}^{0})^{2}-2 d_{\mathrm{r}}^{0} a_{\mathrm{r}}^{0}}}{a_{\mathrm{r}}^{0}} & v_{\mathrm{r}}^{0}<0, a_{\mathrm{r}}^{0} \neq 0 \\ -\dfrac{v_{\mathrm{r}}^{0}}{a_{\mathrm{r}}^{0}}+\dfrac{\sqrt{(v_{\mathrm{r}}^{0})^{2}-2 d_{\mathrm{r}}^{0} a_{\mathrm{r}}^{0}}}{a_{\mathrm{r}}^{0}} & v_{\mathrm{r}}^{0} \geqslant 0, a_{\mathrm{r}}^{0}<0 \\ \text{未定义(后车无法追上前车)} & v_{\mathrm{r}}^{0} \geqslant 0, a_{\mathrm{r}}^{0} \geqslant 0 \\ \text{未定义(方程无实根)} & (v_{\mathrm{r}}^{0})^{2}-2 d_{\mathrm{r}}^{0} a_{\mathrm{r}}^{0}<0 \end{cases} \tag{3-8}$$

式中，d_{r}^{t} 表示相对距离；d_{r}^{0}、v_{r}^{0} 和 a_{r}^{0} 表示初始时刻的相对距离、相对速度(前车车速减去自车车速)和相对加速度。

TTC 可衡量相对速度变化造成的碰撞风险，THW 可衡量跟车距离过近造成的潜在碰撞风险，图 3-47 为 TTC 和 THW 相关研究发展历程。

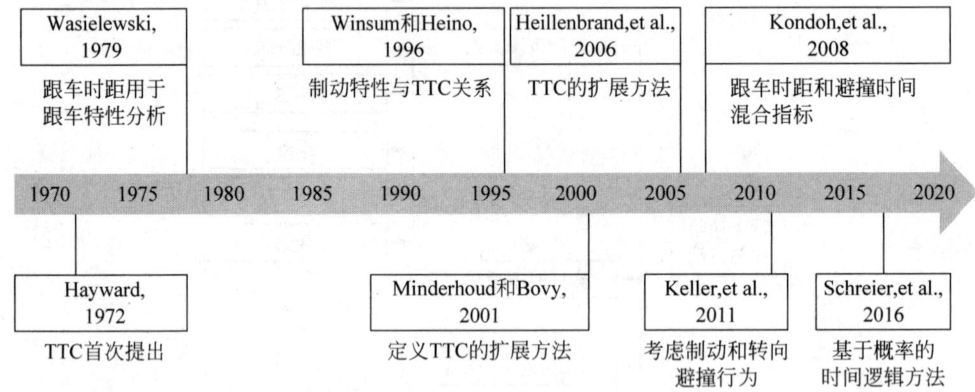

图 3-47 TTC 和 THW 相关研究发展历程

2. 运动学指标

基于运动学指标的风险评估算法，主要包含距离指标和加速度指标两大类。其中，安全距离算法通过将当前时刻的相对距离与其风险阈值进行对比评估当前时刻的行车风险。相对距离风险阈值是指车辆在当前条件下通过制动刚好能避免与障碍物发生碰撞需要的最小相对距离，以马自达公司开发的安全距离算法为例[51]：

$$d_{\mathrm{b}}=\frac{1}{2}\left(\frac{v_{\mathrm{h}}^{2}}{2a_{\mathrm{h}}}-\frac{v_{\mathrm{l}}^{2}}{2a_{\mathrm{l}}}\right)+\tau_{1} v_{\mathrm{h}}-\tau_{2} v_{\mathrm{r}}+R_{\min} \tag{3-9}$$

式中，d_{b} 表示自动制动启动距离阈值；v_{h}、v_{l} 和 v_{r} 分别表示自车速度、前车速度和自车与前车的相对速度；a_{h}、a_{l} 分别表示自车和前车的加速度；τ_1 为自车驾驶人反应时间；τ_2 表示前车保持匀速运动的持续时间；$R_{\min}$ 表示停止时刻的安全距离。然而，固定的模型参数会带来频繁的干扰。图 3-48 为典型的基于距离的风险评估算法的研究发展历程。

基于加速度的风险评估算法通过将当前时刻的加速度与加速度风险阈值对比评估当前的行车风险。其中，加速度风险阈值为后车采取制动到刚好能避免与前车发生碰撞需要的

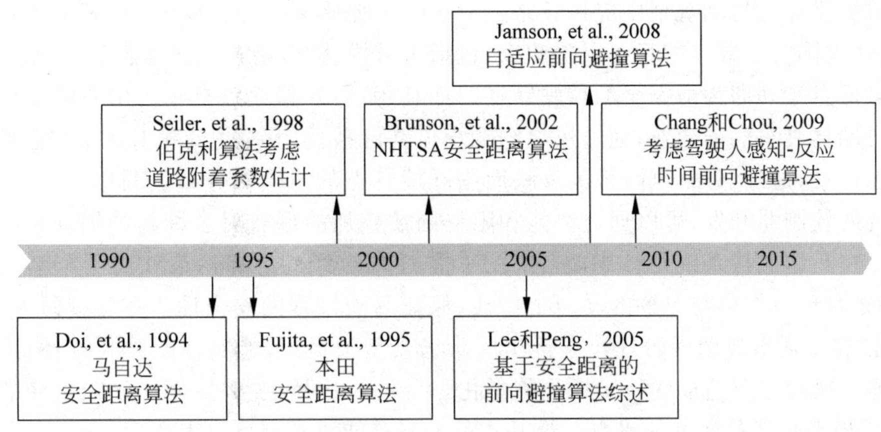

图 3-48 基于距离的行车风险评估算法的研究发展历程

最小制动减速度。下面介绍一种加速度风险评估指标 BTN：

$$\mathrm{BTN}=\left|\frac{a_{\mathrm{s}}}{a_{\mathrm{h\_max}}}\right|,\quad a_{\mathrm{s}}=a_{1}-\frac{v_{\mathrm{r}}^{0}\mid v_{\mathrm{r}}^{0}\mid}{2d_{\mathrm{r}}^{0}} \tag{3-10}$$

其中，a_{s} 为后车加速度风险阈值，$a_{\mathrm{h\_max}}$ 为后车能够提供的最大制动减速度。式(3-10)中，a_1 为前车的加速度，v_{r}^0 和 d_{r}^0 分别表示当前时刻自车与前车的相对速度、相对距离。基于加速度的风险评估算法中需要根据路面附着条件实时估计车辆的制动能力，且前车的减速度无法通过传感器测量得到。若仍然以匀加速度模型作为障碍物运动假设，难以应对场景突变(如前车紧急刹车)。

3. 碰撞概率指标

碰撞概率算法需要计算所有可能引发碰撞的轨迹的概率总和，主要可通过三个步骤进行阐述(见图 3-49)。

(1) 概率密度函数估计，即对存在碰撞可能的各个物体的状态分布进行估计，其中马尔可夫模型和蒙特卡罗估计是概率密度函数估计的主要方法；

(2) 碰撞检测，即自车和周围各个物体所占的空间是否存在交集或者轨迹是否交叉；

(3) 概率求和，即计算存在碰撞可能的轨迹的百分比，这一步主要通过积分或者离散求和计算碰撞概率。通常，碰撞概率可以表达为：

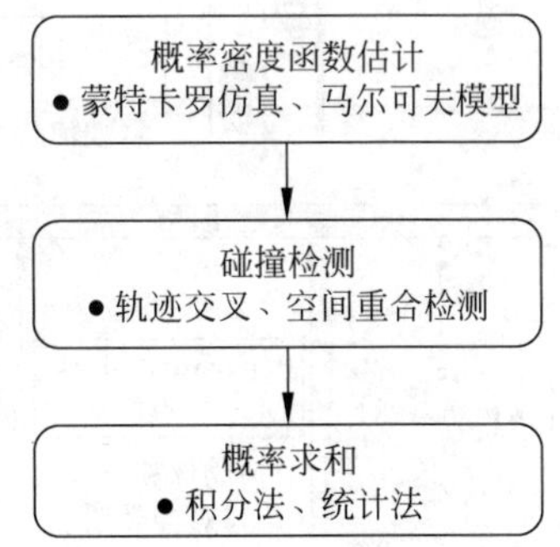

图 3-49 基于碰撞概率行车风险评估算法

$$P=\iint I_{\mathrm{c}}(x_{\mathrm{h}},x_{\mathrm{o}})p(x_{\mathrm{h}},x_{\mathrm{o}})\mathrm{d}x_{\mathrm{h}}\mathrm{d}x_{\mathrm{o}} \tag{3-11}$$

式中，x_{h} 和 x_{o} 分别表示自车和周围物体的状态，$p(x_{\mathrm{h}},x_{\mathrm{o}})$为自车和周围物体状态的联合概率密度函数；$I_{\mathrm{c}}(x_{\mathrm{h}},x_{\mathrm{o}})$表示碰撞指示函数，如果两者存在空间交集，则碰撞指示函数值为 1，否则为 0。

4. 人工势能场方法

人工势能场模型(Artificial Potential Field，APF)最早应用于机器人研究领域，在移动机器人目标避撞与运动规划中应用较多，如图 3-50 所示。在交通领域，APF 用于构建风险地图，描述周围交通要素的行车风险约束，包括车道线、障碍物和交通标志等，通常沿着风险势图的最低点运动即为最安全的行驶路径。如利用 APF 建立以自车为中心的交通风险势图实现自动驾驶车辆的导航，通过风险图融合道路信息、与障碍物的相对运动状态信息以及交通标志信息，通过 APF 风险势能反映周围环境各点的风险的分布。利用 APF 进行驾驶辅助系统的控制器开发，可以通过势能和阻尼函数叠加的形式对多种驾驶辅助系统进行综合控制。在车道保持系统设计中，利用 APF 描述车道线的边界约束和周围车辆的碰撞约束，能够融合环境约束与车辆的动力学特性，保证驾驶过程的安全性。在后续研究中，基于 APF 理论和交通事故致因机理建立行车风险场模型被提出，能实现驾驶人特性、道路条件和周围障碍物对自车造成的行车风险的量化与统一。然而，要构造面向复杂多变的场景的 APF 数学模型仍然是研究的难点。最基本的人工势能场模型可以表达为[52]：

$$\begin{cases} U_{\mathrm{art}}(x)=U_{x_{\mathrm{d}}}(x)+U_{\mathrm{O}}(x) \\ U_{x_{\mathrm{d}}}(x)=\dfrac{1}{2}k_{\mathrm{p}}(x-x_{\mathrm{d}})^2 \\ U_{\mathrm{O}}(x)=\begin{cases} \dfrac{1}{2}\eta\left(\dfrac{1}{\rho}-\dfrac{1}{\rho_0}\right)^2, & \rho \leqslant \rho_0 \\ 0, & \rho > \rho_0 \end{cases} \end{cases}$$

式中，k_{p} 为比例因子，$U_{x_{\mathrm{d}}}(x)$为车辆行驶过程中目标位置产生的吸引力，$U_{\mathrm{O}}(x)$ 为车辆行驶过程中周围障碍物产生的排斥力。x_{d} 表示目标位置，x 表示车辆实际位置。η 为势场影响的极限距离，ρ_0 为势场影响的极限距离，ρ 为到障碍物 O 的最短距离。

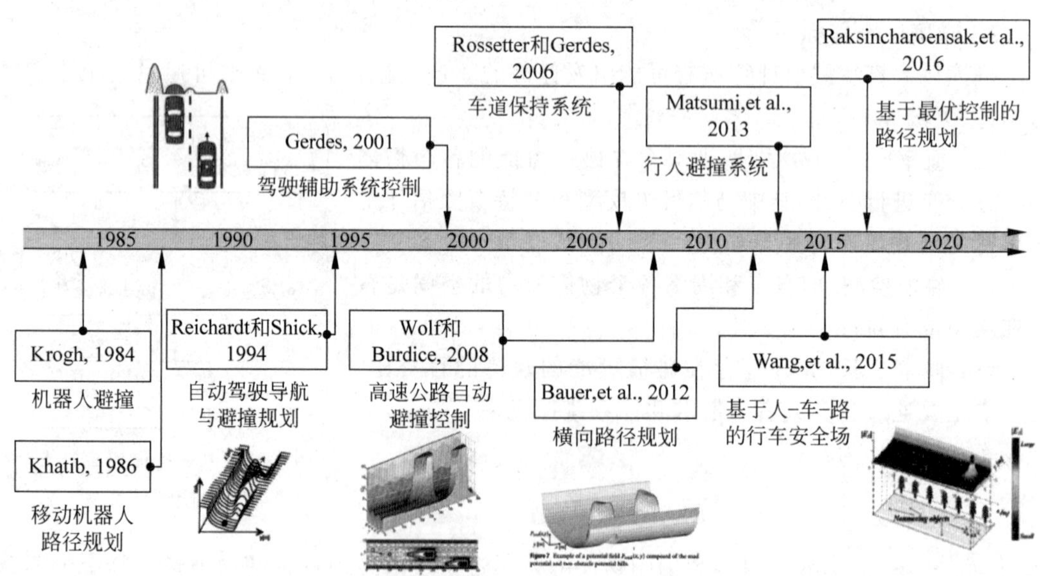

图 3-50 基于人工势能场的行车风险评估算法的研究发展历程

5. 统计学习方法

智能车辆的威胁评估通常被建模为机器学习中的离散分类任务。与先前具有明确风险量化公式的关键指标不同，机器学习算法依赖于风险事件分类。然后，学习模型中提取的特征可以被认为是威胁评估的隐式关键度量。

1）传统机器学习

传统的机器学习算法包括监督学习算法和无监督学习算法，这两种算法都已应用于智能车辆的威胁评估。例如，基于制动特征，无监督的 K-均值聚类被用于量化近碰撞场景的风险水平。监督神经网络需要定义明确的输入输出对，已经用于防撞系统。即使没有独立的威胁评估模块，机器学习算法仍然可以基于学习到的特征来评估危险程度。

2）深层神经网络

人工智能的最新发展增强了深层神经网络（DNN）在智能车辆中的应用。自动驾驶的端到端 DNN 模型将原始输入直接映射到驾驶动作（例如，加速度和转向角），最终输出能避免碰撞的动作行为。深层神经网络可以学习许多特征，因此，可能存在负责威胁估计、风险评估的特征，这些特征会被视为关键度量。

尽管端到端的 DNN 模型需要较少的监督，但仍然需要大量高质量的标记数据。研究人员已经提出了许多方法来获得许多标记数据，包括使用带有注释的现有公共数据集、半自动注释、使用众包平台等[52,53]，但是合成数据和现实世界数据之间的不匹配降低了模型性能。但在应用于自动驾驶风险评估过程中，如何获得标记数据取决于许多因素，例如研究目的、时间资源等因素。

3）深度强化学习

同样，用于风险评估的深度强化学习主要是在机器人学研究中，涉及碰撞避免任务。例如，一种用于避免碰撞的不确定软件深度强化学习，它允许机器人在经历轻微碰撞的同时完成预期的任务。面向智能车辆这一研究对象，一系列考虑防撞目的的深层学习方法也被广泛研究[52]。一种用于自主制动系统的深层 Qnetwork 被提出来，其中奖励功能是通过平衡事故中对障碍物造成的损害和快速规避风险时获得的奖励来设计的。即在一些情况下，即使在深层强化学习中没有独立的威胁评估模块，也可以通过在奖励中嵌入安全因素来获得无碰撞驾驶策略。当智能车遇到障碍时，奖励会减少。相比之下，如果智能车避开障碍，这种行为将会得到回报。通过重复这个过程，智能车辆最终可以找到回报最大的、最安全的行动。从这个角度来看，考虑安全因素的奖励函数可以反映危险程度，这可以被看作是深层次强化学习中隐含的临界度量。智能车辆中的深度强化学习方法面临两个挑战：一个是对看不见的场景的不良概括；另一个是寻找在各种条件下工作的稳定参数（例如，优化算法、网络大小和奖励函数）。

综上所述，现有文献中的车辆行车风险评估模型可以总结为五大类，包括时间逻辑方法、运动学指标、碰撞概率指标、人工势能场模型及统计学习方法，这五类模型在智能汽车领域都存在广泛的应用。

3.6.4 应用举例

行车风险评估要求智能汽车能对行车风险进行全面、准确的评估，现有行车风险评估方法在评估准确性、处理不确定性和模型复杂性方面，都有其优势和局限性。本书通过使用数值模拟和真实驾驶测试数据列举不同应用场景，进行不同方法的比较研究，以便理解不同行车风险评估方法的具体应用场景。

交通场景中典型的驾驶场景包括跟车场景、切入场景、十字路口转弯场景等,根据不同场景的具体应用,基于真实驾驶测试数据和数值模拟场景关键指标数据源的对比研究,可以测试不同的评估方法。对于每个场景和相应的关键指标,可以分别通过驾驶模拟器仿真、自然驾驶数据分析、实车试验分析等过程进行验证。自然驾驶数据分析过程中,一些公共数据集是可用的,例如,100 辆汽车自然驾驶研究、公共道路、交通网、美国高速公路 NGSIM 数据集、德国自然车辆轨迹数据集 highD。

本书通过采取实车试验数据来验证不同算法在典型场景的有效性。实验得到三辆实验车的数据,包括航向角、位置、时间等 GPS 数据、速度、加速度、制动信号和油门踏板开度。实验数据处理流程图如图 3-51 所示。

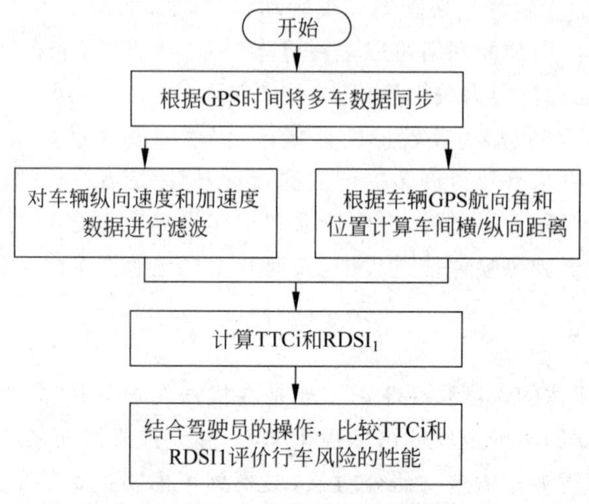

图 3-51 实验数据处理的流程

首先,根据 GPS 时间同步多辆车的数据;然后对车辆的纵向速度、加速度进行滤波,根据航向角和位置信息计算车间的横向/纵向距离。最后根据车速和车辆之间的相对位置计算车辆 1 剩余碰撞时间的倒数 TTCi(TTCi$=(v_1-v_2)/|r_{21}|$,单位为 s^{-1})和相对行车安全指数(Relative Driving Safety Index,$RDSI_1$),$RDSI_1$ 为基于场论思想提出的综合风险评价指标[54],为相对值,量纲为 1。然后将制动和加速踏板结合,并比较两者评估车辆 1 的行车风险时性能差异。其中,TTCi 是评价跟车场景下行车风险的常用指标。如果值为负,则车辆正在远离前方车辆,如果值为正,则车辆正在接近前方车辆。TTCi 的值越大,即本车与前车的剩余碰撞时间越短,即车辆越危险。

1. 跟车场景

跟车场景是最简单的场景之一,其中基于时间和基于运动的度量被证明是有效并高效的。在下文的比较中,研究了时间度量(TTC)、距离度量和加速度度量。跟车场景可以参见图 3-52 和图 3-53。

在这个场景中,一共有三辆车:车 1(自车)跟随车 2(前车)沿右车道的中心线,而车 3(邻车)在车 1 的左车道行驶。v_1、v_2 和 v_3 分别为车 1、车 2 和车 3 的速度矢量。建立道路坐标系 xOy,其中 x 轴平行于车道线,y 轴垂直于车道线。目前,现有车辆碰撞预警算法多侧重于纵向避撞,即避免与同车道前方车辆发生碰撞(对于图 3-52 中的车 1,即避免与车 2

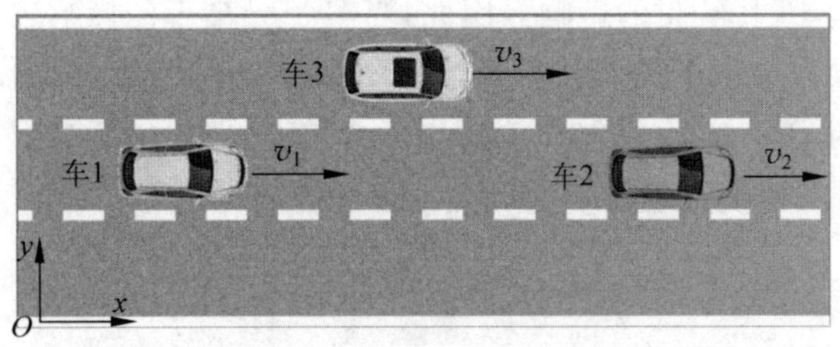

图 3-52 跟车场景 1

发生碰撞)。事实上,邻近区域的所有车辆都会对车辆的驾驶产生影响,尤其是邻近车道车辆的换道和切道行为(如驾驶人的换道和切道行为尤为频繁)。这不仅会降低车道内车辆的行驶效率,还会带来潜在风险安全。在对纵向速度和加速度滤波后,根据 GPS 位置计算车辆间的相对位置,然后[52]:

(1) 根据车 1 和车 2 的速度和距离,计算车 1 的碰撞剩余时间倒数 TTCi$=(v_1-v_2)/|r_{21}|$;

(2) 计算车 1 相对行车安全指数 RDSI_1。

得到了 TTCi 和 RDSI_1 之后,在评估车 1 的风险时,需要比较两者的性能差异,这将对驾驶人产生影响。当驾驶人感觉到危险时,他会松开油门踏板并刹车。

因此,可以通过分析实验中制动前后的 TTCi 和{\rm RDSI}_1 值的特性来评估性能。

跟车场景中,RDSI_1 和 TTCi 曲线以一致的方式变化,与驾驶人的操作一致,即当 RDSI_1 增加到一定程度时,驾驶人开始刹车,然后 RDSI_1 开始减小,表明驾驶风险降低。这表明 RDSI_1 和 TTCi 相同,都能在跟车场景中表征车辆受到的行车风险。

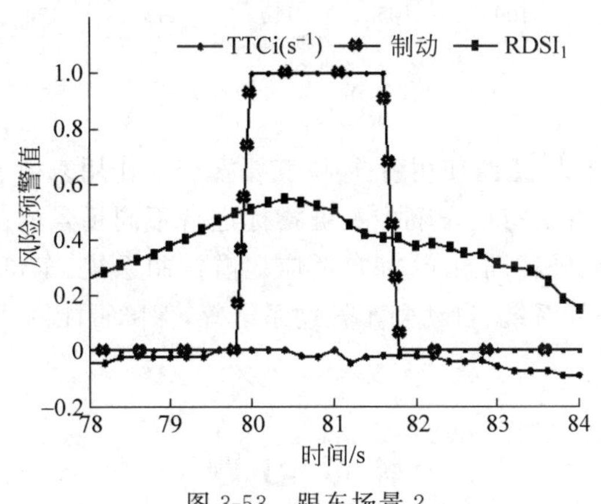

图 3-53 跟车场景 2

2. 切入场景

理解切入流程可以减少对驾驶人辅助系统的不必要入侵。一个关键的切入场景是从现场运行测试中提取的(图 3-54,图 3-55)。在切入场景中,当 TTCi 非常小甚至为负($-0.005\mathrm{s}^{-1}$)时,测试车刹车。此时,TTCi 值表示当前车辆应该处于"安全"状态,但由于驾驶人已经刹车,表明他认为存在较大风险。事实上,虽然车 2 与车 1 相距较远,但车 3 在横向摆动,驾驶人判断有切入倾向,于是刹车避免与车 3 相撞。TTCi 只考虑车 2 的影响在前面，但不考虑相邻车道上车 3 的影响。因此，当车 3 对车 1 的影响较大时，即使车 3 不切入，TTCi 也无法准确评估车 1 的驾驶风险。相反，$RDSI_1$ 对车 1 的操作风险的评估与驱动程序的实际操作相符合。这是因为在 $RDSI_1$ 计算中已经考虑了车 3 的影响。这验证 $RDSI_1$ 在评估车辆在如此复杂场景下的风险方面的优越性[52]。

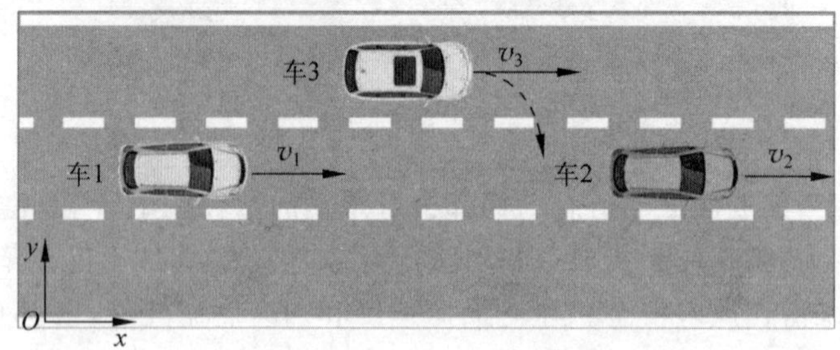

图 3-54 切入场景 1

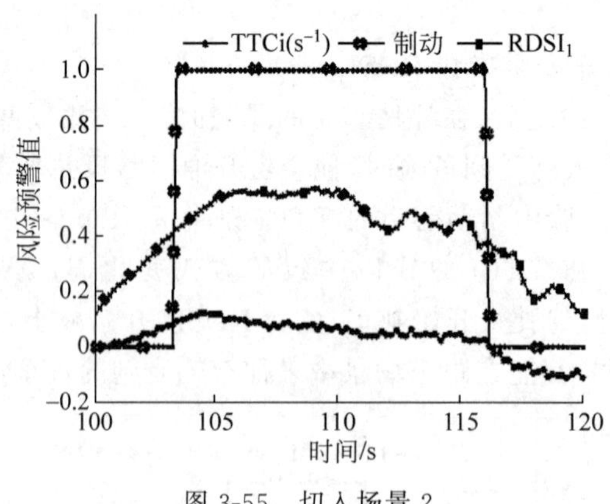

图 3-55 切入场景 2

前文主要分析了基于人-道路使用者-环境三要素交互作用来研究行车风险的影响因素和行车风险的致因机理，并对智能车辆中关键指标进行不同场景的验证。通常行车风险评估技术主要应用于先进驾驶辅助系统，如自适应巡航控制系统、车道偏离报警系统、道路保持辅助系统、汽车并线辅助系统、自动刹车辅助系统等，保障智能网联汽车安全、准确到达目的地。

本 章 习 题

3.1 深度学习网络模型利用梯度下降法进行优化的方法有哪几种？尝试分析不同方法的优缺点和适用场景。

3.2 叙述模型的参数和超参数的定义，以及两者的区别和常见的变量。

3.3 阐述单目标跟踪和多目标跟踪的主要区别和应用场景。

3.4 简要描述多目标跟踪方法的主要流程和在智能网联汽车中的用途。

3.5 多传感器数据融合方法按照抽象等级可划分成哪几类？介绍它们各自的优劣势及适用场景。

3.6 假设现有两个传感器在 t 时刻的车辆检测结果为[$x_1,y_1,\varphi_1,w_1,h_1$]和[$x_2,y_2,\varphi_2,w_2,h_2$]，其中 x 和 y 为目标车辆位置，φ 为车辆航向角，w 和 h 为目标车辆长宽尺寸，已知这两个检测结果来自同一个车辆，并且该车辆的历史状态为[$x_{t-1},y_{t-1},\varphi_{t-1},w_{t-1},h_{t-1},v_{t-1}$]，利用适当的传感器融合算法计算车辆 t 时刻的状态，写出完整的计算过程。

3.7 根据你的理解，谈一谈意图识别和轨迹预测之间的联系，以及它们在自动驾驶上能够发挥的作用。

3.8 对于 3.5.4 节的应用举例，如果由你来对输入或者输出进行重新设计，有什么改进的方案？

3.9 假设口袋中有 a 个球，为白色或者黑色，现在随机取出一个球，并放回一个不同颜色的球。若口袋里有 k 个白球，则称系统处于状态 k。采用马尔可夫链描述该模型，求其转移概率矩阵。

3.10 设一跟车场景中，前车速度 v_1 为 20m/s，减速度 a_1 为 5m/s^2，自车速度 v_2 为 25m/s，减速度 a_1 为 6m/s^2，两车初始相距 d_0 为 300m，驾驶人反应时间 t_r 为 0.3s，本车制动协调时间 t_b 为 0.2s，停车后本车与前方物体的安全距离 L 为 20m。在 AEB 设计中，常使用碰撞时间或安全距离作为安全指标。分别计算实现风险评估的几种经典指标 TTC、THW、TTB、安全距离 L_s 的值，并编写 MATLAB 程序对比这三种指标实现效果的差异性。其中，$L_s=v_2(t_r+t_b)+\dfrac{v_2^2}{2a_2}+L-\dfrac{v_1^2}{2a_1}$。

3.11 分析驾驶人在人-车-路交通系统中扮演的角色及通过查找不同文献资料获取驾驶人在交通事故致因中所占比例。

3.12 举例说明一维风险评估方法和二维风险评估方法的差异，并描述基于场论的风险评估方法的特点和潜在的应用场景。

3.13 为获得更可靠的实时行车风险评估结果，基于场论的风险评估方法中哪些参数需要进一步标定？通过编写 MATLAB 程序完成本题。其中，动能场公式设为 $E_{V,b_j}=\dfrac{K\cdot R_b\cdot M_b\cdot k_3}{(k_3-|v_b|\cos\theta_b)\cdot|r_{b_j}|^{k_1}}$，势能场公式设为 $E_{R_1,a_j}=\dfrac{K\cdot R_a\cdot M_a}{|r_{a_j}|^{k_1}}\cdot\dfrac{r_{a_j}}{|r_{a_j}|}$，行为场公式设为 $E_{D,c_j}=E_{V,c_j}\cdot DR_c$。

参考文献

[1] GEIGER A, LENZ P, STILLER C, et al. Vision meets robotics: Thekitti dataset[J]. The International Journal of Robotics Research, 2013, 32(11): 1231-1237.

[2] 李晓飞. 基于深度学习的行人及骑车人车载图像识别方法[D]. 北京：清华大学，2016.

[3] 甄先通，黄坚，王亮，等. 自动驾驶汽车环境感知[M]. 北京：清华大学出版社，2020.

[4] PAPAGEORGIOU C, POGGIO T. A trainable system for object detection[J]. International Journal of Computer Vision, 2000, 38(1):15-33.

[5] GERONIMO D, LOPEZ A M, SAPPA A D, et al. Survey of pedestrian detection for advanced driver assistance systems[J]. IEEE Transactions on Pattern Analysis and Machine Intelligence, 2010, 32(7): 1239-1258.

[6] GAVRILA D M. Pedestrian detection from a moving vehicle[C]//European conference on computer

vision. Springer, Berlin, Heidelberg, 2000: 37-49.

[7] BROGGI A, BERTOZZI M, FASCIOLI A, et al. Shape-based pedestrian detection [C]// Proceedings of the IEEE Conference on Intelligent Vehicles Symposium (IV), 2000: 215-220.

[8] HINTON G E,SALAKHUTDINOV R R. Reducing the dimensionality of data with neural networks [J]. Science, 2006, 313(5786): 504-507.

[9] ZHAO Z Q, ZHENG P, XU S, et al. Object detection with deep learning: A review[J]. IEEE Transactions on Neural Networks and Learning Systems, 2019, 30(11): 3212-3232.

[10] ZHANG H, HONG X. Recent progresses on object detection: a brief review[J]. Multimedia Tools and Applications, 2019, 78(19): 27809-27847.

[11] WEI Y, TAO L. Efficient histogram-based sliding window[C]//2010 IEEE Computer Society Conference on Computer Vision and Pattern Recognition. IEEE, 2010: 3003-3010.

[12] DALAL N, TRIGGS B. Histograms of oriented gradients for human detection[C]//2005 IEEE Computer Society Conference on Computer Vision and Pattern Recognition (CVPR'05). IEEE, 2005, 1: 886-893.

[13] VIOLA P, JONES M J, SNOW D. Detecting pedestrians using patterns of motion and appearance [J]. International Journal of Computer Vision, 2005, 63(2): 153-161.

[14] SUTHAHARAN S. Support vector machine[M]// Machine learning models and algorithms for big data classification. Boston: Springer, 2016: 207-235.

[15] LONG J,SHELHAMER E, DARRELL T. Fully convolutional networks for semantic segmentation [C]// Proceedings of the IEEE Conference on Computer Vision and Pattern Recognition, 2015: 3431-3440.

[16] 余大蒙. 复杂场景下车载视觉实时多目标联合感知方法[D]. 北京：清华大学，2019.

[17] 梁乐颖. 基于深度学习的车道线检测算法研究[D]. 北京：北京交通大学，2018.

[18] ALY M. Real time detection of lane markers in urban streets[C]//2008 IEEE Intelligent Vehicles Symposium. IEEE, 2008: 7-12.

[19] WANG Y, SHEN D, TEOH E K. Lane detection using spline model[J]. Pattern Recognition Letters, 2000, 21(8):677-689.

[20] WANG B, FRÉMONT V, RODRÍGUEZ S A. Color-based road detection and its evaluation on the KITTI road benchmark[C]//2014 IEEE Intelligent Vehicles Symposium Proceedings. IEEE, 2014: 31-36.

[21] 黄彬. 基于多传感器融合的复杂行驶工况下多目标跟踪方法[D]. 北京：清华大学，2018.

[22] MENG L, GRIMM W, DONNE J. Radar detection improvement by integration of multi-object tracking[C]. Proceedings of the Fifth International Conference on IEEE, 2002, 2: 1249-1255.

[23] FORTMANN T E, BAR-SHALOM Y, SCHEFFE M. Sonar tracking of multiple targets using joint probabilistic data association[J]. IEEE Journal of Oceanic Engineering, 1983, 8(3): 173-184.

[24] BLACKMAN S S. Multiple hypothesis tracking for multiple target tracking[J]. Aerospace and Electronic Systems Magazine, IEEE, 2004, 19(1): 5-18.

[25] HAMZAH M P, MOHAMAD N M, HASSAN M N, et al. Implementation of vehicle tracking using radio frequency identification (RFID): v Track[J]. International Journal of Digital Content Technology & ItsApplic, 2013.

[26] FORTMANN T, BAR-SHALOM Y, SCHEFFE M, et al. Detection thresholds for tracking in clutter—A connection between estimation and signal processing [J]. IEEE Transactions on Automatic Control, 1985, 30(3):221-229.

[27] 李秋燕. 基于数据关联算法的汽车主动防撞预警系统多目标跟踪研究[D]. 长春：吉林大学，2015.

[28] KIM C, LI F, REHG J M. Multi-object tracking with neural gating using bilinear lstm[C]//

Proceedings of the European Conference on Computer Vision (ECCV). 2018: 200-215.

[29] MILAN A, REZATOFIGHI S H, DICK A, et al. Online multi-target tracking using recurrent neural networks[C]//the 31st AAAI Conference on Artificial Intelligence, 2017: 4225-4232.

[30] SADEGHIAN A, ALAHI A, SAVARESE S. Tracking the untrackable: Learning to track multiple cues with long-term dependencies[C]//2017 IEEE International Conference on Computer Vision (ICCV), 2017: 300-311.

[31] KALAL Z, MIKOLAJCZYK K, Matas J. Tracking-learning-detection[J]. IEEE Transactions on Pattern Analysis and Machine Intelligence, 2011, 34(7): 1409-1422.

[32] KALAL Z, MATAS J, MIKOLAJCZYK K. P-N learning: Bootstrapping binary classifiers by structural constraints[C]// Computer Vision & Pattern Recognition. IEEE, 2010.

[33] LUO W, XING J, MILAN A, et al. Multipleobject tracking: A literature review[J]. arXiv preprint arXiv:1409.7618, 2014.

[34] WANG Z, WU Y, NIU Q. Multi-sensor fusion in automated driving: A survey[J]. IEEE Access, 2020, 8: 2847-2868.

[35] KHALEGHI B, KHAMIS A, KARRAY F O, et al. Multisensor data fusion: A review of the state-of-the-art[J]. Information Fusion, 2013, 14(1): 28-44.

[36] VORA S, LANG A H, HELOU B, et al. PointPainting: sequential fusion for 3D object detection [J]. arXiv:1911.10150 [cs, eess, stat], 2020.

[37] CHEN X, MA H, WAN J, et al. Multi-view 3D object detection network for autonomous Driving [J]. arXiv:1611.07759 [cs], 2017.

[38] TANG Z, et al. CityFlow: A city-scale benchmark for multi-target multi-camera vehicle tracking and re-identification[C]//IEEE Conference on Computer Vision and Pattern Recognition, 2019: 8797-8806.

[39] RASMUSSEN J. Information Processing and Human-machine Interaction: An Approach to Cognitive Engineering[M]. New York: North-Nolland, 1986.

[40] BOER E R, et al. Modeling driver behavior with different degrees of automation: A hierarchical decision framework of interacting mental models[C]// Proceedings of the XVIIth European Annual Conference on Human Decision Making and Manual Control, 1998.

[41] KITA H. A Merging-giveway interaction model of cars in A merging section: A game theoretic analysis[J]. Transportation Research Part A, 1999: 30-312.

[42] KUGE N, YAMAMURA T, SHIMOYAMA O, et al. A Driver Behavior Recognition Method Based on a Driver Model Framework[C]//SAE 2000 World Congress, 2000.

[43] SCHUBERT R, RICHTER E, WANIELIK G. Comparison and evaluation of advanced motion models for vehicle tracking[J]. Proceeding. International Conference on Information Fusion, 2008: 1-6.

[44] AMMOUN S, NASHASHIBI F. Real time trajectory prediction for collision risk estimation between vehicles [C]// Proceeding IEEE Intelligent Computer Communication and Processing, 2009: 417-422.

[45] ATEV S, MILLER G, PAPANIKOLOPOULOS N P. Clustering of vehicle trajectories[J]. IEEE Transation on Intelligent Transportation System, 2010, 11(3): 647-657.

[46] BRAND M, OLIVER N, PENTLAND A. Coupled hidden Markov models for complex action recognition[C]. Proceeding IEEE Conference on Computer Vision and Pattern Recognition, 1997: 994-999.

[47] VAA T. Drivers' information processing, decision-making and the role of emotions: Predictions of the Risk Monitor Model[C]// Human Modelling in Assisted Transportation. Springer, Milano,

2011：23-32.

[48] ROTHENGATTER T. Drivers' illusions—no more risk[J]. Transportation Research Part F: Traffic Psychology and Behaviour，2002，5(4)：249-258.

[49] 王建强，吴剑，李洋. 基于人-车-路协同的行车风险场概念、原理及建模[J]. 中国公路学报，2016，29(1)：105-114.

[50] LI Y，ZHENG Y，MORYS B，et al. Threat assessment techniques in intelligent vehicles：a comparative survey[J]. IEEE Intelligent Transportation Systems Magazine，2020：13(4)：71-91.

[51] SCHREIER M，WILLERT V，ADAMY J. An integrated approach to maneuver-based trajectory prediction and criticality assessment in arbitrary road environments[J]. IEEE Transactions on Intelligent Transportation Systems，2016，17(10)：2751-2766.

[52] 吴剑.考虑人-车-路因素的行车风险评价方法研究[D]，北京：清华大学，2015.

[53] SOROKIN A，FORSYTH D. Utility data annotation with amazon mechanical turk[C]// CVPRW'08. IEEE Computer Society Conference on Computer Vision Pattern Recognition Workshops，2008.

[54] WANG J，WU J，LI Y，et al. The driving safety field based on driver-vehicle-road interactions[J]. IEEE Transactions on Intelligent Transportation Systems，2015，16(4)：2203-2214.

地图与定位

4.1 绪　　论

地图与定位技术可用来为车辆提供位置、姿态和周边道路环境信息，是智能网联汽车的核心技术之一。随着传感器技术的发展，高精度地图的概念被提出。与传统电子地图相比，高精度地图包含的信息内容更丰富、精度更高，能够更准确地反映道路实际情况。一方面，高精度地图可以辅助环境感知，以厘米级精度表示车道线、道路边缘、道路坡度与曲率等数据信息，同时也包含信号灯、交通标志等语义信息，是对感知系统的有力补充；另一方面，高精度地图还有辅助定位的功能，在车辆行驶过程中，将高精度地图中丰富的先验信息与车载传感器实时获取的环境信息相结合，通过地图匹配定位可精确计算出车辆在道路上的具体位置，进一步实现更高精度定位。

智能网联汽车中用到的地图技术包含静态地图和动态地图两种，较低智能化等级（L1～L2 级）通常只使用静态地图作为感知、决策辅助，而较高智能化等级（L3 级及以上）则需要结合动态交通信息，实时更新地图数据。构建高精度地图主要包含数据采集、数据处理、目标检测、人工验证以及地图发布几个过程，在获取地图信息后，结合导航定位、惯导定位、地图匹配定位以及多传感器融合定位手段，以获取高精度的协同定位结果。地图与定位内容框架如图 4-1 所示。

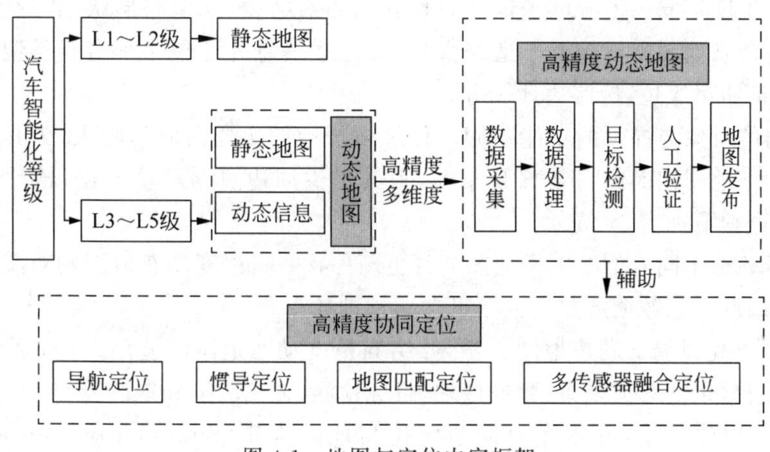

图 4-1　地图与定位内容框架

在实际应用中,高精度地图与定位技术是路径规划与车辆控制的基础,可以使得车辆获取超视距感知能力,实时获取前方路况信息,从而规划一条避免拥堵的可通行路径;还能够对道路特征精确建模,帮助车辆更稳定地行驶在车道中心线上。

高精度地图与定位技术为智能网联汽车的决策、规划与控制执行提供支持,是构建智能网联汽车的核心和基础。下文将分别对高精度动态地图和高精度协同定位这两部分进行介绍。

4.2 高精度动态地图

4.2.1 概述

高精度地图也称为高分辨率地图或高度自动驾驶地图,其已成为智能网联汽车技术领域的重要组成部分。随着自动驾驶汽车智能化等级的提高,对于高精度地图的要求也越来越高。实现 L1 级、L2 级自动驾驶仅需要静态地图;实现 L3 级自动驾驶需要静态地图与动态交通信息;实现 L4 级、L5 级自动驾驶则需要静态地图、动态交通信息和高度动态信息来共同辅助车辆构建周边环境模型,本节将对此类高精度动态地图进行详细介绍[1]。

高精度动态地图与传统电子地图相比,包含了更多、更详细的道路数据,其具体区别如表 4-1 所示。

表 4-1 高精度动态地图与传统电子地图对比

特点对比	传统电子地图	高精度动态地图
地图精度	米级	厘米级
数据维度	道路级(道路形状、方向等)	车道级(车道宽度、路沿位置等)
面向对象	驾驶人	自动驾驶车辆
更新频率	静态数据数月一次	动态数据一秒钟数次

(1) 地图精度不同。传统电子地图的精度在米级;高精度动态地图则能达到厘米级精度。

(2) 数据维度不同。传统电子地图只包含道路级数据,如道路形状、通行方向、道路等级等;高精度动态地图则精确至车道级数据,除上述信息外还包含车道线类型、车道宽度、停止线位置、道路边缘位置、路边地标等。

(3) 面向的对象与提供的功能不同。传统电子地图主要面向驾驶人,为其提供导航功能;高精度动态地图则面向自动驾驶车辆,为其提供周边道路环境数据,辅助做出驾驶决策,使得驾驶过程更加安全、高效。

(4) 更新频率不同。传统电子地图数月更新一次;高精度动态地图则对实时性有更高的要求,其中高度动态数据的更新频率可达一秒钟数次。

下面章节首先以局部动态地图为例,介绍高精度动态地图的分层架构;然后介绍常见的地图构建流程,包括数据采集、数据处理、目标检测、人工验证和地图发布等步骤;最后介绍常用的地图构建技术,并重点对同步定位与地图构建(Simultaneous Localization and Mapping,SLAM)技术进行介绍。

4.2.2 地图架构

为保证车辆行驶安全，高精度动态地图应由静态地图数据和动态地图数据共同描述车辆周边环境，在数据逻辑结构方面已有大量研究，但仍缺乏统一的标准，下面以欧盟的SAFESPOT项目中提出的局部动态地图（Local Dynamic Map，LDM）的概念为例进行介绍[2]。这种数据分层结构是当前高精度动态地图设计的一个重要参考，其将地图分为4层：持续静态数据层、瞬时静态数据层、瞬时动态数据层、高度动态数据层，分层架构如图4-2所示。

（1）第1层为持续静态数据层，主要包括道路路段信息、车道线信息、路口停止线位置信息等；

（2）第2层为瞬时静态数据层，主要包括路侧基础设施信息、交通标识信息、路侧关键地标信息等；

（3）第3层为瞬时动态数据层，主要包括信号灯相位信息、交通拥堵信息、天气状况信息、临时道路管制信息等；

（4）第4层为高度动态数据层，主要包括车辆、行人、骑车人等交通参与者的实时位置、速度、方向信息等。

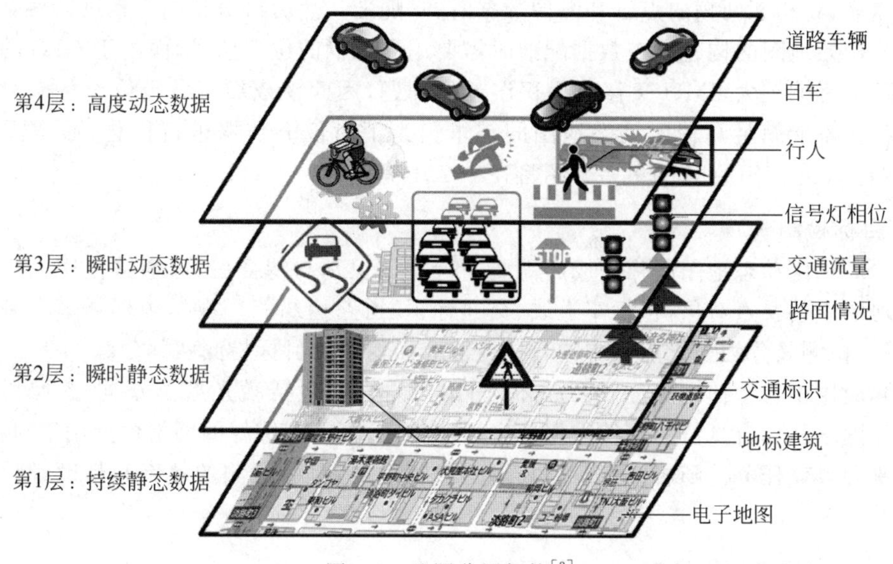

图4-2 地图分层架构[3]

4.2.3 建图流程

在进行地图构建时，高精度动态地图中各层信息的获取通常都将经历以下5个步骤：数据采集、数据处理、目标检测、人工验证和地图发布。其中数据采集属于“外业”部分，需要大量的数据采集车在道路上不断行驶来采集原始数据。后续步骤属于“内业”部分，是对原始数据进一步处理最终得到高精度动态地图的过程。高精度动态地图的构建流程如图4-3所示。

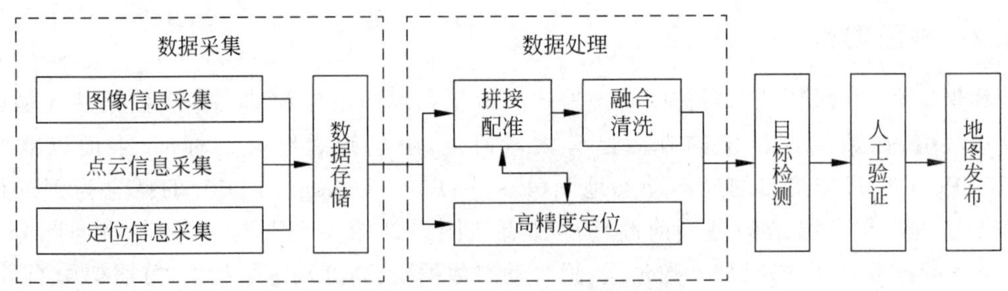

图 4-3 高精度动态地图的构建流程

1. 数据采集

数据采集由搭载多种传感器的采集车完成，使用的传感器包括激光雷达、摄像头、GPS、IMU 等。其中激光雷达和摄像头分别用于获取周边环境的激光点云和图像数据，GPS、IMU 用于获取车辆的位置和姿态信息。相关传感器硬件已在第 2 章进行了详细介绍。

2. 数据处理

数据处理是构建高精度动态地图的关键步骤，即对采集到的原始数据进行整理、分类和精简，以获得不包含语义信息的初始高精度动态地图模板。简单来说，该过程就是通过旋转和平移变换，将相邻两帧的点云和图像数据对齐(配准)，然后再对相同元素进行融合、清洗，最终完成初始地图的构建。在数据配准时需要用到车辆的位姿信息，而由于 GPS 的信号稳定性受环境影响较大，IMU 又存在累积误差的问题，因此仅依靠车载定位设备来对车辆进行定位往往不能满足高精度动态地图的需求。为了对位姿数据进行优化，通常需要借助 SLAM 技术，关于 SLAM 的更多介绍将在 4.2.4 节展开。

3. 目标检测

初始高精度动态地图制作完成后需要进行特征识别与特征融合，通常使用人工智能辅助检测地图中的要素对象，包括车道线、交通标识、道路边缘等。根据传感器采集到的数据类型，目标检测又分为激光点云中的目标检测和图像中的目标检测两部分。

实际应用中通常使用深度学习技术进行目标检测，包括激光点云分类、图像目标检测等。神经网络从标有真值的训练数据集中提取特征，再将训练好的网络模型用于目标检测、语义分割等具体任务。随着深度学习技术的迅猛发展，目标检测的效率和精度都得到了较大的提升。

4. 人工验证与地图发布

由于使用人工智能自动进行目标检测会存在一定的误差或错误，因此需要人工验证环节来对地图进一步修正，以保证其准确性。例如在对图像数据进行目标检测时，系统可能会将外观相似的交通标识错误分类，这时就需要人工进一步判别。在一些复杂的交叉路口场景中，同样需要人工对车道、停止线和相应的信号灯进行关联，以完善其逻辑信息。此外，当车道标识、交通标识因污损等原因导致无法检测和识别时，还需要人工对相应数据进行补充完善。在完成人工验证环节并确保地图数据精确可靠后，才能发布最终的高精度动态地图。

4.2.4 建图方法

SLAM 技术是一种常用的地图构建技术，其含义为在没有环境地图信息的情况下，在运动过程中通过车载传感器感知周边环境建立地图模型，同时完成对自身的定位。根据传感器的类型不同，SLAM 又分为视觉 SLAM 和激光 SLAM，其构建的点云地图如图 4-4 所示。

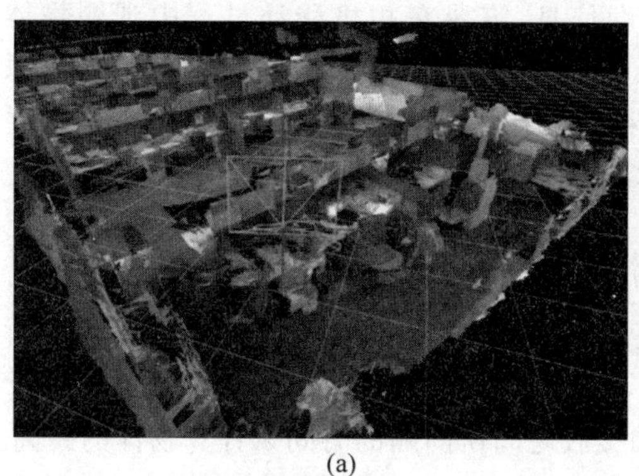
(a)

(b)

图 4-4 视觉 SLAM(a)和激光 SLAM(b)构建的点云地图[4-5]

在应用效果上，激光 SLAM 和视觉 SLAM 各有优劣。一般来说，激光 SLAM 构建的地图精度较高，可直接用于定位导航，但其相应的成本也较高。视觉 SLAM 则可以方便地从图像中提取语义信息，提高定位的鲁棒性，但其依赖于良好的光照条件，受环境影响较大。两种技术的特点对比如表 4-2 所示。

表 4-2 激光 SLAM 与视觉 SLAM 特点对比

特点对比	激光 SLAM	视觉 SLAM
技术现状	可靠性高，技术相对成熟	起步较晚，仍处于研究阶段
成本比较	较高	较低
地图精度	建图直观，精度较高	存在累计误差，精度较低
语义信息	点云地图缺乏语义信息	可提取语义信息
计算负荷	较小	较大
应用限制	无法利用物体的纹理信息	受环境光影响大，暗处难以工作

1. 视觉 SLAM 技术

一个典型的视觉 SLAM 框架如图 4-5 所示，其中数据采集部分主要包括图像信息的读取和预处理；前端匹配部分负责估计相邻两帧图像间车辆的运动过程；后端优化部分根据前述信息对位姿进行优化以减小误差；回环检测部分可判断车辆是否经过了相同位置，用于解决 SLAM 过程中随着时间推移而产生累计误差的问题；地图构建部分根据估计的轨迹和车辆在不同位置采集的图像信息建立环境地图。以下将分别详细介绍这 5 部分内容。

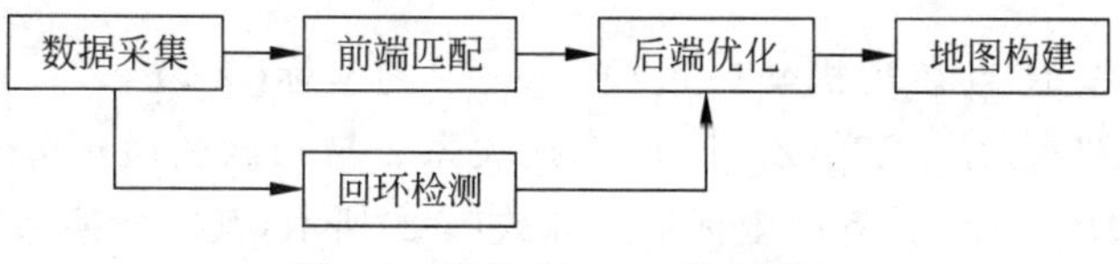

图 4-5 视觉 SLAM 流程框图

1）数据采集

传感器数据主要指由车载摄像头采集的图像信息。按照传感器的工作原理不同，可将其分为单目相机、双目相机和深度相机三大类。由于单目相机所获取的图像是对三维空间的一个二维投影，因此为了获取物体的深度信息，需要在相机移动过程中观测物体在相机视角中的运动来判断它与相机的相对距离。对于双目相机，其判断物体距离的原理与人眼相似，可通过比较两个摄像头的图像来对距离进行估计。深度相机则是通过主动向物体发射一束光并接收反射光来测出物体的距离，根据原理又可分为结构光法与飞行时间法两种。

（1）结构光法：将经过特定编码的光斑从发射器投射到物体上，物体反射红外光，红外接收器接收反射光形成图片。根据光斑的畸变情况，计算物体各点到相机平面的距离。

（2）飞行时间法：利用脉冲光在被发射和接收之间所间隔的时间来计算物体的距离。

在使用相机采集周边环境数据之前，通常需要对相机进行标定，即确定真实空间中某一点的三维坐标位置与其在图像中对应点位置之间的转换关系。如图4-6所示，根据小孔成像原理（针孔相机模型），可推导出相机坐标系 $O\text{-}xyz$ 中的 P 点坐标 $[X,Y,Z]^{\mathrm{T}}$ 与像素坐标系 $O'\text{-}x'y'$ 中的 P' 点坐标 $[u,v]^{\mathrm{T}}$ 的坐标变换关系。如式(4-1)所示，变换矩阵 $\boldsymbol{K}$ 被称为相机的内参数矩阵。相机的内参通常在出厂后便不再变化，其中变换参数 f_x、f_y、c_x、c_y 等可通过查阅产品说明书获取，也可按照已有的标定算法直接测出。

$$Z\begin{pmatrix}u\\v\\1\end{pmatrix}=\begin{pmatrix}f_x&0&c_x\\0&f_y&c_y\\0&0&1\end{pmatrix}\begin{pmatrix}X\\Y\\Z\end{pmatrix}=\boldsymbol{K}\begin{pmatrix}X\\Y\\Z\end{pmatrix}\tag{4-1}$$

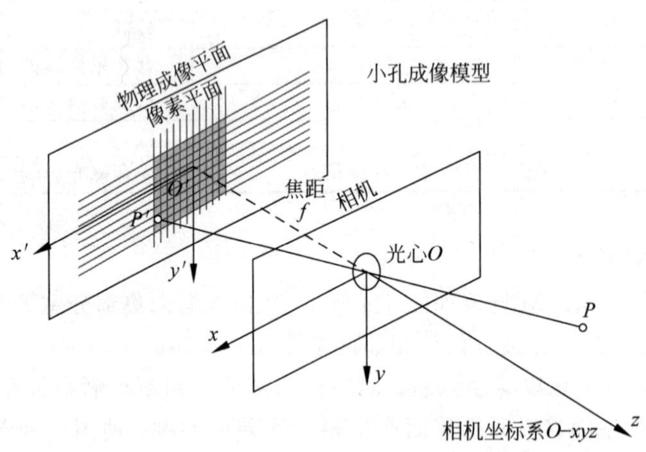

图4-6 小孔成像原理[5]

此外，还应考虑 P 点在相机坐标系 $O\text{-}xyz$ 中的坐标 $[X,Y,Z]^{\mathrm{T}}$ 与其在世界坐标系 $O_w\text{-}x_w y_w z_w$ 中的坐标 $[X_w,Y_w,Z_w]^{\mathrm{T}}$ 的变换关系。易知该变换可分解为旋转 $\boldsymbol{R}$ 和平移 $\boldsymbol{T}$ 两部分，即 $P=\boldsymbol{R}P_w+\boldsymbol{T}$，其齐次坐标形式如式(4-2)所示，其中变换参数 $\boldsymbol{R}$、$\boldsymbol{T}$ 被称为相机的外参数。在实际应用中可借助 MATLAB 工具箱中的相机标定工具进行求解。

$$\begin{pmatrix} X \\ Y \\ Z \\ 1 \end{pmatrix} = \begin{pmatrix} \boldsymbol{R} & \boldsymbol{T} \\ 0 & 1 \end{pmatrix} \begin{pmatrix} X_w \\ Y_w \\ Z_w \\ 1 \end{pmatrix} \tag{4-2}$$

2）前端匹配

前端匹配简称前端，也被称为视觉里程计，其任务主要为利用运动中的相机在不同时刻采集到的图像帧，估算出相邻两帧之间的相机位姿变换，并建立局部地图。在对相邻两帧间的运动进行估计时，不可避免地会存在一定的误差，并且这种误差会随着时间不断积累，消除误差的工作主要由后端优化和回环检测来完成。

根据是否需要提取特征，前端可分为特征点法和直接法两种。特征点法是从每帧图像中选取有代表性的一些点，这些点在相机视角发生变化的过程中依然能够保持其所具有的特征。确定特征点后对两帧图像进行特征匹配，便可根据所匹配的特征点位置变化来反推出自身的运动姿态。特征匹配的示例如图 4-7 所示。

图 4-7　相邻两帧图像间的特征匹配[5]（见彩图）

特征点也分为两种：一种是原始图像中的角点，即两条或两条以上边缘线的交点、图像中灰度的梯度值和梯度方向的变化速率都很高的点；另一种是人工设计的特征点，其性能更加稳定，如尺度不变特征转换（Scale-Invariant Feature Transform，SIFT）、加速稳健特征（Speeded Up Robust Features，SURF）等。这些特征点不会随着相机的移动、旋转或者光照的变化而发生变化。特征点由关键点和描述子两部分组成。关键点是指该特征点在图像中的位置，有时也包括方向、大小等信息。描述子则通常是一个向量，表达了对应关键点周围像素的信息。为了提高匹配性能，描述子应具有尺度不变性、旋转不变性、鲁棒性和辨识性等特性。

直接法是前端的另一种匹配算法，其使用了图像中更多的信息，通过像素灰度来计算相机运动。根据使用的像素数量不同，可将直接法分为稀疏、半稠密和稠密三种。相比于特征点法，直接法无须计算关键点和描述子，节省了特征提取与匹配的时间。此外，直接法可以在特征缺失的场景中使用，只要该场景中存在亮度的明暗变化直接法就能正常工作。但是直接法也存在一些缺点，例如其完全依赖梯度搜索，而图像通常是非凸函数，因此优化算法很容易陷入局部极小点而无法继续优化。直接法还依赖于灰度不变假设，即认为同一空间点的像素灰度值在多帧图像中保持不变。然而这一假设在实际中很难成立,光照强度、物体反光角度和曝光参数等因素的变化都会破坏灰度不变假设,使得算法失效。

3) 后端优化

后端优化简称后端,主要负责对前端输出的结果进行优化,利用滤波理论和优化理论来处理 SLAM 过程中产生的噪声,进而得到最优的位姿估计。经典的 SLAM 模型由一个状态转移方程和一个观测方程构成,如式(4-3)所示。

$$\begin{cases} x_k = f(x_{k-1}, u_k) + w_k \\ z_{k,j} = h(y_j, x_k) + v_{k,j} \end{cases} \tag{4-3}$$

其中,x_k 是相机的位姿,u_k 是传感器读数,f 是运动函数,y_j 是路标,$z_{k,j}$ 是路标在图像上的像素位置,h 是观测函数,w_k 和 $v_{k,j}$ 分别是运动方程和观测方程的噪声,其服从零均值的高斯分布。

在滤波理论中,可假设状态量 x,y 同样服从高斯分布,这样可将均值看作是对变量的最优估计,而协方差矩阵则表示了该状态的不确定性。在线性高斯系统中,卡尔曼滤波器构成了该系统中的最优无偏估计。然而由于 SLAM 过程中的运动方程和观测方程通常是非线性的,因此可对该非线性系统进行线性近似,使用扩展卡尔曼滤波进行估计。滤波算法的推导过程详见附录。

另一种后端算法使用非线性优化的方法,其中以图优化为代表。所谓的图优化就是将一个优化问题用图(Graph)的形式来表示,一个图由若干个顶点(Vertex)和棱边(Edge)构成。在 SLAM 过程中,车辆在某个时刻的位姿可以看作一个顶点(待优化变量),而不同位姿之间的变换关系构成了边(误差项),图优化的目标就是调整车辆的位姿(顶点)来使总体误差(边)最小。

总的来说,滤波算法简单实用,在 SLAM 的应用中已有大量研究,然而有一定的局限性,目前以图优化为代表的非线性优化方法成为主流热点。滤波算法的推导过程中以马尔可夫性为前提,即假设 k 时刻的系统状态仅与 $k-1$ 时刻的状态相关。非线性优化方法则考虑 k 时刻状态与之前所有状态的关系,能够利用更全面的信息。滤波算法的另一缺点是需要存储状态量的均值和方差,使得数据存储量和状态量呈平方增长关系,无法用于大型场景。在图优化中,光束法平差(Bundle Adjustment,BA)起到核心作用,由于它的稀疏特性[6],使得基于图优化的视觉 SLAM 能够在实时场景中运行。

4) 回环检测

回环检测主要解决 SLAM 过程中随着时间推移而产生的累积误差的问题,算法需要能够辨识所经过的场景地点,通过各帧图像间的相似性来完成回环检测。如果检测成功,则可为后端提供额外的信息,后端据此进一步优化轨迹与地图,减小累积误差。回环检测的示例如图 4-8 所示。其中图(a)表示车辆在一个回形走廊行驶一圈后所建立的初始地图,两个箭头表示车辆先后经过了走廊的同一位置,但由于累积误差的存在使得地图没有完全重合。图(b)为经过回环检测优化后构建出的更准确的地图。

实现回环检测的一个最简单的方法便是将新采集的图像与过去所有的历史数据进行特征匹配,根据匹配结果确定是否出现回环。然而这种方法的缺点也是显然的:对于采集的第 N 张图片,需要与过去所有的 $N-1$ 张图片进行对比,其检测所需时间随着轨迹的增长

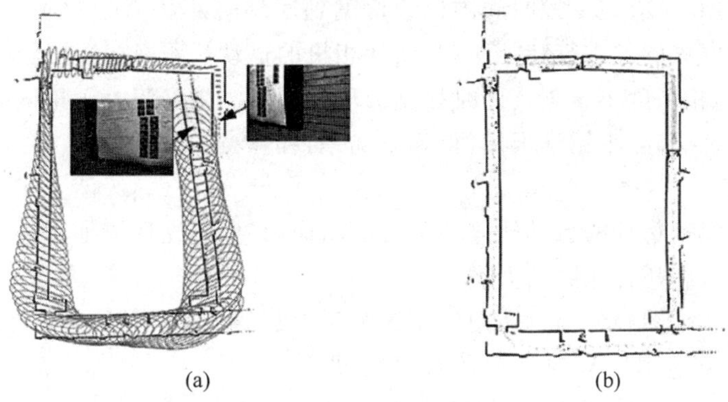

(a) (b)

图 4-8 回环检测效果[7]

而线性增加，无法满足实际需求。对此，有两种解决思路：基于里程计的方法和基于外观的方法。

基于里程计的方法指的是当相机运动到曾经经过的某一位置附近时，检测是否出现回环。但由于里程计累计误差的存在，很难找到准确的回环地点，这种方法在误差较大时便无法正常工作。

基于外观的方法是目前的主流，通过计算两帧图像间的相似程度来判断其是否属于同一场景，通常采用词袋模型(Bag-of-Words，BoW)来度量图像的相似性。在词袋模型中，所有单词的集合构成了字典，每个单词由多个特征点组成。对于某一帧图像，各个单词的出现情况可用一个向量表示(例如 1 表示包含该单词，0 表示不包含该单词)，这样便可以针对两个向量设计一种计算方式(如 L_1 范数等)，通过比较图像所包含的单词差异来确定图像间的相似性。在实际应用中，一个单词通常是某一类特征的集合，可用聚类的方法来构建字典，如 K-means 算法等。为了方便快速查找，字典使用 K 叉树的结构来表示，这样可以大幅度地缩短特征单词的搜索时间。

在计算图像间相似度时，由于不同的单词对区分度的贡献也不相同，因此可为各单词赋予不同的权重以提供更丰富的信息，即用不同的权重值来替换前述例子中向量的 0/1 取值。常用 TF-IDF 的方法对单词进行加权，其中 TF 部分的含义是某单词在图像中出现的频率越高，其对区分度的贡献就越高。假设单词 w_i 在某一帧图像中出现了 n_i 次，所有单词出现的总次数为 n 次，则 TF 的计算公式如式(4-4)所示：

$$\mathrm{TF}_i = \frac{n_i}{n} \tag{4-4}$$

IDF 部分表示在构建字典时，单词在字典中出现的频率越低，其带来的区分度越高。设单词 w_i 对应的特征数量为 m_i，所有特征数量为 m，则 IDF 的计算公式如式(4-5)所示：

$$\mathrm{IDF}_i = \log \frac{m}{m_i} \tag{4-5}$$

因此，单词 w_i 的权重 η_i 为 TF 与 IDF 的乘积，如式(4-6)所示：

$$\eta_i = \mathrm{TF}_i \times \mathrm{IDF}_i \tag{4-6}$$

在检测出回环后，还有最后一步验证环节，以防止不同地点的外观相似的图像被错误匹配而得到假阳性的结果。一种方法是设计一个缓存结构，当首次检测到回环时先将其存储记录下来而不使用,只有在一段时间内连续检测到回环时才认为匹配成功。另一种方法是对回环检测出的两帧图像进行特征匹配,估计相机的运动过程,比较该运动与之前得到的位姿图的相似度,当相似度小于某阈值时接受回环检测的结果。当有了正确的回环检测后,便可以对后端进行优化,减小累计误差,得到全局一致的轨迹与地图。

5) 地图构建

地图构建即根据估计的运动轨迹和采集的图像信息,建立环境地图。根据地图类型,可将其分为度量地图和拓扑地图两大类。

度量地图关注地图中各个物体间的位置关系,根据数据量的多少又可细分为稀疏地图和稠密地图。稀疏地图中只对部分物体特征进行建模,由路标组成,其主要用于自身定位。稠密地图则更倾向于对观测到的所有信息进行建模,以某一分辨率作为最小单元,由许多小块组成。二维地图中的基本单元就是一个个正方形的小格子,在三维地图中则对应为小正方体。每个小块都有各自的所属状态,一般可将状态分为占用、空闲和未知三种,用以表述在该小块中是否检测出物体。常见的二维栅格地图示例如图 4-9 所示。

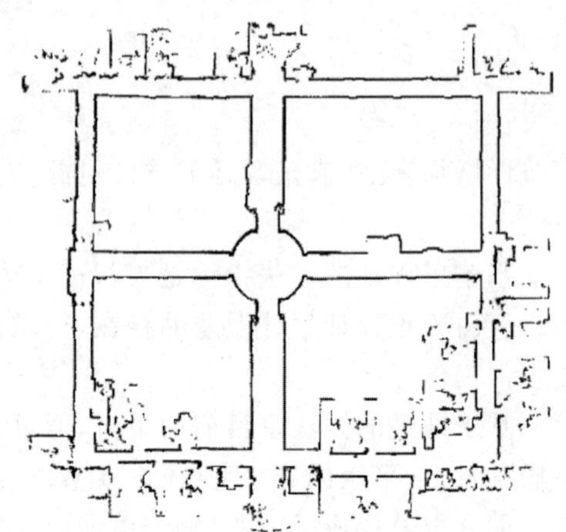

图 4-9 二维栅格地图示例[8]

稠密地图可用于各种导航、避障算法,以及地图重建任务。根据所构建的地图可获取障碍物所在位置,导航算法为车辆在起点和终点之间规划一条高效、可行的行驶路径,同时进行避障行驶。SLAM 还可用来获取周围环境信息,并进行地图重建,用直观的形式向人们展示三维场景,这种展示模型同样也需要使用稠密地图来完成。由于度量地图要求记录每一小格的属性状态,因此需要大量的存储空间,而许多格点位置在实际中并未用到,这造成了一定的空间浪费。

相比于度量地图对位置精度的较高要求,拓扑地图则更加抽象,主要关注地图中各元素间的关系。拓扑地图由节点和棱边组成,节点一般表示不同区域的中心或边界,而棱边用于表示节点之间的连接关系。拓扑地图的表达十分简洁,具有高度概括性,但难以构建大型复杂地图结构。

2. 激光 SLAM 技术

激光 SLAM 与视觉 SLAM 类似,其框架同样包括数据采集、前端匹配、后端优化、回环检测、地图构建 5 个关键步骤。由于 4.2.4 节视觉 SLAM 技术中已对 SLAM 的流程有了较为完整的介绍,因此本节仅针对激光 SLAM 进行简要概述。

1) 数据采集

激光 SLAM 所用的传感器一般包括激光雷达、惯性测量单元和里程计。对于室内环境通常采用二维激光雷达,室外环境更为复杂,多采用三维激光雷达。IMU 对角速度的测量精度较高,通常用于计算角度信息。里程计则用于检测车轮在一定时间内转过的角度,进而推算车辆的相对位姿变化。

2）前端匹配

目前激光 SLAM 主流的前端匹配算法包括迭代最近点法（Iterative Closest Point，ICP）、点到线匹配迭代最近点法（Point-to-Line Iterative Closest Point，PL-ICP）、相关性扫描匹配（Correlation Scan Match，CSM）、基于优化的方法、正态分布变换（Normal Distribution Transformation，NDT）等[9]。

ICP 法就是将点云进行匹配，求解旋转矩阵 $\boldsymbol{R}$ 和平移矩阵 $\boldsymbol{T}$ 使点云间的欧氏距离最小，通过不断迭代，直至误差小于设定的阈值。PL-ICP 法是 ICP 法的一个变种，只是其中的误差函数由点到点的距离变为了点到线的距离。PL-ICP 法求解精度更高，收敛速度更快（二阶收敛），但是由于对初始值较为敏感，通常需要与里程计、CSM 等一起使用。

CSM 算法使用似然场模型，通过划分栅格以步进的方式求取最优位姿，是一种暴力搜索方法，可以不受初值的影响。由于该方法的计算量很大，因此通常通过分支定界法来进行加速。具体方法是构建不同分辨率的多个似然场，首先在粗分辨率似然场中进行搜索，获取当前最优位姿。然后将最优位姿对应的栅格按照更细的分辨率进行划分，继续搜索，对其他非最优栅格进行剪枝处理，大幅减少搜索空间。

NDT 算法把点云的分布看成很多个正态分布的组合，其均值和协方差矩阵可以很好地表示点云的局部分布形态。首先将参考点云网格化，对于每个小格计算其中点云的正态分布参数。对于要配准的点云，通过变换矩阵将其转换到参考点云的网格中。然后根据正态分布参数计算 NDT 配准得分（目标函数）。最后使用牛顿迭代法进行参数优化。由于 NDT 算法直接通过最小化目标函数来得到位姿变换关系，因此其计算量小，速度较快，常在三维激光 SLAM 中使用。

3）后端优化

激光 SLAM 的后端优化与视觉 SLAM 类似，同样分为基于滤波器的方法和基于图优化的方法。基于滤波器的方法是通过不断的预测和更新迭代进行的。根据滤波器的形式不同，可分为卡尔曼滤波（KF）、扩展卡尔曼滤波（EKF）、无迹卡尔曼滤波（UKF）、粒子滤波（PF）等。目前广泛应用的开源 SLAM 方案 GMapping 中使用的便是粒子滤波算法。基于图优化的方法将车辆的位姿用节点表示，两个节点间的空间约束关系用边表示，利用非线性最小二乘原理进行求解，具体过程详见本书附录部分。一个典型的基于图优化的激光 SLAM 方案是谷歌的 Cartographer 算法。

4）回环检测

回环检测是一类数据关联问题，将激光点云数据匹配，可用于生成全局一致的轨迹地图。根据匹配的对象不同，可将回环检测问题分为三类：

（1）帧与帧间回环检测。通过位姿变换矩阵 $\boldsymbol{R}$ 和 $\boldsymbol{T}$ 使两帧激光点云间的距离最小，并判断其相似性。其计算量较小，但由于单帧数据的信息量较少，容易产生误匹配的情况。

（2）子图与子图间回环检测。这种方法使用了更多的点云信息，将最近 N 帧数据融合为局部子图后再与之前的地图匹配，其计算精度较高，同时计算量也较大。

（3）帧与子图间回环检测。利用上一时刻已有的地图来和当前帧进行匹配，Cartographer 中用的便是此类方法，其计算速度和精度相对适中。

5）地图构建

激光 SLAM 的地图构建同样分为度量地图和拓扑地图两大类。出于实时性的要求，目前二维和三维激光 SLAM 的地图构建通常都采用计算量较小的占据栅格地图。可根据地图中每个小格的状态判断出可通行区域,进而进行导航与避障运动。

3. 网联地图构建技术

V2X 技术可以将人、车、路、云的信息相互共享,提高车辆的感知能力,其应用实例如图 4-10 所示。通过车联网可以采集车辆状态、行人位置、道路环境等信息,利用这些动态信息便可实现对高精度动态地图的实时更新,具体流程如图 4-11 所示。通过路侧传感器与车载传感器采集动态交通环境信息,并在路侧单元与车载单元中分别进行初步处理,处理后的数据可通过 V2I 技术进行信息交互。路侧单元将获得的信息实时上传至交通信息管理平台,车载单元可通过车辆与中央网络通信(Vehicle to Network,V2N)技术获取交通信息管理平台中的历史数据[10]。

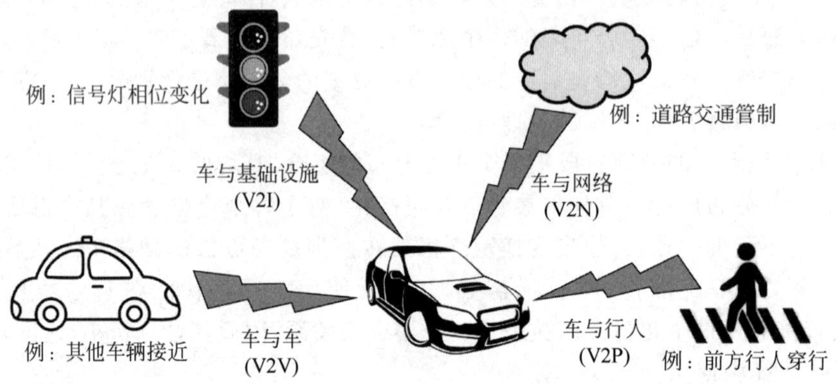

图 4-10 V2X 技术应用示例

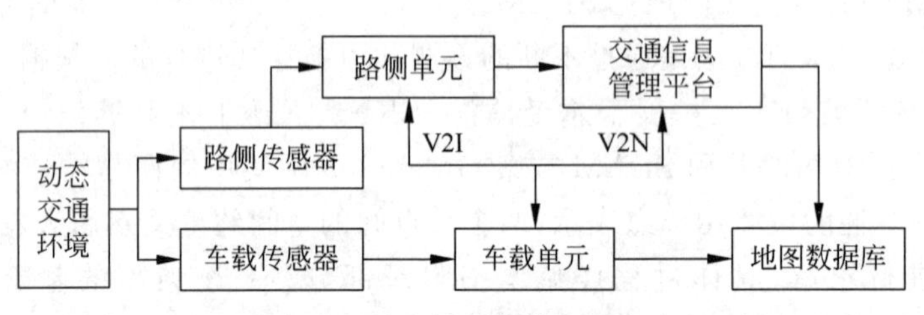

图 4-11 车联网技术辅助构建高精度动态地图

路侧传感器信息主要包含道路环境状态(如道路标线、道路边界、路面附着系数等)、基础设施状态(如信号灯、交通标识等)、交通状态(如拥堵状态、排队长度、交通流密度等)和自然环境状态(如气象、温度、湿度等)等信息。车载传感器信息则包含车辆运动状态(位置、姿态、车速、横摆角速度等)、车辆部件状态(制动压力、油门开度、方向盘转角等)和其他交通参与者(行人、骑车人、其他车辆等)状态等信息。由于信息的高度动态特性,多数企业采用众包制图的形式实现对高精度动态地图的实时更新,此外也有少数企业采用集中制图的形式更新地图。

4.2.5 应用举例

高精度动态地图具备丰富的道路交通信息,在高精度定位、辅助环境感知、辅助决策规划等方面发挥着重要的作用，是自动驾驶的核心技术之一。其主要应用场景如下。

高精度定位：车辆从图像或点云数据中提取道路环境特征，并在高精度动态地图的附近区域中搜索相似特征，当相似度超过设定阈值时则认为找到了正确的匹配位置。通过与高精度动态地图匹配可准确判断所处车道，使车辆获得更精确的厘米级定位信息。

辅助环境感知：高精度动态地图可为自动驾驶车辆提供详细的道路环境信息，包括他车位置、信号灯相位、交通流量、交通标识、车道曲率、道路坡度等。这些信息突破了自车传感器性能的局限，同时在雨、雪、雾等恶劣天气下仍可保持信息的准确性，大大提高了车辆的环境感知能力。

辅助决策规划：由于道路交通具有高度动态特性，因此自动驾驶车辆的最优路径也会受其影响而发生变化。在高精度动态地图的辅助下，可有效减少自车视野盲区，同时获取超视距路况信息。根据更全面的实时交通信息，自动驾驶车辆可规避潜在风险，同时规划更加节能高效的行驶路线。

4.3 高精度协同定位

4.3.1 概述

高精度定位是智能网联汽车的关键技术之一，它通过多种定位手段与多种传感器数据融合方法实现智能网联汽车的精确定位。高精度定位对精度和可靠性的要求高、对基础地图和环境融合认知能力强，是智能网联汽车领域研究的热点和难点，受到了工业界和学术界的广泛关注。

车辆定位信息获取的方式多种多样，涉及多种传感器及相关技术。按照定位原理的不同，目前常用的车辆定位技术主要可分为直接定位方法和航位推算方法。其中直接定位主要利用信号的空间交汇测量及环境特征匹配进行定位，航位推算则是依据加速度、角速度、速度等信息结合初始值进行积分定位。定位过程中使用的信息主要来自于卫星、惯性导航系统、视觉传感器、毫米波雷达、激光雷达和磁力计等。由于单一传感器定位误差较大，在具体系统实现过程中，单传感器定位技术逐渐发展为多传感器协同定位技术，利用多种组合定位技术实现融合定位，尽可能发挥各传感器优势并进行场景互补，减小累积误差影响，获得连续可靠的定位结果。

4.3.2 定位框架

智能网联汽车的发展对定位精度及可靠性提出了更高的要求，为减小使用单一定位设备带来的定位误差，多传感器协同定位技术受到了越来越多的关注。实现高精度定位需要的主要信息来源包括：

(1) 全球导航卫星系统(Global Navigation Satellite System，GNSS)，用于提供全天候的位置、速度、时间信息；

(2) 惯性导航系统，主要构成部分包括惯性测量单元(Inertial Measurement Unit，IMU)、信号预处理模块和机械力学编排模块，用于车辆状态估计；

(3) 视觉、雷达、声呐等传感器，用于车辆环境感知；

(4) 车联网通信,用于给出环境车辆运行参数。

在多传感器协同定位中,首先利用 GNSS 获取车辆的绝对位置、速度等信息,其是大多数定位算法的主要信息源,随后结合 IMU 获取的数据,并利用滤波算法融合地图信息,获得精确的定位结果。基于多传感器协同的车辆定位系统框架如图 4-12 所示。

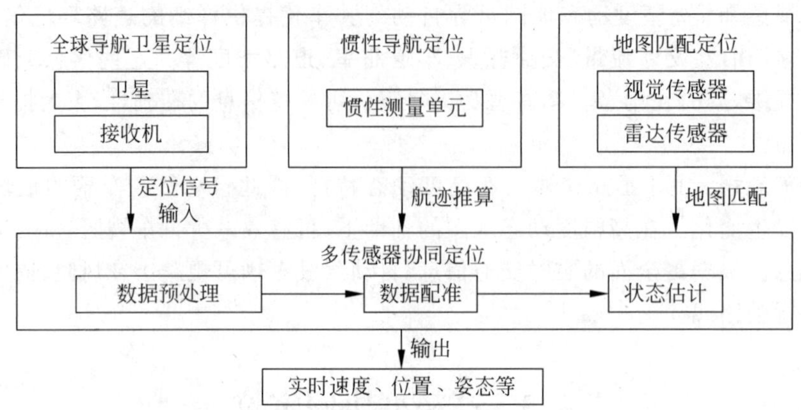

图 4-12 基于多传感器协同车辆定位系统框架

在智能网联汽车协同定位过程中,包含了 4 种定位技术。

(1) 信号定位:例如 GNSS、超宽带定位技术(Ultra-Wide Band,UWB)和 5G 定位技术。

(2) 航位推算定位:在获取车辆的初始位置后,根据车载 IMU 得到的车辆加速度和转动角速度,计算车辆的当前位置和方向,航位推算的本质是在初始位置上累加位移矢量来计算当前位置。

(3) 地图匹配定位:基于激光雷达和视觉传感器的定位,即与存储在地图数据库中的特征匹配,以了解车辆所处位置和环境。

(4) 车联网辅助下的协同定位:智能网联汽车联合车联网技术与智能车辆,为车辆装配先进传感装置,结合网络与通信技术手段,在车与人、车、路及网络后台间进行信息交换和共享,基于车联网技术实现协同定位。

4.3.3 定位原理

由 4.3.2 节可知,在多传感器协同定位框架中,通常包含了全球导航卫星定位、惯性导航定位、地图匹配定位及网联协同定位等过程,利用 GNSS 给出车辆位置、速度信息,并利用 IMU 测量数据、地图匹配信息及网联车辆信息对车辆状态进行更新,下面分别对其定位原理进行介绍。

1. 信号定位

GNSS 为星基无线电导航系统,可为全球海陆空所需的多类载体提供位置、速度及时间信息。GNSS 实现定位的过程包括瞬间卫星空间位置观测及观测站点与卫星距离测量,即基于坐标系统和时间系统实现 GNSS 定位过程。

1) 坐标系统与时间系统

GNSS 利用坐标系描述卫星在其轨道上的运动、表示地面观测站的位置并处理定位观测数据。坐标系的选择依赖于应用场合,目前坐标系统通常分为以下几类:地心惯性坐标系、地球坐标系、地理坐标系、载体坐标系等。

(1) 地心惯性坐标系

原点在地球中心，z_i 轴沿地球自转方向，x_i，y_i 轴位于赤道平面内，x_i 指向某一年(历元时刻)的太阳春分点位置，如 ECI×J2000 历元坐标系以公元 2000 年春分点为基准，x_i，y_i，z_i 轴构成右手坐标系。地心惯性坐标系不参与地球自转，各坐标轴相对惯性空间位置保持不变，因而惯性仪表在测量过程中可将该坐标系作为参考基准[11]。对于智能车辆导航系统而言，可将地心惯性坐标系简称为惯性坐标系，如图 4-13(a)所示。

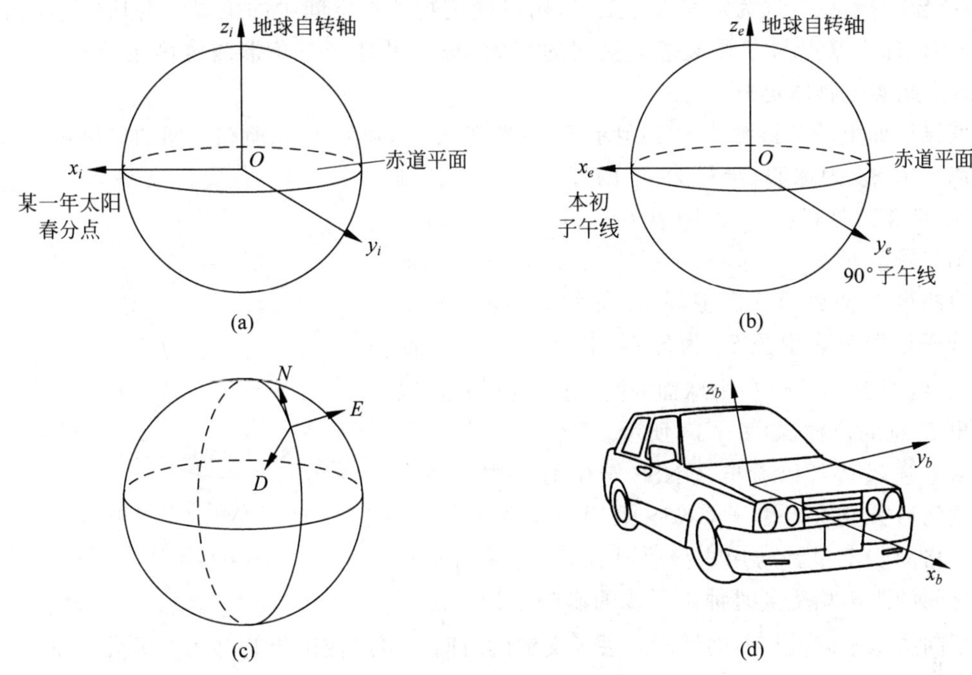

图 4-13 GNSS 常用坐标系定义

(a) 地心惯性坐标系；(b) 地球坐标系；(c) 地理坐标系；(d) 载体坐标系

(2) 地球坐标系

原点在地球中心，z_e 轴与地球自转轴重合，x_e 轴位于赤道平面，指向本初子午线，y_e 轴位于赤道平面，指向东经 90°子午线，x_e、y_e、z_e 轴构成右手坐标系。地球坐标系和地球固联，随地球自转而转动，相对于惯性坐标系而言，该坐标系转动角速度等于地球自转角速度 ω_{ie}[13]。地球相对惯性空间的转动，可用地球坐标系相对于惯性坐标系的转动来表示，如图 4-13(b)所示。

(3) 地理坐标系

原点在载体重心位置，N 轴平行于当地水平面并指向北方，E 轴平行于当地水平面并指向东方，D 轴与重力垂线 g 方向一致。该坐标系位置随载体运动而运动，更确切地，可以被称为动地理坐标系或当地地理坐标系[12]，如图 4-13(c)所示。

(4) 载体坐标系

与地理坐标系相同，载体坐标系原点取在载体重心，该坐标系与载体固联，x_b 轴平行于载体纵向，y_b 轴平行于载体横向，z_b 轴平行于载体竖轴方向，x_b、y_b、z_b 轴之间可构成右手坐标系，载体的姿态和航向由载体相对地理坐标系的方位来确定[12]，如图 4-13(d)。

时间系统是卫星导航中最重要、最基本的物理量之一。首先，高精度的原子钟控制卫星发送信号。其次，距离的测量多通过精确测定信号传播的时间来实现。时间系统主要包括世界时、历书时、力学时、原子时、协调世界时、儒略日、卫星导航时间系统。其中 GNSS 采用了一个独立的时间系统作为导航定位计算的依据，称为 GNSS 时间系统，简称 GNSST。GNSST 属于原子时系统，其秒长与原子时秒长相同。

2）定位原理

GNSS 的参照点选为空间人造卫星，用以确定物体在空间中的位置。由几何学理论可知，利用地球上某点与三颗人造卫星间的精确距离，可基于三角形测定确定此点的位置，GNSS 据此实施物体定位[10]。

假设地面上的某待测点 P 到卫星 S_1 的距离为 r_1，可知 P 点所在空间的可能位置可集缩到以卫星 S_1 为球心，半径为 r_1 的球面上。假设测得 P 点到第二颗卫星 S_2 的距离为 r_2，即 P 点同时位于以第二颗卫星 S_2 为球心、半径为 r_2 的球面上。随后再次测得 P 点到第三颗卫星 S_3 的距离为 r_3，则 P 点也处于以第三颗卫星 S_3 为球心、半径为 r_3 的球面上[10]。由于 P 点位于三个球面的交会处，这样就可以计算出 P 点的位置，如图 4-14 所示。

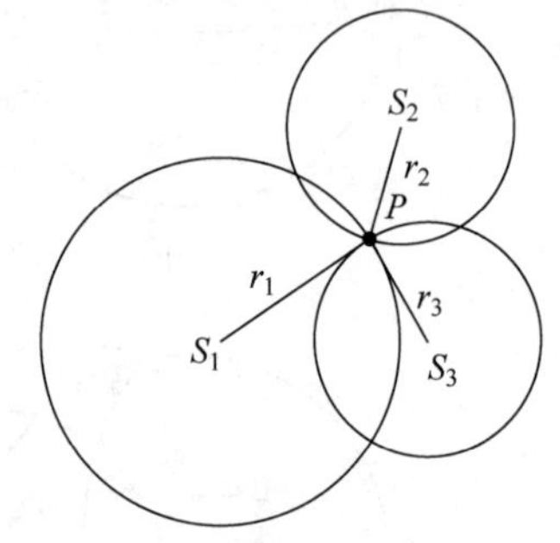

图 4-14 GNSS 定位基本原理(测边交会定位原理)[10]

从上述过程可以看出，GNSS 定位的实质为测量学的空间后方交会。由于 GNSS 采用单程测距，同时难以严格同步卫星钟与用户接收机钟，使得观测站和卫星之间的距离均受到时钟不同步的影响。钟差是在同一瞬间指示准确世界时的钟时减去天文钟的时间。可以使用导航电文中所给的钟差相关参数来修正卫星钟差，但是往往难以对接收机的钟差进行精准确定，通常采用的优化方法是设置未知参数，与观测站坐标一同求解，因此至少需要 4 个同步伪距观测值，即同时观测 4 颗卫星。

3）定位误差

卫星导航系统误差主要包括卫星误差、传播误差及接收误差等，表 4-3 对几种常见误差进行举例说明。

表 4-3 卫星导航系统误差源及量级[10]

误差源		误差量级
卫星误差	卫星时钟误差	1.5～15.0m
	相对论效应	
传播误差	电离层延迟误差	1.5～15.0m
	对流层延迟误差	
	多路径误差	
接收误差	接收机时钟误差	1.5～5.0m
	位置误差	
	天线相位中心位置的偏差	

4）差分定位

GNSS定位精度受卫星和接收机时钟误差、信号传播误差等因素的影响，尽管可以通过模型修正其中一些系统误差，但残余误差导致单点绝对定位误差量级仍无法满足智能网联汽车技术需要。为了尽可能消除误差，可以于一定地域范围内部署多台接收机。通过对多台接收机的观测值求差分的办法，能有效提高定位精度，即进行差分定位。

差分定位原理如图4-15所示。使用两台以上的接收机作同步观测，其最基本情况是将两台接收机分别安置在两个测站上，并同步观测相同的卫星。将一台已知精确坐标的接收机作为差分基准站，基准站连续接收定位信号，与基准站已知的位置坐标进行比较，从而计算出差分修正量。然后，基准站通过数据链路发送差分修正量，基准站覆盖范围内的流动站接受该差分修正量，用于减少或者消除卫星轨道误差、卫星和接收机时钟误差等所引起的误差，提高定位精度。流动站和基准站之间的距离是影响差分定位的主要因素。

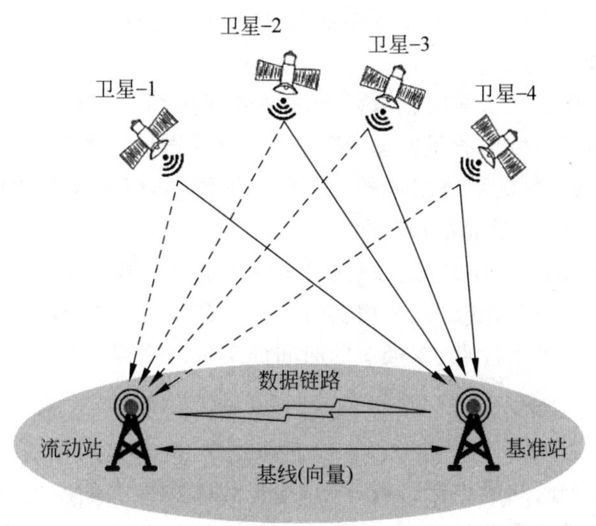

图4-15 GPS差分定位原理[10]

根据差分对象不同，差分定位可分为位置差分和观测值差分两种，前者算法简单但精度低，应用较少；后者理论模型复杂、精度高、应用广泛。下面分别介绍。

（1）位置差分定位

位置差分是差分方法中最简单的方法，系统可以由任何一种接收机改装和组成。为获取定位信息，由位于已知精确坐标的基准站上的接收机同步观测4颗或4颗以上卫星，随后解算出基准站坐标测量值。由于受到轨道误差、时钟误差、SA影响、大气影响、多路径效应等误差影响，解算出的坐标测量值与已知坐标间往往存在差异（差分修正量）。基准站使用数据链向流动站发送该差分修正量，流动站通过比较接收到的差分校正量与自身接收机获取的测量值完成坐标修正。最后得到的用户修正坐标已消去了基准站与用户站的共同误差影响，因而提高了定位精度。该方法需要求基准站和用户站观测同一组卫星，其应用范围在距离上受到限制，通常情况下需保证流动站与基准站间不超过100km[10]。

(2) 观测值差分

与位置差分不同,观测值差分是在原始观测量间求差。其根据采用观测值类型的不同可以分为伪距差分和载波相位差分,根据流动站接收机在定位过程中所处的状态不同,差分定位有静态和动态之分。

① 伪距观测值差分。伪距差分技术是在一定范围的定位区域内,设置一个或多个安装接收机的已知点作为基准站,连续跟踪、观测所有在信号接收范围内的卫星伪距,通过在基准站上利用已知坐标求出卫星到基准站的真实几何距离,并将其与观测所得的伪距比较,然后通过滤波器对此差值进行滤波并获得其伪距修正值。接下来,基准站将所有的伪距修正值发送给流动站,流动站利用这些误差值来改正卫星传输测量伪距。最后,用户利用修正后的伪距进行定位。伪距差分的基准站与流动站的测量误差与距离存在很强的相关性,故在一定区域范围内,流动站与基准站的距离越小,其使用差分得到的定位精度就会越高。

② 载波相位观测值差分。载波相位观测值差分包含修正法与差分法两种。与伪距差分相似,修正法通过基准站将载波相位修正量发送到流动站,以修正载波相位观测值,得到自身坐标位置。差分法则是将基准站观测的载波相位测量值发送到流动站,利用自身求出差分修正量,继而实现差分定位[10]。

载波差分技术的核心在于实时获取两个测站的载波相位。相比于其他差分技术,载波相位差分中基准站不直接传输测量的差分校正量,而发送原始测量值。流动站收到基准站的数据后,与自身观测卫星的数据组成相位差分观测值,利用组合后的测量值求出基线向量完成相对定位,进而推算出测量点的坐标。

RTK(Real-Time Kinematic)是一种利用接收机实时观测卫星信号载波相位的技术,结合了数据通信技术与卫星定位技术,采用实时解算和数据处理的方式,能够为流动站提供在指定坐标系中的实时三维坐标点,在极短的时间内实现高精度的位置定位。

2. 航迹推算定位

1) 定位原理

航迹推算是从一个已知的坐标位置开始,基于载体在该点的航向、航速和航行时间,推算下一时刻该坐标位置的导航过程[13]。惯性导航系统的基本工作原理即是以牛顿力学定律为基础,通过陀螺仪测量载体旋转信息求解得到载体的姿态信息,再将加速度计测量得到的载体比力信息转换到导航坐标系进行加速度信息的积分运算,推算出汽车的位置和姿态信息。导航坐标系是惯性导航系统在求解导航参数时所采用的坐标系,通常与惯性导航系统所在的位置有关。下文取地理坐标系为导航坐标系。

惯性导航系统是一种以陀螺仪和加速度计为感知元件的导航参数解算系统,应用航迹推算提供载体位置、速度和姿态等信息。汽车行驶数据由以陀螺仪和加速度计组成的 IMU 来采集。加速度计测量载体相对惯性空间的绝对加速度和重力加速度之和,称作“比力”。从加速度计的工作原理可知,加速度计可以输出沿测量轴方向的比力,其中含有载体绝对加速度。同样地,陀螺仪可以输出车体相对于惯性坐标系的角加速度信号。以上两个惯性传感器组的测量轴相互平行,共享惯性传感器组的原点和敏感轴。因此,如果在汽车上能得到互相正交的 3 个敏感轴上的加速度计和陀螺仪输出,同时又已知测量轴的准确指向,就可以获取汽车在三维空间内的运动加速度和角速度。惯性导航系统利用载体先前的位置、IMU 测量的加速度和角速度来确定其当前位置。

2）定位误差

（1）惯性导航系统的误差源

惯性导航系统中既有电子设备，又有机械机构，在外部冲击、振动等力学环境中，除了加速度和角速度信息之外，还包括误差，主要有：

① 元件误差。主要有陀螺仪漂移、指令角速度的标度因素误差，加速度计的零偏等。

② 安装误差。平台式惯导的安装误差。

③ 初始条件误差。包括平台的初始误差以及计算机在解算方程时的初始给定误差。

④ 原理误差。由于方便计算省略的高阶分量、近似模型等造成的误差。

⑤ 计算误差。计算机计算所造成的误差。

⑥ 运动干扰。主要是振动和冲击造成的误差。

⑦ 其他误差。导航系统的电子组件之间互相干扰造成的误差。

（2）随机误差

① 传感器白噪声误差。该噪声通常与电子噪声合在一起，可能是来自电源、半导体设备内部的噪声或数字化过程中的量化误差。

② 变温误差。传感器的变温误差类似时变的加性噪声源，是由外部环境温度变化或内部热分布变化引起的。

③ 传感器随机游动误差。在 IMU 中，对随机游动噪声有具体要求，但大多数针对其输出的积分，而不是输出本身。例如，来自速率陀螺仪的“角度随机游走”等同于角速度输出白噪声的积分。类似地，加速度计的“速度随机游走”等同于加速度计输出白噪声的积分。随机游动误差随着时间线性增大，其功率谱密度也随之下降。

④ 谐波误差。由于热量传输延迟，因此温度控制方法（如通风与空调系统）经常引入循环误差，这些都可在传感器输出中引入谐波误差，谐波周期取决于设备的尺寸大小。同样，主载体的悬挂和结构共振也引入了谐波加速度，它会对传感器中的加速度误差产生影响。

⑤ 闪烁噪声误差。闪烁噪声是陀螺仪零偏随时间变化而产生漂移的主要因素。多数电子设备中都存在这种噪声，该噪声通常模型化为白噪声和随机游动的组合。

（3）固定误差

与随机误差不同，固定误差是可重复的传感器输出误差。常见的传感器误差模型如图 4-16 所示，包括：偏差，即输入为零时传感器的非零输出；尺度因子误差，通常来自标定偏差；非线性，不同程度地存在于多种传感器中；尺度因子符号不对称性，来自不匹配的推挽式的放大器；死区误差，通常由机械静摩擦力或死锁引起；量化误差，这在所有数字系统中是固有的。由于它可能存在于标准化环境中，当输入不变时它可能不是零均值的。

3. 地图匹配定位

1）系统简介

如 4.2 节高精度动态地图中内容所述，高精度地图中包含了多种详细的道路数据，数据精确至车道级，包括车道线类型、车道宽度、停止线位置、道路边缘位置、路边地标等，地图匹配定位技术利用传感器所采集的实时道路的物理信息与高精度地图进行匹配来实现载体的定位技术。在卫星定位和航迹推算定位存在明显误差时，可以利用地图匹配定位技术为自动驾驶车辆提供定位修正信息。激光点云的地图匹配作为全局定位方式，无累积误差，在精

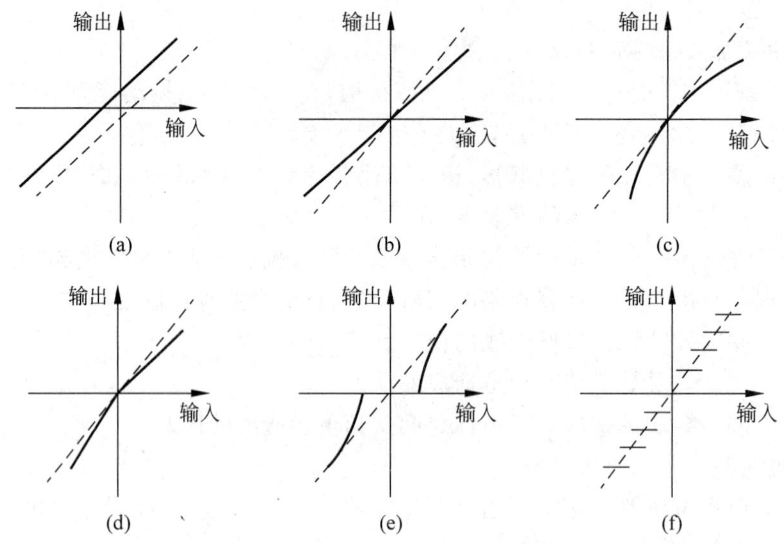

图 4-16 传感器误差模型[10]

(a) 偏差；(b) 尺度因子误差；(c) 非线性；(d) 尺度因子符号不对称性；(e) 死区误差；(f) 量化误差

度良好的地图上，通过匹配运算可以实现较好的位置姿态输出，但由于车辆行驶在车道时两侧会存在其他动态车辆，造成遮挡激光雷达信号或者遮挡匹配运算所需的定位特征，导致匹配误差较大或匹配失败。

2）定位原理

地图匹配定位是在已知车辆的粗略位置时，进行高精度地图局部搜索的过程。其首先利用汽车装载的卫星定位和惯性导航定位系统进行初始粗略位置判断，确定高精度地图局部搜索范围，然后将激光雷达实时数据与预先制作好的高精度地图数据，变换到同一个坐标系内进行匹配，匹配成功后即可确认汽车定位位置信息。地图匹配定位流程如图 4-17 所示。

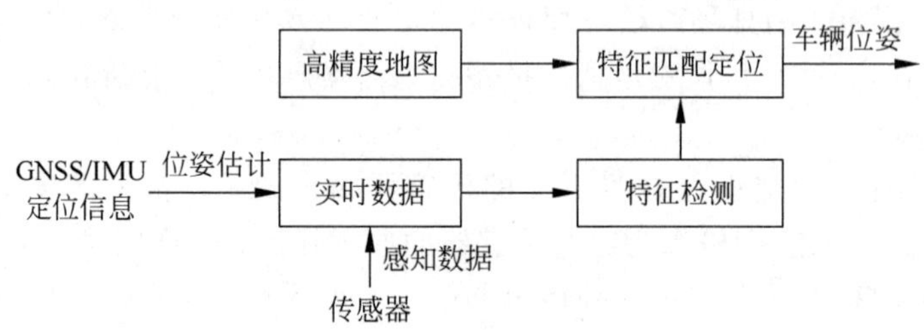

图 4-17 地图匹配定位流程[10]

地图匹配通过软件方法，校正卫星定位、航迹推算定位或其他定位方法定位误差的技术，其基本思想是通过将车辆位置及环境信息与环境地图比较和匹配，找到车辆所在的路段，计算出车辆在路段上的确切位置与姿态，从而校正误差。对于环境地图的具体表示形式，常见的有拓扑地图(Topological Map)、栅格地图(Metric/Grid Map)、特征地图(Feature Map)。

传统的地图匹配算法主要特指路网匹配，而由于高精地图的发展，地图匹配包含内容应当涵盖路网匹配和场景影像、点云匹配两方面。路网匹配设定车行驶在道路上，将所观察到的用户或者交通工具的定位数据关联到给定电子地图的道路网络上的过程。场景影像、点云匹配利用激光雷达或摄像头对周围环境进行感知观测,并将观测结果与已知的先验三维点云图进行匹配,估计出车辆在地图中的位置与姿态。

3）定位误差

地图匹配定位误差主要由局部搜索范围正确性问题引起。局部搜索范围正确性即道路选择的正确性,是地图匹配中影响极大的因素之一,在道路选择正确的情况下,才能继续之后的地图匹配过程。造成道路选择错误的原因主要包括路况引起的误差、传感器误差、高精度地图误差及算法误差等。

4. 协同定位

1）定位原理

GNSS定位信息更新频率较低,难以满足智能网联汽车实时性需求,同时定位信号会因隧道、建筑群等障碍物的遮挡而中断。INS中配备高频传感器,可以提供连续的较高精度的汽车位置、速度和航向信息,但定位误差会随着系统运行时间的累积而剧增。将GNSS与INS有机结合,利用GNSS提供的不随时间增加的高精度定位来纠正INS的累积定位误差。同时,利用INS解决GNSS特定场景的失效难题。如果再与地图匹配技术相结合,利用高精度地图提供的信息,可进一步提高系统的定位精度。

由图4-12多传感器协同定位框架可知,协同定位结合了GNSS信息、惯导信息以及地图匹配等信息,通过数据预处理、数据配准及状态估计输出智能网联汽车所需的实时速度、位置和姿态。

数据预处理过程通常包括初始化和数据校准两部分。以系统坐标系为参照,独立地校准系统中的每一个传感器,这就是传感器初始化。在实施初始化后,针对各传感器对共同目标的采集数据来实施数据配准。数据配准就是把来自一个或多个传感器的观测或点迹数据与已知或已经确认的事件归并到一起,保证每个事件集合所包含的观测与点迹数据以较大的概率来自同一个实体。具体地说,就是要把每批目标的观测或点迹数据与事件集合中各自的数据配对。为获取系统偏差,需要在配准过程中收集足量的数据点,利用计算的系统偏差来调整传感器数据。时间配准和空间配准是传感器配准的两个主要方面[10]。

不同传感器对同一目标采集数据时,各数据获取时间并不完全一致,时间配准是指将不同传感器的测量数据同步到同一时刻下[10]。由于各传感器对环境独立测量,具有不同的测量周期,生成数据的时间戳不同。同时,由于存在通信网络延迟,各传感器向数据处理中心传输信息所用的时间也存在差异。因此,在进行多传感器数据融合前,将不同步的信息统一到相同时刻具有非常重要的作用。

传感器系统中,各传感器通常具有特定的坐标系定义,且各坐标系间往往难以重合,即同一目标在不同传感器数据下具有不同的坐标表达。空间配准是指基于不同传感器的量测结果对量测偏差进行估计和补偿。对于不同传感器获取的环境数据,必须在融合前完成坐标系的统一,将不同坐标系下多种传感器数据转换到同一坐标系中,以便完成多传感器数据融合,随后,还需基于坐标逆变换,将数据处理结果再转换到各传感器坐标系中[10]。

在完成初始化及配准过程后,可利用贝叶斯估计法、D-S证据推理以及卡尔曼滤波等方法对载体状态信息进行融合估计,实现所需位置、速度、姿态数据实时更新。

2）定位误差

多传感器协同定位误差来自多个方面，主要包括[14]：

(1) 传感器误差，由于传感器在实际加工过程中难以达到理想参数，由制造精度产生的误差。

(2) 传感器量测方位角、高低角和斜距偏差，通常为在量测系统解算传感器数据过程中产生的参考坐标量测偏差。

(3) 传感器相对位置误差与计时误差，该误差为相对公共坐标系误差，通常由传感器导航系统偏差及由传感器时钟偏差引起。

(4) 算法局部定位误差，由于各传感器所采用的定位算法不同而引起单个系统内的误差。

(5) 坐标转换运算引起的偏差，由于各传感器位置测量具有不确定性，在融合运算中产生的偏差。

(6) 坐标转换近似运算误差，为减少系统计算负担，在投影变换时常采用一些近似变换带来的误差。

4.3.4 定位算法

为得到更加精确的定位信息，采用多传感器融合手段，并结合智能网联技术，实现基于信息融合的多车协同定位，尽可能发挥多源信息优势并进行场景互补，可减小累积误差的影响。

多车协同定位是一种实现高精度定位的方法，典型的多车协同定位系统主要由GNSS、毫米波雷达、车车通信这三大部分构成[15]，多车协同定位的典型总体流程如图4-18所示，下面对这种典型方法的主要步骤进行介绍。

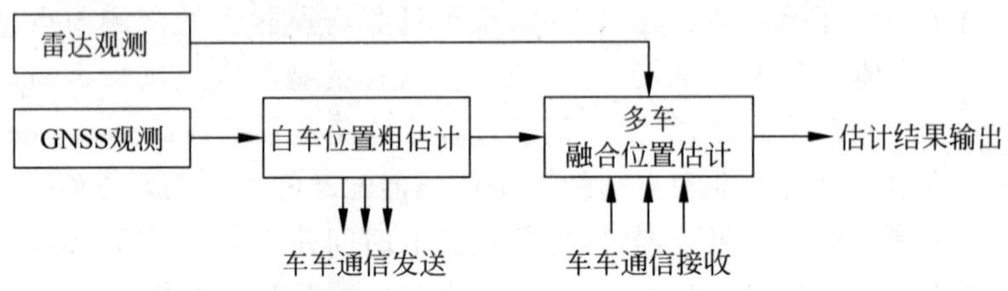

图4-18 多车协同定位典型总体流程[15]

1. 自车位置粗估计

从GNSS模块获得的车辆绝对位置信息并不完全准确，是带有噪声的，不过可以采用设计对应的滤波器对带噪声的GNSS信号进行处理的方式来实现基于自车观测信息的自车位置粗估计[16]。

1）车辆运动建模

速度运动模型在机器人领域得到了广泛应用，它假设可以通过控制线速度和角速度来实现对于机器人运动的完全控制[16]。考虑真实车辆，当车辆侧偏角为零时，即可满足该模型条件，而车辆在低速状态下可近似满足这一条件，此时，真实车辆的横摆角速度对应模型中的角速度。虽然现实中方向盘转角才是车辆真正的方向相关输入量，但可以结合传动比关系由方向盘转角转化得到车辆的横摆角速度[15]。下文无特殊说明都在车辆满足速度运动模型的前提下进行推导。

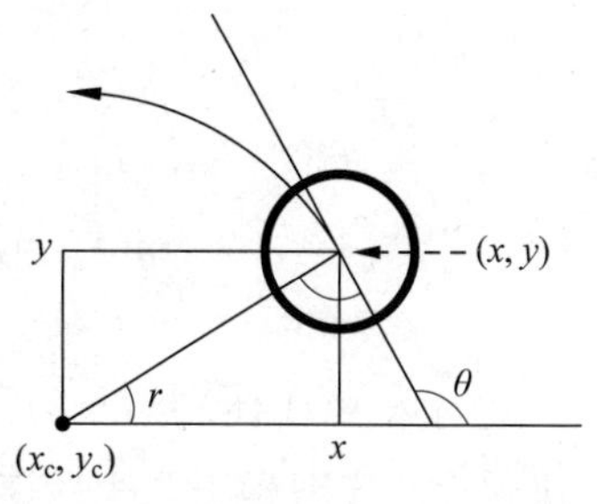

图 4-19 车辆状态向量示意图[15]

如图 4-19 所示，在理想情况下(无噪声影响)，设车辆初始状态向量为$(x,y,\theta)^{\mathrm{T}}$，分别代表车辆质心横坐标、车辆质心纵坐标和车辆航向角。车辆运动控制向量为$(v,w)^{\mathrm{T}}$，分别代表车辆质心线速度和角速度。车辆在 Δt 时间后的状态向量为$(x',y',\theta')^{\mathrm{T}}$，则可以通过几何关系得到 Δt 时间后的车辆状态向量

$$\begin{aligned}\begin{pmatrix}x'\\y'\\\theta'\end{pmatrix}&=\begin{pmatrix}x_{\mathrm{c}}+\dfrac{v}{\omega}\sin(\theta+\omega\Delta t)\\y_{\mathrm{c}}-\dfrac{v}{\omega}\cos(\theta+\omega\Delta t)\\\theta+\omega\Delta t\end{pmatrix}\\&=\begin{pmatrix}x\\y\\\theta\end{pmatrix}+\begin{pmatrix}-\dfrac{v}{\omega}\sin\theta+\dfrac{v}{\omega}\sin(\theta+\omega\Delta t)\\\dfrac{v}{\omega}\cos\theta-\dfrac{v}{\omega}\cos(\theta+\omega\Delta t)\\\omega\Delta t\end{pmatrix}\end{aligned}\tag{4-7}$$

其中，$x_{\mathrm{c}}=x-\dfrac{v}{\omega}\sin\theta$，$y_{\mathrm{c}}=y+\dfrac{v}{\omega}\cos\theta$，$(x_{\mathrm{c}},y_{\mathrm{c}})^{\mathrm{T}}$ 为该 Δt 时间内车辆运动轨迹的圆心。

实际上，真实控制量与理想控制量间是存在误差的。设真实运动的线速度和角速度为 $\breve{v}$ 和 $\breve{\omega}$，ε_v 和 ε_ω 为真实控制量与理想控制量的误差，则有

$$\begin{pmatrix}\breve{v}\\\breve{\omega}\end{pmatrix}=\begin{pmatrix}v\\\omega\end{pmatrix}+\begin{pmatrix}\varepsilon_v\\\varepsilon_\omega\end{pmatrix}\tag{4-8}$$

由于 ε_v 和 ε_ω 的存在，车辆的实际运动状态和无误差的理想运动状态二者在两个自由度上存在误差，这个结果和理论模型中假设车辆有三个自由度的前提不一致，所以再引入一个新的误差参数是必需的，这样理想运动和运动误差求和后得到的状态空间便和模型的状态空间同维[15]，设新引入的虚拟控制量为 $\gamma\equiv0$，有

$$\breve{\gamma}=\gamma+\varepsilon_\gamma\tag{4-9}$$

其中，ε_γ 为新引入的误差参数，表示车辆航向角的误差，$\breve{\gamma}$ 为与理想控制量 γ 相对应的真实控制量，满足

$$\theta'=\theta+\breve{\omega}\Delta t+\breve{\gamma}\Delta t\tag{4-10}$$

此时，新的控制向量为$(v,\omega,\gamma)^{\mathrm{T}}$，其中 $\gamma\equiv0$，它的引入是为了使得对运动误差的建模变得完整，假设各误差量均服从正态分布。

综上，基于速度运动模型，车辆的状态转移方程为

$$\begin{pmatrix} x' \\ y' \\ \theta' \end{pmatrix} = \begin{pmatrix} x \\ y \\ \theta \end{pmatrix} + \begin{pmatrix} -\frac{\breve{v}}{\breve{\omega}}\sin\theta + \frac{\breve{v}}{\breve{\omega}}\sin(\theta + \breve{\omega}\Delta t) \\ \frac{\breve{v}}{\breve{\omega}}\cos\theta - \frac{\breve{v}}{\breve{\omega}}\cos(\theta + \breve{\omega}\Delta t) \\ \breve{\omega}\Delta t + \breve{\gamma}\Delta t \end{pmatrix} \tag{4-11}$$

2) 单车位置估计

速度运动模型属于非线性模型，将其应用于扩展卡尔曼滤波器(参考附录)进行状态估计，整体流程如图 4-20 所示。

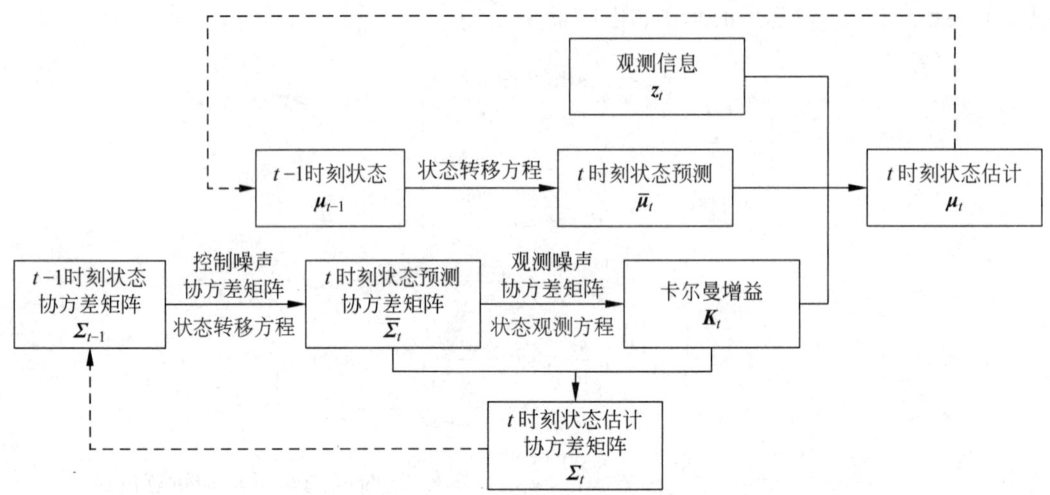

图 4-20 基于扩展卡尔曼滤波器进行状态预测流程

具体来讲，设 t 时刻记录车辆实际状态的向量为 $\boldsymbol{x}_t=(x_t,y_t,\theta_t)^{\mathrm{T}}$，滤波器在无观测信息情况下对状态的预测向量记为 $\bar{\boldsymbol{\mu}}_t=(\bar{\mu}_{t,x},\bar{\mu}_{t,y},\bar{\mu}_{t,\theta})^{\mathrm{T}}$，获取观测信息后修正的状态估计记为 $\boldsymbol{\mu}_t=(\mu_{t,x},\mu_{t,y},\mu_{t,\theta})^{\mathrm{T}}$，控制向量记为 $\boldsymbol{u}_t=(v_t,\omega_t,\gamma)^{\mathrm{T}}$，其中 $\gamma\equiv 0$，观测向量记为 $\boldsymbol{z}_t=(z_{t,x},z_{t,y},z_{t,\theta})^{\mathrm{T}}$。状态预测协方差矩阵记为 $\bar{\boldsymbol{\Sigma}}_t$，获得观测信息后状态估计协方差矩阵记为 $\boldsymbol{\Sigma}_t$，状态预测误差为 $\tilde{\bar{\boldsymbol{\mu}}}_t$，状态估计误差为 $\tilde{\boldsymbol{\mu}}_t$，有 $\tilde{\bar{\boldsymbol{\mu}}}_t\sim N(0,\bar{\boldsymbol{\Sigma}}_t)$，$\tilde{\boldsymbol{\mu}}_t\sim N(0,\boldsymbol{\Sigma}_t)$。

观测向量的状态分量值可以从 GNSS 返回的经度纬度信息以及车辆航向角信息得到，控制向量的速度分量可以从 GNSS 获得，横摆角速度分量可以基于车辆的方向盘转角和车辆速度通过简单计算获得[15]。

每一时刻，扩展卡尔曼滤波方法通过已经提前建立的状态转移方程来计算 t 时刻的车辆状态预测，如下所示。

$$\bar{\boldsymbol{\mu}}_t = g(\boldsymbol{\mu}_{t-1},\boldsymbol{u}_t) = \boldsymbol{\mu}_{t-1} + \begin{pmatrix} -\frac{v_t}{\omega_t}\sin\mu_{t-1,\theta} + \frac{v_t}{\omega_t}\sin(\mu_{t-1,\theta} + \omega_t\Delta t) \\ \frac{v_t}{\omega_t}\cos\mu_{t-1,\theta} - \frac{v_t}{\omega_t}\cos(\mu_{t-1,\theta} + \omega_t\Delta t) \\ \omega_t\Delta t + \gamma\Delta t \end{pmatrix} \tag{4-12}$$

对状态转移方程求 $\boldsymbol{\mu}_{t-1}$ 的一阶偏导雅可比矩阵

$$\boldsymbol{G}_t=\begin{pmatrix}\frac{\partial\bar{\mu}_{t,x}}{\partial\mu_{t-1,x}} & \frac{\partial\bar{\mu}_{t,x}}{\partial\mu_{t-1,y}} & \frac{\partial\bar{\mu}_{t,x}}{\partial\mu_{t-1,\theta}}\\ \frac{\partial\bar{\mu}_{t,y}}{\partial\mu_{t-1,x}} & \frac{\partial\bar{\mu}_{t,y}}{\partial\mu_{t-1,y}} & \frac{\partial\bar{\mu}_{t,y}}{\partial\mu_{t-1,\theta}}\\ \frac{\partial\bar{\mu}_{t,\theta}}{\partial\mu_{t-1,x}} & \frac{\partial\bar{\mu}_{t,\theta}}{\partial\mu_{t-1,y}} & \frac{\partial\bar{\mu}_{t,\theta}}{\partial\mu_{t-1,\theta}}\end{pmatrix}$$

$$=\begin{pmatrix}1 & 0 & -\frac{v_t}{\omega_t}\cos\mu_{t-1,\theta}+\frac{v_t}{\omega_t}\cos(\mu_{t-1,\theta}+\omega_t\Delta t)\\ 0 & 1 & -\frac{v_t}{\omega_t}\sin\mu_{t-1,\theta}+\frac{v_t}{\omega_t}\sin(\mu_{t-1,\theta}+\omega_t\Delta t)\\ 0 & 0 & 1\end{pmatrix} \tag{4-13}$$

对状态转移方程求 $\boldsymbol{u}_t$ 的一阶偏导雅可比矩阵

$$\boldsymbol{M}_t=\begin{pmatrix}\frac{\partial\bar{\mu}_{t,x}}{\partial v_t} & \frac{\partial\bar{\mu}_{t,x}}{\partial\omega_t} & \frac{\partial\bar{\mu}_{t,x}}{\partial\gamma}\\ \frac{\partial\bar{\mu}_{t,y}}{\partial v_t} & \frac{\partial\bar{\mu}_{t,y}}{\partial\omega_t} & \frac{\partial\bar{\mu}_{t,y}}{\partial\gamma}\\ \frac{\partial\bar{\mu}_{t,\theta}}{\partial v_t} & \frac{\partial\bar{\mu}_{t,\theta}}{\partial\omega_t} & \frac{\partial\bar{\mu}_{t,\theta}}{\partial\gamma}\end{pmatrix}$$

$$=\begin{pmatrix}\frac{-\sin\mu_{t-1,\theta}+\sin(\mu_{t-1,\theta}+\omega_t\Delta t)}{\omega_t} & \frac{v_t}{\omega_t^2}(\sin\mu_{t-1,\theta}-\sin(\mu_{t-1,\theta}+\omega_t\Delta t))+\frac{v_t\Delta t}{\omega_t}\cos(\mu_{t-1,\theta}+\omega_t\Delta t) & 0\\ \frac{\cos\mu_{t-1,\theta}-\cos(\mu_{t-1,\theta}+\omega_t\Delta t)}{\omega_t} & \frac{v_t}{\omega_t^2}(-\cos\mu_{t-1,\theta}+\cos(\mu_{t-1,\theta}+\omega_t\Delta t))+\frac{v_t\Delta t}{\omega_t}\sin(\mu_{t-1,\theta}+\omega_t\Delta t) & 0\\ 0 & 1 & 1\end{pmatrix} \tag{4-14}$$

状态预测协方差矩阵更新

$$\bar{\boldsymbol{\Sigma}}_t=\boldsymbol{G}_t\boldsymbol{\Sigma}_{t-1}\boldsymbol{G}_t^{\mathrm{T}}+\boldsymbol{M}_t\boldsymbol{Q}\boldsymbol{M}_t^{\mathrm{T}} \tag{4-15}$$

其中,$\boldsymbol{Q}$ 为控制噪声协方差矩阵

$$\boldsymbol{Q}=\begin{pmatrix}\sigma_v^2 & 0 & 0\\ 0 & \sigma_\omega^2 & 0\\ 0 & 0 & \sigma_\gamma^2\end{pmatrix} \tag{4-16}$$

记 t 时刻控制误差为$\boldsymbol{\varepsilon}_{t,u}=(\varepsilon_{t,v},\varepsilon_{t,\omega},\varepsilon_{t,\gamma})^{\mathrm{T}}$,有 $\varepsilon_{t,v}\sim N(0,\sigma_v^2)$,$\varepsilon_{t,\omega}\sim N(0,\sigma_\omega^2)$,$\varepsilon_{t,\gamma}\sim N(0,\sigma_\gamma^2)$。

状态观测方程

$$h(\bar{\boldsymbol{\mu}}_t)=\bar{\boldsymbol{\mu}}_t \tag{4-17}$$

对状态观测方程求$\bar{\boldsymbol{\mu}}_t$ 的一阶雅可比矩阵

$$\boldsymbol{H}_t=\begin{pmatrix}1 & 0 & 0\\ 0 & 1 & 0\\ 0 & 0 & 1\end{pmatrix} \tag{4-18}$$

计算卡尔曼增益

$$\boldsymbol{K}_t = \bar{\boldsymbol{\Sigma}}_t \boldsymbol{H}_t^{\mathrm{T}} (\boldsymbol{H}_t \bar{\boldsymbol{\Sigma}}_t \boldsymbol{H}_t^{\mathrm{T}} + \boldsymbol{R})^{-1} \tag{4-19}$$

其中，$\boldsymbol{R}$ 为观测噪声协方差矩阵

$$\boldsymbol{R} = \begin{pmatrix} \sigma_{zx}^2 & 0 & 0 \\ 0 & \sigma_{zy}^2 & 0 \\ 0 & 0 & \sigma_{z\theta}^2 \end{pmatrix} \tag{4-20}$$

记 t 时刻 GNSS 观测误差为$\boldsymbol{\varepsilon}_{t,z} = (\varepsilon_{t,zx}, \varepsilon_{t,zy}, \varepsilon_{t,z\theta})^{\mathrm{T}}$，有 $\varepsilon_{t,zx} \sim N(0, \sigma_{zx}^2)$，$\varepsilon_{t,zy} \sim N(0, \sigma_{zy}^2)$，$\varepsilon_{t,z\theta} \sim N(0, \sigma_{z\theta}^2)$。

根据观测信息修正对状态的估计

$$\boldsymbol{\mu}_t = \bar{\boldsymbol{\mu}}_t + \mathbf{K}_t (z_t - h(\bar{\boldsymbol{\mu}}_t)) \tag{4-21}$$

更新状态估计协方差矩阵

$$\boldsymbol{\Sigma}_t = (\boldsymbol{I} - \boldsymbol{K}_t \boldsymbol{H}_t) \bar{\boldsymbol{\Sigma}}_t \tag{4-22}$$

上式中 $\boldsymbol{I}$ 是和$\boldsymbol{\mu}_t$ 维度一致的单位矩阵，t 时刻车辆状态估计为$\boldsymbol{\mu}_t$ 和$\boldsymbol{\Sigma}_t$[15]。

2. 多车融合位置估计

1）自车位置估计

将 4.3.4 节第一部分中对 GNSS 信号通过卡尔曼滤波得到的自车位置粗估计结果，利用车车通信的方式发给周围的车辆，与此同时自车利用毫米波雷达可以探测得到周围其他车辆相对于自车的位置信息。只需建立雷达探测的目标车辆和车车通信发送了自身绝对位置的周围环境车辆之间的对应关系，就能利用周围车辆发送的绝对位置和雷达探测到的两车相对距离再通过简单的几何关系计算得到自车的绝对位置[15]。

因为周围环境车辆状态向量中的航向角分量 θ 项在计算相对距离时不会用到，所以假设车车通信时互相发送的信息不含航向角[16]，将 t 时刻周围环境车辆 i 利用车车通信方式发送的该车对于自身绝对位置的估计记为$\boldsymbol{\mu}_t^i = (\mu_{t,x}^i, \mu_{t,y}^i)^{\mathrm{T}}$，状态估计协方差矩阵为

$$\boldsymbol{\Sigma}_t^i = \begin{pmatrix} {\sigma_{t,xx}^i}^2 & {\sigma_{t,xy}^i}^2 \\ {\sigma_{t,yx}^i}^2 & {\sigma_{t,yy}^i}^2 \end{pmatrix} \tag{4-23}$$

将 t 时刻自车通过雷达探测得到的车辆 i 相对自车的位置向量记为$(d_t^i, \varphi_t^i)^{\mathrm{T}}$，利用几何关系将探测结果从极坐标系换算到直角坐标系为 $\boldsymbol{r}_t^i = (d_t^i \cos\varphi_t^i, d_t^i \sin\varphi_t^i)^{\mathrm{T}}$，其中 d_t^i 为第 i 辆环境车辆与自车之间的直线距离，φ_t^i 为第 i 辆环境车辆和自车的连线与 x 轴正方向之间的夹角，$0 \leqslant \varphi_t^i < 2\pi$，如图 4-21 所示。

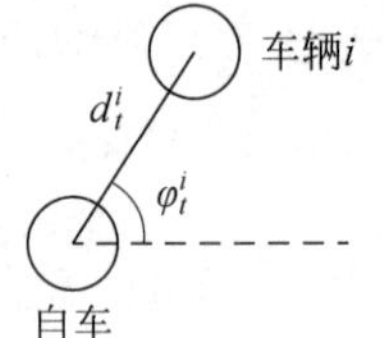

图 4-21 雷达探测参数示意图[15]

根据自车与车辆 i 相对定位得到的自车位置估计（以下称为自车“与车辆 i 相对定位估计”）为

$$\boldsymbol{\mu}_{r_t}^i = (\mu_{t,x}^i - d_t^i \cos\varphi_t^i, \mu_{t,y}^i - d_t^i \sin\varphi_t^i)^{\mathrm{T}} \tag{4-24}$$

假设 t 时刻雷达对车辆相对位置在 x 和 y 方向上的测量误差为 $\boldsymbol{\varepsilon}_{t,r} = (\varepsilon_{t,rx}, \varepsilon_{t,ry})^{\mathrm{T}}$，两个误差均服从正态分布且互不相关，即 $\varepsilon_{t,rx} \sim N(0, \sigma_{rx}^2)$，$\varepsilon_{t,ry} \sim N(0, \sigma_{ry}^2)$，则雷达相对测距协方差矩阵为 $\boldsymbol{P} = \begin{pmatrix} \sigma_{rx}^2 & 0 \\ 0 & \sigma_{ry}^2 \end{pmatrix}$，自车“与车辆 i 相对定位估计”的协方差矩阵为

$$\boldsymbol{\Sigma}_{r_t}^i = \boldsymbol{\Sigma}_t^i + \boldsymbol{P} \tag{4-25}$$

$\boldsymbol{\mu}_{r_t}^i$ 和 $\boldsymbol{\Sigma}_{r_t}^i$ 即为自车"与车辆 i 相对定位估计"的输出结果。

2）单帧数据最优融合位置估计

假设自车能够在时刻 t 获得周围 N_t 辆车的绝对位置信息和每辆他车与自车的相对位置信息，则可以通过上述介绍的方法得到 N_t 个利用相对定位获得的自车位置估计结果，再考虑到自车采用扩展卡尔曼滤波方法获得的自车位置估计结果，总共会有 N_t+1 个对于自车的位置估计结果[15]。接下来，利用数据融合理论对这 N_t+1 个位置估计结果进行综合。该方案对于自车位置的融合估计流程如图 4-22 所示。

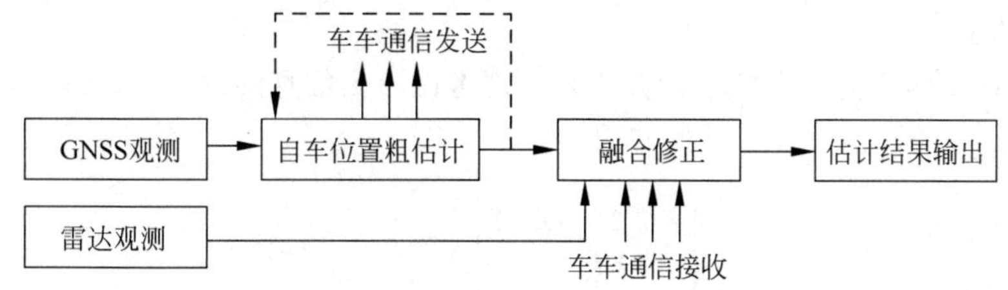

图 4-22 基于单帧数据最优融合的位置估计流程[15]

将 t 时刻车辆 i 对于自身绝对位置的观测误差记为 $\boldsymbol{\varepsilon}_{t,z}^i$，控制误差记为 $\boldsymbol{\varepsilon}_{t,u}^i$，自车雷达对于周围其他环境车辆 i 的观测误差记为 $\boldsymbol{\varepsilon}_{t,r}^i$[16]，做出如下假设

$$E(\boldsymbol{\varepsilon}_{p,z}^i \boldsymbol{\varepsilon}_{q,z}^{i\ \mathrm{T}}) = \boldsymbol{R}, \quad E(\boldsymbol{\varepsilon}_{p,u}^i \boldsymbol{\varepsilon}_{q,u}^{i\ \mathrm{T}}) = \boldsymbol{Q}, \quad E(\boldsymbol{\varepsilon}_{p,r}^i \boldsymbol{\varepsilon}_{q,r}^{i\ \mathrm{T}}) = \boldsymbol{P}, \quad \forall p = q \tag{4-26}$$

$$E(\boldsymbol{\varepsilon}_{p,z}^i \boldsymbol{\varepsilon}_{q,z}^{j\ \mathrm{T}}) = \boldsymbol{0}, \quad E(\boldsymbol{\varepsilon}_{p,u}^i \boldsymbol{\varepsilon}_{q,u}^{j\ \mathrm{T}}) = \boldsymbol{0}, \quad E(\boldsymbol{\varepsilon}_{p,r}^i \boldsymbol{\varepsilon}_{q,r}^{j\ \mathrm{T}}) = \boldsymbol{0}, \quad i \neq j \text{ 或 } p \neq q \tag{4-27}$$

此外，假设不同车辆的初始时刻状态估计误差互不相关

$$E(\tilde{\boldsymbol{\mu}}_0^i \tilde{\boldsymbol{\mu}}_0^{j\ \mathrm{T}}) = \boldsymbol{0}, \quad i \neq j \tag{4-28}$$

记自车"与车辆 i 相对定位估计"误差为 $\boldsymbol{\varepsilon}_{t,\mu_r}^i$，基于上述条件，易证

$$E(\tilde{\mu}_{r_t}^i \tilde{\mu}_{r_t}^{j\ \mathrm{T}}) = 0, \quad i \neq j, \forall t \tag{4-29}$$

即其他时刻不同车辆的状态估计误差间也互不相关。

基于上述推论，可以运用最优融合估计对所有自车位置估计进行融合

$$\boldsymbol{\mu}'_t = \left[\sum_{i=1}^{N_t} \boldsymbol{\Sigma}_{r_t}^{i^{-1}} + \boldsymbol{\Sigma}_t^{-1}\right]^{-1} \left(\sum_{i=1}^{N_t} (\boldsymbol{\Sigma}_{r_t}^{i^{-1}} \boldsymbol{\mu}_{r_t}^i) + \boldsymbol{\Sigma}_t^{-1} \boldsymbol{\mu}_t\right) \tag{4-30}$$

上式中 N_t 为 t 时刻自车周围通过雷达探测到相对位置且通过通信获得了绝对位置的车辆数量。

融合传感器和通信信息后的位置估计协方差矩阵为

$$\boldsymbol{\Sigma}'_t = \left[\sum_{i=1}^{N_t} \boldsymbol{\Sigma}_{r_t}^{i^{-1}} + \boldsymbol{\Sigma}_t^{-1}\right]^{-1} \tag{4-31}$$

综上，多车信息融合得到的自车位置估计结果为 $\boldsymbol{\mu}'_t$ 和 $\boldsymbol{\Sigma}'_t$。

3）历史信息融合位置估计

在上一小节中介绍的融合位置估计方法基于 N_t+1 个源自于不同车辆的误差间互不相关的位置信息利用最优融合理论进行融合，其中每个信息都是基于扩展卡尔曼滤波方法获得的位置估计结果，不过该方法的缺点在于每个时刻的融合结果之间没有关系，每个时刻自车位置的融合估计结果只和这一时刻得到的周围环境车辆信息相关。考虑这样的情景：

在 t 时刻，自车周围有 $N_t=3$ 辆车的绝对位置信息以及它们相对于自车的位置信息，但在 $t+1$ 时刻，$N_{t+1}=0$，那么在 $t+1$ 时刻，自车的融合位置估计结果会立刻退化为基于自车GNSS信息的粗估计结果。考虑到在现实情况中，车车通信以及自车雷达探测都是不可能完全稳定的，自车周围的环境车辆数量也不会保持不变，所以，可以从利用历史信息入手进一步改进，设计考虑历史信息的自车位置融合估计方法[15]。

考虑利用历史估计信息，将融合估计的结果作为下一时刻自车状态粗估计的初始值，但是相距不远车辆的周围环境车辆一般大部分是相同的，所以直接将融合估计结果代入各车的自车位置粗估计过程会引入融合估计相关的误差，一段时间之后，区域内邻近车辆融合位置估计的相关误差会被反复迭代进而相互影响，这会导致区域内车辆的融合位置估计结果有一个整体的偏移[15]。

因此，设计了两重滤波定位估计方法来实现考虑历史信息的融合位置估计，整体流程如图 4-23 所示。

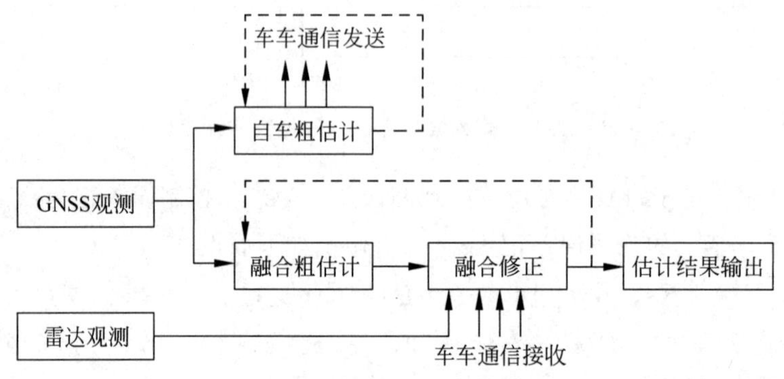

图 4-23　两重滤波定位估计方法整体流程[15]

该方案中，自车有两个扩展卡尔曼滤波器（图 4-23 中的“自车粗估计”和“融合粗估计”），其中“自车粗估计”以 GNSS 观测结果作为观测输入，观测输出的结果利用车车通信的方式发送给周围的环境车辆，同时当作初始值输入下一时刻的“自车粗估计”滤波过程，“自车粗估计”仅与自车信息有关。“融合粗估计”的观测输入量和“自车粗估计”的输入量是一致的，但其各个时刻的估计初始值来自于上一时刻融合估计的结果。自车利用车车通信可以接收周围环境车辆发送的“自车粗估计”结果，和自车雷达的探测结果相结合计算后，与自车的“融合粗估计”滤波器的输出结果进行融合，这次融合的结果作为自车最终输出的位置估计结果，并作为初始值赋给下一时刻的“融合粗估计”过程。这样的设计即可实现利用历史融合信息与避免相关误差反复迭代影响之间的平衡，因为，一方面，通过将基于多车信息融合的估计结果作为下一时刻“融合粗估计”滤波器的初始值，对历史融合信息实现了充分的利用；另一方面，利用仅基于自车信息的“自车粗估计”滤波器，并将其结果作为自车位置信息发送给其他车辆，可以在很大程度上避免相关误差的反复迭代导致邻近车辆位置估计结果的整体偏移[15]。

4.3.5　应用举例

本小节以扩展卡尔曼滤波车辆定位方法为例，说明智能车辆如何以路侧目标为观测物利用扩展卡尔曼滤波算法实现定位。根据运动观测器获得的测量值，如目标的距离、方位等对车辆进行定位，是车辆定位领域的一个经典问题，在很多应用场合，可以获得较为精确的定位信息，实际应用中可以采用毫米波雷达、激光雷达、视觉等多种传感器，获取观测目标距离和方位信息，实现车辆定位。

考虑一个简单的场景，车辆在平直道路上匀速直线行驶，利用车载毫米波雷达传感器对路侧目标进行探测，已知车辆初始坐标和路侧观测物坐标、车辆速度大小和方向。

首先，建立模型，选用合适的汽车动力学模型建立车辆的状态方程，结合毫米波雷达的测量特性（如其测量噪声服从高斯分布）可以建立观测方程，若得到的状态方程和观测方程是线性的，无须进行线性化求解，否则需要对方程进行线性化。

然后，采用扩展卡尔曼滤波方法实现车辆定位，综合前面过程结果推出扩展卡尔曼滤波递推方程进行定位计算，即列出状态预测方程、状态观测方程和状态更新方程，然后进行迭代计算即可得到车辆的位置估计及位置估计误差。本场景假设下通过仿真得到的车辆定位结果如图 4-24 所示。

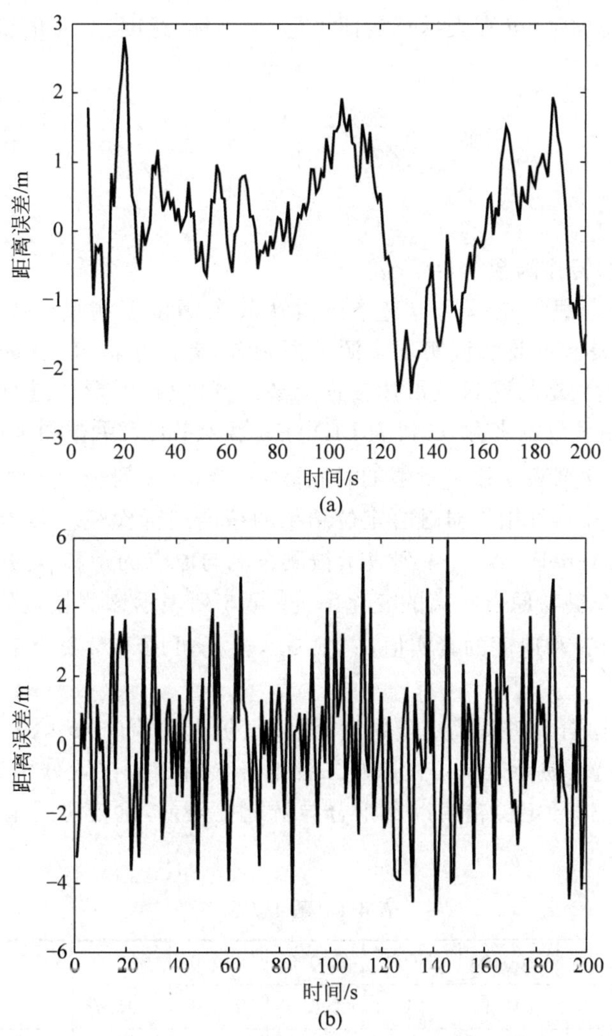

图 4-24 扩展卡尔曼滤波估计与直接观测的误差对比[17]

(a) 扩展卡尔曼滤波估计距离与实际距离误差；(b) 直接观测距离与实际距离误差

可以看出，智能车辆以路侧目标为观测物利用扩展卡尔曼滤波算法进行定位可以得到较好的定位效果，相比直接采用观测值，定位误差有了大幅的减小。

本 章 习 题

4.1 SLAM 建图及定位技术具有哪些优势？通常可应用于哪些领域？

4.2 速度运动模型假设运动由哪些控制量来控制？是如何用于车辆运动建模的？

4.3 基于扩展卡尔曼滤波进行单车位置估计时，观测向量、控制向量、横摆角速度分别怎么得到？

4.4 两重滤波的定位估计方法的设计是为了避免直接利用历史估计信息会带来的什么问题？为什么能够避免？

4.5 车辆运动学模型基于运动参数之间的数学关系来描述车辆的运动，恒定转弯率和速度(CTRV)模型便是其中的一种，在对车辆进行位置估计时常常会用到这种模型。模型中总共包含 5 个状态向量，分别表示车辆横坐标、纵坐标、速度、航向角和角速度。

$$\boldsymbol{X}(t)=\begin{bmatrix} x(t) \\ y(t) \\ v \\ \theta(t) \\ \omega \end{bmatrix}$$

试写出该模型的状态转移函数 $\boldsymbol{X}(t+\Delta t)$。

4.6 已知一段车载激光雷达与毫米波雷达的车辆位姿测量数据（见二维码），尝试利用扩展卡尔曼滤波实现多源数据融合，提高车辆定位精度。

数据中激光雷达数据与毫米波雷达数据交替出现，以行的形式进行分隔。第 1 行第 1 列表示测量数据来源，L 代表 LIDAR；第 2、3 列表示被测车辆位置的测量值(x,y)；第 4 列表示该测量值的时间戳 t；第 5～8 列表示 t 时刻车辆位置和速度的真实值(x,y,v_x,v_y)，可用于对融合定位结果的精度进行检验。第 2 行第 1 列表示测量数据来源，R 代表 RADAR，第 2～4 列表示被测车辆与原点的距离 ρ、被测车辆所在位置与 x 轴的夹角 φ、被测车辆与原点距离的变化率 $\dot{\rho}$；第 5 列表示该测量值的时间戳 t；第 6～9 列表示 t 时刻车辆位置和速度的真实值(x,y,v_x,v_y)，可用于对融合定位结果的精度进行检验。

4.7 多源信息融合能够提高定位精度，假设某仿真实验中，每隔一段时间车辆所处真实位置、GPS 定位位置、惯导定位位置以及二者组合导航定位位置分别如表 4-4 所示，分别计算 GPS 定位精度、惯导定位精度以及组合导航定位误差，比较协同定位与单一传感器的定位差异。

表 4-4 题 4.7 表 m

经纬度真值	50.0	100.0	150.0	200.0	250.0	300.0	350.0	400.0	450.0
GPS 定位	47.9	101.7	146.5	196.6	253.8	301.7	351.2	395.7	452.2
惯导定位	50.0	101.6	148.0	204.7	253.2	296.2	351.0	410.1	441.3
组合定位	50.6	100.2	148.4	202.5	251.6	299.9	350.2	400.1	448.7

4.8 假设在 4.3.4 节中，基于环境车辆 1 数据计算得到的自车 x 方向位置估计为 μ_1，估计误差服从均值为 0、方差为 σ_1^2 的高斯分布；基于环境车辆 2 数据计算得到的自车 x 方向位置估计为 μ_2，估计误差服从均值为 0、方差为 σ_2^2 的高斯分布，已知 $\mu_1=2.6$、$\sigma_1^2=0.07$、$\mu_2=2.7$、$\sigma_2^2=0.09$，基于最优融合估计方法，计算这两个位置估计的融合结果。

4.9 查阅相关文献资料，调研目前高精度地图主流的格式规范有哪些。

4.10 了解目前高精度地图与定位的产业发展、政策法规与技术标准现状。

参考文献

[1] 刘经南，詹骄，郭迟，等. 智能高精地图数据逻辑结构与关键技术[J]. 测绘学报，2019，48(8)：939-953.

[2] GIULIO V. SF_D7.3.1_Annex2_LDM API and Usage Reference[EB/OL]. 2010. http://www.safespot-eu.org.

[3] SHIMADA H，YAMAGUCHI A，TAKADA H，et al. Implementation and evaluation of local dynamic map in safety driving systems[J]. Journal of Transportation Technologies，2015(5)：102-112.

[4] JEONG J，CHO Y，SHIN Y S，et al. Complex urban dataset with multi-level sensors from highly diverse urban environments[J]. The International Journal of Robotics Research，2019，38(6)：642-657.

[5] 高翔，张涛，等. 视觉 SLAM 十四讲：从理论到实践[M]. 北京：电子工业出版社，2017.

[6] LOURAKIS M I A，ARGYROS A A. SBA：A software package for generic sparse bundle adjustment[J]. ACM Transactions on Mathematical Software (TOMS)，2009，36(1)：1-30.

[7] NEWMAN P，HO K. SLAM-loop closing with visually salient features[C]//Proceedings of the 2005 IEEE International Conference on Robotics and Automation. IEEE，2005：635-642.

[8] BEESON P，MODAYIL J，KUIPERS B. Factoring the mapping problem：mobile robot map-building in the hybrid spatial semantic hierarchy[J]. International Journal of Robotics Research，2010，29(4)：428-459.

[9] 危双丰，庞帆，刘振彬，等. 基于激光雷达的同时定位与地图构建方法综述[J]. 计算机应用研究，2020，37(2)：327-332.

[10] 李晓欢，杨晴虹，宋适宇，等. 自动驾驶汽车定位技术[M]. 北京：清华大学出版社，2019.

[11] 李靖松. 基于伪距、伪距率组合导航技术的研究[D]. 南京：南京理工大学，2009.

[12] 张燕. 捷联惯导系统的算法研究及其仿真实现[D]. 大连：大连理工大学，2008.

[13] 朱庄生，万德钧，王庆. 航位推算累积误差实时修正算法研究[J]. 中国惯性技术学报，2003(3)：8-12.

[14] 陈玉坤. 多模复合制导信息融合理论与技术研究[D]. 哈尔滨：哈尔滨工程大学，2007.

[15] 孙宁. 基于多源信息融合的智能汽车环境感知技术研究[D]. 镇江：江苏大学，2018.

[16] 孙宁，闫梦如，倪捷，等. 基于 GRI 的多车协同定位研究[J]. 汽车工程，2018，40(4)：488-493，499.

[17] 黄小平，王岩. 卡尔曼滤波原理及应用——MATLAB 仿真[M]. 北京：电子工业出版社，2015.

决策与控制

5.1 绪　　论

在第 3、4 章中分别介绍了智能网联汽车如何感知周围环境、确定自身位置,决策与控制系统则进一步规划驾驶行为、控制车辆运动,将乘客安全、高效、舒适地送达目的地。本章主要介绍决策与控制技术及其在自主式自动驾驶汽车与网联式自动驾驶汽车上的应用,如图 5-1 所示。

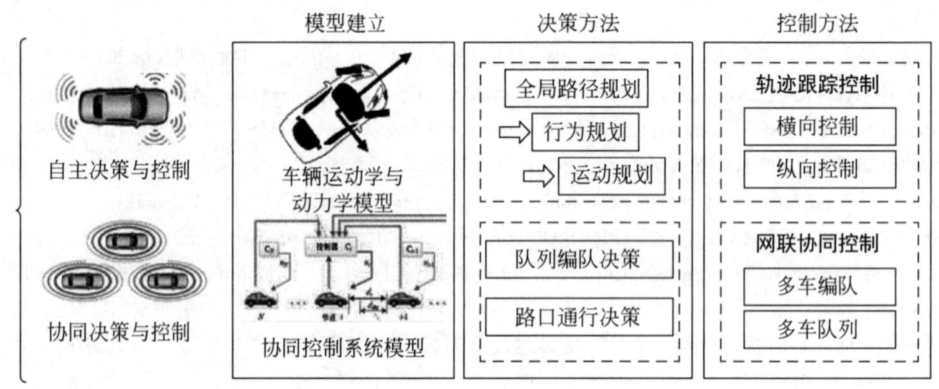

图 5-1　决策与控制技术框架

基于控制对象的不同,决策与控制技术可分为自主式与协同式两类。自主决策与控制系统以自车为控制对象,基于驾驶目标来规划最优行驶轨迹,并控制车辆执行规划结果。协同决策与控制系统则以网联交通系统中的车群与交通设施为控制对象,提高交通系统的通行效率、能量效率与安全性。协同决策与控制技术建立在车联网与路侧感知、通信、计算等设施的建设基础上,以实现智能交通系统的车路云一体化控制为目标。

针对自主决策与控制技术,首先介绍常用的车辆运动学与动力学模型,并以目前广泛应用的分层式决策方法为主,介绍全局路径规划、行为规划与轨迹规划等主要环节及其经典算法和前沿探索。在车辆控制方面,基于前述车辆模型,介绍三种经典控制算法的应用。针对协同决策与控制技术,将从网联系统的四元素模型出发,介绍在队列场景与路口场景中的经典决策方法与控制方法,并进一步讨论车路云一体化协同控制技术的应用。

5.2 自主决策与控制

5.2.1 概述

基于环境感知信息与输入的驾驶目标，智能车需要进行动态决策输出将要采取的行为，并控制车辆按照规划结果行驶，从而安全、高效且舒适地将乘客送抵目的地。自主式智能驾驶汽车决策与控制系统以自车为控制对象，其中决策系统以未来行驶轨迹为输出，控制系统则调节车辆转向、驱动与制动系统以跟踪该轨迹。

智能驾驶决策技术是机器人、控制理论与人工智能等多种学科的交叉研究领域。相关理论方法最早源于有关移动机器人的研究，即如何使机器人基于当前位置和运动状态到达目标位置与状态。而随着智能驾驶汽车的兴起，更复杂的运行环境、更严格的安全要求、舒适与高效等优化目标，使人们对决策系统也提出了更高的要求。2004—2007 年举行的 DARPA 无人驾驶汽车挑战赛，是智能车决策系统发展的重要推力，包含了驾驶场景定义、决策过程分解与多种经典算法的应用。伴随着智能驾驶发展和服务于人类的进程，复杂交通场景与不良天气等状况仍是决策控制技术面临的难题，而近年来智能技术领域的蓬勃发展也为人们提供了新的研究工具。几种典型应用中智能决策的方法特点如图 5-2 所示。

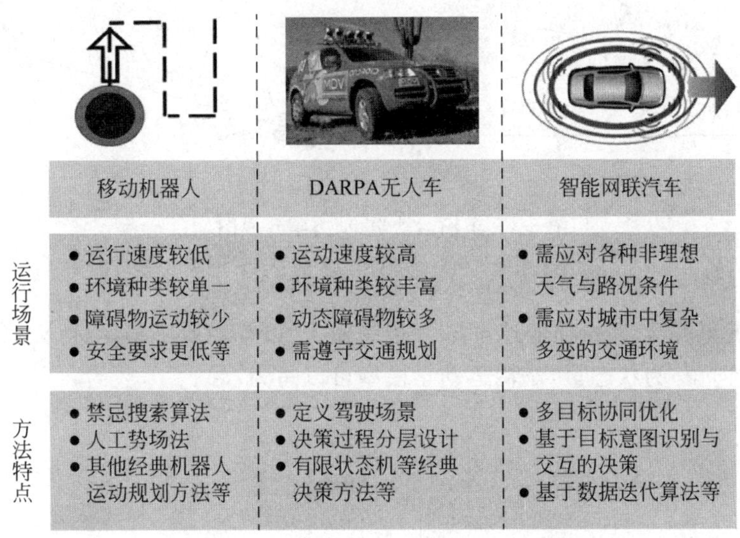

图 5-2 几种典型应用中智能决策方法特点

下面将主要介绍经典的分层式决策方法，即将决策过程划分为全局路径规划(Route Planning)、行为规划(Behavior Planning)、运动规划(Motion Planning)三个基本过程。分层决策的优点体现在“化繁为简”，其一方面有助于降低算法复杂度、保障计算实时性；另一方面也有助于提高决策过程的逻辑性与可解释性，应对大量的交通场景时便于研究人员有效地设计与扩展。在此之后，也将针对近年来新兴的决策方法，特别是对基于认知-交互的决策与机器学习在决策过程中的应用进行简要介绍。

自主式控制技术的核心问题是轨迹跟踪控制。轨迹跟踪控制是在输入目标行驶轨迹的情况下，基于车辆模型，通过控制车辆的转向系统、动力系统和制动系统，使车辆按照目标轨迹行驶的方法。有关轨迹跟踪控制，目前已有一些较为成熟的技术方案。因此，将首先介绍经典的车辆运动学与动力学模型，进而结合比例-微分-积分控制、线性二次型调节器、模型预测控制这三种常用的控制算法，对智能车轨迹跟踪方法进行介绍。

5.2.2 车辆建模

车辆模型是各种决策与控制技术的基础。下文先介绍车辆的简化运动学模型，并进一步考虑车辆行驶的力学特性，介绍车辆控制领域中常用的车辆动力学模型——二自由度模型。

1. 车辆运动学模型

在大地坐标系下，由于汽车转向系统服从阿克曼转向原理，忽略后轮轮胎的侧向偏移，此时车辆的转向中心在后轴延长线上，如图 5-3(a)所示，有

$$L = R\tan\delta$$

其中，L 为汽车轴距，R 为转向半径，δ 为前轮转角。

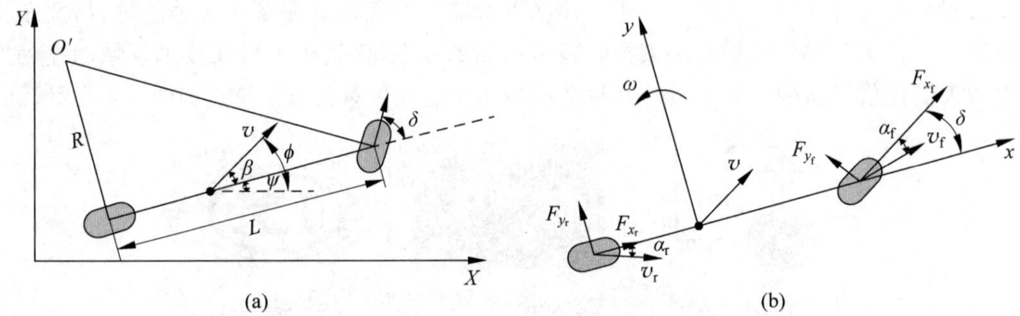

图 5-3 车辆运动学、动力学建模图[1]

(a) 车辆运动学模型；(b) 车辆动力学模型

以车辆前轮转角 δ、标量质心速度 v 为控制输入，以车辆质心横坐标 X_c、纵坐标 Y_c、横摆角 ψ(车身方向角)为状态量，车辆运动学模型可以写为：

$$\begin{bmatrix} \dot{X}_c \\ \dot{Y}_c \\ \dot{\psi} \end{bmatrix} = \begin{bmatrix} \cos\phi \\ \sin\phi \\ \dfrac{\tan\delta}{L} \end{bmatrix} v$$

其中，ϕ 为车辆航向角(速度方向角)；β 为质心侧偏角，$\phi=\beta+\psi$。

上述模型关于输入为非线性模型，使用中可以将输入量改为角速度 ω 和 v，得到状态方程：

$$\begin{bmatrix} \dot{X}_c \\ \dot{Y}_c \\ \dot{\Psi} \end{bmatrix} = \begin{pmatrix} \cos\phi & 0 \\ \sin\phi & 0 \\ 0 & 1 \end{pmatrix} \begin{pmatrix} v \\ \omega \end{pmatrix}$$

该状态方程中，状态矩阵为零矩阵，输入矩阵 $\boldsymbol{B}$ 为与车辆航向角相关的时变矩阵。

2. 车辆动力学模型

车辆运动学模型仅考虑车辆各个组成的几何关系。考虑车辆受力影响后，特别是轮胎的受力特性，可以得到更加精准的车辆动力学模型。轮胎受力将产生侧向偏移，速度方向不在车轮平面内。在车辆坐标系下，车辆受力情况为[1-2]：

在 x 轴方向上：

$$m(\ddot{x}-\dot{y}\omega)=F_{y_f}\sin\delta+F_{x_f}\cos\delta+F_{x_r}$$

在 y 轴方向上：

$$m(\dot{v}_y+v_x\omega)=F_{y_f}\cos\delta-F_{x_f}\sin\delta+F_{y_r} \tag{5-1}$$

在 z 轴方向上：

$$I_z\dot{\omega}=aF_{y_f}\cos\delta-b(F_{y_r}-F_{x_f}\sin\delta) \tag{5-2}$$

其中，a，b 分别是车辆质心到前后轴的距离，m 为车辆质量，I_z 为车辆绕 z 轴的转动惯量，F_{x_f}、F_{x_r} 分别是前后轮胎所受纵向力，F_{y_f}、F_{y_r} 分别是前后轮胎所受横向力，ω 是车辆横摆角速度。

小侧偏角时，侧偏角与轮胎侧向力呈线性关系：

$$F_{y_f}=C_f\alpha_f \tag{5-3}$$

$$F_{y_r}=C_r\alpha_r \tag{5-4}$$

其中，C_f、C_r 分别为前轮和后轮的侧偏刚度。

车辆前后轮与侧偏角运动学关系：

$$\alpha_f=\arctan\left(\frac{a\omega+v_y}{v_x}\right)-\delta \tag{5-5}$$

$$\alpha_r=\arctan\frac{v_y-b\omega}{v_x} \tag{5-6}$$

在轨迹跟踪控制中，通常分为上层-下层（Upper-Lower）两层控制器。上层控制器接收决策规划得到的结果（即参考轨迹）和当前车辆状态信息作为输入，输出预期速度（或加速度等）和方向盘转角等控制量。下层控制器接收到预期速度等控制量时，调整发动机等动力系统使得车辆达到给定预期速度。以下主要介绍上层控制器，下层控制器可以当作一阶惯性环节处理。

利用上述关系，假设仅考虑车辆的横摆与侧向运动 2 个自由度，且前轮小角度偏移、纵向车速不变，即为二自由度模型。可以得到式（5-7）与式（5-8）描述的状态方程[3]。其中状态量$\boldsymbol{\xi}=(y \quad \psi \quad \beta \quad \omega)^{\mathrm{T}}$，控制量为 $u=\delta$，观测量 $\eta=y$。

$$\dot{\boldsymbol{\xi}}=\boldsymbol{A}\boldsymbol{\xi}+\boldsymbol{B}u \tag{5-7}$$

$$\boldsymbol{\eta}=\boldsymbol{C}\boldsymbol{\xi} \tag{5-8}$$

其中：

$$\boldsymbol{A}=\begin{pmatrix} 0 & v & v & 0 \\ 0 & 0 & 0 & 1 \\ 0 & 0 & \dfrac{C_f+C_r}{mv} & \dfrac{aC_f-bC_r}{mv^2}-1 \\ 0 & 0 & \dfrac{aC_f-bC_r}{I_z} & \dfrac{a^2C_f+b^2C_r}{I_zv} \end{pmatrix}$$

$$B=\begin{pmatrix}0 & 0 & -\dfrac{C_{\mathrm{f}}}{mv} & -\dfrac{aC_{\mathrm{f}}}{I_z}\end{pmatrix}^{\mathrm{T}}$$

$$C=(1\quad 0\quad 0\quad 0)$$

上述运动学、动力学模型均假设为前轮转向的乘用车。在对叉车(后轮转向)、拖车(多刚体铰接)等进行车辆建模时,需要修改假设,重新分析建模。

5.2.3 自主决策

经典的分层式驾驶决策方法主要包含三个基本过程:全局路径规划、行为规划与运动规划。其中,全局路径是智能车基于高精度地图离线产生的理想行驶路径,为连接出发地与目标地并基于高精度地图中具体道路结构规划出的完全理想条件下参考路径。然而在实际行驶过程中,智能车时刻面对着来自其他行人、车辆与交通信号灯等环境要素带来的影响,这便需要驾驶决策模块根据实时交通环境,在线规划实际驾驶行为与运动轨迹。在线规划过程常包含行为规划与运动规划两步。行为规划层生成语义级驾驶行为,如跟驰、换道超车、减速让行等;运动规划层则生成与驾驶行为对应的目标运动轨迹,供下层智能车控制系统跟踪与实现。其中,行为规划层为保证对不同交通场景的有效应对,通常被分为场景辨识与行为规划两步;运动规划层为保障规划运算的实时性,又常由路径规划(Path Planning)与速度规划(Velocity Planning)两个步骤构成,由目标路径及其对应速度产生的完整运动规划结果称为轨迹(Trajectory)。

图 5-4 所示为分层式驾驶决策过程。其中,行为决策系统基于道路行驶环境确定驾驶目标,目前得到应用的主要方法是有限状态机(Finite State Machine, FSM),其主要通过对逻辑规则的设计,以辨识交通场景(如高速公路跟驰)、选择对应行为(如变道超车等)。运动规划系统则基于驾驶目标,并结合环境与车辆两方面带来的约束,规划未来短时间内的运动轨迹。运动规划常分为路径规划与速度规划两步,最终生成目标轨迹。考虑到离线式参考路径规划主要属于基于高精度地图与导航技术的应用,下面将主要针对智能车在线规划模块,即行为规划与运动规划两部分,及其对应的经典算法和应用案例展开介绍。

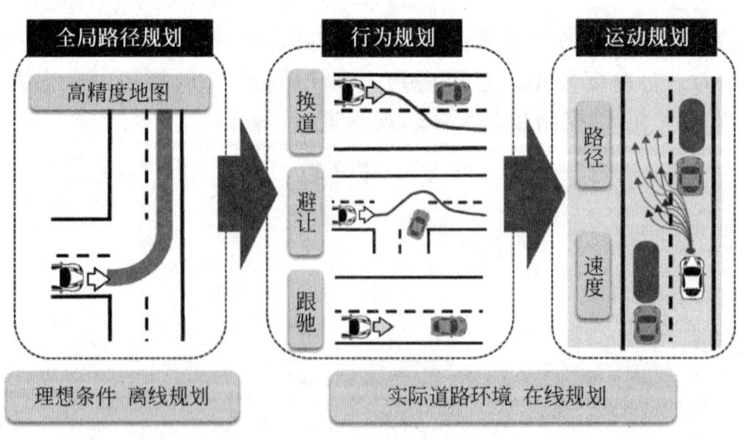

图 5-4 分层式驾驶决策过程

1. 行为规划过程

智能车行为规划主要包含场景辨识与行为选择两个基本过程，有限状态机是其最常用的方法。

有限状态机是表示有限状态及在这些状态之间转移和动作的计算模型。有限状态机常通过状态图表示，可看作由有限状态节点和表示状态转移逻辑的有向边所构成的有向图。状态机的基本元素主要包括：当前所处状态、状态转移条件、状态转移中执行的动作、动作后转移至的新状态。

图5-5为一个基本的状态机模型：当前状态为状态1，若满足条件1，则以操作1转移至状态2。同理在状态2下若满足条件2则以操作2转移至状态1。针对一些较为复杂的应用，在同一个状态内部可以进一步设计状态机，构成具有复合结构的分层有限状态机（Hierarchical Finite-State-Machine，HFSM）。驾驶行为规划所采用的一般就是此类分层有限状态机，其外层负责驾驶场景的辨识、内层进行驾驶行为的规划。图5-6示例为一种分层式行为规划过程，各节点代表决策系统所处状态，有向边代表对应的状态转移规则和操作。场景辨识系统根据规则不断细分与判定车辆所处场景（如"车道-前方障碍"等），进而规划将要采取的行为（如"减速"或"变道"等）。

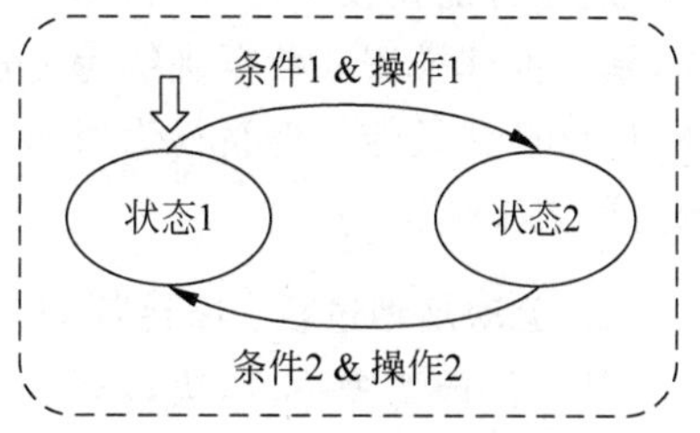

图5-5　有限状态机示意图

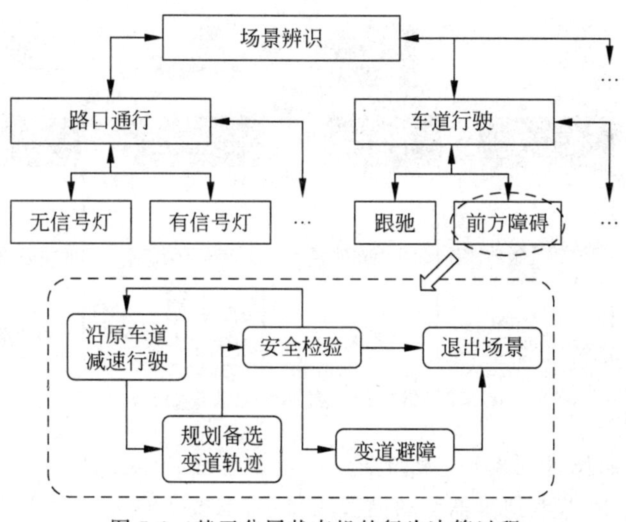

图5-6　基于分层状态机的行为决策过程

在工程实践中，对于"场景"（Scenario）的定义可能不尽相同。一般可以分为两类：基于道路结构与行驶环境定义的场景（如图5-6所示案例）；基于目标驾驶行为定义的场景（如直接以"变道避障"为场景）。但整体上，行为决策过程仍遵循从"辨识场景"到"规划行为"的分层流程。

基于分层规划与有限状态机方法的行为规划具有较多优点：在开发过程中，基于不同的场景，人们可以并行开发、互不影响地修正问题或增设场景；同时该方法逻辑性与可解释性较强，有助于分解复杂驾驶任务、保障决策的可靠性。

然而该方法也存在局限：实际驾驶中可能遇到的状况千变万化，设计者很难用有限的场景及对应行为去描述与响应所有状况。这为分层规划的设计带来了一系列设计难题，主要包括：

（1）难以无覆盖地划分和定义不同场景，易造成场景识别困难与开发冗余。

（2）驾驶过程被切分为一系列离散场景，易造成场景间转换过程突兀。

（3）复杂环境中遇到场景可能是多种典型场景的耦合，基于单一场景的响应模式可能难以规划出理想结果。

（4）对未知场景的处理能力比较有限等。

随着智能化技术的发展，基于决策树、深度学习与强化学习等方法的行为决策也逐渐产生，基于推理模型或数据训练等方法，实现对未来交通环境变化及交通参与者交互影响的认知、优化求解最佳的驾驶行为策略。这些方法大多仍处于前沿探索过程中，5.2.3 节将介绍部分经典案例。

2. 运动规划过程：路径规划

基于目标驾驶行为，决策系统需要进一步规划车辆行驶轨迹，并期望该轨迹安全与平滑。运动规划主要分为两部分：路径规划与速度规划。规划过程中通常先进行路径规划，再基于路径完成对应速度的规划。

智能驾驶的路径规划算法最早源于移动机器人研究领域。常用规划方法如图 5-7 所示。

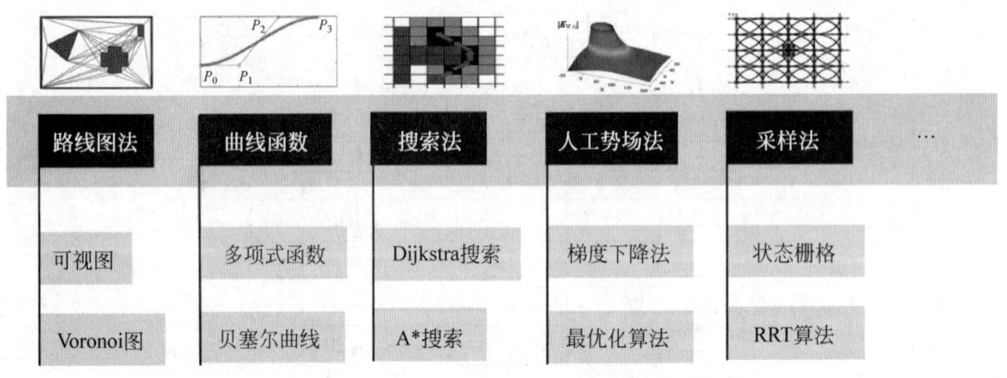

图 5-7 常用移动机器人运动规划方法

而随着路径规划技术的发展，人们期望尽量提升路径的平滑性以保证舒适性，同时考虑到车辆运动模型较复杂，需要为规划结果添加约束以保障路径的可执行性。现在的路径规划问题常转化为 Frenet 坐标系下的优化问题。在图 5-8 所示的 Frenet 坐标系中，任意点坐标(s,d)到参考路径投影点的距离为 d（又称作横向距离），该参考点到原点沿该参考路径的距离为 s（又称作纵向距离）。

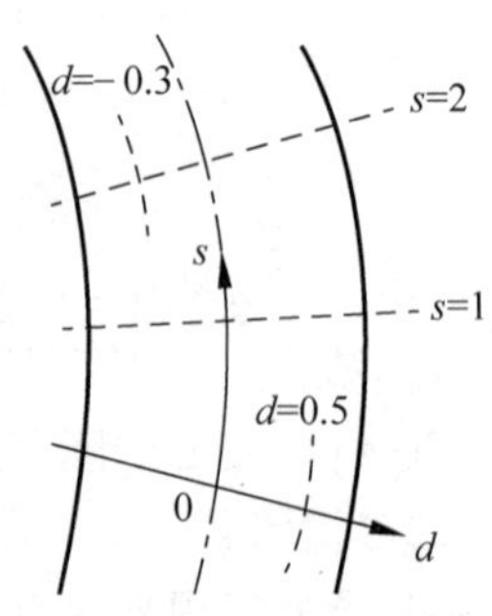

图 5-8 Frenet 坐标系

路径规划算法常考虑结构化道路（Structured Road）与非结构化道路（Unstructured Road）两类场景。其中，前者为高速公路等结构较清晰、几何特征较简单的公路场景，其具有清晰的道路标志线，规划过程主要基于道路中线或参考路线进行。后者主要包含停车场等结构化程度较低场景，不具有明确参考路线，需要基于目标与障碍规划出可行路径。图 5-9 展示了 DARPA 参赛车 Boss 的结构化道路路径规划过程[4]，其基于道路中线产生一定长度的具有不同结束点与曲率特征的路径集，并基于避障、贴近中线与避免急转向等目标选择路径。

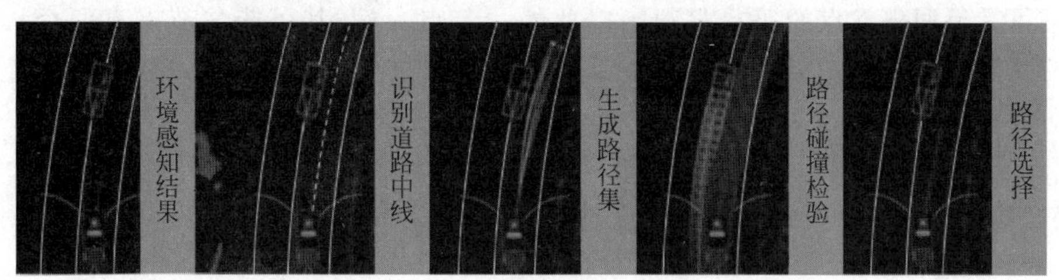

图 5-9 Boss 无人车在结构化道路上的路径规划过程[4]（见彩页）

在非结构化道路中，Boss 采取的路径规划算法是一种 A* 搜索算法的改良版本。A* 搜索算法是一种经典的启发式搜索算法，其能够快速搜索出网格地图上从出发点到目标点的最短路径。

A* 搜索算法的基本计算过程如下（见图 5-10）：

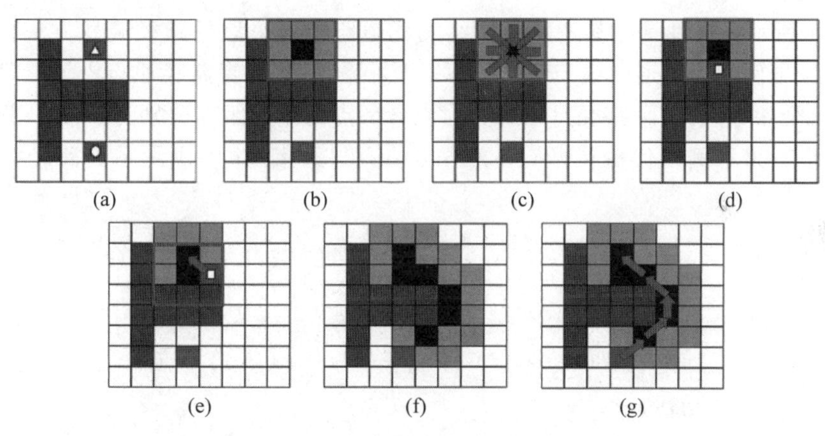

图 5-10 A* 搜索算法过程

(a) 步骤 1；(b) 步骤 2；(c) 步骤 3；(d) 步骤 4；(e) 步骤 5；(f) 步骤 6；(g) 步骤 7

(1)如图 5-10 所示，△节点为出发节点，○节点为目标节点，其余黑色节点表示障碍节点。目标是搜索连接出发、目标节点的最短无碰撞路径。

(2) 以出发点为当前节点，拓展其周围 8 个节点（浅灰）并放入开启集中。此后永久关闭当前节点（此刻为原出发点），避免其被重复拓展。

(3) 当节点进入开启集，其父节点为将其拓展的点（此刻 8 个开启节点的父节点均为原出发点）。

(4) 在开启集中选择下一步最理想的节点。评价函数分两部分：从出发节点到该节点的已移动距离与从该节点到目标节点的直线或折线距离。若该节点为障碍，则不予拓展或给予一个较大的惩罚值。前述相加得到评价值，选择评价值最小节点，即图中□节点。

从该节点到目标节点的距离被称为启发函数，它不一定代表实际路径长度，但使算法尽量沿该方向进行搜索，有助于提高搜索速度。

(5) 此时以上一步选出点为当前节点，开始新一轮拓展-评价-选择的搜索，此轮搜索选出的是图中□标记节点。

由于在多轮搜索中，同一个节点可能被重复拓展，这会导致父节点的变化。父节点的选择，应使得其返回出发点的路径最短。以此处□节点为例，其可能父节点有两个：左侧节点，对应总路程为 2(向左再向上)；左上节点，对应总路程为 1.414。故其父节点为左上节点。

此外，在一轮搜索中，最小评价值可能对应多个节点，此时的优先选取偏好不会影响最终路径规划结果。感兴趣的读者可以通过本案例尝试验证。

(6) 不断进行搜索，直到目标节点被拓展。

(7) 基于其父节点关系反向输出，即可得到所求的最短路径。

A^* 搜索算法的缺点在于其基于质点模型，无法考虑车辆的实际的几何结构与转向过程。同时当周围环境发生变化时，A^* 搜索算法只能重新寻找全局最优路径，使得新旧路径可能过渡突兀。因而在当前的工程应用中，设计者常将路径规划问题建模为 Frenet 坐标系中的优化问题：在车辆模型与障碍物约束下，规划路径使得路径平滑、抖动小、靠近参考路径等目标最优。

图 5-11 所示为一种具有参考路径的结构化道路中所采取的路径规划方法。其首先基于参考路径(本例中为车道中线)建立 Frenet 坐标系，并从参考路径原点沿该路径纵向等距离地选取 n 个参考点，实际路径点相对其对应参考点的横向距离分别为 $d(i)$。根据路径规划目标，可以写出示例的代价函数(cost function)与约束，并生成一系列路径点使得代价最小：

$$\min_{d(i)} \sum_{i=0}^{n-1} \left(k_1 d(i)^2 + k_2 \left(d(i) - \frac{l(i)+r(i)}{2} \right)^2 + k_3 (d(i+1) - d(i))^2 + \cdots \right) \tag{5-9}$$

s. t.

$$\min\{ | d(i) - l(i) |, \quad | d(i) - r(i) | \} > C_1 \tag{5-9a}$$

$$d(i) < C_2 \tag{5-9b}$$

$$[d(i+1) - d(i)] - [d(i) - d(i-1)] < C_3 \tag{5-9c}$$

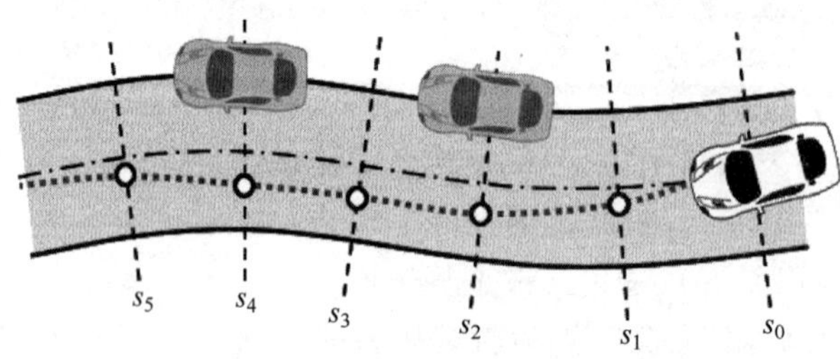

图 5-11 基于 Frenet 坐标系的路径规划方法

在示例的代价函数(5-9)中，$l(i)$、$r(i)$分别是对应于第 i 个参考点左、右两侧可行驶的范围，参数 $k_1 \sim k_3$ 对应项分别考虑了“离中线近”“从左右可行驶边界中间穿过”“相邻路径点横向距离差较小”的目标。三个约束式(5-9a)、式(5-9b)、式(5-9c)分别对应“到左右边界距离大于安全值”“偏离中线小于安全值”“相邻三点横向距离差小于安全值(避免过度弯折)”。

在示例中采取了二次形式的代价函数,能够通过求解二次规划问题(QP 问题)获得最优路径。在工程应用中,小马智行、百度 Apollo 等自动驾驶企业均采用了类似基于 Frenet 坐标系的路径规划方法,感兴趣的读者可以查阅相关开源资料。

3. 运动规划过程:速度规划

基于规划出的路径,下面进一步考虑对应速度曲线的规划。传统的速度规划可以基于速度模型及其参数的选择实现。图 5-12 所示为 Boss 无人车采用的基于速度曲线模型的规划方法[4]。

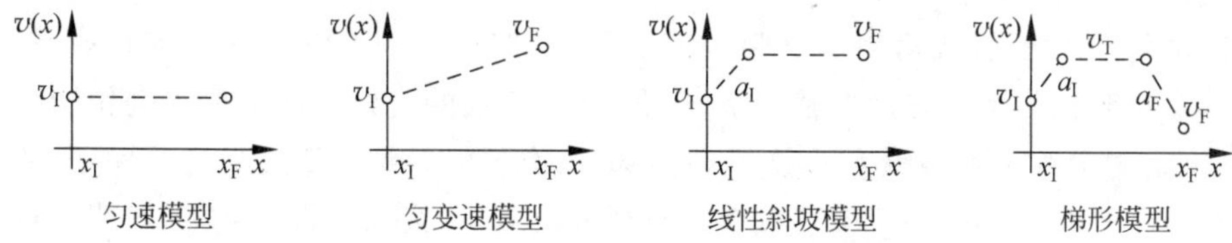

图 5-12 Boss 无人车采用的速度曲线模型[4]

Boss 无人车的速度规划过程中,首先基于驾驶目标选择对应速度曲线模型,进而决定曲线上各个关键点的速度和位置。规划器考虑的信息包括:行为决策系统输出的目标车速、可行车速区间、法规限速以及由道路中心线曲率所决定的最大可行速度等。

与路径规划可以化作 Frenet 坐标系中的优化问题类似,今天的工程实践中也常将速度问题化为 s-t 图(ST-Graph)中的优化问题。其中,s 表示沿路径的距离,t 表示时间。除此之外为了表达在路径上的速度约束(如超车时车速不能过低、经过行人速度不能过高等),需要补充 v-s 图表示速度约束。参考 Apollo 等的工程应用案例[5],图 5-13 所示为一个直线行驶中有旁车切入的场景。

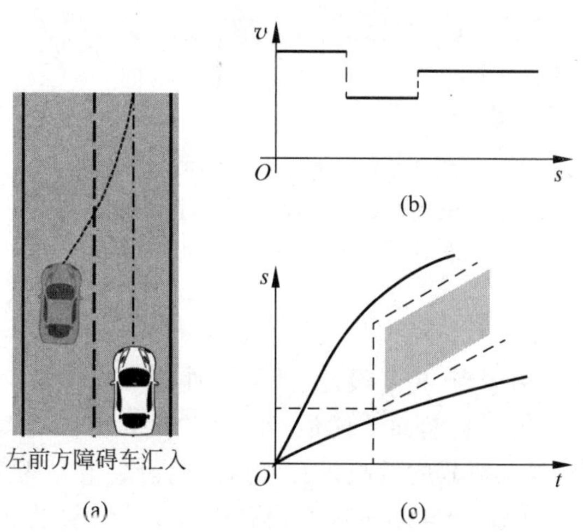

图 5-13 基于 ST-Graph 的速度规划方法[5]

图 5-13(a)中,自车沿车道中心直线行驶,左侧障碍车辆准备切入;图 5-13(b)所示为车辆在路径上各位置的最高限速,图 5-13(c)所示为 ST-Graph 中进行的速度规划。其中,四

边形区域表示障碍车在 ST-Graph 中可能占据的空间，进而产生车辆在超车或让行两种行为选择下的位置-时间约束（虚线）。将上述速度-位置约束与位置-时间约束输入到优化器中，并考虑“车速尽量平稳”“远离障碍”等优化目标，即可在 ST-Graph 中规划出最优的速度曲线（如图中实线）。

路径-速度分层的运动规划同样有助于降低规划过程的计算复杂度，并能在较简单的场景中提升规划结果的安全性、舒适性与行驶高效性。然而前述运动规划方法也存在如图 5-14 所示的诸多设计挑战：

（1）针对结构较为复杂的车辆（如半挂式货车），可能具有尺寸大、转向时几何形态变化的特点。如何实现这类车型的路径规划，特别是狭小区域中的转向、倒车、错车等行为，仍具有一定挑战。

（2）在紧急避障、路面湿滑等极限工况下，人们期望车辆能够充分发挥其动力学性能，避免碰撞或失稳的发生。在此类情况下，路径-速度分层的规划方法使得车辆轮胎附着极限等运动学/动力学约束被解耦为横向-纵向两部分，有可能导致规划过程过于保守，或规划结果难以执行。针对此类极限工况驾驶或赛车驾驶决策，研究人员常采用路径-速度耦合规划方法。

（3）驾驶人能够判断他人的行为意图，预测彼此行为的交互影响。如何基于这种认知-交互过程实现决策，对实现城市复杂交通环境中的自动驾驶具有重要意义。回顾本节案例中的 ST-Graph，障碍车的未来位置使用四边形表达，行为认知-交互技术有助于提高预测精度，在安全的前提下减少决策保守性，避免车辆陷入 Freezing-Robot 状态（在复杂环境中，机器人判断所有行为均不安全，进而无法做出有效决策）。

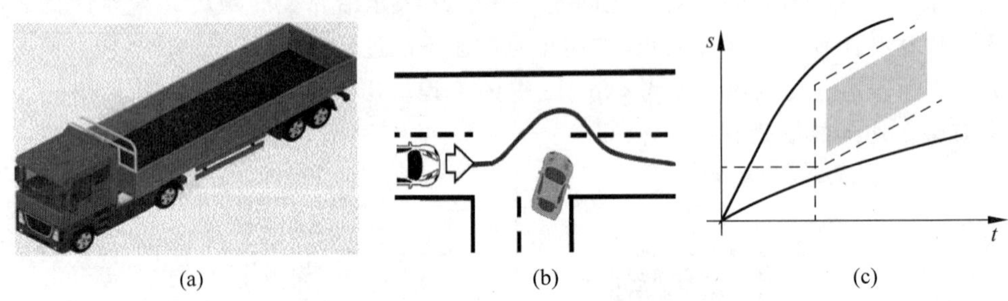

(a) (b) (c)

图 5-14 分层式运动规划面临的挑战

(a) 半挂式货车具有体积大、运动模型复杂的特点；(b) 紧急避障需要能充分发挥车辆机动性能；(c) 安全、高效行驶需要对他车运动进行有效预测

4. 前沿决策方法

分层决策方法具有结构清晰、易于设计、低复杂性场景中可靠性高等优势，在目前的工程实践中取得了广泛的应用。然而如上述最后所讨论的：当自动驾驶走向全天候、全路况时，传统方法将难以应对复杂场景的挑战。针对此类前沿决策方法探索，下文将主要介绍其中的两个热点方法：基于认知-交互的决策方法和机器学习方法及其在驾驶决策中的应用。

1）基于认知-交互的决策

2018 年 8 月，一篇有关于 Waymo 无人车在菲尼克斯地区测试的调查[6]指出，其“无信号灯路口左转犹豫”造成的路口堵塞，是令当地居民反感的主要问题之一。将场景进行一些简化，可以得到如下案例：

图 5-15 为一个无信号灯路口，自车希望从下方道路左转入上方车道，但其中总有障碍车辆通过。为避免长时间堵塞路口，驾驶人需要在某辆障碍车前方左转切入上方道路。此时自车与障碍车都具有“抢行-让行”选择——这种选择与两车的路权、到路口距离、车速与驾驶风格等因素有关，而对彼此意图的有效认知与交互，是安全高效通过该场景的必要能力（换道与躲避行人等场景也与之相类似）。

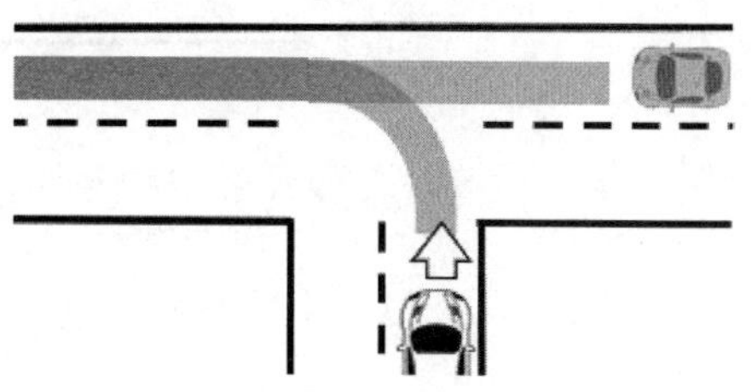

图 5-15 无信号灯路口左转场景

下文主要介绍三种常见的基于认知-交互的决策方法及其特点（见图 5-16）。

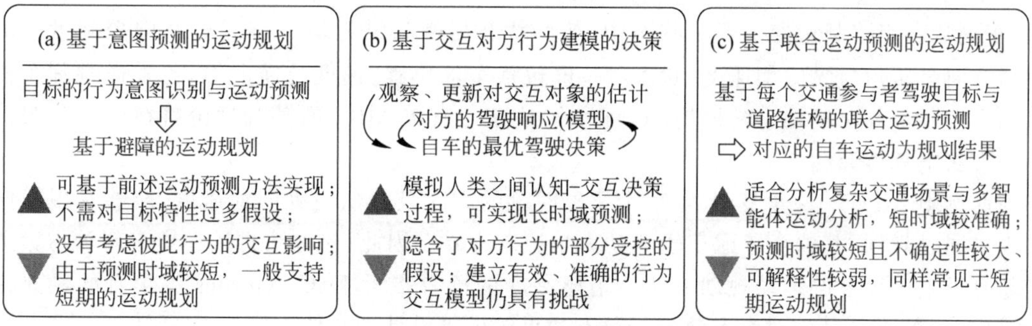

(a) 基于意图预测的运动规划

目标的行为意图识别与运动预测

⇩

基于避障的运动规划

▲ 可基于前述运动预测方法实现；不需对目标特性过多假设；

▼ 没有考虑彼此行为的交互影响；由于预测时域较短，一般支持短期的运动规划

(b) 基于交互对方行为建模的决策

观察、更新对交互对象的估计

对方的驾驶响应(模型)

自车的最优驾驶决策

▲ 模拟人类之间认知-交互决策过程，可实现长时域预测；

▼ 隐含了对方行为的部分受控的假设；建立有效、准确的行为交互模型仍具有挑战

(c) 基于联合运动预测的运动规划

基于每个交通参与者驾驶目标与道路结构的联合运动预测

⇨ 对应的自车运动为规划结果

▲ 适合分析复杂交通场景与多智能体运动分析，短时域较准确；

▼ 预测时域较短且不确定性较大、可解释性较弱，同样常见于短期运动规划

图 5-16 三种基于认知-交互的决策方法及其特点

（1）基于意图预测的运动规划

此类规划方法首先基于本书前述的运动预测算法（如 LSTM、DBN 等算法），得到障碍在未来时域区间内的各采样时刻运动状态，进而决策系统以避障为目标规划时域内的车辆行为。考虑到运动预测的有效时长较短（常小于 3s），一般只能支持短期运动规划。目前常用的是一种基于模型预测控制（Model Predictive Control，MPC）的运动规划方法。

图 5-17 体现了该方法的主要输入、输出信息：输入各采样时刻障碍车预测状态与自车（无障碍情况下）理想状态，决策器以跟踪理想状态、避免碰撞为目标，规划各采样时刻的自车规划控制量（方向盘转角与纵向加速度），进而输出对应的车辆状态（图中包含三个时刻的状态，各状态的位置仅为示意）。

$$\min_{\Delta u}\sum_{k=0}^{N-1}\begin{pmatrix}x_k-r_k\\ \Delta u_k\end{pmatrix}^{\mathrm{T}}\begin{pmatrix}\boldsymbol{Q}_k & \boldsymbol{S}_k\\ \boldsymbol{S}_k^{\mathrm{T}} & \boldsymbol{S}_k\end{pmatrix}\begin{pmatrix}x_k-r_k\\ \Delta u_k\end{pmatrix} \tag{5-10}$$

s. t.

$$x_{k+1}=A_k x_k+B_k u_k \tag{5-10a}$$

$$d_k>d_{\text{safe}} \tag{5-10b}$$

$$x_k\in x_{\text{safe}} \tag{5-10c}$$

$$u_k\in u_{\text{feasible}} \tag{5-10d}$$

$$(x_0\quad u_0)=(X\quad U) \tag{5-10e}$$

如上示例，将规划问题写作如式(5-10)所示的具有二次型损失函数的优化问题，决策变

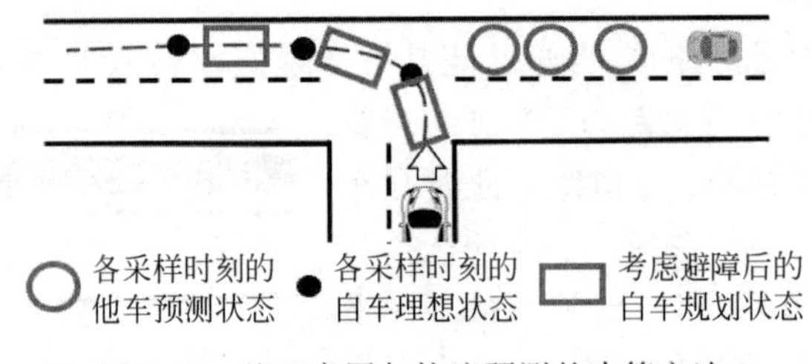

图 5-17 基于意图与轨迹预测的决策方法

量是每个时刻控制量的变化量，考虑的优化目标为车辆各个时刻状态 x_k 接近参考目标状态 r_k，同时控制量变化量 Δu_k 应该尽量小。$\boldsymbol{Q}_k$、$\boldsymbol{S}_k$ 为参数矩阵。式(5-10a)～式(5-10e)所示 5 个约束条件分别对应状态转移满足车辆模型、各时刻到障碍物距离 d_k 始终大于安全值、车辆状态与控制量处于安全状态中、初始状态与控制量为(x_0 u_0)。其中控制量一般包括方向盘转角与纵向加速度，状态量一般包括车辆位置、速度与航向等，各采样时刻车辆状态由控制量和车辆动力学模型($\boldsymbol{A}_k$ 和 $\boldsymbol{B}_k$)决定。有关 MPC 的基础理论将在下一节跟踪控制方法中具体介绍。

此例中 MPC 的决策变量为 N 个采样时刻的方向盘转角与纵向加速度，能够实现横向与纵向同时规划，并耦合考虑车辆的动力学稳态边界。因此，该方法常用作赛车驾驶与紧急避障等极限工况下的运动规划方法。请感兴趣的读者参考 J. C. Gerdes 等学者的经典论文工作[7]，特别是其中对参考轨迹与稳态边界约束等设计的具体内容。

(2) 基于交互对方行为建模的决策

方法(1)可以基于认知的他车意图规划自车行为，但在实际的交通场景中，对方的行为也会受到己方行为影响。如前述无信号灯左转场景，驾驶人可能需要通过一些“试探”诱使对方增大让车的意愿。基于驾驶人响应模型的决策建立在该交互过程的建模之上。目前研究中采取的常见模型有以下几类：基于规则的模型，即假设对方基于规则进行响应(如靠右行驶等)；基于博弈的模型，即假设双方基于博弈的纳什均衡采取行动；基于概率推断的模型，即建立冲突中行为意图与场景环境等因素的条件概率模型，并可将得出的意图置信度输入到部分可观的马尔可夫决策过程(POMDP)框架中。

在本小节中，将主要介绍一种基于混合策略静态博弈的交互式决策方法。

在图 5-18 的无信号灯左转场景中，可以基于路权、到路口距离与速度等条件给出自车-他车行为收益矩阵。在混合策略博弈分析中，假设 A、B 两车采取让行策略的概率分别为 a 和 b(不让行概率分别为 $(1-a)$ 和 $(1-b)$)。在博弈分析中，假设双方均希望最大化自身收益(理性个体)，同时彼此了解对方的收益(公共知识)。首先定义最佳反应为当一方采取某种策略时，另一方采取的最佳策略。在博弈论中，当某一种策略组合对双方均是最佳选择，该策略组合为纳什均衡(Nash Equilibrium)。由于在纳什均衡下，双方均不能通过单方面改变策略而获得更多收益，因而该组合构成理性双方的一致性预测(Consistent Prediction)。

由示例的收益矩阵，能够写出两车的期望收益函数：

$$E_{\mathrm{A}}(a,b)=ab+(-3)a(1-b)+3b(1-a)+(-5)(1-a)(1-b)$$

$$E_{\mathrm{B}}(a,b)=ab+2a(1-b)+0\times b(1-a)+(-1)(1-a)(1-b)$$

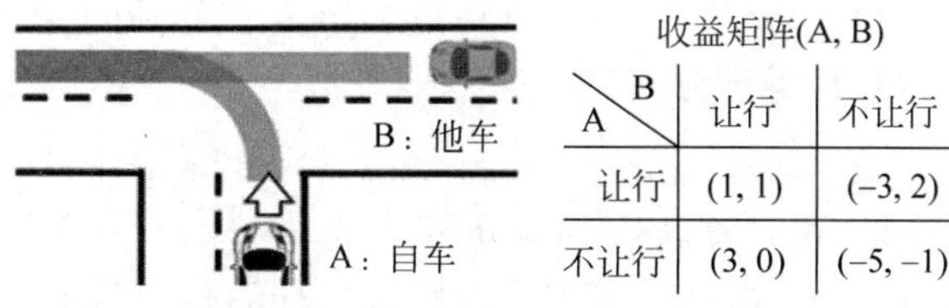

A \ B	让行	不让行
让行	(1, 1)	(−3, 2)
不让行	(3, 0)	(−5, −1)

图 5-18 基于博弈的收益矩阵分析

则对应双方最优响应分别为：

$$\frac{\delta E_{\mathrm{A}}(a,b)}{\delta a}=0=\frac{\delta}{\delta a}(-4ab+2a+8b-5)$$

$$\frac{\delta E_{\mathrm{B}}(a,b)}{\delta b}=0=\frac{\delta}{\delta a}(-2ab+3a+b-1)$$

图 5-19 中实线、虚线分别为 A、B 两车的最优响应曲线，解得 $a=0.5,b=0.5$ 为上述博弈过程的纳什均衡解(二者均为正概率)，代表双方的让车行为概率。在该均衡点上，双方均不能通过单方面改变自身决策(行为概率)获得更高的收益。需要注意的是，上述博弈过程中，假设双方只同时进行一步决策，且双方收益和采取行为互相可知。针对更加复杂的博弈过程建模(如动态博弈[8]、不完全信息博弈[9]等)。读者可进一步参考相关研究工作。

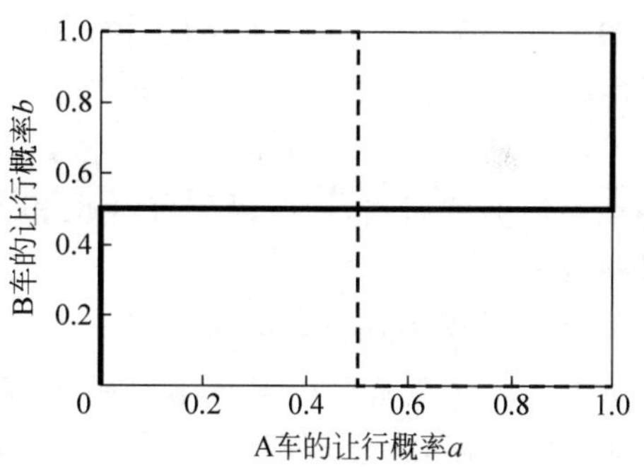

图 5-19 A、B 两车的最优反应曲线

基于驾驶人响应模型的决策，能够模拟车与车之间的交互过程，有助于产生更加安全高效的驾驶行为。但这种模型化的处理，隐含了对交互对方部分受控的假设(如在上述案例中，需要假设博弈模型与收益矩阵是双方的共识、对方驾驶人能够推理出纳什均衡，并会基于均衡决策)，进而可能使自车产生不当的激进行为。事实上，大多数基于交互建模的方法，包含基于耦合隐马尔可夫模型等其他交互模型，都存在对交互对象的行为过度假设的问题。目前，研究者对交互机理的研究仍旧较为不足，智能决策应对复杂冲突场景的能力与人类仍有较大差距。然而，基于交互模型的方法具有较强的可解释性，适合于长时域的决策(如通过路口的全过程)，是目前交互式驾驶领域的重点研究方向。

(3) 基于联合运动预测的运动规划

基于联合运动预测的决策是一种去中心化决策方法：将自车视为交通环境中的普通个体，基于各车驾驶目标与道路结构设计行为的联合概率分布或联合收益函数，通过机器学习方法产生场景中所有车辆的预测驾驶轨迹，并用于指导自车决策。

Trautman 等[10] 在 2015 年的论文中提出了一种基于交互式高斯过程(Gaussian Processes，GP)的轨迹预测方法，用于餐厅机器人在人群中穿行的运动规划。高斯过程回归是一种经典的监督式学习方法，其基于高斯过程先验假设，对数据进行回归分析，在轨迹预测领域得到较多应用。其优势是当需要基于数据采样生成函数(轨迹)时，无须预先指定该函数的形式(如多项式函数等)。

基于高斯过程假设，论文给出了轨迹 f 的先验假设：个体 i 在时刻 $[1,T]$ 中的轨迹 f

的分布为高斯分布 $f_{1,T}^{(i)} \sim \mathrm{GP}(m^{(i)}, k^{(i)})$，其均值与协方差分别为 m 和 k。每个观测 z 为该时刻函数值与噪声的和，且噪声分布满足高斯分布：

$$z_{t'}^{(i)} = f^{(i)}(t') + \varepsilon, \quad \varepsilon \sim \mathcal{N}(0, \sigma_{\text{noise}}^2)$$

则基于 $1 \sim t$ 时刻观测结果，可计算轨迹后验分布 $p(f^{(i)} | z_{1:t}^{(i)}) \sim \mathrm{GP}(m_t^{(i)}, k_t^{(i)})$。

在 Trautman 等的工作中，进一步考虑了对行进目标的预测与不同轨迹之间的影响(不能发生碰撞，且轨迹间留有安全距离)，建立所有个体轨迹的联合概率分布。其中涉及高斯核函数与交互函数等具体设计在本节中不再详细介绍，感兴趣的读者可学习原文内容。

进行决策时，基于 $1 \sim t$ 时刻的观测结果，$(t+1)$时刻的机器人 R 的目标位置即是使联合分布后验概率最大的轨迹，在$(t+1)$时刻中 R 所抵达的位置：

$$(f^{(R)}, f)^* = \arg\max_{f^{(R)}, f} p(f^{(R)}, f \mid z_{1:t})$$

当环境中交通参与者较多时，上述去中心化决策方法有助于建立考虑多智能体交互的运动规划，有利于避免自车决策陷入过度保守的状态。但同时决策过程对预测不确定性带来的风险考虑有限，决策可靠性有待进一步提升。除了前文介绍的高斯过程方法，基于图神经网络、生成式对抗网络等方法也是实现复杂交通环境下基于多智能体运动预测的驾驶决策的科研前沿。然而相对于基于模型的方法，上述方法普遍存在着短期预测准确、长期预测不准的问题，同时可解释性也相对较差，难以提炼出"避让""抢行"等语义化的响应模式。

2) 机器学习在决策中的应用

近几十年来驾驶决策技术得到了较多的发展与应用，但面对复杂交通场景、多样化乘车人需求时，人们仍期待决策技术的进一步发展。目前的一种思路，是通过积累更多的交通场景数据与驾驶人演示数据，通过机器学习技术训练决策系统使其达到更高的智能水平。下面将围绕"决策器参数优化"与"驾驶策略生成"两种思想，简介其中的经典算法与应用。

(1) 基于逆强化学习的目标函数参数学习

较多决策方法将决策问题转化为优化问题，即通过使收益函数最优以产生目标决策行为。其问题在于：如何设置合理的目标函数，使其产生的最优决策即是人们所期望的决策。逆强化学习方法(Inverse Reinforcement Learning，IRL)可以使算法通过驾驶人的驾驶演示，辨识对应于演示行为的目标函数参数。

Sadigh 等[11]在 2016 年的论文中，使用 MPC 作为运动规划器，其收益函数是该时刻状态(考虑道路边界、行驶目标、避撞等，通过状态 x^t 表示)、驾驶人控制量 U_H^t 与障碍车控制量 U_R^t 等因素的线性加和，期望通过基于最大熵的逆强化学习获得各项的权重参数向量$\boldsymbol{\theta}$。可以将收益函数表示为各个因素的线性加和 $R(x^t, U_H^t, U_R^t) = \boldsymbol{\theta}^{\mathrm{T}} \varphi(x^t, U_H^t, U_R^t)$。

在概率论中熵是不确定性的度量，不确定性越大则熵越大。在通过示范数据学习概率模型时，最优的模型应该是满足约束条件(即已知信息)具有最高熵的模型，这意味着其在已知信息之外尽量不包括未知假设。

Sadigh 等将原问题转化为优化问题：求最优参数向量$\boldsymbol{\theta}$，使得驾驶人示范控制量相对初始状态与参数$\boldsymbol{\theta}$的条件概率最大。

$$\max p(u_H \mid x^0, \boldsymbol{\theta})$$

其中

$$p(u_H \mid x^0, \boldsymbol{\theta}) = \frac{\exp(R_H(x^0, u_R, u_H))}{\int \exp(R_H(x^0, u_R, \tilde{u}_H))\mathrm{d}\tilde{u}_H}$$

对于该理论感兴趣的读者,可以进一步学习吴恩达(Andrew Y Ng)相关文献[12],其对于逆强化学习技术与最大熵算法进行了详细介绍。

目前,基于逆强化学习的目标函数优化已经越来越多地用于智能车决策技术。百度Apollo[13]2018年的论文中介绍了其基于IRL的离线自主调参算法,用于解决运动控制算法调参工作耗时耗力的问题。该自主调参系统的模块结构如图5-20所示,包含在线的轨迹评价模块及基于示范的离线目标函数训练模块。该系统于2018年4月应用在了Apollo实验车上,截至2018年7月底积累了超过40000km的道路试验数据,并有助于决策器产生性能更好的运动规划结果。

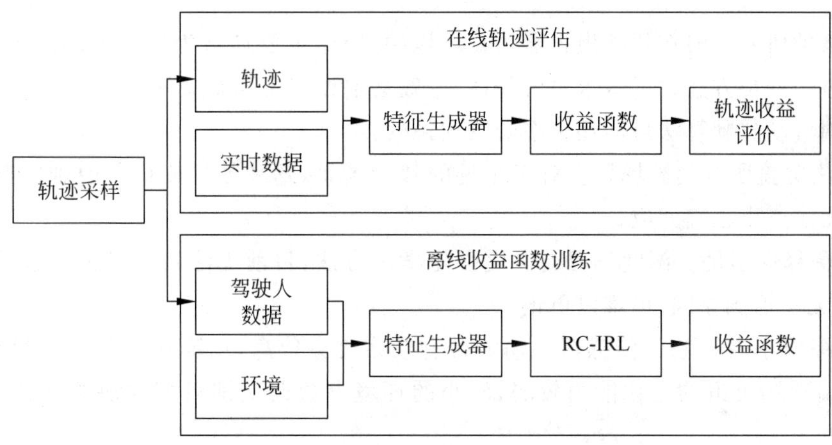

图5-20 百度Apollo基于逆强化学习的自主调参方法[13]

(2) 基于机器学习的驾驶策略生成

在基于机器学习的驾驶策略生成中,端到端的方法是一种经典的思路。端到端自动驾驶是指以原始传感器信息作为输入,直接输出车辆控制量。随着算力的提升和深度学习、深度增强学习的发展,端到端自动驾驶能力也逐渐加强。此方法具有实现思路简单、能够利用全部传感器采集到的信息、无须基于人为定义场景开发等优点。

端到端自动驾驶中,一个较为经典的工作是如图5-21所示的2016年英伟达公司在DRIVE^{TM} PX硬件上实现的CNN(卷积神经网络)算法[14],使用少于100h的训练数据,可以使得车辆在较为广泛的工况下运行,如晴雨天、高速公路和住宅道路等。

利用驾驶人行驶过程中三个摄像头数据,图像经过随机平移和旋转的数据增强,输入到CNN中。对CNN的预测值和驾驶人记录的方向盘转角真值,进行误差反向传播,对CNN的参数进行训练。

目前,端到端自动驾驶主要由两种技术思路实现,包括深度学习和深度强化学习。深度学习方法主要包括卷积神经网络和循环神经网络,以及两者的结合。由于实际道路数据缺失,也有人利用驾驶模拟器中的感知数据进行学习。深度强化学习主要包括DDPG、A3C

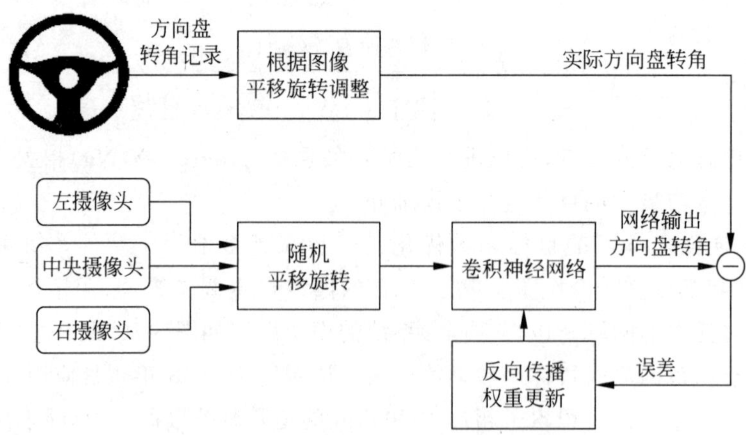

图 5-21 英伟达公司采用的训练流程[14]

等算法。该类研究一般在驾驶模拟器仿真环境中进行，主要环节为设计不同的策略网络或者价值网络。两类方法为了追求可解释性，一般会增加有实际意义的结果作为输出。

端到端自动驾驶算法目前还存在着巨大挑战：

① 无法覆盖所有驾驶场景。对于罕见的驾驶场景，驾驶数据或仿真中难以遍历，在实际发生后无法产生正确回应。

② 可解释性不足。深度学习或深度强化学习方法，目前无法对结果进行解释，出现异常行为时，无法追溯原因，也难以更正。

③ 训练成本高。基于传感器的输入带有较多无关信息，信噪比较低、学习效率受限，同时目前端到端决策的泛化能力较弱，较小的环境参数改变即可能对决策效果造成较大影响。

除此以外，端到端决策还面临着难以与规则结合、对硬件要求高等问题。以上困难和挑战已成为端到端决策的共性问题，需要人工智能基础领域的进一步发展才能促进端到端的决策从展示真正走向实用。

尽管端到端的驾驶决策仍受限于其基础理论，研究人员仍不断探究将机器学习用于产生驾驶决策。Mobileye 公司在 2017 年的 RSS 决策方法介绍中[15]，提出了一种基于 DQN 强化学习实现横-纵解耦的行为语义规划，并认为这种强化学习方法有助于预见交通环境的变化、采取更优的驾驶策略，且相比较于端到端的方法，其训练过程的信噪比更低，决策更为可靠。

如图 5-22 所示，Peter Wolf 等[16]在 2018 年提出了一种基于语义输入、输出的强化学习决策方法：以车-车、车-路、路-路拓扑关系为输入，并以加速、制动、换道等语义指令为输出。该方法在仿真验证中展现了良好的学习效率与一定的场景泛化能力(可以应对高速公路场景与匝道汇入场景)。

除此以外，近年来基于分层强化学习、模仿学习与 GAN 等方法的决策技术也在快速出现。通过机器学习技术提升决策的智能化水平，仍是今天无数研究者为之努力的目标。

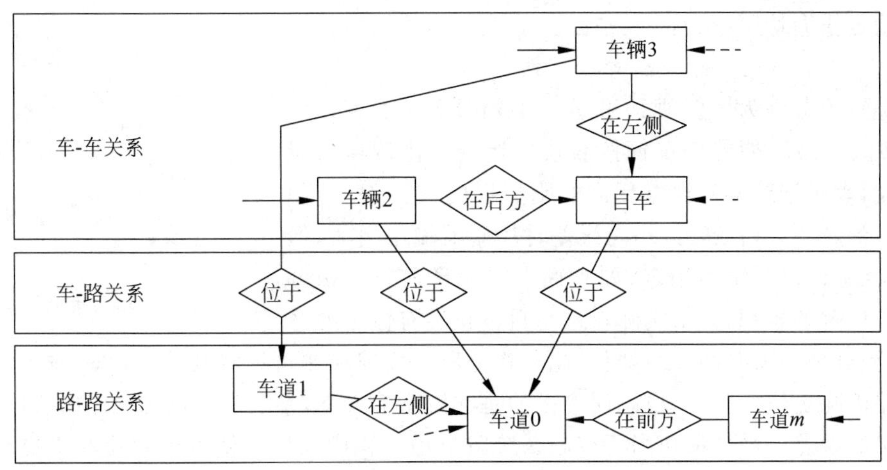

图 5-22 基于语义输入/输出的强化学习式行为决策[16]

5.2.4 自主控制

自主控制的核心问题是轨迹跟踪控制。轨迹跟踪控制是指给定参考轨迹的情况下，通过控制车辆的转向系统、节气门和制动系统，使车辆按照参考轨迹行驶的方法。轨迹跟踪目前已有较为成熟和系统的商业解决方案。下文主要介绍控制理论中的经典算法及其在轨迹跟踪控制中的应用。

1. PID 控制

比例-微分-积分控制器(Proportional-Integral-Derivative controller，PID)是反馈控制中最为基础的控制器之一。在传感器测量得到车辆状态后，再与输入的参考轨迹作差得到误差量，控制器对误差量分别进行比例、积分、微分运算再求和后，输出控制信号控制车辆运动。实际使用中需要根据任务设计不同的误差形式，得到更好的效果。PID 控制流程示意图如图 5-23 所示。

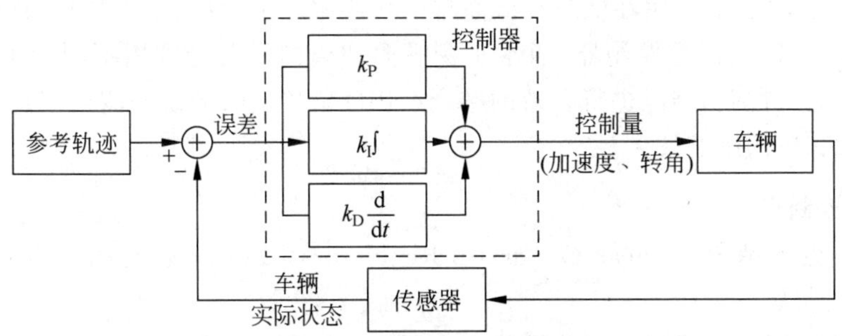

图 5-23 PID 控制流程示意图

用 PID 进行轨迹跟踪控制时，经常与预瞄机制相结合。以横向控制为例，车辆位置以及决策得到的参考轨迹如图 5-24 所示。将误差 e_t 定义为 t 时刻航向角与 OB 的夹角。其中，点 A 是车辆与决策轨迹最近点，点 B 为预瞄点，即与点 A 相距给定预瞄距离 L 的决策轨迹 s 上的点，$\widehat{AB}=L$，点 O 是车辆质心。误差积分 $e_\Sigma=\sum_{k=0}^{t}e_k$，误差微分 $\Delta e=e_t-e_{t-1}$，则当前给定横向控制量为：

$$u = k_P * e_t + k_I * e_\Sigma + k_D * \Delta e$$

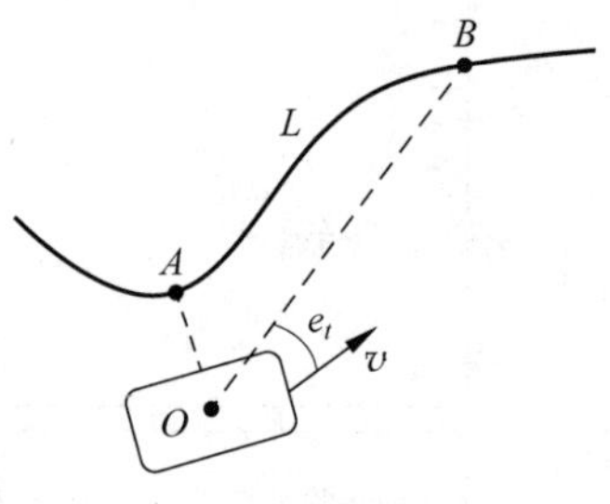

图 5-24 预瞄机制示意图

以上三项分别为比例项 P、积分项 I、微分项 D。通过调节系数 k_P、k_I、k_D，能够使车辆按照轨迹运行。比例项与误差成正比，表示跟踪器对误差反应的剧烈程度，是 PID 控制中最基本的一项。k_P 越大，相同误差时控制器输出更大，但 k_P 太大容易导致系统不稳定，如车辆大幅蛇形前行。积分项是系统误差的累积，如果实际轨迹与目标轨迹有恒定的系统偏差，积分项会随时间线性增长，此时积分项的反馈控制可以将其消除。k_I 越大，跟踪器稳态误差消除更快。其中，稳态误差指的是在阶跃输入下，系统输出达到稳定时实际输出与期望输出的误差。微分项相当于控制系统阻尼项，k_D 增大可以使得控制器输出更稳定，可以消除由比例项或积分项过大造成的不稳定。P、I、D 各项参数对系统的影响如表 5-1 所示。

表 5-1 PID 各项参数对系统的影响

调整系数	上升时间	超调量	调整时间	稳态误差	相对稳定性
k_P	减小	增加	小幅增加	减少	降低
k_I	小幅减少	增加	增加	大幅减少	降低
k_D	小幅减少	减少	减少	变动不大	提高

实际调试 PID 时，首先将 k_I 及 k_D 设为零，增加 k_P 一直到回路输出振荡为止，之后再将 k_P 设定为“1/4 振幅衰减”(使系统第二次过冲量是第一次的 1/4)增益的一半，然后增加 k_I 直到一定时间后的稳态误差可被修正为止。最后增加 k_D，消除系统的不稳定。此外，也有齐格勒-尼科尔斯方法等其他启发式的 PID 参数调整方法。

在轨迹跟踪中，PID 对于速度、曲率变化大的道路上控制效果不佳，此时一般根据速度或者曲率调整预瞄距离，可以达到更好的跟踪效果。

PID 算法易于实现，常用在低速和低曲率的轨迹跟踪上，复杂场景和复杂模型上控制效果不佳。同时，PID 是线性控制器，通常车辆纵向和横向需要分别用不同的 PID 模型和使用不同的参数进行控制，难以进行有效的结合。PID 依赖实时的误差测量信息，测量信息延时和缺失时对算法的影响较大。

2. LQR 控制

线性二次型调节器(Linear Quadratic Regulators, LQR)是最优控制器中的一种。LQR 解决的问题如下。

在给定线性系统时，可以列出线性状态方程：

$$\dot{X}(t) = \boldsymbol{A}X(t) + \boldsymbol{B}u(t)$$

其中，$\boldsymbol{A}$，$\boldsymbol{B}$ 为常数矩阵，$t \in (t_0, \infty)$。在给定线性状态方程描述的运动中，求解控制量 u，使得调节系统状态 X 在末态为 0，并且在调节过程中，二次损失函数 $J = \int_{t_0}^{\infty} \boldsymbol{x}^{\mathrm{T}}\boldsymbol{Q}\boldsymbol{x} + \boldsymbol{u}^{\mathrm{T}}\boldsymbol{R}\boldsymbol{u}\,\mathrm{d}\tau$ 最小的控制量 $\boldsymbol{u}$ 的求解的问题。其中 $\boldsymbol{Q}$，$\boldsymbol{R}$ 为常值矩阵，代表对状态量、控制量的惩罚权重。LQR 可以实现最优控制，但是一般无法再添加其他约束条件。

在给定 LQR 问题后，由最优控制理论，该问题的最优控制率为 $\boldsymbol{u}=-\boldsymbol{R}^{-1}\boldsymbol{B}^{\mathrm{T}}\boldsymbol{P}\boldsymbol{x}$。其中 $\boldsymbol{P}$ 为 Riccati 方程的解。Riccati 方程为：

$$\boldsymbol{PA}+\boldsymbol{A}^{\mathrm{T}}\boldsymbol{P}+\boldsymbol{Q}-\boldsymbol{PBR}^{-1}\boldsymbol{B}^{\mathrm{T}}\boldsymbol{P}=0$$

LQR 控制器更全面的定义以及推导见附录。

在车辆轨迹跟踪中，控制目标是跟踪误差能够趋于 0，所以需要通过车辆动力学模型，将跟踪误差看作状态量，推导出跟踪误差的状态方程，此时便可以应用 LQR 的结论进行车辆控制。以横向控制为例，使用车辆动力学模型进行推导。

假定纵向匀速运动，将式(5-3)～式(5-6)代入式(5-1)和式(5-2)中，得到状态方程：

$$\begin{pmatrix}\dot{v}_y\\ \dot{\omega}\end{pmatrix}=\begin{pmatrix}-\dfrac{C_{\mathrm{f}}+C_{\mathrm{r}}}{mv_x} & \dfrac{bC_{\mathrm{r}}-aC_{\mathrm{f}}}{mv_x}-v_x\\ \dfrac{bC_{\mathrm{r}}-aC_{\mathrm{f}}}{I_zv_x} & -\dfrac{a^2C_{\mathrm{f}}+b^2C_{\mathrm{r}}}{I_zv_x}\end{pmatrix}\begin{pmatrix}v_y\\ \omega\end{pmatrix}+\begin{pmatrix}\dfrac{C_{\mathrm{f}}}{m}\\ \dfrac{aC_{\mathrm{f}}}{m}\end{pmatrix}\delta \tag{5-11}$$

定义汽车横向循迹误差 e_{c} 为质心与车身垂直方向的距离，车头朝向角误差为 $\theta_{\mathrm{e}}=\theta-\theta_{\mathrm{p}}$，如图 5-25 所示。

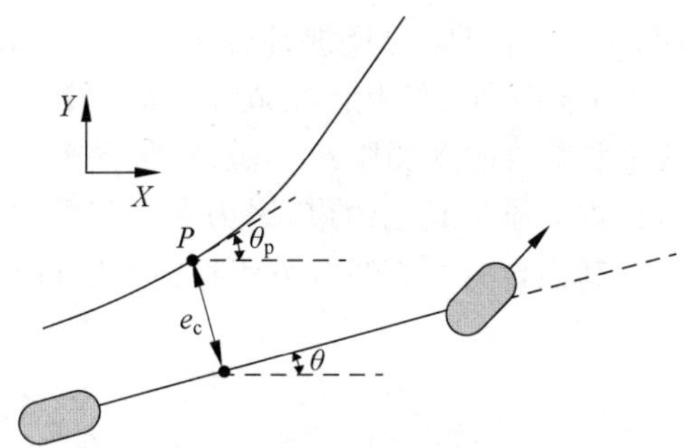

图 5-25 循迹误差示意图

当头指向误差 θ_{e} 足够小时，根据定义，误差满足方程：

$$\begin{cases}\dot{e}_{\mathrm{c}}=v_y+v_x\theta_{\mathrm{e}}\\ \dot{\theta}_{\mathrm{e}}=\omega-k\dot{s}\end{cases} \tag{5-12}$$

其中，s 为参考轨迹的 Frenct 坐标系下点 P 对应的纵向坐标；k 为点 P 对应的道路曲率。

根据运动学方程，可以列出以下方程

$$\begin{cases}\omega(s)=kv_x\\ \dot{v}_y(s)=kv_x^2\end{cases} \tag{5-13}$$

其中，ω 是车辆横摆角速度；v_x，v_y 为车辆纵向、横向速度。

将式(5-10)微分，并和式(5-11)代入式(5-9)中，消去 v_y 和 ω 得到：

$$\begin{cases}\ddot{e}_{\mathrm{c}}=-\dfrac{C_{\mathrm{f}}+C_{\mathrm{r}}}{mv_x}\dot{e}_{\mathrm{c}}+\dfrac{C_{\mathrm{f}}+C_{\mathrm{r}}}{m}\theta_{\mathrm{e}}+\dfrac{bC_{\mathrm{r}}-aC_{\mathrm{f}}}{mv_x}\dot{\theta}_{\mathrm{e}}+\left(\dfrac{bC_{\mathrm{r}}-aC_{\mathrm{f}}}{mv_x}-v_x\right)\omega+\dfrac{C_{\mathrm{f}}}{m}\delta\\ \ddot{\theta}_{\mathrm{e}}=\dfrac{bC_{\mathrm{r}}-aC_{\mathrm{f}}}{I_zv_x}\dot{e}_{\mathrm{c}}+\dfrac{aC_{\mathrm{f}}-bC_{\mathrm{r}}}{I_z}\theta_{\mathrm{e}}-\dfrac{a^2C_{\mathrm{f}}+b^2C_{\mathrm{r}}}{I_zv_x}(\dot{\theta}_{\mathrm{e}}+\omega)+\dfrac{aC_{\mathrm{f}}}{m}\delta-\dot{\omega}(s)\end{cases}$$

整理成状态空间方程得到：

$$\begin{bmatrix}\dot{e}_c\\ \ddot{e}_c\\ \dot{\theta}_e\\ \ddot{\theta}_e\end{bmatrix}=\begin{bmatrix}0 & 1 & 0 & 0\\ 0 & -\dfrac{C_f+C_r}{mv_x} & \dfrac{C_f+C_r}{m} & \dfrac{bC_r-aC_f}{mv_x}\\ 0 & 0 & 0 & 1\\ 0 & \dfrac{bC_r-aC_f}{I_zv_x} & \dfrac{aC_f-bC_r}{I_z} & -\dfrac{a^2C_f+b^2C_r}{I_zv_x}\end{bmatrix}\begin{bmatrix}e_c\\ \dot{e}_c\\ \theta_e\\ \dot{\theta}_e\end{bmatrix}+$$

$$\begin{bmatrix}0\\ \dfrac{C_f}{m}\\ 0\\ \dfrac{aC_f}{I_z}\end{bmatrix}\delta+\begin{bmatrix}0\\ \dfrac{bC_r-aC_f}{mv_x}-v_x\\ 0\\ -\dfrac{a^2C_f+b^2C_r}{I_zv_x}\end{bmatrix}\omega$$

可以简化表达为：

$$\dot{\boldsymbol{x}}=\boldsymbol{A}\boldsymbol{x}+\boldsymbol{B}_1\boldsymbol{u}+\boldsymbol{B}_2\omega$$

根据最优控制理论能够求解出相应的反馈部分 $\boldsymbol{u}_1(t)=-\boldsymbol{R}^{-1}\boldsymbol{B}_1^{\mathrm{T}}\boldsymbol{P}\boldsymbol{x}(t)$，其中，$\boldsymbol{P}$ 由 Riccati 方程求解。总控制率由前馈和反馈共同组成，$\boldsymbol{u}=\boldsymbol{u}_1+\boldsymbol{B}_2\omega$。

LQR 控制器对于车辆模型参数的观测噪声不敏感，但是使用线性轮胎模型时，在低道路附着情况下控制效果差，且难以添加其他约束，因为在一般的最优控制问题中，需要对一系列的微分方程组进行求解，其因含有约束微分方程组而难以得到解析解，目前尚无较好的解决方法。

3. MPC 控制

模型预测控制(Model Predictive Control，MPC)主要思想为对当前系统建模，求解出最优控制序列，使得损失函数最小，用最优控制序列中的第一个作为当前的控制量，下一时刻根据传感器实际信息，重复上述过程，达到反馈优化的效果[1]。

基于上述思想，模型预测控制的过程可以用图 5-26 描述。给定参考轨迹，传感器测量得到当前状态，控制器根据预测模型，预测未来一段时间内$[k,k+p]$(p 为预测时域)的系统输出。控制器求解满足约束条件，且在控制时域$[k,k+c]$内使损失函数最小的控制量序列，在控制时域外控制量不变(且等于 $k+c$ 时刻控制量)。之后控制器仅执行第一个控制量。在下一个控制周期，重新执行上述过程。

在轨迹跟踪中，通常系统建模成离散状态空间方程形式：

$$x(k+1)=\mathbf{A}x(k)+\mathbf{B}u(k)$$

根据状态方程，得到递推式：

$$\begin{aligned}x(k+2)&=\mathbf{A}x(k+1)+\mathbf{B}u(k+1)\\&=\mathbf{A}^2x(k)+\mathbf{AB}u(k)+\mathbf{B}u(k+1)\end{aligned}$$

归纳可得，预测时域内状态量为：

$$x(k+n)=\mathbf{A}^nx(k)+\sum_{i=0}^{n-1}\mathbf{A}^{n-i-1}\mathbf{B}u(k+i),n\in[1,p]$$

$$u(k+c)=u(k+c+1)=\cdots=u(k+p)$$

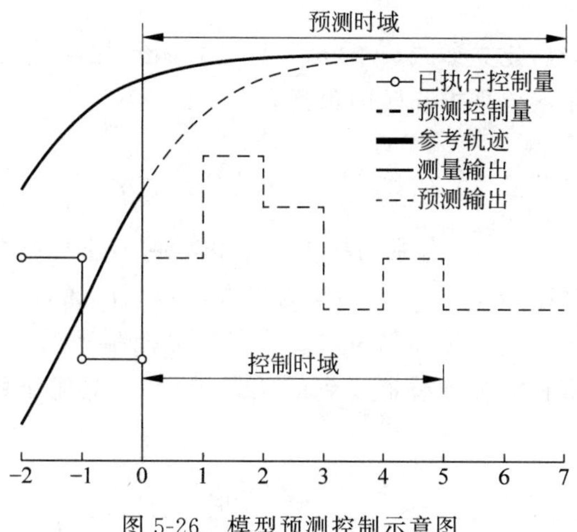

图 5-26 模型预测控制示意图

写成矩阵形式，有：

$$\boldsymbol{\eta}(k+1\mid k)=\boldsymbol{\Psi}x(k)+\boldsymbol{\Theta}\boldsymbol{U}(t)$$

其中，$\boldsymbol{\eta}(k+1|k)=\begin{pmatrix}x(k+1)\\x(k+2)\\\vdots\\x(k+p)\end{pmatrix}$，$\boldsymbol{\Psi}=\begin{pmatrix}\boldsymbol{A}\\\boldsymbol{A}^2\\\vdots\\\boldsymbol{A}^p\end{pmatrix}$，$\boldsymbol{U}(t)=\begin{pmatrix}u(k)\\u(k+1)\\\vdots\\u(k+c)\end{pmatrix}$，

$$\boldsymbol{\Theta}=\begin{pmatrix}\boldsymbol{\Theta}_{c+1,c+1}\\\boldsymbol{\Theta}_{p-c-1,c+1}\end{pmatrix}$$

$$\boldsymbol{\Theta}_{c+1,c+1}=\begin{pmatrix}\boldsymbol{B}&0&0&\cdots&0\\\boldsymbol{AB}&\boldsymbol{B}&0&\cdots&0\\\boldsymbol{A}^2\boldsymbol{B}&\boldsymbol{AB}&\boldsymbol{B}&\cdots&0\\\vdots&\vdots&\vdots&&0\\\boldsymbol{A}^c\boldsymbol{B}&\boldsymbol{A}^{c-1}\boldsymbol{B}&\boldsymbol{A}^{c-2}\boldsymbol{B}&\cdots&\boldsymbol{B}\end{pmatrix}$$

$$\boldsymbol{\Theta}_{p-c-1,c+1}=\begin{pmatrix}\boldsymbol{A}^{c+1}\boldsymbol{B}&\boldsymbol{A}^{c}\boldsymbol{B}&\boldsymbol{A}^{c-1}\boldsymbol{B}&\cdots&\boldsymbol{AB}\\\boldsymbol{A}^{c+2}\boldsymbol{B}&\boldsymbol{A}^{c+1}\boldsymbol{B}&\boldsymbol{A}^{c}\boldsymbol{B}&\cdots&\boldsymbol{A}^2\boldsymbol{B}\\\boldsymbol{A}^{c+3}\boldsymbol{B}&\boldsymbol{A}^{c+2}\boldsymbol{B}&\boldsymbol{A}^{c+1}\boldsymbol{B}&\cdots&\boldsymbol{A}^3\boldsymbol{B}\\\vdots&\vdots&\vdots&&\vdots\\\boldsymbol{A}^{p-1}\boldsymbol{B}&\boldsymbol{A}^{p-2}\boldsymbol{B}&\boldsymbol{A}^{p-3}\boldsymbol{B}&\cdots&\boldsymbol{A}^{p-c-1}\boldsymbol{B}\end{pmatrix}$$

预测时域内状态均为初始时刻状态和控制量的线性组合。损失函数由控制量和误差量的惩罚项组成。

$$J=\sum_{n=k+1}^{k+N_p}(\hat{\boldsymbol{x}}(n)-\boldsymbol{x}(n))^{\mathrm{T}}\boldsymbol{Q}(\hat{\boldsymbol{x}}(n)-\boldsymbol{x}(n))+\sum_{n=k}^{k+N_c-1}\boldsymbol{u}(n)^{\mathrm{T}}\boldsymbol{R}\boldsymbol{u}(n)$$

其中 $\boldsymbol{Q}$，$\boldsymbol{R}$ 是常值矩阵。由于 $\boldsymbol{x}(n)$是 u 的线性组合，则损失函数 J 关于控制序列 $\boldsymbol{u}$ 为二次函数形式。$\boldsymbol{Q}$ 增大则误差项减小，可以保证系统按照轨迹行驶，反之，$\boldsymbol{R}$ 增大则控制量相关减小，避免大幅加减速或转向角，保证舒适性。对于二次规划问题，能够使用内点法进行求解。

以横向跟踪控制为例，建立如式(5-9)～式(5-10)所示的系统模型，损失函数取轨迹横向位移误差平方、横摆角误差平方和转向角平方：

$$\text{cost}=w_1\sum_{t=t_0}^{t_0+T}(\hat{y}_t-y_t)^2+w_2\sum_{t=t_0}^{t_0+T}(\hat{\varphi}_t-\varphi_t)^2+w_3\sum_{t=t_0}^{t_0+T}\delta_t^2$$

其中，T 为预测时长，w_1、w_2、w_3 分别为权重，w_3 相对越小控制越剧烈，反之越柔和。通过化简可知，cost 关于控制序列 $u_1,u_2,\cdots,u_T$ 为二次函数，且 cost$\geqslant 0$ 恒成立，为凸二次规划问题，使用内点法即可求解出最优控制序列。采用最优控制序列中的第一个控制量作为当前输入。在下一时刻，重新根据传感器得到的状态量，重复上述流程。图 5-27 为一个基于 MPC 的轨迹跟踪实例。

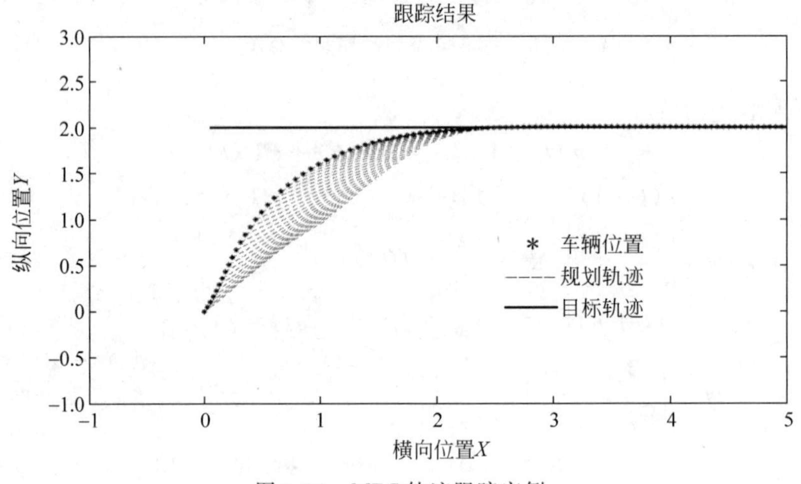

图 5-27 MPC 轨迹跟踪实例

模型预测控制算法的跟踪效果较好，首先，鲁棒性更强，优于 PID 算法。其次，MPC 能够通过设计不同的损失函数，实现多目标的协同优化，比如油耗、多车协同等。最后，MPC 能够处理复杂的约束问题。但是，MPC 的损失函数权重参数的意义不够明确，且求解优化问题的计算量很大，因而应用阻力较大。

5.2.5 应用案例

1. 场景介绍

如图 5-28 所示的三车道公路驾驶场景：基于高精度地图给出了三条车道的中心线为全局参考路径；自车正行驶在中间车道，但遇到前方慢车阻挡；上下两条车道均有车辆行驶，其中下方车道车辆故障停车。各障碍车前方阴影区域示意在预测时域内其可能达到的位置。

在上述场景中，期望车辆能够实现(向上侧车道)换道超车，并且行驶过程平缓，与障碍车均能保持安全的车距。下面将针对车辆模型建立、决策过程与控制过程三个环节分别进行介绍。

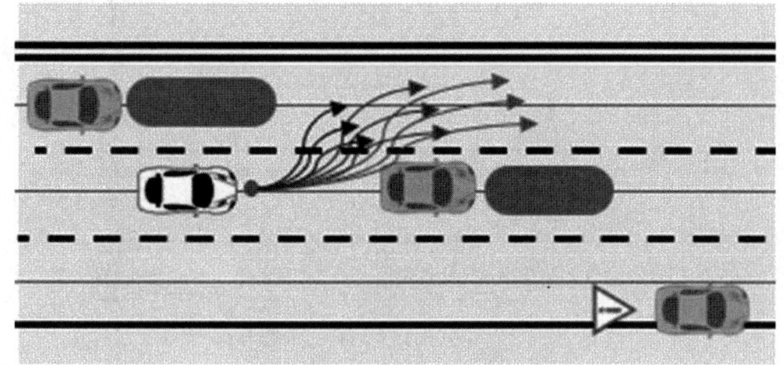

图 5-28　三车道公路驾驶场景示意图

2. 车辆模型

本案例为超车换道场景，需要精确度较高的车辆模型，故采用前述车辆动力学模型。横向动力学模型方程为式(5-1)～式(5-6)。

纵向动力学方程为：

$$\dot{x} = v_x$$

控制输入量为 $\boldsymbol{u}=(v_x, \delta_f)$，状态量为$\boldsymbol{\xi}=(x \quad y \quad \psi \quad \beta \quad \omega)^{\mathrm{T}}$，观测量为$\boldsymbol{\eta}=(x, y)$。

状态空间方程如下：

$$\begin{aligned}\boldsymbol{\xi}' &= \boldsymbol{A\xi} + \boldsymbol{Bu} \\ \boldsymbol{\eta} &= \boldsymbol{C\xi}\end{aligned}$$

其中

$$\boldsymbol{A} = \begin{pmatrix} 0 & 0 & 0 & 0 & 0 \\ 0 & 0 & v_x & v_x & 0 \\ 0 & 0 & 0 & 0 & 1 \\ 0 & 0 & 0 & \dfrac{C_f + C_r}{mv} & \dfrac{aC_f - bC_r}{mv^2} - 1 \\ 0 & 0 & 0 & \dfrac{aC_f - bC_r}{I_z} & \dfrac{a^2C_f + b^2C_r}{I_z v} \end{pmatrix}$$

$$\boldsymbol{B} = \begin{pmatrix} 1 & 0 & 0 & -\dfrac{C_f}{mv} & -\dfrac{aC_f}{I_z} \end{pmatrix}^{\mathrm{T}}$$

$$\boldsymbol{C} = (1 \quad 1 \quad 0 \quad 0 \quad 0)$$

3. 决策过程

基于交通环境信息与全局参考路径，决策过程包含行为选择、路径规划与速度规划三步，下面将基于常见算法给出流程示例。

首先，建立针对公路行驶场景的有限状态机(见图 5-29)，并建立针对“换道需求”与“换道安全性”的逻辑判断条件。在“可安全换道”的状态内进一步设计路径/速度规划过程与安全退出机制，应确保换道全过程的安全可靠实现。

在路径规划过程中，可以采用基于贝塞尔曲线(见图 5-30)的规划方法。

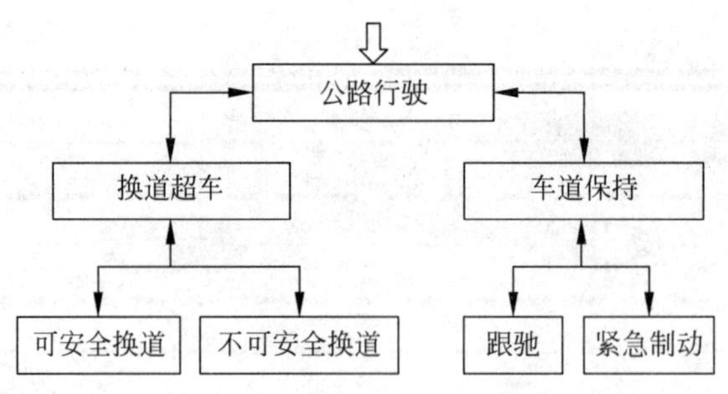

图 5-29 行为决策过程有限状态机示意图

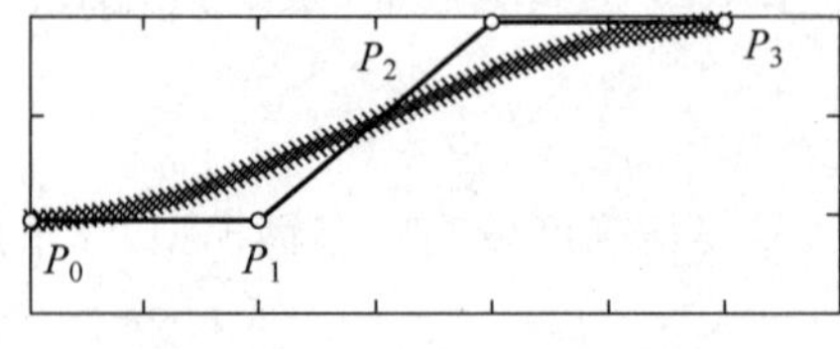

图 5-30 贝塞尔曲线示意图

$$B(t)=P_0(1-t)^3+3P_1t(1-t)^3+3P_2t^2(1-t)+P_3t^3$$

上面所示的三阶贝塞尔曲线可基于两个控制点位置 P_1 和 P_2，构成从起点 P_0 到终点 P_3 的平滑曲线(对应参数 t 从 0～1)。通过调节控制点的位置，可以规划出多条换道路径供车辆选择。基于换道路径可以建立如图 5-13 所示的 ST-Graph，规划在路径上与环境车无碰撞的速度曲线。前述的 A^* 搜索算法可以作为速度曲线的生成算法。最终，针对每一条路径与速度构成的轨迹，可以基于安全性、舒适性等指标进行筛选，最终产生一条目标轨迹。

4. 控制过程

控制过程采用广泛应用的 MPC 控制器，状态空间方程采用“2. 车辆模型”中建立的车辆模型。预测时域 T_p 取 2s，控制时域 T_c 取 2s，采样时间间隔取 0.1s，则所求的目标控制量即为$[v_x,\delta_\mathrm{f}]$在各采样时刻的序列。损失函数如下：

$$\mathrm{cost}=w_1\sum_{t=t_0}^{t_0+T_p}(\hat{y}_t-y_t)^2+w_2\sum_{t=t_0}^{t_0+T_p}(\hat{\varphi}_t-\varphi_t)^2+w_3\sum_{t=t_0}^{t_0+T_p}(\hat{v}-v_t)^2+ w_4\sum_{t=t_0}^{t_0+T_p}\delta_t^2+w_5\sum_{t=t_0}^{t_0+T_p}a_t^2$$

通过化简可知，cost 关于控制序列 $u_1,a_1,u_2,a_2,\cdots,u_{T_p},a_{T_p}$ 为二次函数，且 cost≥0 恒成立，为凸二次规划问题，使用内点法可求解出最优控制序列。

5.3 协同决策与控制

5.3.1 概述

目前，已有不少研究基于车辆个体提出多种决策控制方法来提高车辆的安全性、改善车辆的经济性和减小车辆的排放污染。然而，道路上行驶的车辆并不是孤立的个体，而是与其他车辆、路侧及云端系统构成的一个复杂的广义动力学系统。仅仅针对单一车辆的决策控制方法，对于提高安全性、改善经济性、减小排放的程度是有限的。在车路云一体化融合的背景下，车-车、车-路、车-云之间均可以实现信息共享，而基于此的智能网联汽车协同决策控制等技术，相比于单车孤立的决策控制技术，更是可以极大地减缓交通拥堵、改善交通效率、提高驾驶安全性和改进能耗经济性。

智能网联汽车的协同决策与控制涉及多个领域的知识与技术，最典型的为多智能体技术。一般来说，多智能体系统(Multi-Agent System)是由多个具有独立自主能力的智能体，通过一定的信息拓扑结构相互作用而形成的一种动态系统[17]。由于在多智能体系统的决策与控制研究中，研究人员普遍使用"协同控制"(Cooperative/Coordinated Control)这个词汇进行描述，因此沿用到智能网联汽车领域中，人们也倾向于使用协同控制来统称协同决策与控制，下文也使用智能网联汽车协同控制来代指整个相关的协同决策与控制技术。

智能网联汽车的协同控制具体技术研究，又可以细化为各个交通场景的针对性技术。目前智能网联汽车的协同控制技术已基本涵盖各个常见的交通场景，如路段行驶的多车编队技术、信控路口或非信控路口的协同通行技术等。

1. 多车编队技术

一般观点认为，车辆队列是同一车道中，一系列自动驾驶车辆直接组群而成的系统[18]。车辆队列化控制的研究始于 20 世纪 80 年代美国加利福尼亚州的 PATH 项目[19]。"队列化"是将单一车道内的相邻车辆进行编队，根据相邻车辆信息自动调整该车辆的纵向运动状态，最终达到一致的行驶速度和期望的构型。在 PATH 项目中，队列的很多基础问题都得到了研究，比如队列的主要控制目标、队列系统的控制架构、传感和执行技术等。此后，车辆队列化技术得到了相关研究人员的持续关注，使得队列控制中的很多主题都得到了讨论，如跟车距离的选择、队列稳定性的分析，以及由于队列内车辆特性不同造成的异质性问题等。此外，更为先进复杂的控制策略也应用到车辆队列中，尤其是多种优秀的分布式控制器的设计吸引了众多学者的关注，提升了车辆队列的控制性能，能够在一定程度上解决异质性等问题。如今，不少实验室和机构也开展了一些实车实验项目来展示和验证车辆队列系统的性能，比如美国加利福尼亚州早期的 PATH 项目、欧洲的 SARTRE 项目、日本的 Energy ITS 项目，以及 2011 年在荷兰组织的 GCDC 项目等；国内也有很多高校和企业正在积极研究商用车或客车的队列控制方法，并投入到实际道路应用中。

在车辆队列的管理与控制方面，主要包括车辆编队技术，即将若干车辆组成具有一定队形的车群行驶，编队队形根据不同的设计要求进行规划，一般为紧凑的直线型结构，在特定场景中也可排列为多边形等不规则图形。车辆编队技术由多智能体的编队发展而来，如今针对编队的研究可分为车辆编队方法研究和车辆合流策略研究两种。前者多基于不存在原始队列的情况，在航天飞行器和水下自主航行器实现复杂编队队形的场景下得到了广泛应用；在本书所述的地面智能网联汽车领域中，车辆编队方法主要用于将多辆自由车辆组成单一车道上的车辆队列行驶。后者队列融合的研究多用于高速路车辆编队，多基于道路中已存在原始队列但由于车辆任务不同而出现的单车出入队，以及在高速公路施工或遇匝道时车辆的合流和队列之间的合并。

2. 信控路口多车协同通行技术

主要通过车路(V2I)通信获取交叉路口车辆的运动信息，对交通信号配时和相位进行实时优化和调整,以达到降低路口延误、车辆排队长度、停车次数或行驶油耗的目的。针对交叉路口的交通优化算法的研究开始于20世纪末,由于当时网联汽车的概念尚未兴起,早期交通优化算法的研究均集中于对信号灯配时的研究。这方面的典型研究如1998年Schutter使用最优控制方法对单个信号灯等待队列长度进行优化研究[20]。21世纪初,人工智能的第二次热潮同样影响到了智能交通领域,Wiering[21]和Abdulhai[22]等将强化学习引入信号灯配时领域,将连续路口的信号灯视为多个智能体,以所有车辆的等待时间作为优化目标,对多个路口信号灯配时进行优化。随着智能联网汽车技术和车路协同技术的发展,研究深入到信号灯与智能网联汽车的协同控制。比较有代表性的研究是Xu[23]等提出的分层协同优化方法,该研究中考虑到信号灯时间分配与智能汽车驾驶策略的复杂耦合关系难以优化,将问题解耦为上层通行效率优化问题与下层的控制量优化问题。这样分层控制的方法,可以实现上层控制器对整体通行效率进行交通流优化,下层控制器对自车控制策略进行油耗优化。

3. 非信控路口多车协同通行技术

最早开展道路交叉口车车交互协同控制研究的是美国的加利福尼亚州立大学,它开展了无信号交叉口车辆变道无碰撞合流控制研究,旨在提高交叉口的通行效率,并且减少车辆延误时间[24]。目前,大多数非信控路口的研究集中在集中式协调方法上,即利用整个交叉口的全局信息来集中规划所有接近车辆的运动。例如,Dresner和Stone等[25]提出了一种基于预约的方法,即车辆代理在交叉口预留一块时空块,交叉口仲裁代理根据“先到先得”的策略管理预订。Kamal等[26]提出了交叉口自动车辆的全局协调方案,该方案使用模型预测控制框架来获得考虑交叉碰撞风险的车辆最优轨迹。针对分布式车车协同协调方法,即通过车车通信,根据多车协调算法,车辆自行组织通行顺序,消解彼此之间的冲突,实现不停车、安全地通过交叉口,目前研究相对较少。例如,Yuichi Morioka等[27]提出了用于视距不良交叉口的基于车车通信的避撞系统,当进入视距不良的交叉口区域时,两车互相交换当前自车位置、速度及与此检测波相关的其他信息,经信息处理计算两车相对距离,并提醒驾驶人采取必要的避险措施。

除了上述列举的各个场景外,智能网联汽车的协同控制还体现在常见的其他各个交通场景中,由于篇幅有限不再赘述。

5.3.2 网联系统建模

网联协同控制系统可以视为由多个单一车辆个体(有时也包括路侧单元)通过信息交互进行控制进而相互耦合组成的动态系统,以实现队列行驶、通过交叉口等多种行驶目标。其中,对系统的整体建模是基础。网联协同控制系统的建模可分为四个部分,采用四元素模型构架进行一般性数学描述[18],其中四元素分别为节点动力学、信息拓扑结构、多车几何构型和分布式控制器。针对不同的网联协同场景,均可使用该方法进行建模:首先以车辆队列为例对四元素模型的建立方法进行具体介绍,进而简述典型交叉口场景下的建模过程,最后给出混合交通及非理想通信等非理想工况下对四元素模型的改进和应用。

车辆队列场景中,假设队列行驶在平直的道路上,共有$N+1$个车辆,其中队首的领航车辆标号为0,系统中的跟随车辆编号依次为$1\sim N$。队列的目标是要求跟随车辆与领航车辆的速度一致,且相邻车辆之间的车距保持为期望的跟车距离。车辆队列的四元素模型如

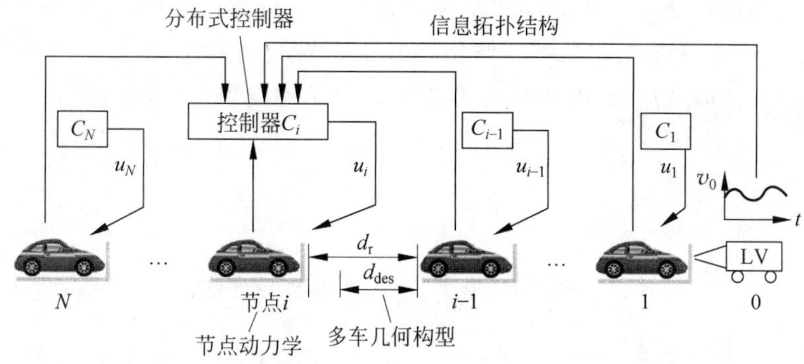

图 5-31 网联协同控制系统的四元素模型示例：车辆队列

图 5-31 所示。下面分别介绍四个模块的建模方法。

1. 节点动力学建模

节点动力学用于描述单个车辆的动力学行为。关于车辆队列控制问题的研究中，多数只考虑了纵向动力学行为，少数研究讨论了带有耦合或解耦的横向控制器设计方法。

车辆的纵向控制系统中，存在发动机、变速器、风阻和制动系等非线性环节，具有较强的非线性。直接建立非线性模型进行队列控制，能对车辆纵向动力学给出较为精确的描述，如式(5-14)所示。

$$\begin{cases}\dot{p}_i(t)=v_i(t)\\ \eta_{\mathrm{T},i}T_i(t)/r_{\mathrm{w},i}=m_i\dot{v}_i(t)+C_{\mathrm{A},i}v_i^2(t)+m_igf_i, \quad i=1,2,\cdots,N\\ \tau_i\dot{T}_i(t)+T_i(t)=T_{\mathrm{des},i}(t)\end{cases} \tag{5-14}$$

其中，$p_i(t)$和$v_i(t)$分别为车辆i的位移和速度，m_i为车辆的质量，$C_{\mathrm{A},i}$为集总空气阻力系数，g为重力加速度常数，f_i为滚动阻力系数，$T_i(t)$为车辆实际的驱动力或制动力的力矩，$T_{\mathrm{des},i}(t)$为期望的驱动力或制动力的力矩，τ_i为车辆纵向动力系统的时滞常数，$r_{\mathrm{w},i}$为车轮半径，$\eta_{\mathrm{T},i}$为传动系统的机械效率。另外，领航车辆的位移及速度分别表示为$p_0(t)$和$v_0(t)$。

该模型可以通过选择控制参数来保证车辆队列的渐近稳定性和队列稳定性，但是非线性模型会大大提高控制器设计的复杂性，同时带来计算速度慢、难以保证控制器稳定性等难题，并且很难给出明确的性能极限分析结果。因此，在队列控制中常对车辆纵向动力学进行简化，使用线性模型近似描述队列控制问题。常用的线性纵向动力学模型包括单积分器模型、二阶模型(包括双积分器模型)、三阶模型等。

单积分器模型将车速作为控制输入，将车辆位置作为车速的积分，是一种最简单的车辆模型，可以大大简化控制器设计的理论分析并将其转化为凸优化问题，但是该模型严重偏离实际车辆动力学且无法保证队列稳定性。二阶模型包括将车辆视为质点的双积分器模型以及针对队列的质量-弹簧-阻尼系统等，均以加速度作为控制输入，基于该模型的研究得到了许多重要理论结果，但仍不能充分体现车辆动力学的特征。而三阶模型则在二阶模型的基础上加入了车辆动力总成的工作特性，近似反映了车辆动力系统的迟滞现象，在研究中得到了广泛应用。

对式(5-14)描述的非线性车辆动力学模型进行反馈线性化,可以得到一种常用的三阶线性纵向动力学模型,下面给出反馈线性化的推导过程。

该系统输出 $y_i(t)=p_i(t)$ 的相对阶为 3,对输出求导得到:

$$\dot{y}_i=v_i \tag{5-15}$$

$$\ddot{y}_i=a_i \tag{5-16}$$

$$\begin{aligned}\dddot{y}_i&=\frac{1}{m_i}\left(\eta_{\mathrm{T},i}\frac{\dot{T}_i}{r_{\mathrm{w},i}}-2C_{\mathrm{A},i}v_i\dot{v}_i\right)=\frac{1}{m_i}\left(\eta_{\mathrm{T},i}\frac{T_{\mathrm{des},i}-T_i}{\tau_i r_{\mathrm{w},i}}-2C_{\mathrm{A},i}v_i\dot{v}_i\right)\\&=-\frac{1}{\tau_i}a_i+\frac{1}{\tau_i}\frac{1}{m_i}\left(\eta_{\mathrm{T},i}\frac{T_{\mathrm{des},i}}{r_{\mathrm{w},i}}-C_{\mathrm{A},i}v_i(2\tau_i\dot{v}_i+v_i)-m_i g f_i\right)\end{aligned} \tag{5-17}$$

式(5-16)中 a_i 为车辆节点的加速度。反馈线性化策略的选择如下:

$$T_{\mathrm{des},i}(t)=\frac{1}{\eta_{\mathrm{T},i}}(C_{\mathrm{A},i}v_i(2\tau_i\dot{v}_i+v_i)+m_i g f_i+m_i u_i)r_{\mathrm{w},i}$$

其中,u_i 是反馈线性化后车辆节点的控制输入。因而,式(5-17)转换为

$$\tau_i\dot{a}_i(t)+a_i(t)=u_i(t)$$

进而得到车辆队列中节点的三阶线性状态空间模型:

$$\dot{\boldsymbol{x}}_i(t)=\boldsymbol{A}_i\boldsymbol{x}_i(t)+\boldsymbol{B}_i u_i(t) \tag{5-18}$$

$$\boldsymbol{x}_i(t)=\begin{pmatrix}p_i\\v_i\\a_i\end{pmatrix},\quad \boldsymbol{A}_i=\begin{pmatrix}0&1&0\\0&0&1\\0&0&-\dfrac{1}{\tau_i}\end{pmatrix},\quad \boldsymbol{B}_i=\begin{pmatrix}0\\0\\\dfrac{1}{\tau_i}\end{pmatrix}$$

其中,$\boldsymbol{x}_i(t)$为节点 i 的状态;$u_i(t)$为车辆节点的控制输入,代表车辆的期望加速度;$\boldsymbol{A}_i$ 和 $\boldsymbol{B}_i$ 为状态方程参数矩阵。

车辆队列的横向控制系统中,考虑到计算复杂性,常采用解耦的横向动力学模型,一种常用简化的二自由度车辆模型,如式(5-19)所示。

$$\begin{cases}(k_1+k_2)\beta+\dfrac{1}{u}(ak_1-bk_2)\omega_{\mathrm{r}}-k_1\delta=m(\dot{v}+u\omega_{\mathrm{r}})\\(ak_1-bk_2)\beta+\dfrac{1}{u}(a^2k_1+b^2k_2)\omega_{\mathrm{r}}-ak_1\delta=I_{zz}\dot{\omega}_{\mathrm{r}}\end{cases} \tag{5-19}$$

其中,u 为车辆质心速度,β 为质心侧偏角,ω_{r} 为车辆的横摆角速度,δ 为前轮转角,a 为车辆质心到前轴的距离,b 为车辆质心到后轴的距离,k_1 为前轮轮胎侧偏刚度,k_2 为后轮轮胎侧偏刚度,I_{zz} 为车辆绕 z 轴转动惯量。

2. 信息拓扑结构

信息拓扑结构用于描述车辆节点间信息传递的拓扑关系,其表征了队列中每辆车使用的信息,并对队列的稳定性、稳定性裕度等特征有重大影响。可以采用代数图论方法进行刻画,参见附录。

如图 5-31 所示,一个队列包括一个领航车辆以及 N 个跟随车辆。根据附录中图论在车辆队列中的应用,队列中的车辆节点可简化为顶点,车辆之间的通信情况可以抽象成有向边,则跟随车信息拓扑结构可由有向图$\mathcal{G}_N=\{\mathcal{V},\mathcal{E}\}$表示,从领航车辆到跟随车辆的信息由增

广有向图$\mathcal{G}_{N+1}=\{\hat{\mathcal{V}},\hat{\mathcal{E}}\}$表示，其中$\mathcal{V}$,$\mathcal{E}$分别表示跟随车辆的顶点集和边集，$\hat{\mathcal{V}}$,$\hat{\mathcal{E}}$分别为领航车和跟随车集合的顶点集和边集。为保证信息可以在车辆队列中顺利传递，车辆队列的信息拓扑结构需要满足如下条件，即$\mathcal{G}_{N+1}$中应至少包含一棵以领航车为根节点的有向生成树[28]，即领航车辆到任一跟随车辆均存在至少一条有向路径，任一跟随车辆均能直接或间接获取领航车辆的信息。

车辆队列中一些常用的满足上述条件的信息拓扑结构如图 5-32 所示，包括前车跟随(Predecessor Following, PF)、前车领航车跟随(Predecessor-Leader Following, PLF)、双向跟随(Bidirectional, BD)、双向领航车跟随(Bidirectional-Leader, BDL)等，还有接收前方两辆车信息的双前车跟随(Two-Predecessor Following, TPF)和双前车领航车跟随(Two-Predecessor-Leader Following, TPLF)等。

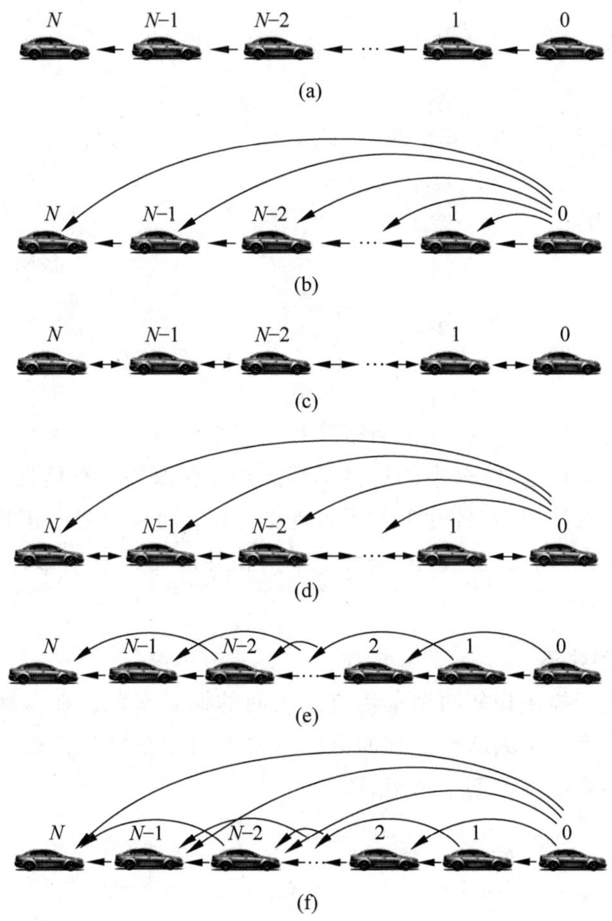

图 5-32 车辆队列常见信息拓扑结构

(a) PF 拓扑结构；(b) PLF 拓扑结构；(c) BD 拓扑结构；
(d) BDL 拓扑结构；(e) TPF 拓扑结构；(f) TPLF 拓扑结构

使用邻接矩阵、拉普拉斯矩阵和牵引矩阵可以完全描述车辆队列的信息拓扑结构。下面以 PLF 拓扑结构为例根据附录中介绍的方法写出该信息拓扑结构的邻接矩阵、拉普拉斯矩阵和牵引矩阵。

在 PLF 拓扑结构中，每个跟随车辆都能够同时获取其前面一辆车的信息和领航车辆的信息。在这种结构下，节点 i 能够获取节点 $i-1$ 的信息，因此节点 i 的邻域集为：

$$(\mathbb{N}_i)_{\mathrm{PLF}}=\begin{cases}\varnothing, & i=1\\ \{i-1\}, & i=2,3,\cdots,N\end{cases}$$

根据定义可写出其邻接矩阵和拉普拉斯矩阵：

$$(\boldsymbol{\mathcal{A}}_{\mathrm{N}})_{\mathrm{PLF}}=\begin{bmatrix}0 & & & \\ 1 & 0 & & \\ & \ddots & \ddots & \\ & & 1 & 0\end{bmatrix}$$

$$(\boldsymbol{\mathcal{L}})_{\mathrm{PLF}}=\begin{bmatrix}0 & & & \\ -1 & 1 & & \\ & \ddots & \ddots & \\ & & -1 & 1\end{bmatrix}$$

由于每辆车均能够获得领航车信息，因此领航节点可达集为：

$$(\mathbb{P}_i)_{\mathrm{PLF}}=\{0\},\quad i=1,2,\cdots,N$$

因此，牵引矩阵为：

$$(\boldsymbol{\mathcal{P}})_{\mathrm{PLF}}=\begin{bmatrix}1 & & & \\ & 1 & & \\ & & \ddots & \\ & & & 1\end{bmatrix}$$

其他拓扑结构的邻接矩阵、拉普拉斯矩阵和牵引矩阵可以按照类似的方法写出。

在这些信息拓扑结构中，队列中的每辆车都能直接获取领航车信息时，即采用各类领航车跟随形式拓扑结构的队列，在各种工况下表现更稳定；而采用双向拓扑时，每辆车都会考虑前后两车的运动状态，因此调整时间远大于单向拓扑。无论采用哪种拓扑都需在控制器设计中确保队列稳定性。

3. 多车几何构型建模

多车几何构型用于描述相邻两个车辆节点之间的期望车距。在车辆队列控制场景中，可具化为队列几何构型。车辆队列控制的目标是要求跟随车辆与领航车辆速度保持一致，且相邻车辆之间的距离保持为期望车距，即：

$$\begin{cases}\lim\limits_{t\to\infty}\|v_i(t)-v_0(t)\|=0\\ \lim\limits_{t\to\infty}\|p_{i-1}(t)-p_i(t)-d_{i-1,i}\|=0\end{cases}$$

其中，$d_{i-1,i}>0$ 为节点 $i-1$ 与节点 i 之间的期望距离。

期望距离 $d_{i-1,i}$ 的具体选择决定了队列几何构型。期望距离有三种常见的选取方式，分别为恒定距离型、恒定时距型和非线性距离型，如式(5-20)所示。

$$d_{i-1,i}=\begin{cases}d_0\\ t_{\mathrm{h}}v_i+d_0\\ f(v_i)\end{cases}\tag{5-20}$$

对于恒定距离型队列，$d_{i-1,i}$ 为一个给定的常数，即 d_0 为给定大于零的常数，此时两车之间的期望车间距与车速无关，可以达到更大的交通流量。对于恒定时距型队列，$d_{i-1,i}$ 是自车车速的一个线性函数，其中，t_h 为跟车时距，此时跟车距离随车速变化，这在一定程度上与驾驶人的行为相符，但限制了可达到的交通流量；对于非线性距离型队列，$d_{i-1,i}$ 是自车车速的一个非线性函数，在不同文献中，$f(\cdot)$的形式略有不同，但均是从保证队列稳定、交通流稳定、提高交通流密度的角度来优化函数形式。

4. 分布式控制器

在车辆队列控制中有两种控制思路：集中式控制和分布式控制。在对车辆队列进行集中控制时，需要基于队列的整体动力学进行计算和求解，这虽然便于分析队列稳定性，但其计算效率随着队列规模的增加而迅速恶化。因此，大多数研究均将车辆队列拆分为各个车辆子系统，采用分布式控制方法，以避免求解负担。因此，本节仅介绍分布式控制器。

分布式控制器用于描述利用邻域内车辆信息的反馈控制律。分布式控制器利用邻域车辆的信息做出反馈控制，以实现队列全局的协调目标，同时保证队列的稳定性。考虑理论分析的难度以及硬件实施的方便性，常见的分布式控制器均为线性形式。在线性控制器下，队列系统的闭环稳定性依赖于信息拓扑结构的形式。从而，线性控制器参数的设计通常需要具体问题具体分析。通过代数图论和矩阵分析的方法，可以解析地得到一类信息拓扑结构下线性控制器的稳定参数区域；此外，可采用一些数值的或者解析的优化方法来优化线性控制器增益。线性反馈控制器的一般形式如式(5-21)所示。

$$\begin{aligned} u_i(t) = -\sum_{j\in \mathbb{I}_i} (& k_{ij,p}(p_i(t) - p_j(t) - d_{i,j}) + k_{ij,v}(v_i(t) - v_j(t)) + \\ & k_{ij,a}(a_i(t) - a_j(t))) \end{aligned} \tag{5-21}$$

其中，$k_{ij,\#}$（$\#=p,v,a$）是控制器的增益，$\mathbb{I}_i=\mathbb{N}_i\cup\mathbb{P}_i$ 为车辆节点 i 能使用的邻域信息。

但线性控制器存在一些不足，如无法显式地处理队列稳定性，并且无法处理状态量或控制量的约束。为克服这些问题，可以采用$\mathcal{H}_\infty$或模型预测控制方法进行控制器设计。其中，模型预测控制可以预测未来一段时间内车辆状态的变化，在考虑到各种约束条件的情况下，给出车辆控制的最优解。但同时，这类方法也带来了计算速度慢、稳定性分析困难等问题。

对于队列横向控制器的研究较少，一般工程上多采用 PID、预瞄控制等方法，能够做到快速、准确跟踪车辆的横向轨迹。但需要注意的是，在横向控制中常要考虑避撞功能，避免车辆与周围自由车辆、交通设施等相撞。

通过上述四个部分的设计，可以建立网联协同车辆队列系统的整体模型，能够清晰描述车辆节点以及各节点之间的关系，实现信息交互和协同控制。其他场景均可采用类似方法进行描述，但是针对具体的环境条件及控制目标，需要在上述四元素模型的基础上进行适当调整。

例如在无信号交叉路口通行场景中，由于采用了车辆队列的控制思想，需要依据前文所述的车辆队列四元素模型方法分别建立车辆的节点动力学、信息拓扑结构、队列几何构型和分布式控制器，以实现交叉路口中虚拟队列的描述和控制。其中具体的建模方法与车辆队列有一定区别，例如，考虑到交叉路口车辆节点众多，为降低计算复杂度常采用质点或较低自由度的车辆节点动力学。除此之外，考虑到交叉路口场景涉及四个方向的来车，不同方向的车辆通过交叉路口时可能发生碰撞冲突，因此需在四元素的基础上进一步建立交通流冲突模型与交通流冲突矩阵，用于交叉口冲突消解。

此外，前文所提及的网联协同建模方法多针对所有车辆全部具备自动驾驶能力的工况，在实际的智能网联汽车技术推广过程中，势必会存在一个较长期的过渡阶段，即智能网联汽车与传统的驾驶人驾驶汽车(Human-Driven Vehicle，HDV)共存的混合交通工况。混合交通场景与一般智能网联汽车协同控制场景的最大区别之一即为驾驶人驾驶车辆的引入，因此需要在四元素模型的基础上对驾驶人驾驶车辆的行为进行建模。就微观模型而言，驾驶人纵向跟车模型(Car-Following Model)是一个重要组成部分，有多种建模方式，其主要思想是建立驾驶人驾驶汽车的加速度与距前车的相对距离、相对速度和自车速度之间的关系。引入驾驶人驾驶汽车模型之后，就可以对混合交通系统进行进一步的分析与控制。

同时，上述介绍的内容均假设智能网联汽车处于理想通信环境下，即假设每一辆车都可以实时、准确获取所需要的其他车辆或道路的信息，通信过程并没有被明确考虑。但在实际运行过程中，现有用于车-车或车-路的通信手段如 IEEE 802.11p，LTE-V2X(long term evolution-vehicle to everything)与 NR-V2X(new radio-vehicle to everything)等，都很难达到完全理想的通信环境，一般情况下均会存在时延、丢包等各种非理想通信情况，且随着车辆速度的提高、通信距离的加大和数据量的增长，上述非理想通信情况可能会愈发明显，严重时会极大危害车辆的决策控制安全。因此，需要明确考虑可能的非理想通信场景并进行准确建模，在网联协同控制中主要考虑的非理想通信现象包括时延和丢包两种。在考虑通信时延的智能网联汽车控制系统的建模方法中，一般假设控制器使用最新收到的传感器数据计算控制指令，该传感器数据是经过一定时延 $\tau(k)$ 后到达的，以线性反馈控制器为例：

$$u(k)=-Ky(k-\tau(k)),\quad \tau(k)=0,\cdots,d$$

其中，k 为离散时刻，$u(k)$ 为系统控制变量，$y(k)$ 为系统输出，K 为线性状态反馈控制器增益，$\tau(k)$ 为时变时延周期数，d 为最大时延周期数。在处理时延量 $\tau(k)$ 时，往往有多种假设，例如假设为固定不变的常数，或周期性变化的数值，或随机变化的有界数值。引入时延考虑，设计稳定且具有较优性能的智能网联汽车控制方法，是促进智能网联汽车实际应用的重要研究方向。

另一个常见的非理想通信场景为通信丢包，在智能网联汽车控制中，通信丢包一般指某一时刻发出的信息并未被接收。记 $\theta_k=1$ 表示在 k 时刻信息传输成功，$\theta_k=0$ 表示在 k 时刻信息传输失败，即表示丢包。为描述丢包过程，可以使用确定性过程进行描述，也可以使用随机过程进行描述。在随机过程模型中，描述存在丢包现象的网络系统的一种典型方法是使用马尔可夫跳变系统，而为了描述丢包过程，最基本的一种方法是使用两状态离散马尔可夫过程。记 $\hat{y}(k)$ 为 k 时刻智能网联控制器考虑的信息，由 θ_k 决定；在针对存在丢包的场景对车辆节点动力学进行建模时，使用 $\hat{y}(k)$ 来代替真实的输出状态进行控制量的计算。即信息传输成功时，使用接收到的信息进行系统控制；若信息传输失败，即丢包，则使用上一时刻使用的信息继续进行系统控制，即保持上一时刻的控制量不变。

5.3.3 协同决策

应用四元素模型能够实现如跟车等车辆队列的基本控制，但队列的组成、拆分、动作等功能的实现仍需要上层决策的整体协调，即队列的编队控制。编队概念是受鸟群、鱼群等自然界的动物群体行为而得到启发的，用于机器人、无人机群、车群等多智能体系统的自动驾驶控制，以编队的形式完成复杂任务并提高系统的自动驾驶水平及性能。

城市路口交通条件复杂、交通流冲突汇聚，是交通拥堵最易发生的交通场景之一，已成为制约交通运行安全和效率以及车辆燃油经济性的重要因素。智能网联汽车编队控制技术融合了车联网和自动驾驶技术，为城市路口交通控制与管理提供了新方法，可提升路口交通安全、效率和燃油经济性。下面主要从车辆队列编队决策和路口决策分别介绍。

1. 车辆队列编队决策方法

在编队研究中，常将多智能体系统决策控制分为三层结构来实现[29]。任务管理层根据群体整体目标将具体任务分配给各个智能体，包括路径的起止点、编队形状等。其中，编队形状有多种方案，常见的有线形、V 形、菱形等，可以根据特定的任务要求或环境进行选择或改变，在高速公路车辆队列中，最常见的是线形编队结构，即多个车辆在同一车道上行驶。路径规划层为多智能体的编队行为规划可行的协同轨迹，包括数据获取、协同路径规划、实时轨迹修改等模块。其中，协同路径规划是该层的核心，需要考虑避免智能体之间的碰撞、协调多个智能体高效安全地完成任务目标。为了避免轨迹跟踪过程中出现误差、障碍物而导致碰撞，需加入实时轨迹修改模块。任务执行层根据生成的轨迹进行智能体行为的控制，设计分布式控制器以实现各个智能体的编队任务。

根据不同的场景和要求，车辆队列编队的任务目标有如下三种内涵[30]。

(1) 编队的生成和维持：各个自动驾驶车辆从任意初始位置时能够形成编队队形并保持适当的车间距离。

(2) 行驶过程中的队形保持：在轨迹跟踪或跟车行驶过程中保持编队队形。

(3) 队形变化管理：在遇到障碍物或车辆出入队列时，队列的队形及拓扑结构可能发生改变，此时要求能够完成队形的变换和恢复。

为实现上述任务，有三种常见的方法：领导跟随法、基于行为的方法和虚拟结构法。

在领导跟随法中，一个领导者多数情况下即为队列的领航车，管理其余跟随者。其中，领导者遵循其期望轨迹行驶，跟随者跟踪领导者的位置和速度。该方法有三种类型的领导者，即静态领导者(领导者身份不变)、动态领导者(领导者身份改变)和虚拟领导者。领导跟随法能够减少跟踪误差，并简化控制器的设计，但过于依赖领导者，当领导者产生错误决策时可能会损害队列整体的性能，且缺少跟随者到领导者的反馈渠道。

在基于行为的方法中，每个智能体的最终控制指令是由行为协调器决定的。行为协调器中预设了若干种基本行为，如躲避障碍物、目标搜索、保持编队等，根据实际目标和周围环境，将每个行为的输出进行加权求和并归一化，得到耦合后的智能体最终行为。这种方法可以在未知动态环境中运行，只需要有限的信息共享即可实现，但该方法需要推导编队整体的动力学模型来研究其收敛性和稳定性，分析难度较大。

在虚拟结构法中，设计了代表各个智能体的虚拟刚性结构，通过给虚拟刚性结构赋予期望运动，控制智能体跟随该虚拟结构来实现编队控制。该方法中期望轨迹由整个编队共享，容易规划整体协同行为，但该方法是集中式方法，单点故障可能导致整个系统失稳，集中点的计算和通信负担也会降低系统性能。

这三种方法对比如表 5-2 所示。

表 5-2 编队方法对比[30]

编队方法	优点	缺点	应用范围
领导跟随法	易于设计和实施； 系统内高效通信	高度依赖领航车； 缺少从跟随车到领航车的反馈	广泛应用于各种多智能体平台
基于行为的方法	能够处理多任务场景	难以用数学方式表达系统行为； 难以保证和证明系统稳定性	多用于机器人和智能网联汽车领域
虚拟结构法	在队形保持中表现良好； 良好地表示出编队中每辆车之间的关系和协同行为	无法灵活改变编队形状； 难以设计避撞功能	多用于移动机器人领域，智能网联汽车中应用较少

在车辆队列编队控制中，最常见的是领导跟随法，即由领航车来协调队列的编队过程，其涉及车辆队列成员变化、与其他车辆或队列协同交互等场景下的决策与控制方法，包括组队、车辆出入队列、队列合并与分离等场景。少量研究采用了基于行为的思想，将其用于队列管理上。在具体应用中，常涉及决策者的选择和变换、决策策略的确定、协同轨迹规划等方面，下面将分别介绍。

1）车辆队列决策方式

在队列成员发生变化时，对于某一车辆，其身份可能改变，进而其负责的决策内容与控制器形式均有所不同，因此需对车辆身份进行管理。常采用有限状态机对车辆的状态进行描述和管理。有限状态机用于描述系统的各种可能状态以及状态转换规则，即如何从一种状态转换为另一种状态。仅当满足指定条件时才可以进行状态转换，并且系统在任何给定时刻只能处于一种状态。状态机由状态、初始状态以及转换条件确定，可通过状态图可视化。一种车辆状态机示意图如图 5-33 所示[31]，以椭圆表示状态，箭头表示状态转换。车辆状态包括自由车辆、队列领航车、队列跟随车等，根据自车所在车道以及在队列中的位置可以进行初始状态的判断；在发生换道或车间距变化后，不同身份之间可以互相切换。每辆车根据自己所处的状态，执行相应的决策和控制算法。

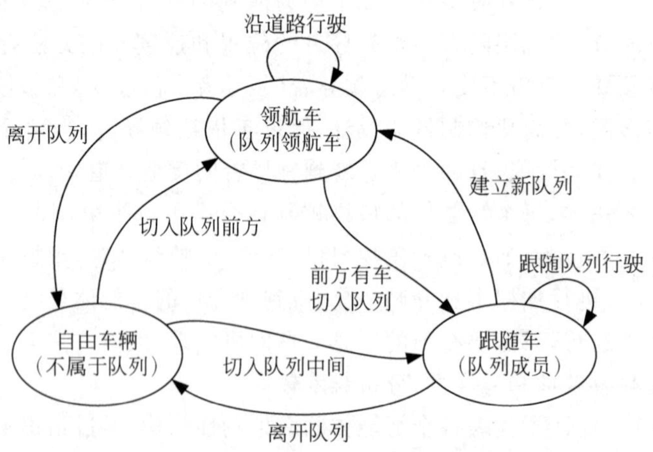

图 5-33 车辆状态机示意图[31]

确定车辆状态后，根据决策对象可分为集中式决策和分布式决策两种方法。在集中式决策方法中，通常由车辆队列的领航车进行决策计算。以单车入队为例，领航车接收到自由车辆的入队请求后，收集队列成员及入队车辆的全部信息，通过全局优化或基于规则等方式判断入队车辆的最佳切入位置，并发布指令对跟随车进行指导。在分布式决策方法中，队列的决策者常常会发生改变。同样以单车入队为例，由入队车辆选择初始切入位置，队列中切入位置前方车辆判断是否允许入队，若不满足入队条件则将决策权移交给后方车辆，继续判断是否能够在新的插入位置实现安全入队操作。

2）队列管理策略

在决策者确定车辆队列编队顺序或车辆切入/切出队列的位置后，队列相关位置的车辆需要进行间距和速度的调整，该过程常涉及纵向和横向控制器的协调控制，并需要在多种行驶模式之间转换。此时需要对多种控制策略进行协调管理。具体来讲，可以将一个场景拆分成一系列具体的行为，每一个行为都有对应的控制策略，如协同自适应巡航控制(CACC)、换道控制(Lane Change, LC)、车道保持(Lateral Following, LF)、避障(Obstacle Avoiding, OA)等，则车辆的行动可以视作一系列控制过程的组合，每一阶段采用不同的控制策略以达到最终的控制目标。

一个具体的管理策略方案如图 5-34(a)所示[32]。以车辆切入队列为例，如图 5-34(b)所示，车辆切入队列场景可以分为制造间距、换道、队列纵向调整这三个具体行为，可以对应CACC、换道、车道保持等技术应用，进而车辆切入队列动作可分为三个步骤：制造换道安全距离并调整速度，车辆换道，以及纵向车间距调整。如图 5-34(b)所示，当车辆 3 意图进入队列车辆 1 和车辆 2 之间时，车辆 3 首先将自车速度调整到队列巡航速度，提出换道请求，进而调整自车与车辆 1 的车间距，直至满足换道安全距离，该距离一般大于队列跟车距离；完成与车辆 1 之间的间距调整后，车辆 3 需等待后方车辆 2 进行间距调整；车辆 2 接收换道请求后调整自车与换道车辆 3 之间的距离，直至满足换道安全距离，给车辆 3 发送安全换道信号；车辆 3 收到安全换道信号后，实施换道行为插入到车辆 1 和 2 之间；完成换道后车辆 3 和车辆 2 调整与前方车辆的间距，形成队列紧凑行驶。

车辆切入队列、切出队列、队列合并、队列拆分、组队等涉及纵向间距调整和横向换道操作的场景均可采用上述方法来实现，使车辆复杂行为成为多种简单驾驶辅助或自动驾驶功能的融合，可扩展到多种队列管理场景中。

3）协同路径规划

多车协同路径规划是指对一定范围内的车辆群体通过车-车/车-路信息交互来协同地进行路径规划，以期达到车群整体路径最优。在编队控制中可采用协同路径规划方法来保证车辆安全、快速地组队或进行换道操作，以保证编队过程的顺利进行。

多车协同路径规划问题是单车路径规划问题的拓展，但其考虑的目标更为复杂，如图 5-35 所示，除了单车规划中考虑的因素之外，还需考虑如下问题：

(1) 避免车辆队列内部碰撞

由于协同环境下多辆自动驾驶汽车以队列形式行驶并规划轨迹，每辆车都可能对周围的其他车辆造成碰撞风险。因此，为了确保车辆队列的整体安全，需要解决不同协同车辆内部的避撞问题。

(2) 编队行为

在队列编队的过程中，需要保持队形和改变队形等，此外还会遇到涉及多车道的不同拓扑的编队行驶及队列变换问题，这些均要求协同轨迹规划能够实现各种不同的编队形式。

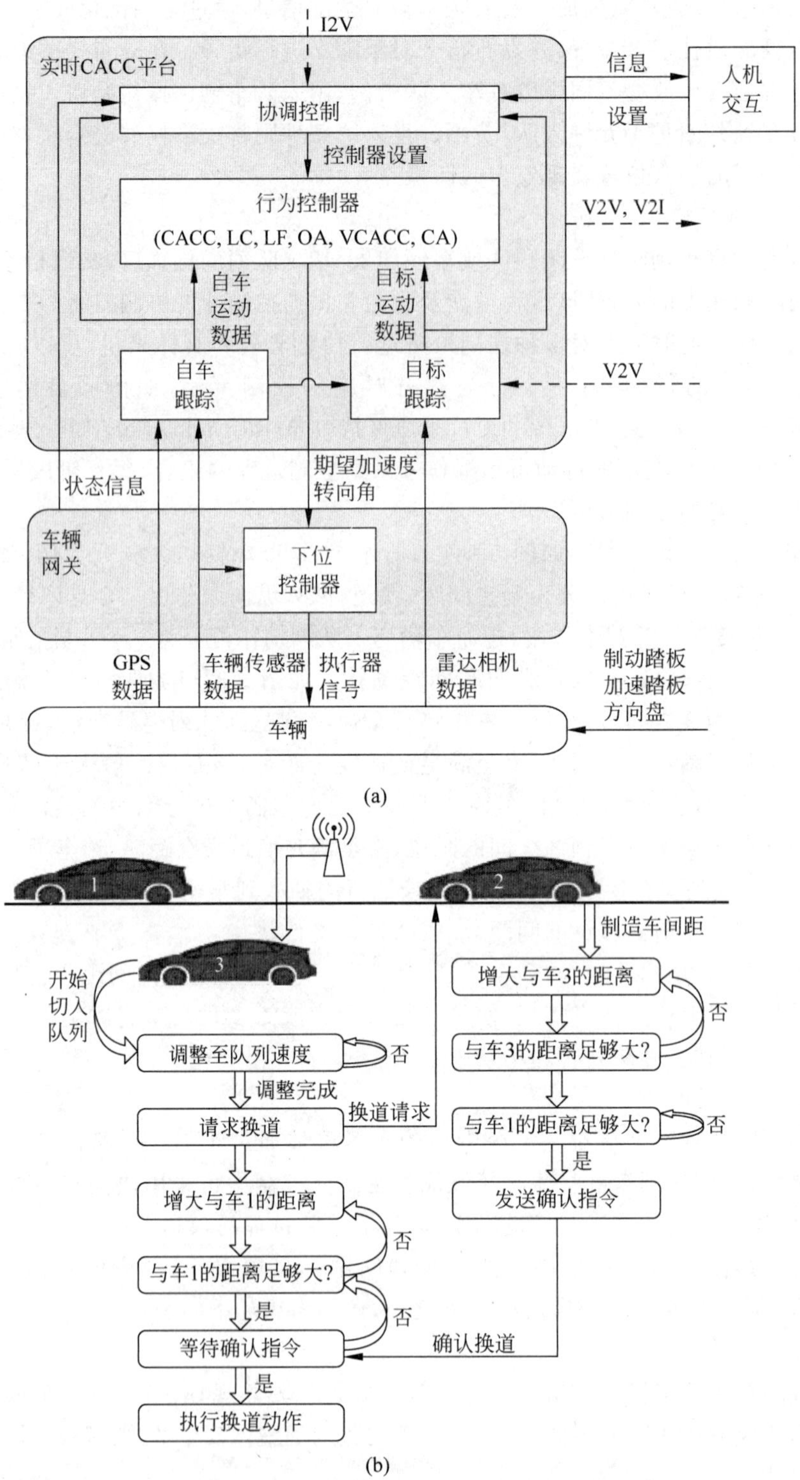

图 5-34 车辆控制策略及行为拆解示意图[32]

(a) 场景分解控制策略；(b) 切入队列过程行为拆解

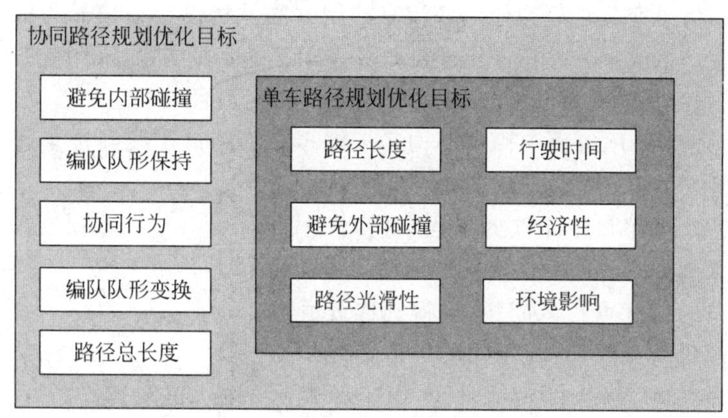

图 5-35 单车和协同路径规划目标对比[30]

(3) 协同行为

车辆之间的协同目标和协同行为是协同路径规划的重要因素。在车辆队列编队控制中,对时间与位置协同行为提出了要求,即对每辆车的到达时间和瞬时位置同时提出了要求,生成的轨迹应在最大程度上保持车辆之间的预期位置关系,从而可以解决编队路径规划问题。

(4) 总距离

在多车路径规划中,为了获得最优效果,不能仅考虑某一辆车或分别优化每一辆车的行驶距离,而应优化所有轨迹的总距离,使之尽可能保持在最小水平。

多车协同路径规划方法是在单车路径规划方法的基础上发展改进而来的,并加入了上述多车场景特有的规划目标。在多车协同路径规划中,可以根据算法的搜索特性分为两类:确定性搜索方法和启发式搜索方法。确定性搜索方法通过遵循一定步骤完成,具有完整性和一致性的优点,即只要存在最优解就可以保证能够找到该搜索结果,且当搜索条件没有变化时,每次输出结构都将保持不变。因此,确定性算法也称为精确算法,包括人工势场法、基于路线图的算法等。启发式搜索方法用于解决确定性方法无法有效解决的问题,当难以找到精确解时,启发式算法能够提供一个近似解,因此也称其为近似算法。但是,由于启发式算法仅会在搜索空间的子空间内进行寻找,因此不能保证结果的全局最优性,只能获得近优解;且该算法在空间中随机搜索,因此不能保证结果一致性。典型的启发式算法包括进化算法,如遗传优化算法、粒子群优化算法、蚁群优化算法等。

现有多车协同算法上有一些局限性,如避免碰撞的策略不足以应对复杂环境、未加入真实动态障碍物、未考虑环境因素等,均尚需进一步研究。

2. 路口决策方法

1) 信控交叉路口多车协同

信控交叉路口智能网联汽车控制方法是指通过 V2X 通信技术获取交通信号信息和局部交通信息,以车辆燃油经济性和通行效率为目标,在交通约束条件下,优化车辆的速度轨迹或动力系统输出。

信号交叉路口智能网联汽车控制方法按照决策方式、考虑交叉路口的数量以及车辆数目的不同可分为基于规则控制的方法和基于优化控制的方法。

基于规则的信号交叉路口智能网联汽车控制方法是指以交通信号为输入，采用预定规则计算车辆通过一个或多个路口不遭遇红灯停车的车速。此方法由于减少了车辆的停车怠速和加减速，在一定程度上可减少燃油消耗，提升车辆行驶经济性。

如图5-36所示，采用匀速车辆模型构建求解多交叉路口干线经济车速的方法，采用匀速车辆模型计算车辆从初始点在绿灯开始时刻和绿灯结束时刻到达交叉路口停止线的平均车速，将这两个车速组成的区间作为通过路口速度的可行区间，再将通过多个路口的速度可行区间相交，得到连续通过多个路口的速度可行区间，将此区间的中点速度作为经济车速。图5-36中，横坐标表示时间，纵坐标表示位置。d_i 为车辆与第 i 个交通信号灯的距离，g_i 为第 i 个交通信号灯的绿灯开始时刻，r_i 为第 i 个交通信号灯的绿灯结束时刻，$v_{\min_i}$ 和 $v_{\max_i}$ 分别表示通过第 i 个交叉路口的最小速度和最大速度，由匀速车辆模型计算得到，v_{target} 为通过连续交叉路口的经济车速。在图中，通过第1个路口的速度可行区间为 $[v_{\min_1}, v_{\max_1}]$，通过第2个路口的速度可行区间为 $[v_{\min_2}, v_{\max_2}]$，两个可行区间的交集为 $[v_{\min_2}, v_{\max_1}]$，因此，参考经济车速 $v_{\text{target}}=0.5(v_{\min_2}+v_{\max_1})$。此参考车速可用于车辆的预测巡航控制系统，保证车辆在交叉路口的绿灯时间通过路口且减小通过多个路口的速度波动。

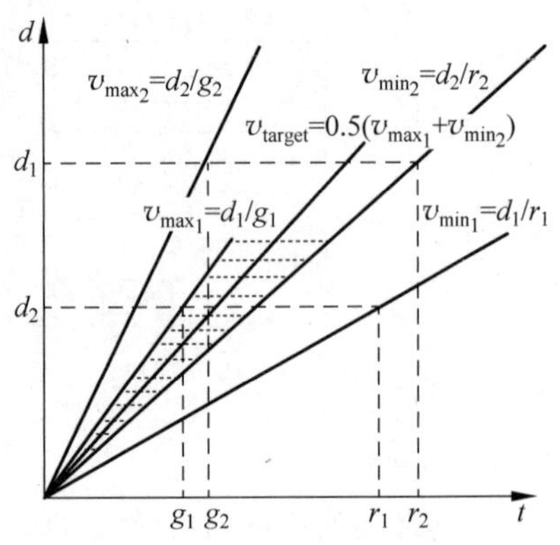

图5-36 经济车速模型[33]

基于优化控制的经济车速控制方法考虑车辆动力学模型和若干约束条件，以燃油经济性为目标构造优化模型，运用适当的求解算法得到车辆最优经济车速轨迹。

经济车速控制方法可以写为最优控制问题：

$$\min_u J=f(x(t_{\mathrm{f}}),t_{\mathrm{f}})+\int_{t_0}^{t_{\mathrm{f}}} g(x(t),u(t))\mathrm{d}t \tag{5-22}$$

s. t.

$$\dot{x}(t)=h(x(t),u(t)) \tag{5-22a}$$

$$x(t_0)=x_0 \tag{5-22b}$$

$$u_{\min}\leqslant u(t)\leqslant u_{\max} \tag{5-22c}$$

$$t\in G_i,\quad x(t)=d_i \tag{5-22d}$$

其中，式(5-22)表示经济车速优化的损失函数，其包含终端状态损失函数和积分项损失函数两项。其中，u 表示控制变量，可为期望加速度或车辆动力系统输出等；x 表示车辆状态，一般为车辆位移、速度和加速度；t_0 为初始时刻，t_{f} 为终端时刻；$f(\cdot)$为终端状态的损失函数；$g(\cdot)$为积分项损失函数的被积函数，一般为油耗率对车辆状态、控制变量的函数。式(5-22a)表示车辆动力学模型，$h(\cdot)$为状态转移函数。式(5-22b)表示车辆的初始状态约束，其中 x_0 为车辆初始状态。式(5-22c)表示车辆控制变量的框式约束，其中 $u_{\min}$ 和 $u_{\max}$ 分别表示约束的上下界。式(5-22d)表示车辆须在绿灯相位时间内通过交叉路口。其中，G_i 表示第 i 个交叉路口的绿灯相位时间区间，d_i 表示第 i 个交叉路口的位置。

对于优化模型的目标函数，通常以车辆通过路口的速度波动为最小目标，或在损失函数中考虑车辆通过路口的总时间，或以车辆通过路口的油耗等作为损失函数，典型的形式为如式(5-23)所示的弗吉尼亚理工综合油耗模型，车辆油耗为车辆速度、加速度的多项式。

$$R_{\mathrm{T}}=b_1+b_2+ma+\alpha_{\mathrm{s}}mg$$

$$F=\begin{cases}\alpha & a<(-b_1-b_2v^2-a_{\mathrm{s}}mg)/m \\ \alpha+\beta_1 vR_{\mathrm{T}} & a<(-b_1-b_2v^2-a_{\mathrm{s}}mg)/m\leqslant a<0 \\ \alpha+\beta_1 vR_{\mathrm{T}}+\beta_2 ma^2v & a>0\end{cases}\tag{5-23}$$

其中，R_{T} 为车辆行驶阻力，b_1 和 b_2 分别为轮胎滚动阻力项和风阻系数，m 为车辆质量，a 为车辆加速度，α_{s} 为道路坡度，g 为重力加速度，F 为发动机燃油消耗率，α 为发动机怠速燃油消耗率，β_1 和 β_2 为油耗模型系数。

2) 非信控路口多车协同

随着自动驾驶技术和通信网络技术的不断创新，智能网联车辆即将迎来规模化部署和使用阶段，车辆运动不再由交叉路口红绿灯信号进行组织和管理。在这种非信控交叉路口智能网联汽车协同决策方法中，研究重点在于如何设计合理的车辆通行方案，排除各向交通流间存在的时空轨迹重叠，进而消解潜在冲突。由于此方法在交叉路口取消了交通信号灯，可有效减少绿灯相位之初的车辆起步损失时间(Start-Up Lost Time)和绿灯相位末清除交叉路口通行车辆导致的绿灯清除损失时间(Clearance Lost Time)，进一步提高交叉路口交通效率。

依据现有研究中决策任务承担者的不同，非信控路口约束下的多车协同决策方法主要分为完全集中式的决策方法、集中与分布式混合的决策方法以及完全分布式的决策方法。

(1) 完全集中式的决策方法。指存在某一部署于路侧的交叉路口管理单元，其收集交叉路口区域所有车辆的信息后，进行全局优化，进而为每一辆车分配通行次序、到达时间或者通行轨迹。该方法可以分为基于预约(Reservation-Based)的方法和基于优化(Optimization-Based)的方法。

在基于预约的方法中，通常将网联车辆与交叉路口管理器视为具有通信和决策能力的智能体(Agent)，进而建立不同类型智能体间的协作策略。具体而言，到达交叉路口的车辆首先向交叉路口管理单元发出通行请求，而后由交叉路口管理单元依据交叉路口交通流状况确定是否为其分配预留的通行时间和空间资源。当该请求被允许时，该车辆即可按照原速度正常通行；否则，车辆需要进行减速，并重新进行通行请求。在交叉路口冲突消解策略方面，通常采用“先到先服务”(First Come First Served，FCFS)策略，即为早发出通行请求的车辆优先分配通行时间，而对于后发出通行请求的车辆则需要依据其预测的运行轨迹判断是否存在冲突，进而决定是否允许通行。

基于优化的方法将交叉路口处的车辆通行问题转化为以通行安全为约束、以交叉路口通行效率和车辆经济性、舒适性等为目标的优化问题，进而求解最优的交叉路口通行策略，因而可在实现冲突消解的同时达到特定的最优性目标。在基于优化的方法中，主要的优化变量包括通行次序和车辆轨迹等。图 5-37 中，$x_i(t)$ 和 $x_j(t)$ 分别为车辆 i 和 j 的轨迹，其在$[p,q]$时间段共同处于交叉路口内，重叠部分轨迹长度分别为 $\int_p^q\sqrt{1+\dot{x}_i(t)^2}\,\mathrm{d}t$ 和 $\int_p^q\sqrt{1+\dot{x}_j(t)^2}\,\mathrm{d}t$，而式(5-24)即为最小化交叉路口所有入口、信号相位、车道上所有车辆

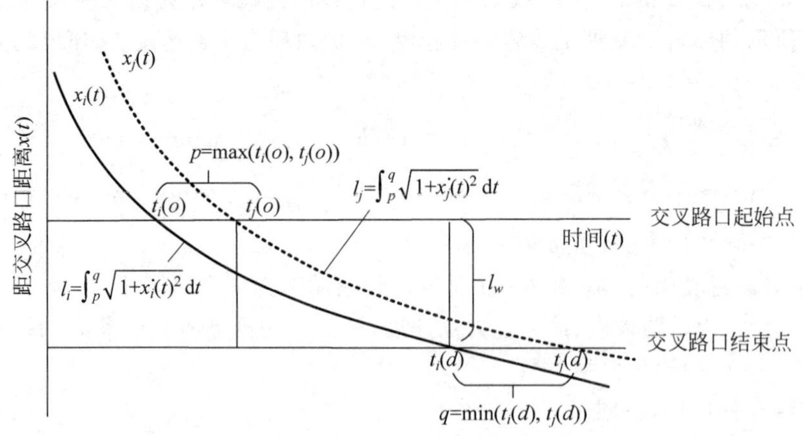

图 5-37 基于优化的交叉路口冲突消解方法[34-35]

的轨迹重叠的目标函数。这种方法将车辆通行安全考虑在目标函数中，即要求重叠轨迹充分小，但其无法绝对避免车辆的碰撞。

$$\min\ \mathrm{TL}=\sum_{i=1}^{P}\sum_{k=1}^{L_i}\sum_{m=1}^{N_{ik}}\sum_{j=1}^{P}\sum_{l=1}^{L_j}\sum_{n=1}^{N_{jl}}\int_p^q\sqrt{1+\dot{x}_{ikm}(t)^2}\,\mathrm{d}t \tag{5-24}$$

式中，P 表示总相数，i 和 j 表示相数指数，k 和 l 表示车道标识符，m 和 n 表示车辆标识符，L_i 和 L_j 分别表示第 i 相位和第 j 相位的车道总数，N_{ik} 和 N_{jl} 分别表示第 i 相位和第 j 相位的 k 和 l 车道上的车辆总数，p 表示到达交叉路口起点的时间，q 表示到达交叉路口终点的时间。

综上，基于优化的方法的优势在于，其可将系统全部约束考虑在内，并给出全局最优方案。然而，其劣势在于，每个车辆均需与集中管理单元通信，这对通信距离要求较高。同时，当交叉路口区域的车辆数目很多时，集中管理单元需要进行大规模的优化问题求解，计算负担很高。此外，这种集中式决策方案不利于车辆的隐私保护，对于通信失效的容错能力也较差，即当集中管理单元通信失效时，会导致整个系统无法工作。

(2) 集中式与分布式混合的决策方法。该方式与(1)中的决策方法的主要不同之处在于将部分决策任务分散到了车辆端。车辆的控制指令并非是在获取全局信息后进行规划的，而是由车辆依据通信所获取的局部信息而确定的。通过将部分轨迹规划的任务转移至车辆端，这种方法虽无法再实现全局最优，但却可以有效地降低集中管理单元的任务处理复杂度。在这种情况下，车辆获取集中管理单元所分配的决策信息，进而利用车车通信，与其他车辆协同完成交叉路口通行任务。[36]

集中管理单元为每个车辆所分配的决策结果可以是车辆的到达时间，此时，车辆需要在满足到达时间的约束下进行车端决策规划，同时避免发生碰撞。除分配到达时间外，另一种有效的方法是为车辆分配虚拟前车，相应的方法称为虚拟队列(Virtual Platoon)方法，即通过坐标投影，将不同方向的交通流转化为同一个车辆队列，进而实现车辆间的冲突消解。

(3) 完全分布式的决策方法。在这一类方法中，不再存在集中式的决策单元，决策任务完全由车端决策设备进行。由于单车的观测范围有限，因此现有方法常常对交叉路口进行区域划分，典型的划分方式如将其分为“观测区”“优化区”“控制区”。在观测区内，车辆观察他车状态，并依据统一的方法或规则确定通行次序；在优化区内，车辆优化到达交叉路口的时间，并确定期望轨迹；在控制区内，车辆跟踪期望轨迹，同时保证行驶车距。

5.3.4 协同控制

1. 协同控制架构

针对智能网联汽车的协同控制，其整体控制架构可以分为集中式控制架构和分布式控制架构两种。其中，集中式控制架构易于设计，可以直接基于智能网联汽车协同控制的整体系统模型(例如 5.3.2 节得到的队列模型)，利用常见的控制方法(例如 5.2.4 节介绍的 PID 控制、LQR 控制、MPC 控制等)进行具体的控制器设计。

智能网联汽车的集中式协同控制尽管易于设计，却存在着诸多缺陷，例如：①集中式协同控制架构依赖于集中式的处理单元，如路侧计算单元或者云计算单元等；②当车辆数目较多或协同控制任务较复杂时，控制器求解的问题规模将变得很大，难以满足实时求解的要求；③智能网联汽车协同控制系统的整体动力学特性的结构经常会发生改变，比如智能电网、车辆队列中子系统随时接入与分离，集中式的控制架构难以应对这一问题；④在大规模的智能网联汽车协同控制系统中，由于系统通信能力受限，集中式处理单元难以实时、准确地获取整体系统的信息，无法进行集中化处理，性能难以保障。

除了集中式协同控制架构之外，分布式控制架构是另一种实现智能网联汽车协同控制的解决方案。分布式控制器利用每辆智能网联汽车自身可直接获得的信息(如信息流拓扑中的邻域车辆状态信息、路侧设施发来的信号灯配时信息等)做出反馈控制，以实现系统全局的协同控制目标。

在车辆队列系统中，智能网联汽车的分布式控制意味着控制器带有结构特征，相应地，无结构控制器要求队列中任意车辆节点之间均具有通信能力，即信息流拓扑结构对应着一个完全图。目前，多数研究均显式地或者隐式地针对带结构的分布式控制器进行分析和设计。信息流拓扑结构带来的结构特性，不仅导致了控制器设计上的困难，也一定程度上决定着队列相关性能的极限。考虑理论分析的难度以及硬件实施的方便性，现阶段常见的分布式控制器均为线性形式。在线性控制器下，队列系统的闭环稳定性依赖于信息流拓扑结构的形式。从而，线性控制器参数的设计通常需要具体问题具体分析。[18]

2. 协同控制的目标

智能网联汽车的协同控制的目标往往是追求更优的车辆与交通性能，包含燃油经济性、行车安全性、通行效率、舒适性等。这些指标与智能网联汽车的协同控制系统的本身控制目标息息相关。事实上，智能网联汽车的协同控制技术借鉴了多智能体系统的协同控制的诸多理论和方法，多智能网联汽车的协同系统本质上也就是一类特殊的具有复杂节点动力学特性与诸多使用约束的多智能体系统。下面就多智能体系统的常见控制目标进行介绍。

多智能体系统协同控制的研究包含很多内容。依据分布式控制的目标，一般包含一致性(Consensus)控制、会合(Rendezvous)控制、集群(Flocking)控制和编队(Formation)控制等。近年来，多智能体系统分布式控制研究内容还包括包含(Containment)控制、平均跟踪(Average Tracking)控制、抗同步(Anti-Synchronization)控制、二分一致(Bipartite Consensus)控制等。在多智能体系统分布式控制中，最基本的研究内容是一致性控制，而其他的各类控制问题都是在一致性控制的基础上衍生而来的。[36]

一致性控制旨在通过个体的信息交互与分布式控制实现个体间的状态趋同，即实现如下目标：

$$\lim_{t\to+\infty}\|x_j(t)-x_i(t)\|=0,\quad \forall i,j\in\{1,2,\cdots,N\}$$

其中，$x_i(t)$为个体 i 的状态，N 为系统中的个体数目。

集群控制旨在通过个体的协调，实现系统中所有相邻个体按照特定几何结构进行聚集并避免碰撞，即要求：

$$\lim_{t\to+\infty}\|x_j(t)-x_i(t)\|=d,\quad \forall i,j\in\{1,2,\cdots,N\}$$

其中，d 为个体间的期望间距。此外，有的研究还要求所有个体达到相同的运动速度，进而实现整体的迁移。

3. 协同控制性能

除上述源于多智能体系统的基本控制目标外，智能网联汽车的协同控制往往会追求进一步的系统本身控制性能，以实现更优的燃油经济性、行车安全性、通行效率、舒适性等。下面就队列系统列举几个重要的控制性能指标。[18]

(1) 内稳定性(Internal Stability)。内稳定性是车辆队列系统控制的基本性能，在 Lyapunov 意义下，针对线性系统而言，内稳定性要求闭环系统的所有特征根均具有负实部。

(2) 稳定裕度(Stability Margin)。稳定裕度是在内稳定性成立的基础上，由队列系统的最小特征根(即最不稳定特征根)的实部绝对值所定义的，其常用于刻画队列中初始扰动的衰减速度。

(3) 队列稳定性(String Stability)。对于一个车辆队列，在 Lyapunov 意义下的内部稳定性并不能保证队列稳定性，误差信号沿队列传递过程中依然可能被放大，导致车辆经济性恶化，甚至发生追尾碰撞事故。队列稳定性成立，当且仅当对于任意频率的扰动，其在队列的从前车往后车的逐车传播过程中，扰动幅值不被放大。目前，改善队列稳定性的方案主要有如下三类：①松弛队列构型，即在期望跟车距离中引入足够大的时距，或者采用非线性期望跟车距离；②异质控制器架构，即不同车辆节点中控制器采用不一致的控制增益；③扩展信息流拓扑结构，如广播领航者信息形成 PLF 拓扑结构等。

(4) 内聚性能(Coherence Behavior)。内聚性能定义为闭环系统的相应传递函数的 H_2 范数，来刻画队列在随机扰动下的鲁棒性。

4. 分布式线性反馈控制

线性反馈控制因其形式简单、易于复现、方便理论分析、具备性能保障等诸多优点，受到了智能网联汽车协同控制上最广泛的关注和最成熟的应用。下面以车辆队列系统的分布式线性反馈控制为例，对其进行介绍。[18]

考虑 5.3.2 节中建立的四元素模型，可设计线性反馈控制器的一般形式：

$$u_i(t)=-\sum_{j\in\mathbb{I}_i}[k_{ij,p}(p_i(t)-p_j(t)-d_{i,j})+k_{ij,v}(v_i(t)-v_j(t))+ \\ k_{ij,a}(a_i(t)-a_j(t))]$$

其中，$k_{ij,\#}(\#=p,v,a)$是控制器的增益，$\mathbb{I}_i=\mathbb{N}_i\cup\mathbb{P}_i$ 为车辆节点 i 能使用的邻域信息。需要注意的是，$j\in\mathbb{I}_i$ 反映了每辆车仅能通过邻域车辆的信息进行反馈控制，并不能获取队列整体的信息。因此，所得到的控制器是一种分布式控制架构，每辆车可通过车载的计算单元，利用直接获取的邻域车辆信息，计算其自身的控制输入 $u_i(t)$。

假设队列中车辆节点匀质、控制器匀质，即满足：

$$\boldsymbol{A}_i=\boldsymbol{A},\quad \boldsymbol{B}_i=\boldsymbol{B},\quad i\in\mathbb{N}$$

$$\boldsymbol{k}_{ij}=\boldsymbol{k}=[k_p,k_v,k_a]^{\mathrm{T}}$$

则控制器可简化为：

$$u_i(t)=-\sum_{j\in\mathbb{I}_i}[k_p(p_i(t)-p_j(t)-d_{i,j})+k_v(v_i(t)-v_j(t))+k_a(a_i(t)-a_j(t))] \tag{5-25}$$

定义跟车误差状态：

$$\tilde{\boldsymbol{x}}_i(t)=\boldsymbol{x}_i(t)-\boldsymbol{x}_0(t)-\tilde{\boldsymbol{d}}_i$$

其中，$\tilde{\boldsymbol{d}}_i=(d_{i,0},0,0)^{\mathrm{T}}$，对于恒定距离型的队列构型，$d_{i,0}=-id_0$；假设领航车为匀速运动，即 $x_0(t)=v_0t$。则可得到每辆车的跟车误差状态的动力学方程：

$$\dot{\tilde{\boldsymbol{x}}}_i(t)=\boldsymbol{A}_i\tilde{x}_i(t)+\boldsymbol{B}_iu_i(t) \tag{5-26}$$

将控制器式(5-25)代入动力学方程式(5-26)，则可得到单车跟车误差的闭环动力学方程：

$$\dot{\tilde{\boldsymbol{x}}}_i(t)=\boldsymbol{A}_i\tilde{\boldsymbol{x}}_i(t)-\boldsymbol{B}_i\sum_{j\in\mathbb{I}_i}\boldsymbol{k}_{ij}^{\mathrm{T}}(\tilde{\boldsymbol{x}}_i(t)-\tilde{\boldsymbol{x}}_j(t))$$

进一步定义集总状态向量和集总控制向量：

$$\boldsymbol{X}=(\tilde{\boldsymbol{x}}_1^{\mathrm{T}},\tilde{\boldsymbol{x}}_2^{\mathrm{T}},\cdots,\tilde{\boldsymbol{x}}_N^{\mathrm{T}})^{\mathrm{T}}\in\mathbb{R}^{3N\times1}$$

$$\boldsymbol{U}=(u_1,u_2,\cdots,u_N)^{\mathrm{T}}\in\mathbb{R}^{N\times1}$$

则所有跟随车辆的动力学方程为：

$$\dot{\boldsymbol{X}}(t)=\boldsymbol{A}_{\mathrm{c}}\cdot\boldsymbol{X}(t) \tag{5-27}$$

其中，$\boldsymbol{A}_{\mathrm{c}}$ 为系统闭环特征矩阵：

$$\boldsymbol{A}_{\mathrm{c}}=\boldsymbol{I}_N\otimes\boldsymbol{A}-(\boldsymbol{\mathcal{L}}+\boldsymbol{\mathcal{P}})\otimes\boldsymbol{B}\boldsymbol{k}^{\mathrm{T}} \tag{5-28}$$

其中，$\boldsymbol{\mathcal{L}}$，$\boldsymbol{\mathcal{P}}$分别为与信息拓扑结构对应的拉普拉斯矩阵以及牵引矩阵，$\otimes$为 Kronecker 积，对于两个矩阵 $\boldsymbol{A}\in\mathbb{R}^{m\times n}$，$\boldsymbol{B}\in\mathbb{R}^{p\times q}$，则 $\boldsymbol{A}\otimes\boldsymbol{B}\in\mathbb{R}^{mp\times nq}$，可表示为：

$$\boldsymbol{A}\otimes\boldsymbol{B}=\begin{pmatrix}a_{11}\boldsymbol{B} & \cdots & a_{1n}\boldsymbol{B}\\ \vdots & & \vdots\\ a_{m1}\boldsymbol{B} & \cdots & a_{mn}\boldsymbol{B}\end{pmatrix}$$

由式(5-28)可知，队列闭环动力学是车辆节点动力学、信息拓扑结构、控制器参数、队列构型的函数，从而队列闭环稳定性等性能指标会受到上述四个元素的影响。根据控制理论相关知识，队列系统闭环稳定等价于系统闭环特征矩阵 $\boldsymbol{A}_{\mathrm{c}}$ 的特征根均为负实部。因此在给定队列规模$\mathcal{N}$，以及信息拓扑结构(即给定$\boldsymbol{\mathcal{L}}+\boldsymbol{\mathcal{P}}$)时，可以解析地给出控制器增益(即 $\boldsymbol{k}$)的稳定范围。文献[18]中的定理解析地给出一类信息拓扑结构下控制器增益的稳定区域，具体描述如下：

给定一个线性匀质队列，其动力学由式(5-27)描述。若信息拓扑结构对应的$\boldsymbol{\mathcal{L}}+\boldsymbol{\mathcal{P}}$矩阵，其特征根 $\lambda_i>0$，$i\in\mathcal{N}$，则队列闭环稳定当且仅当

$$\begin{cases} k_p > 0 \\ k_v > k_p \tau / \min\limits_{i \in \mathcal{N}}(\lambda_i k_a + 1) \\ k_a > -1/\max\limits_{i \in \mathcal{N}}(\lambda_i) \end{cases}$$

由上述定理可知，信息拓扑结构对控制器增益稳定区域的影响全部由$\boldsymbol{\mathcal{L}}+\boldsymbol{\mathcal{P}}$的特征根体现。通过选择拓扑结构，可以得到较大的增益稳定区域。

接下来针对该控制方法给出数值仿真结果。对仿真场景做出如下假设：队列匀质，包括 11 辆车(1 辆领航车辆和 10 辆跟随车辆)；车长设为 4m，期望车距设为 $d_{i-1,i}=20\text{m}$；初始速度误差和位移误差均设为 0；领航车辆的行驶轨迹假定为

$$v_0 = \begin{cases} 20 & t \leqslant 5 \\ 20+2t & 5 < t \leqslant 10 \\ 30 & t > 10 \end{cases}$$

针对图 5-32 中展示的六种典型信息拓扑结构(PF、PLF、BD、BDL、TPF、TPLF)，其相应矩阵$\boldsymbol{\mathcal{L}}+\boldsymbol{\mathcal{P}}$的特征根均为正实数，均满足定理的条件。下面对两种工况进行仿真，即稳定工况和不稳定工况，相应的控制器增益如表 5-3 所示。图 5-38 展示了两种工况中，不同信息拓扑结构(以图 5-32(b)和图 5-32(c)为例)下队列跟车误差的变化曲线。

表 5-3　两种仿真工况

增益	工况 1	工况 3
τ	0.5	0.5
k_p	1	1
k_v	2	0.2
k_a	1	1
定理条件	符合	不符合

在图 5-38 中，PLF 结构中所有跟随车辆均直接被领航车辆牵引，且队列都假设无初始误差(包括速度、位移)，在线性控制器式(5-25)作用下，所有跟随车辆均有相似的动力学演变规律，所以相邻车辆的跟车误差接近于零；其他跟随车辆能够直接得到领航车辆信息的拓扑结构(如 BDL、TPLF)，且均有相似性质。另外，工况 2 中控制器增益不符合定理的稳定区域，从而所有队列均不是闭环稳定，图 5-38 中也展示出车辆队列运动过程中状态发散的现象，仿真结果与定理的描述一致。

5. 分布式模型预测控制

多智能网联汽车系统的协同控制过程中，如何处理约束也是关键问题之一，其保障了控制的可执行性和行驶的安全性等。线性反馈控制难以处理这些问题，而分布式模型预测控制(Distributed Model Predictive Control，DMPC)则是一个重要的解决手段。对于 DMPC 技术，系统在每一个采样时刻都不只是求解单个开环优化问题，而是求解多个开环优化问题。在 DMPC 中，每个子优化问题面对的是局部目标、局部动力学、局部约束、局部状态。基于局部信息如何保证全局的目标，是 DMPC 的一个难点，下面介绍一种解决方案。[18]

假设队列期望跟车距离为恒定距离型，即 $d_{i-1,i}=d_0$。领航车辆的位移和速度分别用 $s_0(t)$和 $v_0(t)$进行表示。领航车辆的期望轨迹假设为匀速运动，即 $p_0=v_0 t$。此时，队列中

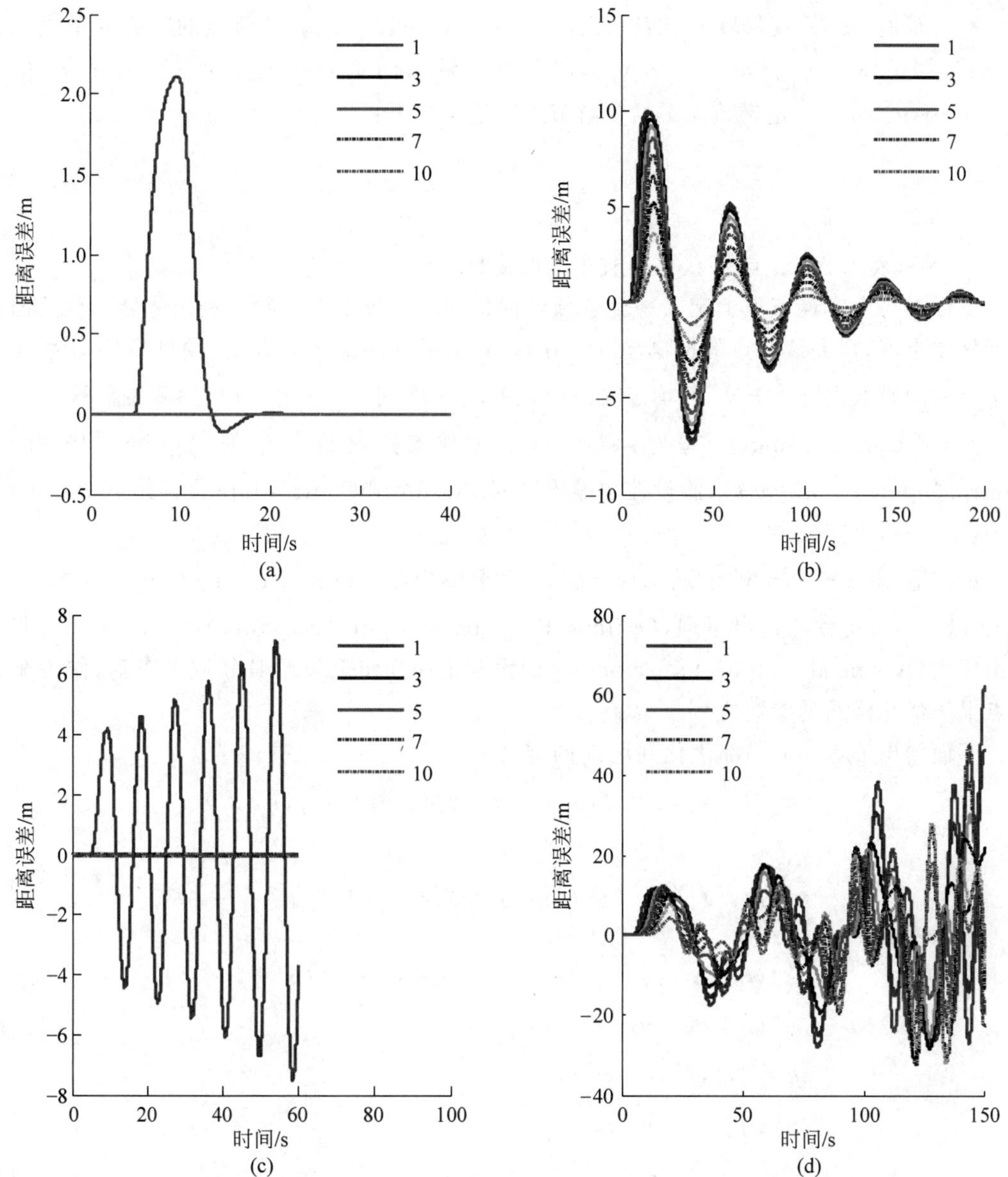

图 5-38 不同拓扑结构与控制器增益下的车辆队列跟踪情况(见彩页)

(a) PLF 结构,工况 1; (b) BD 结构,工况 1; (c) PLF 结构,工况 2; (d) BD 结构,工况 2

单个节点的期望状态和期望输入分别为

$$\begin{cases} \boldsymbol{x}_{i,\mathrm{des}}(t)=(p_{i,\mathrm{des}}(t),v_{i,\mathrm{des}}(t),T_{i,\mathrm{des}}(t))^{\mathrm{T}} \\ u_{i,\mathrm{des}}(t)=T_{i,\mathrm{des}}(t) \end{cases}$$

其中,$p_{i,\mathrm{des}}(t)=p_0(t)-id_0$,$v_{i,\mathrm{des}}(t)=v_0$,$T_{i,\mathrm{des}}(t)=h_i(v_0)$。函数 $h_i(v_0)$为自车速度的函数,用于平衡风阻和道路摩擦阻力,表示为

$$h_i(v_0)=\frac{R_i}{\eta_{\mathrm{T},i}}(C_{\mathrm{A},i}v_0^2+m_igf_i)$$

采用有向图$\mathcal{G}_N=\{\mathcal{V}_N,\mathcal{E}_N\}$和增广有向图$\mathcal{G}_{N+1}=\{\mathcal{V}_{N+1},\mathcal{E}_{N+1}\}$描述信息拓扑结构。对

于每一个车辆 $i \in \mathcal{N}$，其邻域节点表示为$\mathbb{N}_i = \{i_1, i_2, \cdots, i_m\}$。邻域节点的状态向量表示为 $\boldsymbol{x}_{-i}(t) = \mathrm{col}\{\boldsymbol{x}_{i_1}(t), \boldsymbol{x}_{i_2}(t), \cdots, \boldsymbol{x}_{i_m}(t)\}$，控制输入向量表示为 $\boldsymbol{u}_{-i}(t) = \mathrm{col}\{\boldsymbol{u}_{i_1}(t), \boldsymbol{u}_{i_2}(t), \cdots, \boldsymbol{u}_{i_m}(t)\}$。定义节点 i 的领航节点可达集如下：

$$\mathbb{P}_i = \begin{cases} \{0\}, & p_i = 1 \\ \varnothing, & p_i = 0 \end{cases}$$

其中，$p_i = 1$，表示节点 i 能够获取领航车辆的信息；反之，$p_i = 0$。

下面在每个车辆节点上定义一个子预测优化问题。每个子问题只利用邻域车辆的信息进行优化求解，得到该节点的控制输入。在这 N 个子预测优化问题中，预测步长均为 N_p。在每个预测时域内$[t, t+N_p]$，均定义三个控制输入序列：①$u_i^p(k|t)$，预测控制输入序列(Predicted Control Input)；②$u_i^*(k|t)$，最优预测控制输入序列(Optimal Predicted Control Input)；③$u_i^a(k|t)$，假设控制输入序列(Assumed Control Input)。其中，$k \in \{0, 1, 2, \cdots, N_p - 1, N_p\}$。

相应地，定义三个输出序列：①$\boldsymbol{y}_i^p(k|t)$，预测输出序列(Predicted Output Trajectory)；②$\boldsymbol{y}_i^*(k|t)$，最优预测输出序列(Optimal Predicted Output Trajectory)；③$\boldsymbol{y}_i^a(k|t)$，假设输出序列(Assumed Output Trajectory)。假设输出序列将会发给其邻域中车辆，作为车辆节点上子优化问题的参数之一。

下面给出节点 i 上局部优化问题$\mathcal{P}_i$的定义。

$$\begin{aligned} & \min_{U_i} J_i(\boldsymbol{y}_i^p(:|t), u_i^p(:|t), \boldsymbol{y}_i^a(:|t), \boldsymbol{y}_{-i}^a(:|t)) \\ & = \sum_{k=0}^{N_p-1} l_i(\boldsymbol{y}_i^p(k|t), u_i^p(k|t), \boldsymbol{y}_i^a(k|t), \boldsymbol{y}_{-i}^a(k|t)) \end{aligned} \tag{5-29}$$

s. t.

$$\begin{aligned} & \dot{\boldsymbol{x}}_i^p(k+1|t) = \phi_i(\boldsymbol{x}_i^p(k|t)) + \boldsymbol{\psi}_i \cdot u_i^p(k|t), \\ & \boldsymbol{y}_i^p(k|t) = \boldsymbol{\gamma} \boldsymbol{x}_i^p(k|t), \\ & k = 0, 1, \cdots, N_p - 1, \\ & \boldsymbol{x}_i^p(0|t) = \boldsymbol{x}_i(t) \end{aligned} \tag{5-29a}$$

$$u_i^p(k|t) \in \mathcal{U} \tag{5-29b}$$

$$\boldsymbol{y}_i^p(N_p|t) = \frac{1}{|\mathbb{I}_i|} \sum_{j \in \mathbb{I}_i} (\boldsymbol{y}_j^a(N_p|t) - \tilde{\boldsymbol{d}}_{j,i}) \tag{5-29c}$$

$$T_i^p(N_p|t) = h_i(v_i^p(N_p|t)) \tag{5-29d}$$

其中，$\boldsymbol{U}_i = (u_i^p(0|t), u_i^p(1|t), \cdots, u_i^p(N_p-1|t))^{\mathrm{T}}$ 为待优化控制变量；式(5-29a)是预测时域中的动力学约束；式(5-29b)是控制输入的幅值约束；式(5-29c)和式(5-29d)是预测终端的等式约束。$|\mathbb{I}_i|$表示集合$\mathbb{I}_i = \mathbb{N}_i \cup \mathbb{P}_i$ 的元素个数，$\tilde{\boldsymbol{d}}_{j,i} = (-(j-i)d_0, 0)^{\mathrm{T}}$ 为节点之间的状态偏差。式(5-29d)是为了保证预测时域终端处的车辆节点处于稳态，即匀速运动没有加减速行为。式(5-29c)和式(5-29d)的等式约束，均是为了方便分析渐近稳定性。

式(5-29)中的代价函数定义为：

$$
\begin{aligned}
& l_i(\boldsymbol{y}_i^p(k \mid t), u_i^p(k \mid t), \boldsymbol{y}_i^a(k \mid t), \boldsymbol{y}_{-i}^a(k \mid t)) \\
= & \|\boldsymbol{Q}_i(\boldsymbol{y}_i^p(k \mid t)-\boldsymbol{y}_{i,\mathrm{des}}(k \mid t))\|_2+\|\boldsymbol{R}_i(u_i^p(k \mid t)-h_i(v_i^p(k \mid t)))\|_2+ \\
& \|\boldsymbol{F}_i(\boldsymbol{y}_i^p(k \mid t)-\boldsymbol{y}_i^a(k \mid t))\|_2+\sum_{j \in \mathbf{N}_i}\|\boldsymbol{G}_i(\boldsymbol{y}_i^p(k \mid t)-\boldsymbol{y}_j^a(k \mid t)-\tilde{\boldsymbol{d}}_{i,j})\|_2
\end{aligned}
$$

其中，$\boldsymbol{Q}_i$，$\boldsymbol{R}_i$，$\boldsymbol{F}_i$，$\boldsymbol{G}_i$ 为权重矩阵，均假设为对称非负定矩阵。当节点 i 可以获得领航车辆信息时，$\boldsymbol{Q}_i>0$；反之，$\boldsymbol{Q}_i=0$。$\boldsymbol{R}_i\geqslant 0$ 反映对加减速行为的惩罚，表征节点偏好于匀速运动。$\boldsymbol{F}_i\geqslant 0$ 反映节点 i 应该保持其他节点做出假设的轨迹运行。$\boldsymbol{G}_i\geqslant 0$ 反映节点 i 尽可能保持其邻域节点的假设轨迹运行。

式(5-29)即为车辆节点处单个子优化问题$\mathcal{P}_i$。该优化问题只利用了邻域车辆的状态信息，并没有用全局的状态信息。因而，这是一个分布式优化问题。对于有 N 个跟随车辆的队列而言，队列中便有 N 个子优化问题$\mathcal{P}_i$，需要同步求解和更新。式(5-29c)和式(5-29d)的等式约束是为了方便稳定性分析。除了等式约束外，也可以采用不等式终端约束来分析模型预测控制器的渐近稳定性，此时终端状态需要约束到一个特定紧集中。

下面给出分布式模型预测控制器的算法流程。

(1) 初始化。在 $t=0$ 时刻，假设所有车辆均处于匀速运动，定义节点 i 上的假设输入与输出序列为

$$
\begin{aligned}
& u_i^a(k \mid 0)=f(v_i(0)), \quad k=0,1,\cdots,N_p-1 \\
& \boldsymbol{y}_i^a(k+1 \mid 0)=\boldsymbol{y}_i^p(k+1 \mid 0), \quad k=0,1,\cdots,N_p-1
\end{aligned}
$$

其中，$\dot{\boldsymbol{x}}_i^p(k+1|0)=\phi_i(\boldsymbol{x}_i^p(k|0))+\boldsymbol{\psi}_i \cdot u_i^a(k|0)$，$\boldsymbol{y}_i^p(k|0)=\boldsymbol{\gamma}\boldsymbol{x}_i^p(k|0)$，$\boldsymbol{x}_i^p(k|0)=\boldsymbol{x}_i(0)$，$k=0,1,\cdots,N_p-1$。

(2) 在任一时刻 t，对于每一个车辆节点 $i\in\mathcal{N}$。

① 求解节点 i 处的子优化问题$\mathcal{P}_i$获得最优预测控制输入序列 $u_i^*(k|t)$，$k=0,1,\cdots,N_p-1$，利用以下数据：测量值 $\boldsymbol{y}_i(t)$，节点 i 假设输出序列 $\boldsymbol{y}_i^a(k|t)$，邻域节点假设输出序列 $\boldsymbol{y}_{-i}^a(k|t)$，以及领航车辆的期望序列 $\boldsymbol{y}_{i,\mathrm{des}}(k|t)$(若可获得)。

② 在节点 i 上应用控制量 $u_i^*(0|t)$。

③ 计算预测时域中的最优状态序列。

$$
\begin{aligned}
& \boldsymbol{x}_i^*(k+1 \mid t)=\phi_i(\boldsymbol{x}_i^*(k \mid t))+\boldsymbol{\psi}_i \cdot u_i^*(k \mid t), \quad k=0,1,\cdots,N_p-1 \\
& \boldsymbol{x}_i^*(0 \mid t)=\boldsymbol{x}_i(t)
\end{aligned}
$$

④ 计算下一步的假设输入序列。

$$
u_i^a(k \mid t+1)=\begin{cases} u_i^*(k+1 \mid t), & k=0,1,\cdots,N_p-2 \\ h_i(v_i^*(N_p \mid t)), & k=N_p-1 \end{cases}
$$

相应的假设输出轨迹为(注意 $\boldsymbol{x}_i^a(0|t+1)=\boldsymbol{x}_i^*(1|t)$)：

$$
\begin{aligned}
& \boldsymbol{x}_i^a(k+1 \mid t+1)=\phi_i(\boldsymbol{x}_i^a(k \mid t+1))+\boldsymbol{\psi}_i \cdot u_i^a(k \mid t+1) \\
& \boldsymbol{y}_i^a(k+1 \mid t+1)=\boldsymbol{\gamma}\boldsymbol{x}_i^a(k+1 \mid t+1), \quad k=0,1,\cdots,N_p-1
\end{aligned}
$$

⑤ 通过 V2V 通信，将 $\boldsymbol{y}_i^a(k|t+1)$发送给能接收其信息的节点，接收其邻域中节点的假设轨迹 $\boldsymbol{y}_{-i}^a(k|t+1)$；同时若与领航车辆相连时，接收 $\boldsymbol{y}_{i,\mathrm{des}}(k|t+1)$。

需要注意的是，上述算法并没有考虑通信时延，且假设优化问题$\mathcal{P}_i$可在一个周期内求

解完毕。

5.3.5 车路云一体化

在先前的部分中，本书已经介绍了一系列自主式决策控制方法与协同式决策控制方法。协同式决策方法包括路口控制、队列控制等形式，然而这种局域式的决策框架会产生一个显著的问题——不同群体决策之间的冲突。例如，两车辆序列的队列控制，其分别仅在内部进行最优化决策，然而在现实交通场景中，两队列之间有可能发生相互干扰，例如路口通行时产生的路线冲突，从而使得原本的决策失去优化效果。因此，需要一种能够由顶层全局统筹控制整体交通的系统以协调不同群体的利益。为解决该问题，车路云一体化融合控制系统应运而生(即 1.3.1 节中介绍的云控系统)。

云控系统区别于现有车联网与车路协同系统，通过对协同应用运行方式与行为进行统一编排，采用全局性能优化方法，克服不同协同应用造成的车辆或交通行为冲突，利用各应用的优势性能，以提升协同应用总体对车辆行驶与交通运行的优化能力。

云控系统的主要目标是通过“三层四级”架构支撑各类协同应用的按需运行，以实现车辆行驶与交通运行的性能综合提升。整体系统按任务分为三层，分别是硬件组成的基础层、平台共性基础软件组成的平台层，以及应用软件组成的应用层。系统按服务区域与实时性分为四级，分别是车路终端级、边缘云级、区域云级与中心云级。基于此系统架构，利用各场景协同应用，进行从车辆到交通、从微观到宏观的感知、决策、控制与分析。

为实现更好的性能，云控系统应用按特征在四级架构上分级部署。协同应用主要可分为三类：一是智能网联驾驶应用与智能交通应用，它们将智能网联汽车作为通用运载工具(即不区分具体载运业务)时，对车辆行驶与交通运行进行辅助和优化的应用；二是基于交通全要素数字映射形成的大数据，进行离线分析与学习的应用，为后续的系统协同优化提供训练集与实验数据；三是将智能网联汽车应用于特定领域的商业运营时，与该领域服务业务相关的优化车辆运行与服务的协同应用，如园区、城市与高速公路的自动驾驶客运与物流的应用，救护、路政等公共服务中车辆相关的应用。

1. 智能网联驾驶与智能交通应用

应用的优化目标主要分为安全、高效与节能等。其中安全是首要目标，安全类场景主要是通过辅助或调控处理特定危险场景，而高效与节能等类应用也应对设计工况外突发危险的处理有所考虑。应用的服务对象主要分为单辆车、多辆车、单个交通信号，多辆车和单个交通信号，多辆车和多个交通信号。服务对象的选取方式可分为服务特定车辆或服务特定道路区域。图 5-39 便是云控系统在智能网联交通系统中由车端、路端到云端各种应用的示意图。

智能网联驾驶协同应用的服务方式主要分为预见性协同感知服务、提示与预警服务、单车驾驶增强服务、协同驾驶服务。预见性协同感知服务提供交通参与者、道路物体等影响驾驶的动态要素的实时动态数据给车辆自行使用；提示与预警服务由云控系统筛选出影响行车安全、效率等性能的动态目标，向车辆发出提示与预警，车辆自行决策；单车驾驶增强服务由系统分别为单辆车计算提高安全、效率等性能的决策、规划或控制指令，下发对应车辆执行；协同驾驶服务由系统为多辆车计算提高多车安全、效率等综合性能的决策、规划或控制指令，下发多辆车执行，可同时配合对智能交通设施的调控。

基于智能网联驾驶的智能交通协同应用的服务方式主要分为交通状态感知与预测服

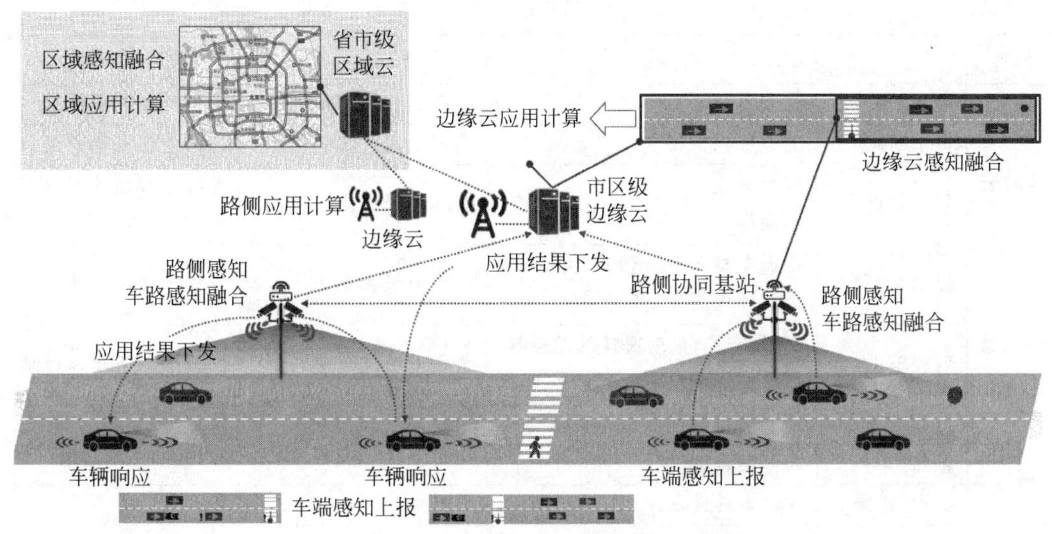

图 5-39 云控系统在智能网联交通系统中应用示意图

务、多车协同诱导服务、交通瓶颈消解服务、交通流优化服务。交通状态感知与预测服务由云控系统根据车路协同感知实时估计并预测精细的交通状态；多车协同诱导服务由系统根据获知的交通流中车辆目的地情况，综合计算在路网中合理分配交通流的方案，将对应引导指令下发可控车辆或智能交通设施进行执行；交通瓶颈消解服务由系统根据局部区域交通实时动态状态识别道路瓶颈处受阻交通，综合计算优化多车通行的车辆决策、规划或控制指令，下发多辆车执行，可同时配合对智能交通设施的调控；交通流优化服务由系统根据路网内实时精细交通流状态计算优化交通流运行性能的多车与智能交通设施调节指令，下发给车辆与智能交通设施执行。

可见，智能网联驾驶协同应用与智能交通协同应用中的部分应用都将调节车辆的运行。有的智能交通协同应用不一定需直接给出调节车辆运行的指令，而可以向相关智能网联驾驶协同应用发出指令，由后者根据自身功能调节车辆运行，间接实现前者控制目标。所以，智能交通协同应用可以与智能网联驾驶协同应用形成分层协同的优化模式。

2. 大数据分析与学习应用

大数据分析与学习应用主要是为云控系统所涉及的智能网联驾驶协同应用与智能交通协同应用中的分析与学习环节提供大量真实交通场景数据。系统将交通全要素实时数字映射技术产生的数据持续更新到交通场景大数据中，并按协同应用所需标准构建并提供个性化的场景库与数据集。

协同应用作用对象的主分类为单车、多车与交通设施，其可按照协同应用在系统中部署的位置等级、应用作用的方式以及应用优化的目标进一步分类，将协同应用进行分类，得到表 5-4～表 5-6。其中，车端与路端上协同应用有 10 类，边缘云上协同应用有 22 类，区域云上协同应用有 19 类，中心云上协同应用有 9 类。三类应用整体协同互相配合，达到交通流数据的充分应用，同时为后续进一步优化训练提供实车训练样本。得益于大数据应用，系统能够实现自我优化等功能。

表 5-4 单车优化协同应用

位置	类 型	安 全 类	高 效 类	节 能 类
中心云	提示/预警	驾驶安全分析	高效出行全程规划	节能行驶全程规划
区域云	提示/预警	前方危险预警	路线上最优车速提示	路线上经济车速提示
	驾驶辅助	危险避让 纵向控制	路线上最优车速控制	路线上经济车速辅助控制
边缘云	提示/预警	交通参与者危险预警 道路环境场景危险预警	路段上最优车速提示	路段上经济车速提示
	驾驶辅助	交通参与者危险避让辅助控制 道路环境危险避让辅助控制	路段上最优车速控制	路段上经济车速控制
	自动驾驶	动态多目标网联单车自动驾驶		
路端	感知	路侧融合感知		
	提示/预警	交通事件提示		
车端	感知	单车感知与定位		
	决策	单车决策与规划		
	控制	运动控制		

表 5-5 多车优化协同应用

位置	类 型	安 全 类	高 效 类	节 能 类
中心云	提示/预警	大数据交通危险分析	大数据交通预测	交通流节能规划
区域云	提示/预警	前方危险向多车协同预警	区域车辆路线与车道协同引导	车队经济驾驶速度提示
	驾驶辅助	危险避让多车车速辅助控制 无信号路口多车车速辅助控制	路网多车车速协同控制 多信号与多车车速协同控制	车队经济驾驶车速辅助控制
边缘云	提示/预警	交通参与者危险向多车协同预警 道路环境危险向多车协同预警	车队最优车速引导	车队经济驾驶车速引导
	驾驶辅助	队列行驶安全车速控制 多车协同避撞车速控制 无信号路口多车协同控制	多车最优车速协同控制 信号与多车最优车速协同控制	车队经济驾驶车速控制 信号与车队经济车速协同控制
	自动驾驶	动态多目标网联车队协同控制 动态多目标网联多车道编队协同控制		
路端	感知	车路融合定位		
	提示/预警	多车协同引导		
车端	感知	多车协同感知与定位		
	决策	多车协同决策与定位		
	控制	多车协同控制		

表 5-6 交通设施控制协同应用

位置	交通信号		智能道路
	安全类	高效类	高效类
中心云	多领域协同信号控制	优化策略大数据学习	管控策略大数据学习
区域云	交通管制信号控制 危险车辆信号控制	区域信号优化 优先通行信号控制	区域智能车道管控

3. 智能网联汽车应用于特定领域的商业运营

在上述协同应用分类基础上，云控系统能针对不同领域的运营需求，建立小规模的系统，开展特定模式的服务，逐步提升服务覆盖面与渗透率，最终发展融合成统一的车路云一体化协同控制系统。考虑不同领域对系统的服务需求和落地实施的可行性，系统可以服务于以下几个领域。针对领域的运营需求，可能需要对协同应用进行针对性改进，或研发运营业务相关新应用。

1）园区内部车辆运营

园区车辆运营指在特定功能的封闭区域内运营内部车辆运载服务，如图 5-40 所示。园区包括工业园区、科技园区、景区、机场、港口、住宅小区等。这类应用领域的优势在于园区运营的内部车辆是相对确定的，交通行为相对于开放场景更具确定性，且车辆有明确的可重复的运载任务，因而适合作为系统发展初期可服务的领域。

图 5-40 封闭区域智能运载服务[37]

云控系统对于这类应用领域的价值在于：园区场景通常道路较狭窄、遮挡较多，系统能提高自动驾驶在这样环境中的感知能力，进而增强行驶安全；系统能从园区内所有车辆运载任务与车辆运行的整体需求出发，对各自动驾驶车辆行为进行全局优化，提高车辆运载效率。系统建设的要点在于：除了使用与系统相匹配的智能网联汽车以外，对人工驾驶车辆也可进行相应网联化改造，使得系统能感知车辆状态并对驾驶人进行引导；路上基础设施的主要任务在于路侧传感器的部署；由于园区环境各异且一般遮挡物多，对路侧传感器和路侧短程通信性能可能有较大影响，因此需要针对具体道路环境特点设计选型与安装方案。

2）开放道路车辆运营

开放道路车辆运营主要指在城市与高速公路上运营车辆运载服务。这里的服务是指公共交通、共享出行、物流等固定任务的载人或载物服务。与园区车辆运营相比，本类服务的差异主要在道路环境对应用服务性能的要求与路上基础设施建设的受限。开放的道路环境使得其他交通参与者及其行为、道路环境等方面具有不确定性，这对云控系统的协同应用的适应性与可靠性提出挑战，运营车辆与其他车辆混行，使得应用服务对运营车辆的辅助必须考虑交通规则限制，且不能侵害其他车辆的利益。公共道路环境进行路上基础设施建设受到环境条件、城市规划与管理等更多条件制约，将影响云控系统的感知与短程通信能力的建设。由于开放环境的难度，系统建设宜先针对固定路线或区域的车辆运营，再逐步扩大建设与服务范围。开放道路车辆运营示例如图 5-41 所示。

图 5-41 开放道路车辆运营示例[38]

3）社会车辆网联驾驶辅助服务

社会车辆网联驾驶辅助服务是面向个人出行与交通管理的对公共道路（主要是城区道路与高速公路）上社会车辆宏观与微观驾驶行为进行辅助的服务。与开放道路车辆运营相比，云控系统服务的车辆大部分是社会车辆，这些车辆的智能网联等级不一且行驶的区域不受限，这使得车辆与交通的可控性不确定，交通场景更加多样，对协同应用带来进一步挑战。系统需要实时评估车辆与交通的服务条件，动态确定适用的应用服务，并以最大程度提供服务。需要重点利用通过不同技术路线实现服务到车。初期可通过智能交通设施进行引导，或通过手机、车机等现有渗透率较高的终端发布低动态辅助信息以引导驾驶人按系统规划方式驾驶。

4）社会公共服务执勤车辆优先

社会公共服务执勤车辆优先是指帮助执行医疗、路政、消防、公安等社会公共服务任务的车辆优先通行。云控系统通过协调沿途社会车辆与交通信号的运行，为执勤车辆创造畅通的通行空间，提升执勤车辆行驶的安全与效率，提升社会公共服务质量。由于执勤车辆任务与路线的不确定性与随机性，及社会车辆可控性的不确定性，这类服务受工况影响较大，对智能网联汽车渗透率有一定要求。

图 5-42 所示为公共服务执勤车辆专用车道。

图 5-42 公共服务执勤车辆专用车道[40]

5）基于车辆的社会安全管理

基于车辆的社会安全管理指从社会与国家安全考虑，对智能网联汽车进行强制管控，涉及公安、应急指挥、维稳等方面的需求。云控系统实现这类服务的手段有直接控制目标车、通过交通信号辅助控制目标车、通过其他车的协同辅助控制目标车等。系统需要考虑现有车辆与交通信号的控制条件，在减小其他交通影响的情况下对目标车实施管控。由于目标车辆路线的不确定性与随机性，及社会车辆可控性的不确定性，这类服务受工况影响较大，对智能网联汽车及网联交通信号的渗透率有一定要求。

上面介绍了云控系统的基本组成以及在各个领域的潜在应用。整体来看，欧、美、日等发达国家主导的单车智能驾驶和传统车联网路线，因存在车载感知性能受限、控制器算力不足、跨域协同行驶能力欠缺等问题，难以适应复杂动态道路交通场景，其大规模产业化应用受到严重制约。作为智能汽车发展的中国方案，车路云一体化融合的协同网联式智能驾驶技术基于新一代移动互联、云计算等手段，通过网联化的跨域感知和融合控制，打通智能汽车和智能交通两大领域，显著提升道路交通的综合性能。

5.3.6 应用案例

1. 无信号灯路口协同决策与控制

针对无信号交叉路口多车分布式协同决策与控制，将一维队列控制的基本方法引入二维交叉路口车群协同控制，可有效组织智能网联汽车交错通过非信控交叉路口，以在保证交通安全的前提下提升交叉路口交通效率。假设所有车辆均为网联汽车，即车辆具备与路侧设施和其余车辆的通信能力。假设所有车辆均为自动驾驶汽车，也即车辆具备精确定位能力且纵横向均可控。当车辆驶入交叉路口通信范围内时，可由交叉路口交通控制器和车载控制器协调其纵横向运动。其中，车辆纵向控制可使车辆严格遵循优化得到的最优速度轨迹，而车辆横向控制则确保车辆严格按照车道约束和路口预定行驶轨迹行驶。

1）交通流冲突关系

交叉口处的车辆需要选择自己的行驶方向和路线，每车的行驶方向和路线不同，使交叉口处存在潜在交通冲突，其中车车冲突点是车辆穿越交叉口时可能发生碰撞的地点。

交叉路口存在四种模式的交通流冲突关系，如图 5-43 所示，包括交叉冲突关系、合流冲突关系、分流冲突关系和无冲突关系。图 5-43(a)为交通流的交叉关系。黑色点即为向北左转交通流和向南直行交通流的交叉冲突点。交叉关系描述了交通流在交叉路口内的冲突关系。图 5-43(b)为交通流的合流关系。黑色标记即为向北左转交通流和向西直行交通流的汇聚冲突点。图 5-43(c)为交通流的分流关系。白色标记为向北左转交通流和向北直行交通流的分叉点。由于分流冲突关系反映车辆在交叉路口入口的冲突关系，因此任意交通流与其自身也存在分流冲突关系。图 5-43 (d) 为交通流的无冲突关系。若车辆处于无冲突关系的交通流中，则其可在同一时间通过交叉路口而不存在碰撞风险。

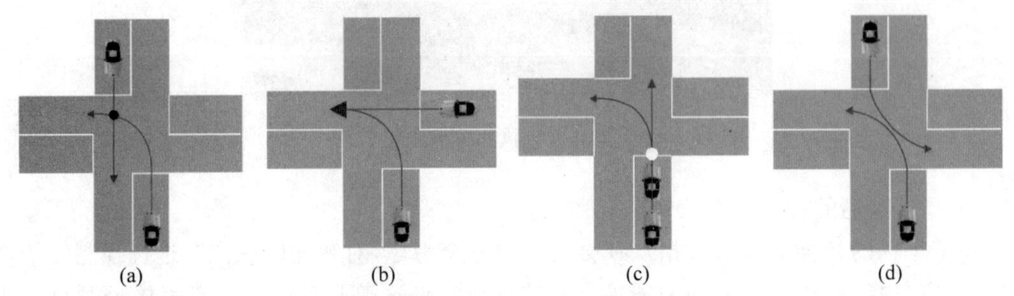

图 5-43　交叉路口冲突关系图

(a) 交叉关系；(b) 合流关系；(c) 分流关系；(d) 无冲突关系

2) 车辆旋转投影

交叉路口智能网联汽车协同系统是交叉路口几何约束下的二维车群系统。为了有效组织智能网联汽车无冲突地通过非信控交叉路口，将交叉路口入口处位于不同车道不同交通流的所有车辆根据与交叉路口中心点的距离旋转投影至虚拟车道上，将交叉路口二维车群几何拓扑转化为一维虚拟队列几何拓扑。

如图 5-44 所示，在交叉路口引入与实际车道交于交叉路口中心的虚拟车道。对于交叉路口入口不同车道的所有车辆，以交叉路口中心为圆心，以车辆与交叉路口中心的距离为半径，旋转投影到虚拟车道上，最终形成虚拟车道上的一维车辆虚拟队列，从而在队列几何拓扑上将二维车群转化为一维队列。虚拟队列中的车辆按照与交叉路口中心的距离远近依次编号为 $1\sim N$，其中 N 为虚拟队列中车辆总数。同时将车辆 i 所属交通流定义为 S_i。此外，在虚拟队列编号为 1 的车辆前方虚拟生成一虚拟领航车，并编号为 0，其车速设定为匀速 v_t。此处，v_t 设定为车辆安全高效通过交叉路口的最高车速，其根据交叉路口安全车速预先设定。

3) 虚拟队列冲突图

对于属于交通流 $S_i(S_i\in\mathcal{N}^+, S_i\leqslant N_{\mathrm{M}})$ 的车辆 $i(i\in\mathcal{N}^+, i\leqslant N)$，若属于交通流 $S_j(S_j\in\mathcal{N}^+, S_j\leqslant N_{\mathrm{M}})$ 的车辆 $j(j\in\mathcal{N}^+, j\leqslant N)$ 与其存在冲突关系，则车辆 j 所属交通流必然位于车辆 i 所属交通流的冲突集中，即满足关系 $S_j\in\mathbb{C}_{S_i}$。其中，N_{M} 为场景中的交通流数量定义车辆 i 的冲突车辆集，$\mathbb{P}_i$ 为所有位于车辆 i 前方并与车辆 i 存在冲突关系的车辆的集合，也即：

$$\mathbb{P}_i=\{j\mid j<i, S_j\in\mathbb{C}_{S_i}, j\in\mathcal{N}^+\}$$

虚拟队列中某些车辆前方可能不存在冲突车辆，如图 5-45 所示的车 1，其前方没有真实

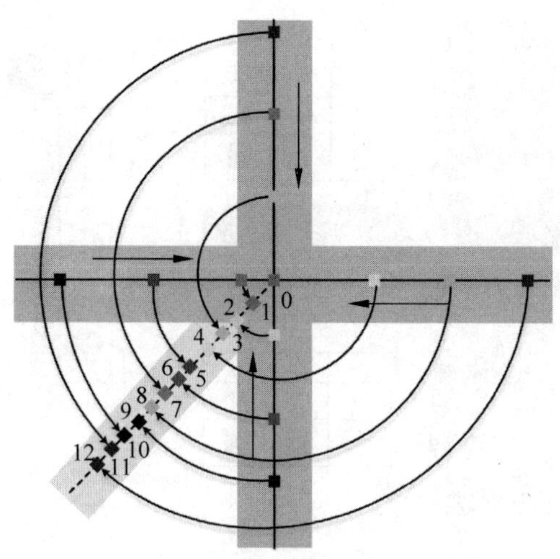

图 5-44 旋转位置投影示意图

车辆，无冲突前车，此时$\mathbb{P}_i=\varnothing$。在此情况下，将此车辆的冲突前车设置为虚拟领航车 0，也即

$$\mathbb{P}_i=\{0\}$$

因此，对于除虚拟领航车外的任意车辆 i，其冲突车辆集$\mathbb{P}_i$ 均不为空集。

下面以图 5-45 所示的单车道十字交叉路口中虚拟队列为例解释冲突车辆集的含义。图 5-45(a)为交叉路口渠化及交通流轨迹(图中编号表示车辆的行驶方向)，图 5-45(b)为交叉路口交通流冲突关系。图 5-45(c)表示虚拟队列中车 1～车 10 分别属于 5 号、12 号、10 号、9 号、4 号、1 号、7 号、6 号、8 号和 3 号交通流。因此，车 1～车 10 的冲突车辆集分别为：$\mathbb{P}_1=\{0\}$，$\mathbb{P}_2=\{0\}$，$\mathbb{P}_3=\{1,2\}$，$\mathbb{P}_4=\{1\}$，$\mathbb{P}_5=\{1,2\}$，$\mathbb{P}_6=\{1,3,4,5\}$，$\mathbb{P}_7=\{3,4,5\}$，$\mathbb{P}_8=\{1,3,5\}$，$\mathbb{P}_9=\{1,2,3,4,5,6,7\}$，$\mathbb{P}_{10}=\{6,7\}$。

基于以上定义的冲突集，采用冲突有向图$\mathcal{G}_{N+1}=\{\mathcal{V}_{N+1},\mathcal{E}_{N+1}\}$表征车辆虚拟队列中各车辆的冲突关系。在有向图中，$\mathcal{G}_{N+1}$的节点集$\mathcal{V}_{N+1}$($\mathcal{V}_{N+1}=\{0,1,2,\cdots,N\}$)表示虚拟队列中的所有车辆(用车辆编号表示)的集合；有向边集$\mathcal{E}_{N+1}$($\mathcal{E}_{N+1}=\{(i,j)\mid i,j\in\mathcal{V}_{N+1}\}$)表示车辆两两之间存在冲突关系的集合。因此，给出冲突有向图的定义：给定虚拟车辆队列$\{0,1,2,\cdots,N\}$、各车辆冲突集$\mathbb{P}_i$ 以及有向图$\mathcal{G}_{N+1}=\{\mathcal{V}_{N+1},\mathcal{E}_{N+1}\}$，若$\mathcal{V}_{N+1}=\{0,1,2,\cdots,N\}$，且$\forall i\in\mathcal{V}_{N+1}\setminus\{0\}$，当且仅当$j\in\mathbb{P}_i$，有$(j,i)\in\mathcal{E}_{N+1}$，则$\mathcal{G}_{N+1}$为虚拟车辆队列的冲突有向图。

于是，图 5-45 中虚拟队列的冲突有向图如图 5-46 所示，图中 0～10 共 11 个顶点，分别表示虚拟领航车 0 和其余车辆 1～10，图中的有向边分别表示不同车辆的冲突关系。

以下给出冲突有向图中有向路径、有向生成树的定义：若冲突有向图中存在一个有向边序列集$\{(i_1,i_2),(i_2,i_3),\cdots,(i_{n-1},i_n)\}$，其中$\forall k\in\{2,3,\cdots,n\}$时有$(i_{k-1},i_k)\in\mathcal{E}_{N+1}$，则该有向边序列集称为从节点 i_1 到节点 i_n 的一条有向路径(Directed Path)。若冲突有向图的一个子图中存在从某一节点到其余任意节点的有向路径，则称该子图为冲突有向图的有向生成树(Directed Spanning Tree)，该节点成为有向生成树的根节点(Root Node)。

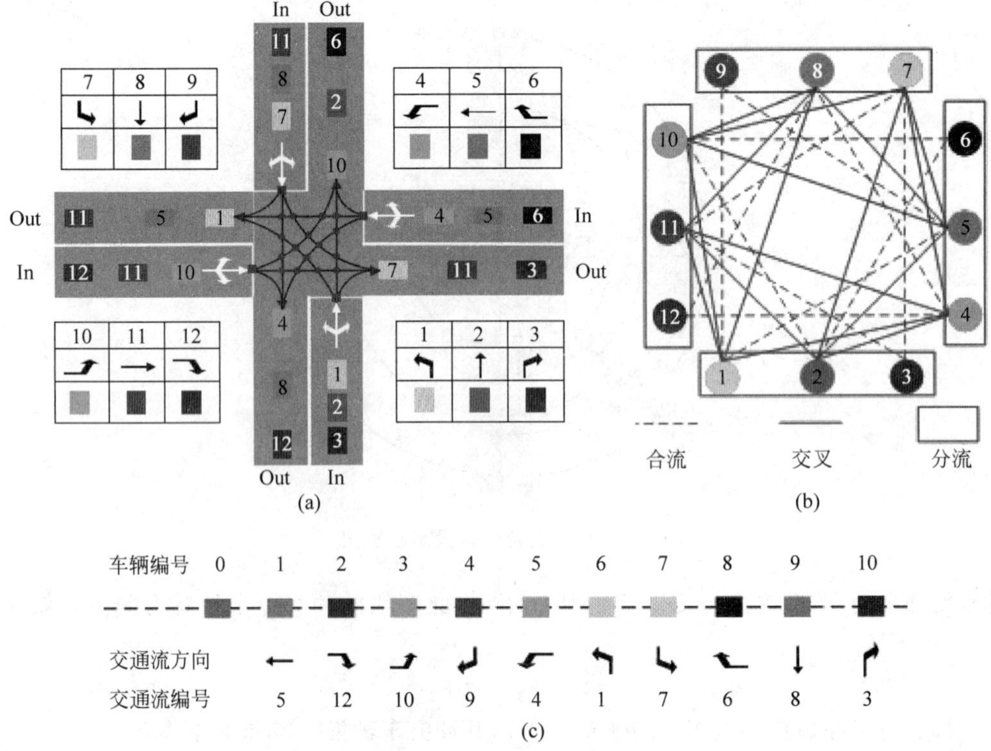

图 5-45　单车道十字交叉路口交通流及虚拟队列

(a) 单车道十字交叉路口交通流定义；(b) 交叉路口交通流冲突关系；(c) 虚拟车辆队列

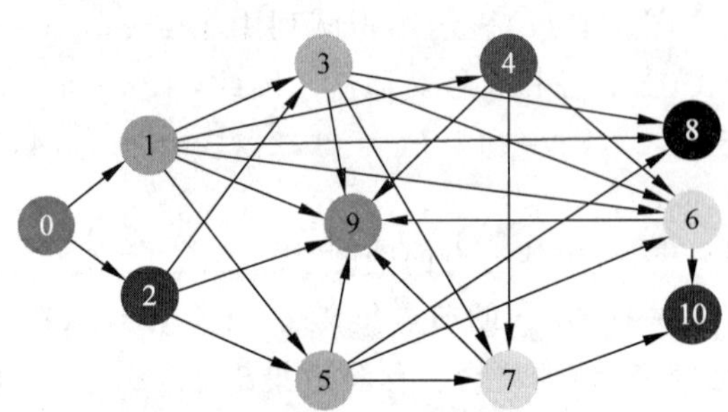

图 5-46　虚拟队列冲突有向图

4）虚拟队列深度优先生成树

由于虚拟车辆队列的冲突有向图中存在以节点 0 为根节点的生成树，因此构造虚拟队列冲突有向图的深度优先生成树。虚拟队列冲突有向图的深度优先生成树$\check{\mathcal{G}}_{N+1}=\{\check{\mathcal{V}}_{N+1},\check{\mathcal{E}}_{N+1}\}$的构造算法如下所示：

深度优先搜索算法

输入：冲突有向图$\mathcal{G}_{N+1}$。

输出：深度优先生成树$\check{\mathcal{G}}_{N+1}$。

初始化：节点 0 的层数 l_0 设置为 1，即 $l_0=1$；

$\check{\mathcal{V}}_{N+1}=\{0\},\check{\mathcal{E}}_{N+1}=\varnothing$。

for $i=1,2,3,\cdots,N$ do

  找到有向图$\mathcal{G}_{N+1}$中节点 i 的所有父节点 j，即所有 $j\in\{j\mid(j,i)\in\mathcal{E}_{N+1}\}$。

  找到节点 i 的所有父节点中层数最大的节点 k，其层数为 l_k。

  $\check{\mathcal{V}}_{N+1}:=\check{\mathcal{V}}_{N+1}\cup\{i\},\check{\mathcal{E}}_{N+1}:=\check{\mathcal{E}}_{N+1}\cup\{(k,i)\},l_i=l_k+1$。

end for

按照上述深度优先搜索算法可构造图 5-46 所示的虚拟队列冲突有向图的深度优先生成树，如图 5-47 所示，该深度优先生成树为以 0 节点为根节点、深度为 5 的生成树。

在深度优先生成树$\check{\mathcal{G}}_{N+1}=\{\check{\mathcal{V}}_{N+1},\check{\mathcal{E}}_{N+1}\}$中，可定义父节点(Parent)、子节点(Child)、子孙节点(Descendant)、祖先节点(Ancestor)、兄弟节点(Sibling)等，具体定义如下：深度优先树$\check{\mathcal{G}}_{N+1}=\{\check{\mathcal{V}}_{N+1},\check{\mathcal{E}}_{N+1}\}$中，若存在$(j,i)\in\mathcal{E}_{N+1}$，则节点 j 为节点 i 的父节点，节点 i 为节点 j 的子节点。深度优先树$\check{\mathcal{G}}_{N+1}=\{\check{\mathcal{V}}_{N+1},\check{\mathcal{E}}_{N+1}\}$中，若存在一条从节点 i_1 到节点 i_n 的有向路径$\{(i_1,i_2),(i_2,i_3),\cdots,(i_{n-1},i_n)\}((i_k,i_{k+1})\in\mathcal{E}_{N+1},1\leqslant k\leqslant n-1)$，则节点 i_1 为节点 i_n 的祖先点，节点 i_n 为节点 i_1 的子孙节点。深度优先树$\check{\mathcal{G}}_{N+1}=\{\check{\mathcal{V}}_{N+1},\check{\mathcal{E}}_{N+1}\}$中，所有层数相同的节点互为兄弟节点。

于是，图 5-47 中，节点 5 的父节点为节点 2，子节点为节点 6、节点 7 和节点 8，祖先节点为节点 0 和节点 2，子孙节点为节点 6、节点 7、节点 8、节点 9 和节点 10，兄弟节点为节点 3 和节点 4。

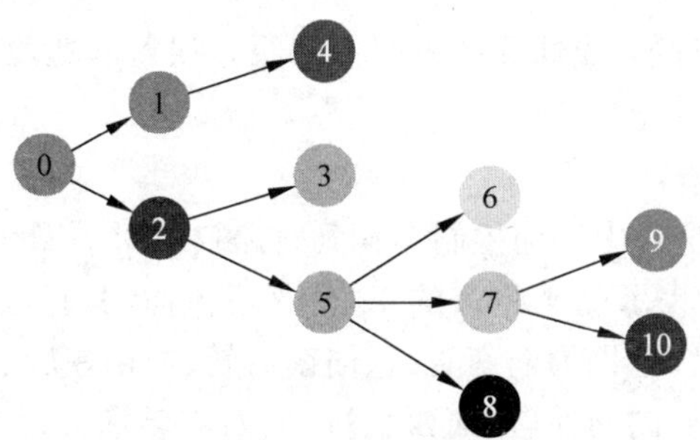

图 5-47 深度优先生成树

深度优先生成树的兄弟节点车辆 i 和车辆 j 在相同时间通过交叉路口。因此，虚拟队列冲突图的深度优先生成树中处于同一层的节点(即兄弟节点)表示的车辆在交叉路口轨迹不存在冲突关系。

5）分布式控制器设计

针对车辆非线性动力学模型，设计车辆下位控制器，采用反馈线性化的方法构建三阶线性车辆模型。具体见 5.3.4 节。

采用基于跟车距离误差和速度误差的线性反馈控制器构建虚拟车辆队列的分布式控制架构。定义虚拟车辆队列中车辆 i 的信息邻域车辆集$\mathbb{N}_i$ 包括其通过 V2V 通信可获得运动信息的所有车辆的集合，也即

$$\mathbb{N}_i=\{j\mid a_{ji}=1\}\cup\{0\mid q_{ii}=1\}$$

其中，邻接矩阵 $a_{ij}=\begin{cases}1, & (i,j)\in\breve{\mathcal{E}}_{N+1}\\0, & 其他\end{cases}$，表示非虚拟领航车间的信息传递；牵引矩阵 $q_{ij}=\begin{cases}1, & i=j\ 且(0,i)\in\breve{\mathcal{E}}_{N+1}\\0, & 其他\end{cases}$，表示虚拟领航车与其余车辆的信息传递。

车辆 i 与其信息邻域车辆 j 的跟驰距离误差和速度误差为：

$$\delta_p^{(i,j)}=-(p_i(t)-p_j(t)-D_i(l_i-l_j)),\quad \forall j\in\mathbb{N}_i$$

$$\delta_v^{(i,j)}=v_i(t)-v_j(t),\quad \forall j\in\mathbb{N}_i$$

其中，$\delta_p^{(i,j)}$ 为车辆 i 和车辆 j 的跟驰距离误差，$\delta_v^{(i,j)}$ 为车辆 i 和车辆 j 的跟驰速度误差，D 为车辆与其父节点之间的期望车头距离，l_i 和 l_j 分别为车辆 i 和车辆 j 在虚拟队列深度优先生成树中的层数。

于是，采用车辆 i 与信息邻域车辆的跟驰距离误差和速度误差的线性组合构建期望加速度的线性反馈控制律：

$$\begin{aligned}u_i&=-\sum_{j\in\mathbf{N}_i}k_{p_i}\delta_p^{(i,j)}-\sum_{j\in\mathbf{N}_i}k_{v_i}\delta_v^{(i,j)}\\&=-\sum_{j\in\mathbf{N}_i}k_{p_i}(p_j(t)-p_i(t)-D_i(l_i-l_j))-k_{p_i}q_{ii}(p_0(t)-p_i(t)-D(l_0-l_i))-\\&\quad k_{v_i}\sum_{j\in\mathbf{N}_i}a_{ij}(v_i-v_j)-k_{p_i}q_{ii}(v_i-v_0)\end{aligned}$$

其中，k_{p_i} 和 k_{v_i} 分别为车辆 i 线性反馈控制器的距离误差和速度误差的反馈增益，u_i 为车辆的控制器输入，即期望加速度。

6）仿真结果

图 5-48 为十字路口仿真中协同控制车辆到达路口的时刻图。图中，圆点（数字）表示车辆（序号），12 个半径方向表示交叉路口的 12 个交通流向，其行驶方向如圆外的箭头所示，从 12 点钟方向按照逆时针分别为向南直行、向南右转、向东左转、向东直行、向东右转、向北左转、向北直行、向北右转、向西左转、向西直行、向西右转和向南左转。处于同一半径上的点为属于同一交通流向的车辆，如车辆 1 属于向北左转交通流，车辆 2 属于向南左转交通流，车辆 3 属于向东左转交通流。图中的同心环等高线表示车辆到达路口的时间。处于同一同心环等高线上的点为到达路口时刻相同的车辆，如车辆 1 和车辆 2 处于同一同心环等高线，其到达路口的时刻相同，均为 20s。从图 5-48 中可知，到达交叉路口时刻相同的车辆的位移轨迹在交叉路口无冲突。例如，车辆 22、车辆 23 和车辆 24 到达交叉路口时刻均为 52.5s，其所属交通流分别为向东右转、向西右转和向南右转，根据交叉路口交通流的冲突关系，此三辆车的轨迹在交叉路口无冲突。

2. 车路云一体化协同的广域优化经济行驶节能控制

现有单车智能驾驶系统的感知范围有限，对道路交通信息的获取能力不足，造成车辆动力系统最佳工作状态和道路交通条件难以匹配，无法构建全局范围的节能驾驶策略，导致车辆行驶过程的节能效果欠佳。针对这一行业共性难题，应依托云控架构研发广域协同优化能力的汽车行驶节能控制技术。使用该协同平台在线计算车辆能耗最优的行驶策略，对整车动力系统进行动态调控，实现大范围多车群体的协同节能行驶。与传统单车巡航驾驶相

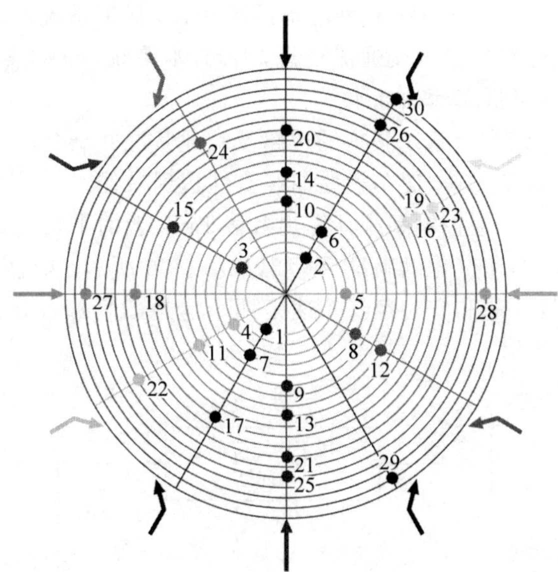

图 5-48 十字路口协同式控制车辆到达时间

比，该技术显著增大了车辆环境信息感知范围，改善了行驶经济性。

首先，对云控系统意义下的车辆行驶路线进行定义，将路线分割为若干个交叉路口和连接各交叉路口的道路，称为节点(Node)和节点间的连接(Link)。图 5-49 所示即为从起点 Node 0 驶往终点 Node 5 的车辆途径的各节点及连接示意图。

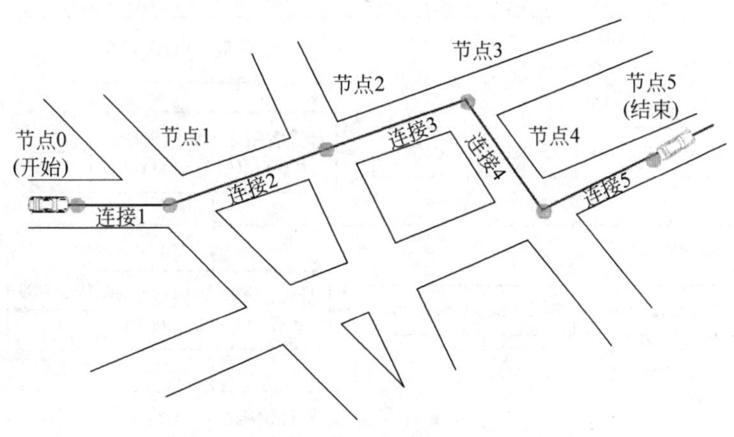

图 5-49 车辆路线示意图

由系统采集的信息可以储存在这些节点和连接中。节点代表交叉路口，节点信息包括交通信号灯信息等；连接代表连接前后两个节点的道路，连接信息包括道路路面状况、路段交通情况等。[39]

基于云控系统的经济车速控制系统在已知车辆行驶路线及其包含的节点、连接信息的前提下，对车辆的车速进行控制，达到车辆燃油经济性提高的效果。车辆燃油经济性由各种复杂因素共同作用而决定，因此，经济车速同样受很多因素影响。为了达到整个路线上车辆燃油经济性提高这个最终目标，经济车速控制系统分两个不同层次的控制目标。

(1) 平均经济车速：与传统经济车速控制系统相比，基于系统信息的经济车速控制系统可以实时获得交通信号灯信息及交通流信息，因此，本系统应使车辆在各段 Link 上以合理的车速水平行驶，总体降低车辆油耗水平。

(2) 实时经济车速：结合由系统获得的道路及交通状况并结合由目标 1 获得的结果，本系统应为车辆规划实时经济车速，使车辆燃油经济性达到最佳。

基于云控系统的经济车速控制系统计算出各段 Link 上的平均车速以满足目标 1，计算出每一段 Link 上的实时车速变化以满足目标 2，如图 5-50 所示。经济车速控制本质是一个优化控制问题，平均经济车速和实时经济车速是两个递进的目标，因此，本书设计了一种分层控制方案，如图 5-51 所示。

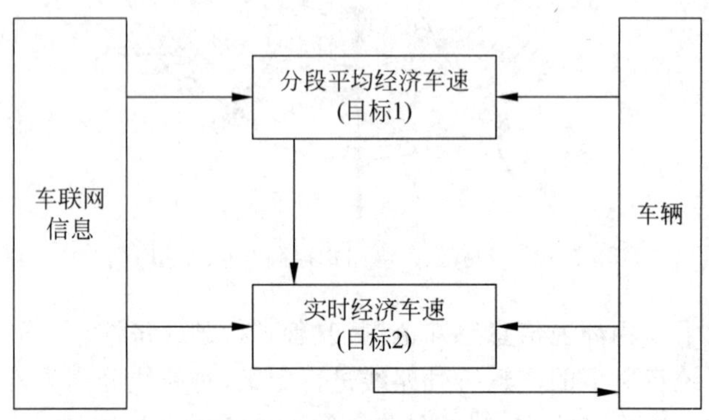

图 5-50 云控系统的经济车速控制目标

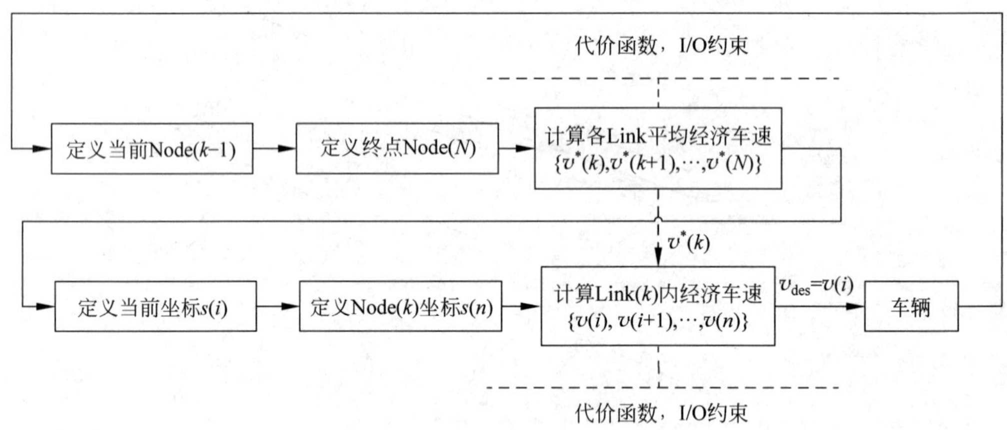

图 5-51 经济车速分层控制方案

当车辆在第 $k-1$ 个节点上时，系统由平台接收之后 Node 及 Link 的信息，构成 I/O 约束，与平均车速相关的油耗代价函数，共同组成了第一层控制。本层控制的输出为各段 Link 的平均经济车速$\{v^*(k),v^*(k+1),\cdots,v^*(N)\}$，并将本段 Link 的平均车速 $v^*(k)$ 输出给第二层控制。

车辆在当前坐标 $s(i)$上，系统由协同平台接收本段 Link 的道路状况和交通流信息以及由第一层控制输入的本段平均车速 $v^*(k)$，构成 I/O 约束与可以表示车辆瞬时燃油经济性的代价函数，共同组成了第二层控制，本层控制的输出为本段 Link 上的实时车速$\{v(i),$

$v(i+1),\cdots,v(n)\}$，可用于直接控制车辆。

第一层控制不考虑同一段 Link 内道路及交通环境的变化，但在实际行车过程中，同一 Link 内的道路情况、交通环境实时变化。因此，本层控制需要根据同一 Link 上实时变化的车辆及环境信息进行车速实时调控。

第一层控制计算了车辆在每个 Link 上的平均经济车速，把这个车速作为目标车速控制车辆，可以保证车辆在这个车速水平上行驶，但如果车辆始终以此经济车速为目标车速，就会造成车辆提前或滞后到达 Node，可能导致车辆在 Node 前停车或其他不希望出现的场景，从而造成油耗增加；另外，由于不同 Link 间经济车速不同，车辆在 Node 附近需要改变车速，这个加速或减速的过程对油耗有很大的影响。因此，临近 Node 时的经济车速控制是本层控制的重要内容。

除此之外，道路坡度是影响车辆燃油经济性的重要因素之一，以不合理的车速通过坡道会造成车辆油耗的增加。因此，上、下坡经济车速研究是经济车速控制系统研究中的一个重要组成部分，对改善车辆的燃油经济性有重大意义。在考虑了平路上的经济车速控制方法之后，本节后半部分将着重讨论基于道路坡度的经济车速控制，并将坡道经济车速算法作为本层控制的第二个组成部分。临近 Node 经济车速控制与坡道经济车速控制共同组成了第二层控制。当车辆进入一个 Link 后，以第一层控制得到的平均车速为目标车速行驶，如果前方道路出现坡道，则按坡道经济车速进行车速控制，如果没有坡道，则车辆始终以平均经济车速行驶；当车辆接近本 Link 终点，即下一 Node 时，进行临近 Node 经济车速控制，使车辆在由第一层控制计算得到的时刻到达本 Link 终点。

第一层控制不考虑同一段 Link 内道路及交通环境的变化，但在实际行车过程中，同一 Link 内的道路情况、交通环境实时变化，项目选取节油潜力最大的三类典型工况，即跟车工况、坡道工况和起停工况展开研究。

(1) 跟车工况。平直道路上的巡航在自然驾驶中时间占比最大，耗油总量高，省油操作的效益高。

(2) 坡道工况。在山区和丘陵地区的高速公路上，坡道尤为常见，节油优化潜力大。

(3) 起停工况。加速是造成不同驾驶人节油表现差异的主要原因，可优化空间大。

第二层控制是 Link 内的车速优化，当道路坡度为零时，车辆按由第一层控制得到的平均车速行驶。行驶过程中，车辆受坡道以及在进入本 Link 后由上一个 Link 的车速改变到本 Link 目标平均车速过程的影响，会造成本 Link 实际平均车速的改变，当车辆接近本 Link 终点时，调节车速使车辆在兼顾油耗的同时在由第一层控制计算得到的时刻到达本 Link 终点是第二层控制的重要内容，这个控制问题被称为临近 Node 经济车速控制，以下简称 Near Node 经济车速控制。

道路坡度是影响车辆燃油经济性的重要因素之一，以不合理的车速通过坡道会造成车辆油耗的增加。因此，上、下坡经济车速研究是经济车速控制系统研究中的一个重要组成部分，对改善车辆的燃油经济性有重大意义。

为进行节能控制，要求计算车辆的车速曲线使得车辆通过这段路程的总燃油消耗量最低，车辆驶过道路的末速度同样为 v_{eco}。则其数学描述为：

$$V=\underset{v}{\operatorname{argmin}}\int_0^T F_{\mathrm{C}}(v(t),\alpha)\mathrm{d}t \tag{5-30}$$

s.t.

$$a_{\min} \leqslant \frac{\mathrm{d}v}{\mathrm{d}t} \leqslant a_{\max}$$

$$v_0 = v_T = v_{\mathrm{eco}}$$

$$v < v_{\mathrm{limit}}$$

其中：

$$\frac{\mathrm{d}v}{\mathrm{d}t} = \frac{r_{\mathrm{w}}}{J_1 + mr_{\mathrm{w}}^2 + \eta i^2 J_{\mathrm{e}}}\left(i\eta T - r_{\mathrm{w}}\left(\frac{1}{2}C_{\mathrm{D}}A\rho_{\mathrm{a}}v^2 + mgf\cos\alpha + mg\sin\alpha\right)\right)$$

上式中，F_{C} 为油耗率，v_{eco} 为无约束条件下的经济车速，v_{limit} 为上限车速，$v=r_{\mathrm{w}}\omega_{\mathrm{w}}$，$C_{\mathrm{D}}$ 为空气阻力系数，A 为迎风面积，ρ_{a} 为空气密度，m 为整车质量，f 为滚动阻力系数，α 为道路坡度。

引入 Bellman 动态规划算法求上述问题的数值解。动态规划是求解决策过程最优化的数学方法，动态规划的基础是 Bellman 最优化原理：如果一个决策过程满足不论初始状态和初始决策如何，当把其中的任何一级和状态再作为初始级和初始状态时，其余决策对此必定也是一个最优策略，则称这个过程满足 Bellman 最优化原理。

最优化原理的具体描述为：若有一个初始为 $x(0)$ 的 N 级决策过程，其最优策略为 $\{u(0),u(1),\cdots,u(N-1)\}$。那么，对以 $x(1)$ 为初始状态的 $N-1$ 级策略过程来说，决策集合 $\{u(1),u(2),\cdots,u(N-1)\}$ 必定是最优策略。它的数学描述为：

对于一个确定性系统，系统状态方程为：

$$\boldsymbol{x}_{k+1} = F(\boldsymbol{x}_k, \boldsymbol{u}_k),\quad k=0,1,2,\cdots$$

式中，$\boldsymbol{x}$ 为状态向量，$\boldsymbol{u}$ 为控制向量，F 为系统函数。

系统的代价方程为：

$$J(x_k, \underline{u}_k) = \sum_{i=k}^{\infty} U(x_i, u_i)$$

其中，U 为当下阶段代价函数，J 为当下状态到末状态的代价函数和，u 为当下阶段决策，$\underline{u}$ 为当下阶段以及之前所有阶段决策集合。

任何满足 Bellman 最优化原理的决策过程可由 Bellman 动态规划算法求解。Bellman 动态规划算法可以由式(5-31)～式(5-33)表示：

$$J(x_k, \underline{u}_k) = U(x_k, u_k) + J^*(x_{k+1}, \underline{u}_{k+1}^*) \tag{5-31}$$

$$J^*(x_k, \underline{u}_k) = \min_{u_k}\{U(x_k, u_k) + J^*(x_{k+1}, \underline{u}_{k+1}^*)\} \tag{5-32}$$

$$\underline{u}_k^* = \operatorname*{argmin}_{u_k}\{U(x_k, u_k) + J^*(x_{k+1}, \underline{u}_{k+1}^*)\} \tag{5-33}$$

其中，u_k^* 为 k 阶段最优决策，J^* 为最优决策集下的代价值。

基于动态规划算法，选定一定的距离间隔 Δs 和速度间隔 Δv，将系统在 v-s 平面离散，离散方式如图 5-52 所示。离散系统状态方程如下：

$$v_{k+1} = \sqrt{\frac{2r_{\mathrm{w}}\Delta s}{J_1 + mr_{\mathrm{w}}^2 + \eta i^2 J_{\mathrm{e}}}\left(i\eta T_{\mathrm{e}} - r_{\mathrm{w}}\left(\frac{C_{\mathrm{D}}A\rho_a v_k^2}{2} + mg(f + \sin\alpha)\right)\right) + v_k^2}$$

简化后的系统状态方程为：

$$v_{k+1} = \sqrt{\frac{2\Delta s}{mr_{\mathrm{w}}}\left(i\eta T_{\mathrm{e}} - r_{\mathrm{w}}\left(\frac{1}{2}C_{\mathrm{D}}A\rho_a v_k^2 + mgf + mg\sin\alpha\right)\right) + v_k^2}$$

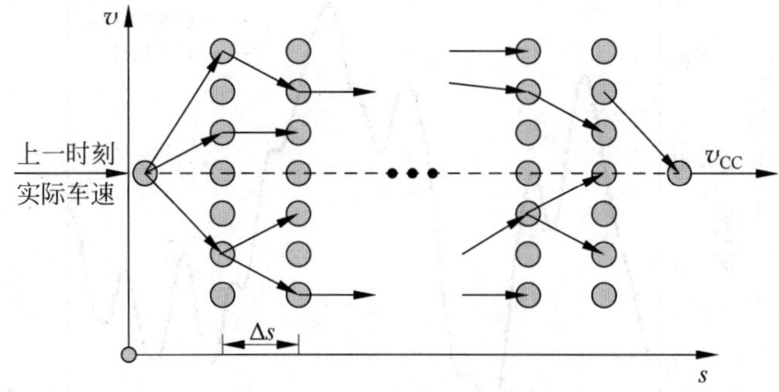

v_{CC}：预测规划车速控制。

图 5-52 距离车速离散示意图

系统代价函数及其约束如式(5-34)所示：

$$U_k = F_C(v_k)\frac{\Delta s}{v_k} \tag{5-34}$$

s. t.

$$a_{\min} \leqslant \frac{dv}{dt} = \frac{v_{k+1}^2 - v_k^2}{2\Delta S} \leqslant a_{\max} \tag{5-35a}$$

$$v_0 = v_t = v_{eco} \tag{5-35b}$$

$$v_{\max} < v_{limit} \tag{5-35c}$$

$$v(i,j) = \begin{cases} v(j-1)_{\min} & i = 2,3,\cdots,N-1 \\ v_{eco} & i = 1,N \end{cases} \tag{5-35d}$$

Bellman 动态规划算法的具体实现过程如下：

初始化：设置 $M\times N$ 的速度矩阵 $\boldsymbol{v}$、代价矩阵 $\boldsymbol{J}$ 以及路径矩阵 $\boldsymbol{P}$

for $i=N-1, j=1, k=1$ do

  计算从 $v(i,j)$ 状态点到 $v(i+1,k)$ 状态点的代价，$u_0 = F_C(v(i,j),a(i,j)) * \Delta s/v(i,j)$

$j_0 = U + J(i+1,k)$

  if $j_0 < J(i,j)$

  $P(i,j)$保存路径为从(i,j)到$(i+1,k)$，加上 $P(i+1,k)$保存的路径

  end if

  $j=j+1, k=1, i=i-1, j=1$

end for

$\boldsymbol{J}(1,x)$，x 为任意正整数，即为要求的最小油耗，$\boldsymbol{P}(1,x)$保存的路径即为最经济车速曲线

根据经济车速控制方法，采用真实数据进行仿真测试。分别从地图中提取的道路高程信息如图 5-53 所示。图 5-54 所示是由所提出的控制算法求解的经济车速，计算定速巡航系统的油耗和所提出的经济车速控制方法的油耗，由图 5-55 和表 5-7 所示的油耗结果可知，所提出的经济车速算法体现了更高的燃油经济性，油耗相对于定速巡航减少了 4.6%。

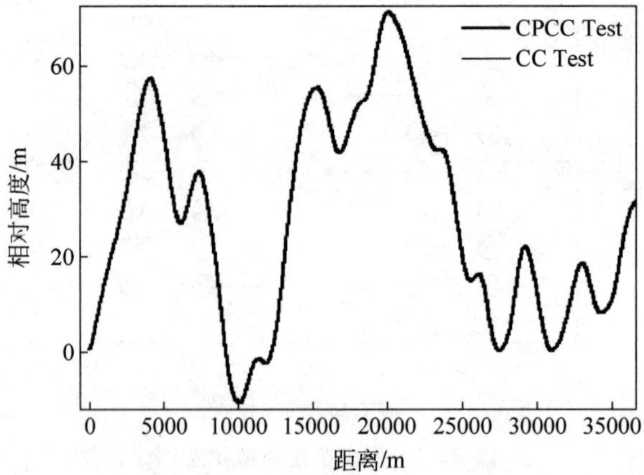

图 5-53 地图获得的高度数据

CPCC：预见性巡航控制；CC：巡航控制

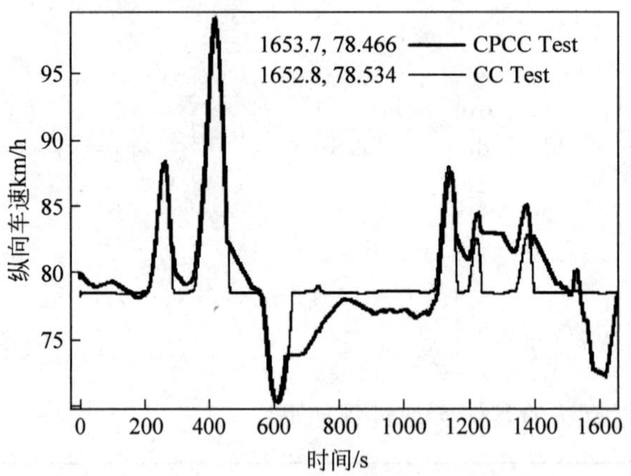

图 5-54 经济车速结果

CPCC：预见性巡航控制；CC：巡航控制

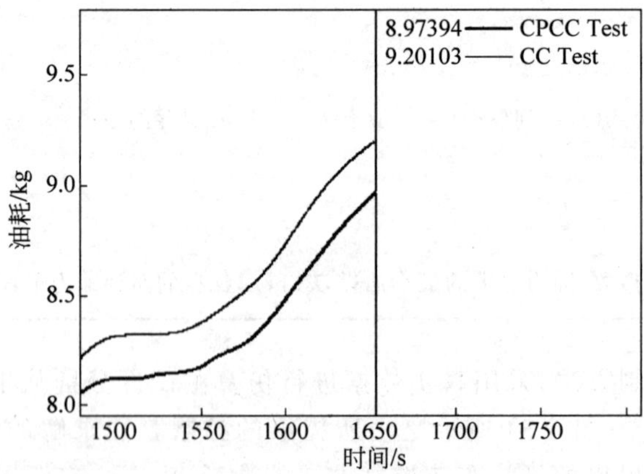

图 5-55 油耗结果

CPCC：预见性巡航控制；CC：巡航控制

表 5-7 油耗对比结果

	CPCC(预见性巡航控制) (80km/h-200m)	CC(巡航控制) (78.4km/h)	百分比 (PCC<CC 为负)
油耗/g	8871.96	9299.91	−4.60%
时间/s	1649.1	1646.7	0.14%

本章习题

5.1 基于图 5-56 所示的栅格地图与路径规划算法,寻找连接出发点与目标点的最短路径。图中两个圆点分别为出发点、目标点,黑色节点表示障碍物。此外,如果加入约束条件:路径上只能出现直线或钝角,那么需要如何修改你的路径规划算法?(二维码链接中提供了一个基于 A* 算法的参考示例)

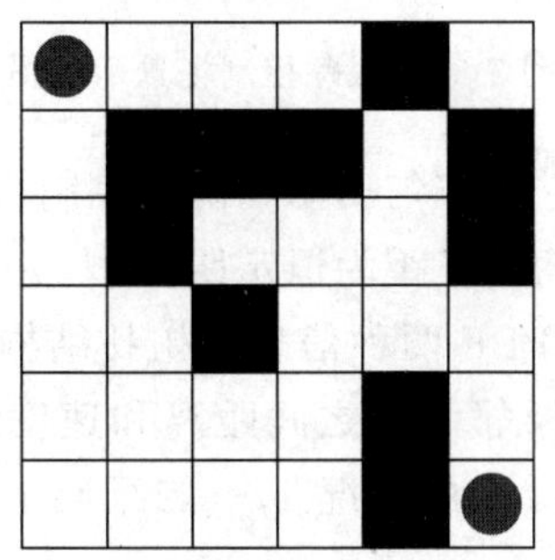

图 5-56 移动机器人路径规划栅格地图

5.2 如图 5-57 所示的公路驾驶场景,请分别实现要求的路径规划与速度规划任务。(二维码链接中提供了一个基于 ST-Graph 的参考示例)

(1) 道路中有静态障碍物,需要规划路径以实现避障驾驶。

(2) 前方有车辆切入,请规划"让行"对应的车速曲线。

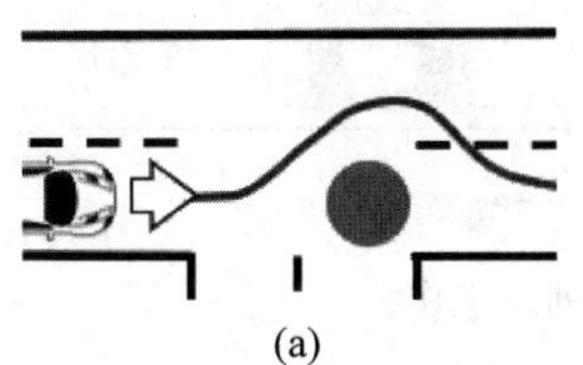

(a)

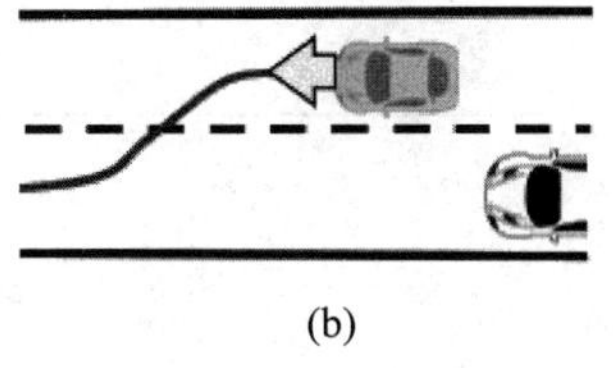

(b)

图 5-57 运动规划场景示意图

(a) 避让前方障碍;(b) 让行切入车辆

5.3 选择一个感兴趣的前沿决策问题(包括复杂交通环境、恶劣天气与路况等),调研前沿方法并提出一种自己的技术应用路线。

5.4 基于提供的复杂弯道、车辆模型和车辆状态信息(位置、航向角),假设车辆纵向匀速前行,仅做车辆横向控制。使用预瞄误差为输入,控制车辆转角,运用 PID 算法,实现轨迹跟踪,并且进行实验探索下列参数对轨迹跟踪性能(横向误差)的影响。

(1) 不同 P、I、D 参数。

(2) 预瞄距离。设计出根据弯道半径和车速等关于预瞄距离的函数。

5.5 基于提供的复杂弯道和车辆状态信息(位置、航向角,见图 5-58),假设车辆纵向匀速前行,仅做车辆横向控制,采用车辆运动学模型,损失函数采用横向误差、朝向误差和转向角三者平方和,具体形式参考 5.2.4 节相关内容。使用 MPC 算法,实现轨迹跟踪,并且进行以下实验进行分析:

(1) 损失函数中不同权重参数对横向误差的影响。

(2) 不同预测时域、控制时域对算法效率的影响。

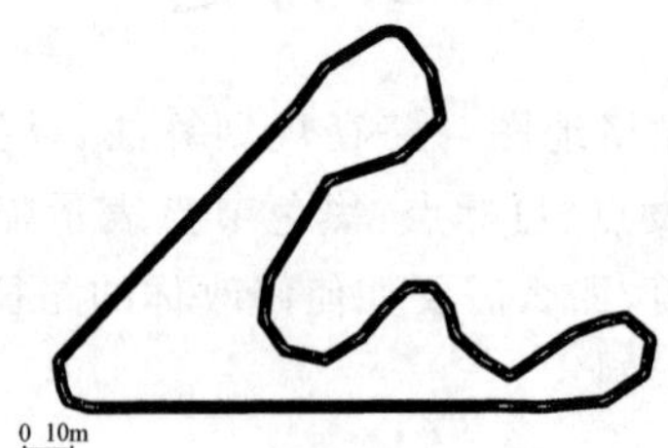

图 5-58 跟踪控制场景示意图

5.6 根据书中所述方法建立五车匀质车辆队列控制模型,节点动力学采用如式(5-18)所示的三阶线性状态空间模型,期望车距为恒定距离型,并采用线性反馈控制器,其形式如式(5-21)所示。分别采用 PF 和 PLF 两种信息流拓扑结构对上述队列进行控制仿真,对比这两种拓扑结构下相邻两车之间距离和速度误差的大小和变化规律。控制器增益取值参考表 5-3 中的工况 1。(二维码链接中提供了一个队列控制参考示例)

5.7 相邻车道上的三辆车组队,车辆分布情况如图 5-59 所示,要求车辆队列在车道 1 行驶,并保持期望速度 20m/s,期望车间距 20m。出于安全考虑,在与前后车辆相距均超过 30m 时才能换道。设计编队策略和执行方案,画出逻辑框图。

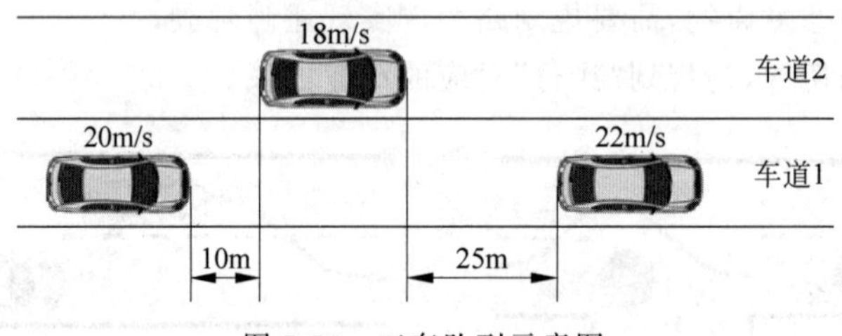

图 5-59 三车队列示意图

5.8 针对非信控路口场景,目前需要解决的关键技术问题有哪些?非信控路口在应用方面的发展趋势如何?

5.9 在所提供的队列场景中,在每一个信息流中增加匀质大小的通信时延,通过仿真,分析通信时延对队列性能的影响。

5.10 基于提供的长直路的混合交通仿真场景(共 100 辆车),其中含有驾驶人驾驶车辆(使用 IDM 模型),ICV 使用 CACC 控制器,进行仿真并分析渗透率对系统性能的影响。

5.11 根据书中 5.3.5 节的"车路云一体化协同的广域优化经济行驶节能控制"案例,回答以下问题:

(1) 节点(Node)与节点间的连接(Link)分别代表什么?

(2) 整体系统有两个不同层次的控制目标,分别是哪两层?

(3) 请简述第一层控制与第二层控制之间的关系。

(4) 道路坡度因素是如何在该控制算法中体现的?

(5) 用伪代码或流程图的形式表达整体节能控制算法。

参考文献

[1] 陶冰冰. 智能汽车轨迹跟踪控制算法研究[D]. 十堰：湖北汽车工业学院，2018.

[2] 龚建伟，姜岩，徐威. 无人驾驶车辆模型预测控制[M]. 北京：北京理工大学出版社，2014.

[3] 许星元. 智能车辆横向动力学建模与轨迹预测跟踪控制[D]. 沈阳：沈阳航空航天大学，2019.

[4] URMSON C，ANHALT J，BAGNELL D，et al. Autonomous driving in urban environments：Boss and the Urban Challenge[J]. Journal of Field Robotics，2008，25(8)：425-466.

[5] 百度. Apollo 开发者中心[EB/OL]. https://apollo.auto/devcenter/document_list_cn.html.

[6] EFRATI A. Waymo's Big Ambitions Slowed by Tech Trouble [EB/OL]. https://www.theinformation.com/articles/waymos-big-ambitions-slowed-by-tech-trouble.

[7] FUNKE J，BROWN M，ERLIEN S M，et al. Collision avoidance and stabilization for autonomous vehicles in emergency scenarios[J]. IEEE Transactions on Control Systems Technology，2017，25(4)：1204-1216.

[8] LINIGER A，LYGEROS J. A noncooperative game approach to autonomous racing[J]. IEEE Transactions on Control Systems Technology，2019，28(3)：884-897.

[9] BAHRAM M，LAWITZKY A，FRIEDRICHS J，et al. A game-theoretic approach to replanning-aware interactive scene prediction and planning[J]. IEEE Transactions on Vehicular Technology，2015，65(6)：3981-3992.

[10] TRAUTMAN P，MA J，MURRAY R M，et al. Robot navigation in dense human crowds：Statistical models and experimental studies of human-robot cooperation[J]. The International Journal of Robotics Research，2015，34(3)：335-356.

[11] SADIGH D，SASTRY S，SESHIA S A，et al. Planning for autonomous cars that leverage effects on human actions[C]//Robotics：Science and Systems. 2016，2.

[12] NG A Y，RUSSELL S J. Algorithms for inverse reinforcement learning[C]//Icml. 2000，1：2.

[13] FAN H，XIA Z，LIU C，et al. An auto-tuning framework for autonomous vehicles[J]. arXiv preprint arXiv：1808.04913，2018.

[14] BOJARSKI M，DEL T D，DWORAKOWSKI D，et al. End to end learning for self-driving cars[J]. arXiv preprint arXiv：1604.07316，2016.

[15] SHALEV-SHWARTZ S，SHAMMAH S，SHASHUA A. On a formal model of safe and scalable self-driving cars[J]. arXiv preprint arXiv：1708.06374，2017.

[16] WOLF P，KURZER K，WINGERT T，et al. Adaptive behavior generation for autonomous driving using deep reinforcement learning with compact semantic states[C]//2018 IEEE Intelligent Vehicles Symposium (IV). IEEE，2018：993-1000.

[17] 李克强，戴一凡，李升波，等. 智能网联汽车(ICV)技术的发展现状及趋势[J]. 汽车安全与节能学报，2017，8(1)：1-14.

[18] 郑洋. 基于四元素构架的车辆队列动力学建模及分布式控制[D]. 北京：清华大学，2015.

[19] HEDRICK J K, TOMIZUKA M, VARAIYA P. Control issues in automated highway systems[J]. Control Systems, IEEE, 1994, 14(6): 21-32.

[20] DE SCHUTTER B, DE MOOR B. Optimal traffic light control for a single intersection[J]. EuropeanJournal of Control, 1998, 4(3): 260-276.

[21] WIERING M. Multi-agent reinforcement learning for traffic light control[C]// Machine Learning: Proceedings of the Seventeenth International Conference (ICML'2000). Stanford, CA, USA: Morgan Kaufmann, 2000: 1151-1158.

[22] ABDULHAI B, PRINGLE R, KARAKOULAS G J. Reinforcement learning for true adaptive traffic signalcontrol[J]. Journal of Transportation Engineering, 2003, 129(3): 278-285.

[23] XU B, BAN X J, BIAN Y, et al. V2I based cooperation between traffic signal and approaching automated vehicles[C]//2017 IEEE Intelligent Vehicles Symposium (IV). California, USA: IEEE, 2017: 1658-1664.

[24] HEDRIC J K, MC MAHON D H, SWAROOP D, et al. Longitudinal Control Development for IVHS Fully Automated and Semi-automated Systems[R]. Phase I, Mou-101, PATH Final Report, 1994.

[25] DRESNER K, STONE P. A multiagent approach to autonomous intersection management[J]. Journal of Artificial Intelligence Research, 2008, 31: 591-656.

[26] KAMAL M A S, IMURA J, HAYAKAWA T, et al. A vehicle-intersection coordination scheme for smooth flows of traffic without using traffic lights [J]. IEEE Transactions on Intelligent Transportation Systems, 2015, 16 (3): 1136-1147.

[27] MORIOKA Y I, SOTA T, NAKAGAWA M. An anti-car collision system using GPS and 5.8GHz inter-vehicle communication at an off-sight intersection[C]//52nd Vehicular Technology Conference, 2000(5): 2019-2024.

[28] REN W, BEARD R W. Consensus seeking in multiagent systems under dynamically changing interaction topologies[J]. IEEE Transactions on Automatic Control, 2005, 50(5): 655-661.

[29] LIU Y, BUCKNALL R. Path planning algorithm for unmanned surface vehicle formations in a practical maritime environment[J]. Ocean Engineering, 2015,97: 126-144.

[30] LIU Y C, BUCKNALL, et al. A survey of formation control and motion planning of multiple unmanned vehicles[J]. Robotica: International journal of information, education and research in robotics and artificial intelligence, 2018.

[31] CHEN M, HU Q, FISAC J F, et al. Reachability-based safety and goal satisfaction of unmanned aerial platoons on air highways[J]. Journal of Guidance, Control, And Dynamics, 2017, 40(6): 1360-1373.

[32] KAZEROONI E S, PLOEG J. Interaction protocols for cooperative merging and lane reduction scenarios [C]//IEEE International Conference on Intelligent Transportation Systems, 2015, 1964-1970.

[33] ASADI B, VAHIDI A. Predictive cruise control: Utilizing upcoming traffic signal information for improving fuel economy and reducing trip time [J]. IEEE Transactions on Control Systems Technology, 2011, 19(3): 707-714.

[34] LEE J, PARK B. Development and evaluation of a cooperative vehicle intersection control algorithm under the connected vehicles environment [J]. IEEE Transactions on Intelligent Transportation Systems, 2012, 13 (1): 81-90.

[35] LEE J, PARK B, MALAKORN K, et al. Sustainability assessments of cooperative vehicle

intersection control at an urban corridor [J]. Transportation Research Part C: Emerging Technologies, 2013, 32: 193-206.

[36] 边有钢. 复杂车-网-路条件下的多车系统分布式运动控制[D]. 北京: 清华大学, 2019.

[37] 吴啸浪. 上海启动智能网联汽车规模化示范应用[EB/OL]. https://auto.163.com/20/0629/08/FG9B5N74000884MM.html.

[38] 刘征宇. 郑东新区智慧岛无人驾驶小巴零事故运行满1万公里[EB/OL]. https://news.dahe.cn/2019/09-05/533209.html.

[39] 俞倩雯. 基于车联网的汽车行驶经济车速控制方法[D]. 北京: 清华大学, 2014.

[40] 王肖. 无人驾驶清扫车落地之路的技术解析[EB/OL]. https://www.leiphone.com/category/transportation/N6J1UFYq3AeRgjht.html, 2019-7-9.

6 测试与评价

6.1 绪　　论

测试与评价是智能网联汽车研发中的重要环节。随着先进驾驶辅助系统和智能网联汽车的开发和应用,很多新的测试需求应运而生。美国和欧盟针对先进驾驶辅助系统已经开展了充分的研究并形成了较为成熟的测试方法和标准。与先进驾驶辅助系统不同,智能网联汽车的目标是可以在某些环境下完全替代驾驶人驾驶车辆。由于缺乏驾驶人的操作与干预,天气条件、道路环境和其他交通参与者等不确定性因素都将为车辆的安全行驶带来十分严峻的挑战[1]。因此,建立系统的智能网联汽车测试与评价方法,对验证智能网联汽车在复杂场景下的功能是否满足预期设计要求有重要意义。

智能网联汽车测试方法可以分为基于功能的测试和基于场景的测试。前者主要是针对某种先进驾驶辅助系统的功能进行测试,目前发展比较成熟,有相关国家标准可以依据。后者可模拟多种实际交通场景,对智能网联汽车的功能和性能进行综合测试。在智能网联汽车开发的整个阶段,测试流程一般包括模型在环测试、软件在环测试、硬件在环测试、车辆在环测试、封闭场地测试和开放道路测试。随着测试流程的不断深入,测试结果的真实性和可靠性也在不断增加。图 6-1 展示了智能网联汽车测试方法的分类与流程。

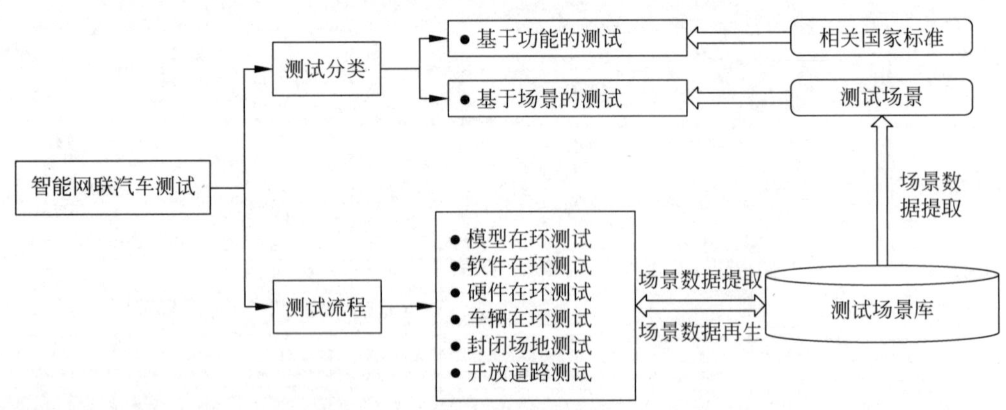

图 6-1　智能网联汽车测试方法的分类与流程

对智能网联汽车的测试结果进行评价，首先需确定评价目标与指标体系，然后根据一定的评价模型进行定性评价和定量评价，进而获得评价结果。在各评价模型中，蛛网评价模型为一种相对普适的定性评价模型；定量评价模型可分为独立指标评价模型和联合指标评价模型，其中联合指标评价模型最为常用，包括指标权重确定与指标综合方法。智能网联汽车的评价内容如图 6-2 所示。

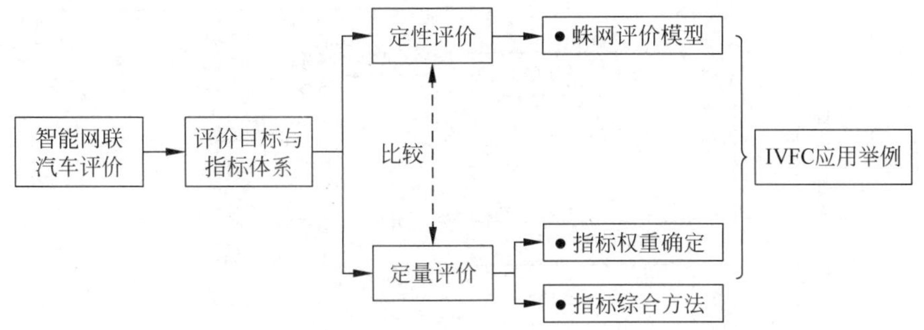

图 6-2 智能网联汽车的评价内容

通过上述测评内容，可以在智能网联汽车量产之前及早发现其设计缺陷，完善系统功能，优化系统结构，同时对智能网联汽车进行科学合理的测评，推动行业整体科技进步和创新发展，并引导汽车厂商不断优化完善产品。

本章主要内容分为三部分。6.2 节从测试分类和测试流程两个方面对智能网联汽车测试方法进行详细讲解，然后以车道偏离预警系统为例介绍硬件在环测试在实际开发过程中的应用。6.3 节从评价目标、性能指标、评价模型三个方面对智能网联汽车评价方法进行讲解并以中国智能车未来挑战赛为例讲解智能网联汽车评价方法在实践中的运用。6.4 节介绍智能网联汽车测试场地和封闭测试场地的相关测试设备。

6.2 测试方法

6.2.1 测试分类

在自动驾驶技术发展的初期阶段，测试对象主要是先进驾驶辅助系统，科研机构及相关企业对此已经开展了大量的研究工作，也产生了很多针对具体功能的测试标准与法规，此时的测试多为基于功能的测试。对于智能网联汽车来说，其测试对象变成了人-车-环境-任务强耦合系统，基于功能的测试很难满足其测试需求，因此很多机构和企业选择基于场景的测试来验证智能网联汽车的功能与性能。

1. 基于功能的测试

基于功能的测试是指基于相关标准或规定，选择合适的测试场景对具体的自动驾驶功能进行测试的过程。早期的自动驾驶汽车其功能多以单一节点实现，如自适应巡航控制、车道偏离报警、车辆前向碰撞预警等，此时的测试方法多为基于功能的测试[2]。

针对不同的自动驾驶功能，测试方案存在很大差异。以车辆前向碰撞预警系统为例，其通过自车与前车的相对距离、相对速度等信息，判断自车与前车是否存在潜在冲突危险，且在存在危险时，向驾驶人发出报警[3]。车辆前向碰撞预警系统的主要目的是通过向驾驶人提供及时的报警以辅助驾驶人避免碰撞或降低碰撞严重程度。报警时机的选择要适当，使之既及时，又不会造成干扰或误警。

如图 6-3 所示，车辆前向碰撞预警系统需对纵向存在目标、侧向存在目标、邻近区存在干扰物三种场景进行测试，每种场景包含不同的测试用例。下面将从各场景中选取一个测试用例进行详细介绍。

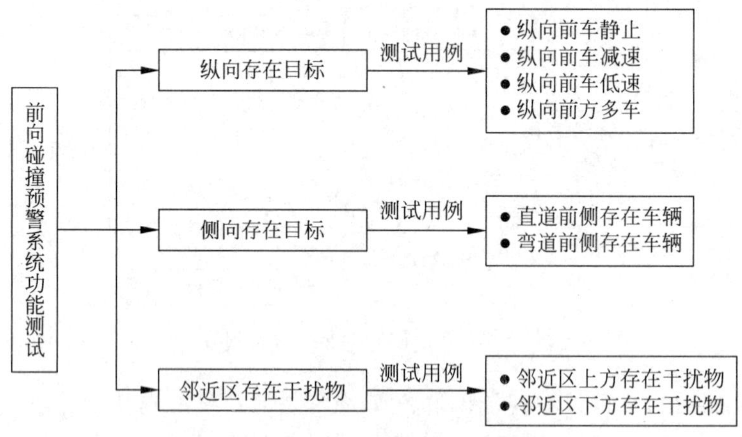

图 6-3 前向碰撞预警系统功能测试

纵向前车减速的测试用例如图 6-4 所示。该试验中自车和前车以 20m/s 的恒定速度在平直车道中间行驶。在前车开始制动前，自车与前车间距离保持在 30m。当前车以 0.3g 的恒定减速度进行制动时，系统应能够在距离碰撞时间(Time to Collision，TTC)最小为 2.4s 时发出报警。当系统发出报警或 TTC 降至小于系统报警最小允许值的 90%时(如 TTC=2.2s)，试验结束。

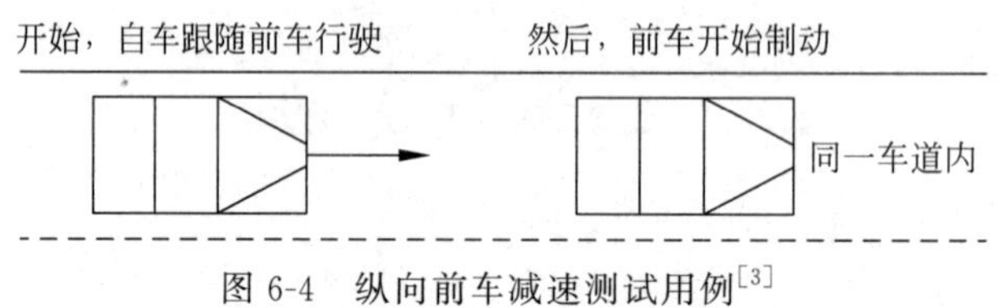

图 6-4 纵向前车减速测试用例[3]

直道前侧存在车辆的测试用例如图 6-5 所示。该试验中，自车和目标车辆以相同的速度 20m/s 行驶，且车间距离不会触发报警。一辆前车以相同速度在目标车辆相邻车道行驶。前车与目标车辆的纵轴间距为(3.5±0.25)m，车宽应为 1.4～2m。自车纵轴相对于目标车辆纵轴横向位移应小于 0.5m。几秒后，相邻车道的前车减速至明显低于自车与目标车辆的速度，在自车超过相邻车道前车时系统不应发出报警。

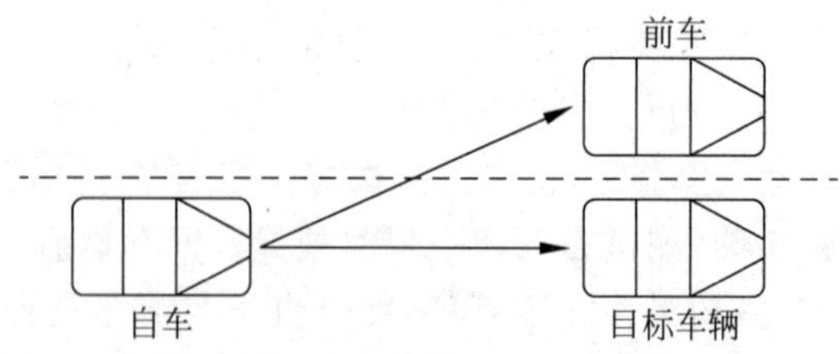

图 6-5 直道前侧存在车辆测试用例[3]

邻近区上方存在干扰物测试用例，如图 6-6 所示。该试验中，设置可能引起误报警的测试目标，测试目标距离路面的高度为 4.5m。自车朝测试目标行驶，并从目标下驶过。若自车上的系统未发出报警则测试结束。

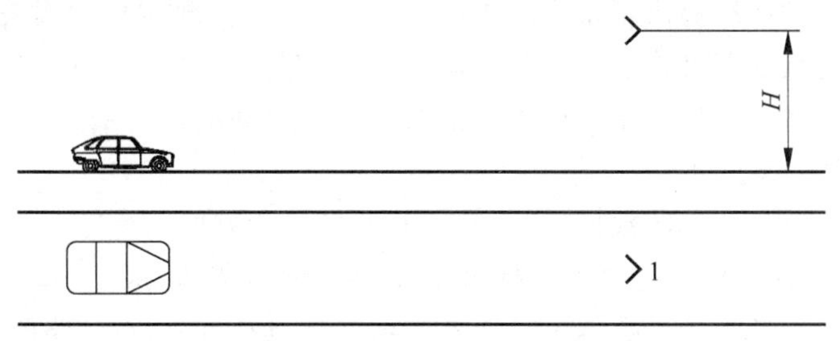

图 6-6 邻近区上方存在干扰物测试用例[3]

2. 基于场景的测试

基于场景的测试是指通过预先设定的测试场景，要求车辆完成某项特定目标或任务来对系统功能或性能进行测试[1]。其中，测试场景指智能网联汽车与其行驶环境各组成要素在一段时间内的总体动态描述，这些要素的组成由所期望检验的自动驾驶汽车的功能模块决定，一般情况下包括道路设施、天气环境、其他交通参与者等[4]。

根据测试场景的定义，测试场景的要素可以分为测试车辆基础信息与交通环境要素两大类。

1）测试车辆基础信息

在智能网联汽车的测试过程中，周围的环境要素和其他交通参与者都会受到测试车辆行为的影响。测试车辆和周围驾驶环境之间相互作用形成闭环，因此测试车辆基础信息是测试场景要素中不可或缺的部分，其主要包括固有状态、目标信息、驾驶行为[4]。

测试车辆的固有状态会对自动驾驶系统的行为决策起到关键作用，如测试车辆的几何特征、性能特征、驾驶系统等。测试车辆的几何特征会决定其安全空间，几何尺寸越大，其所需的安全空间也就越大；测试车辆的性能特征会决定其行驶策略，以加速性能为例，不同的加速性能会使驾驶系统采取不同的行驶策略，如跟随或是超车；测试车辆的驾驶系统会决定驾驶人是否可实时参与车辆驾驶行为之中，一旦发生意外情况，是由驾驶人进行接管还是由驾驶系统进行保守型操作。测试车辆的目标信息即为测试车辆的驾驶任务，其会影响测试场景的覆盖范围及测试场景的持续时间。测试车辆的驾驶行为指测试车辆当前的运动状态，如当前的纵向速度、侧向速度等。明确测试车辆当前的驾驶状态是进行下一步路径规划的基础。

2）交通环境要素

交通环境要素主要包含天气光照要素、静态道路信息、动态道路信息、交通参与者信息[4]。天气光照要素会影响智能网联汽车的感知系统，如逆光或顺光、光照的不同亮度、雾霭、雪等，都会对雷达或者相机等产生影响。静态道路信息是场景要素的基础，从广义上来说，智能网联汽车都在道路上行驶。在行驶的过程中，智能网联汽车还需要遵循一定的交通规则。动态道路信息会极大地提升行驶场景的复杂程度，增加智能网联汽车决策的困难。其他交通参与者信息包括行人信息、非机动车信息和机动车信息。在真实的行驶环境中，其他交通参与者具有很大的不确定性,其下一时刻的运动状态与其驾驶人息息相关,因此,根据其当前状态合理预估其下一步状态,是决策系统的重要任务。

基于场景的测试方法只对测试的初始条件设定要求,不规定具体的测试过程及结果,这样的方式为自动驾驶系统提供了很高的决策自由度,可以实现对自动驾驶系统整体性能的测试[1]。为了充分测试被测车辆的整体性能,测试场景的类型要足够丰富。一种有效的测试场景设计方法是通过收集大量的典型场景数据来建立测试场景库。

(1) 场景数据采集

场景的数据主要包括真实数据、模拟数据和专家经验数据三个部分。

① 真实数据。真实数据主要为数据采集车通过加装雷达、摄像头、高精度惯导等多传感器采集到的不同类型的场景数据。其他真实数据还包括事故数据、路侧单元监测数据、驾驶人考试数据、封闭试验场数据。事故数据是指依据现有交通事故数据,分析事故原因、提取事故特征要素,总结出可用于自动驾驶系统测试的数据元素。目前,很多国家和组织机构都建立了自己的交通事故数据库,如中国的 CIDAS(China In-Depth Accident Study)数据库,德国的 GIDAS(German In-Depth Accident Study)数据库、美国高速公路安全管理局的事故总评系统数据库、欧盟的 Assess 数据库等。路侧单元监控数据是指安装在十字路口或事故多发路段的监控设备所采集到的数据。驾驶人考试数据是指在驾驶人参加机动车驾驶考试时,在考试场地所采集到的数据。封闭试验场数据是指不同自动驾驶等级的车辆在专门的封闭试验场内进行测试时所采集到的数据[4]。

② 模拟数据。模拟数据主要包括驾驶模拟仪数据和仿真数据[4]。驾驶模拟仪数据是指通过驾驶模拟仪采集到的测试场景数据。驾驶模拟仪利用计算机技术模拟驾驶过程中的虚拟视景、声音效果和运动效果,通过将驾驶员置于模拟驾驶座舱中,使其产生实车驾驶感觉。仿真数据是指在虚拟仿真环境中对自动驾驶汽车进行测试所得到的数据。目前主流的仿真软件包括 VTD、PreScan、PanoSim、CARLA、CarMaker 等。这些仿真软件可以生成道路交通场景、交通参与者及天气环境等其他场景要素,并且测试速度快,测试成本低,可以在较短的时间内获得大量的场景测试数据。

③ 专家经验数据。专家经验数据是指相关专家通过总结历史测试数据得出的典型场景要素信息。自动驾驶汽车相关测试标准中的测试场景是专家经验数据的主要来源之一。

(2) 场景数据处理

对于场景数据采集车辆所采集到的数据来说,由于不同的传感器具有不同的工作频率,其采集到数据的分辨率也通常不同,因此对多传感器的数据首先需要进行时间和空间同步处理。时间同步可以利用全球定位系统、格洛纳斯卫星导航系统、伽利略卫星导航系统等,其能够实现多传感器数据的纳秒级同步。空间同步则可通过对多传感器进行联合标定,将不同传感器的数据统一于同一坐标系。接下来,还需要进行一系列的数据处理步骤才能形成有用的测试场景数据。

典型的场景数据处理方式[4]如图 6-7 所示。

第一步,数据清洗,包括清除冗余数据,利用统计学规律修复不完整数据,对于无法修复的数据则将其删除。在进行数据清洗时,需制定合理的清洗规则,保证数据的完整性约束,同时在不降低数据质量的前提下,尽量减小清洗成本。

第二步,数据整理,即将清洗后的数据整理成数据集。

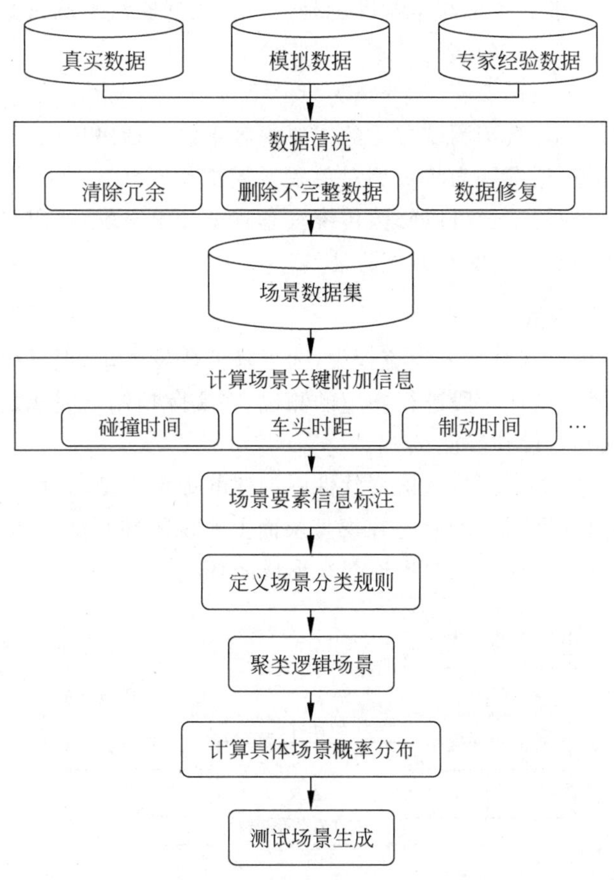

图 6-7 典型的场景数据处理方式[2]

第三步，计算场景关键附加信息，人工计算对场景设计十分重要但却无法直接从传感器中获取数据，包括碰撞时间、车头时距、制动时间等。

第四步，场景要素信息标注，即通过语义分析、机器学习等方法标注场景中的关键信息。

第五步，定义场景分类规则，依据场景要素信息的标注结果，根据被测车辆的功能需求设置场景分类规则。

第六步，聚类逻辑场景，将符合步骤五中分类规则的场景聚合为同一逻辑场景，常用的算法包括：K-均值聚类法、基于高斯混合模型的聚类法、凝聚层次聚类法等。

第七步，计算具体场景概率分布。根据上述场景数据计算逻辑场景的核密度函数，以便于后续具体场景的随机生成。

第八步，根据具体场景概率分布进行测试场景的随机生成。

由于场景具有无限丰富、极其复杂、不可穷尽的特点，虽然经过场景数据的收集可采集大量的场景数据，但仍无法保证遇见所有可能的场景。场景的解构与重构技术可以最大程度地丰富场景类型，使场景数据库内的场景数据无限接近于所有可能的场景。

场景的解构与重构关键在于明确场景的要素种类与场景要素之间的内在逻辑。目前存在多种方式进行场景要素的识别与提取，如基于语义分割的方式、基于图模型的方式、基于层次分析的方式等。然而，分析场景要素之间的内在逻辑仍处于研究阶段，目前仍未出现成熟的算法。解决测试场景的解构与重构问题是进行智能网联汽车测试验证的研究热点。

6.2.2 测试流程

随着技术的不断进步,汽车测试方法的主要内容不仅包括以传感器为核心的测量原理、测试方法及数据处理等,还发展为将被测对象置于模拟运行状态的在环测试方法[5]。前者在本节不再提及,感兴趣的读者可以阅读传统汽车测试技术文献,这里将介绍近年来在汽车测试中常见的几种在环测试及实车测试方法。

1. 模型、软件在环测试

在汽车涉及的各种控制算法开发流程中,为了降低研发成本,更早地发现算法中存在的问题和错误,常常需要在设计阶段进行相应的测试,在实际控制器完成之前可以进行的测试主要是模型在环测试和软件在环测试[5]。

模型一般是指根据需求文本,在仿真软件中创建的虚拟模型,它可以将复杂的控制问题可视化。模型在环测试(见图 6-8)就是在模型层面上实现闭环测试。如在 Simulink 仿真软件中,将控制算法模型和被控对象模型连起来形成闭环[2]。

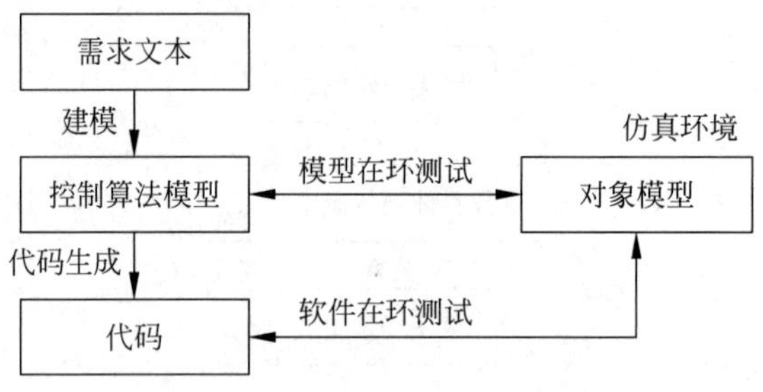

图 6-8 模型在环测试与软件在环测试[5]

与“静态”的书面设计不同,模型在环测试可通过改变模型参数或输入信号、查看输出结果或模型响应来动态评估模型是否完整、准确地捕获需求。

在开始编码之前的早期开发阶段就对模型进行测试可以将产品的缺陷暴露在项目开发的初期,并有助于开发人员将主要精力放在算法和测试用例的研究上,而不必花时间去处理烦琐的、易于出错的任务,例如创建测试装置。

软件在环测试(见图 6-8)一般是指在主机上对仿真中生成的代码或手写代码进行评估,以实现对生成代码的早期验证。

软件在环测试中的“软件”是指“模型”转换为用 C 语言编译之后的软件。软件在环测试的目的就是验证自动生成(或手写)的代码和用于代码生成的模型在行为上是一致的,即软件在环测试是一种等效性测试。

模型在环测试与软件在环测试都是虚拟仿真测试,虚拟仿真测试可以在开发初期对算法性能进行验证,使算法缺陷能够及早暴露出来,便于算法的迭代更新。同时充分合理地运用虚拟仿真测试还可以实现测试加速,提高测试效率[1]。

不同于先进驾驶辅助系统,高等级自动驾驶系统的测试需要用到更多的测试用例和测试场景。为了提高测试效率、降低研发成本,可以在测试过程中采用测试加速技术。目前,测试加速技术可以分为两类,一类是基于测试工具的加速技术,另一类是基于测试过程的加速技术[1]。

1）测试工具加速

基于测试工具的加速技术是指充分利用虚拟测试工具，提高测试效率，进而实现测试过程加速的技术。图 6-9 展示了测试工具使用的基本原则，其中左上角为纯虚拟仿真测试，右下角为真实驾驶环境。由图可知，越多地采用虚拟的测试环境与车辆，测试的经济性越高，但有效性越低；越多地采用真实的测试环境与车辆，测试的经济性越低，但有效性越高。通过结合虚拟仿真工具与真实硬件、环境，可以在兼顾测试真实度的同时，提高测试效率，加速测试过程[1]。

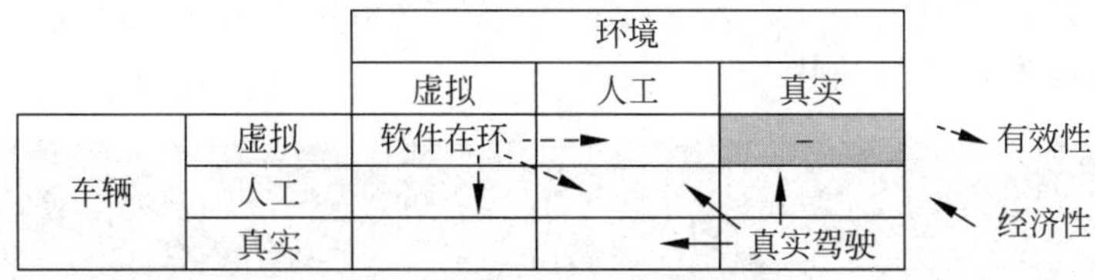

图 6-9 测试工具使用的原则[1]

2）测试过程加速

测试过程加速同样依赖于虚拟测试环境的使用。与基于测试工具的加速方法不同，前者主要指利用虚拟测试工具部分代替真实测试环境，而测试过程加速是指在测试过程中，采用重要性采样等方法提升高风险场景出现的概率，进而在相同测试里程下测试更多的危险场景。理想情况下，基于测试过程的加速方法可以将测试里程缩小为原来的 1/1000 以内[1]。

2. 硬件在环测试

硬件在环测试是一种将实物部件和软件模型联合、广泛运用于部件测试或控制系统测试的技术形式。硬件在环测试中，自动驾驶系统的部分部件或系统是真实的，而环境是虚拟的。智能网联汽车的环境感知系统、决策规划系统和控制执行系统均可实现硬件在环测试[1]。

充分利用仿真环境实现汽车硬件在环测试有以下优点[2]：

(1) 在开发初期缺乏控制对象和原型车的情况下完成对控制器的测试；

(2) 模拟危险情况而不产生实际的危险，且测试可重复，测试故障可重现；

(3) 可以方便地运用仿真环境验证各种系统功能，避免在开发过程后期出现大规模算法修改，降低开发风险；

(4) 减少了相关硬件的开发与试验，节省研究时间，节约研发成本。一般来说车辆中的大部分硬件都可以进行硬件在环测试，但有些硬件的成本高昂且测试过程复杂，如激光雷达、红外传感器等。还有部分硬件不适合开展硬件在环测试，例如决策规划系统，虽然其最终以硬件形式呈现，但系统功能实现主要在于算法设计，因此对其开展研究的机构相对较少[1]。

3. 车辆在环测试

车辆在环测试，即将整车作为实物硬件连接到虚拟仿真环境中进行测试。将各部分硬件、系统组合成整车进行统一测试可以检测出硬件组合过程中可能产生的偏差，使测试结果更加准确。目前,车辆在环测试方法主要包括封闭场地车辆在环测试和转毂平台车辆在环测试[1]。

1) 封闭场地车辆在环测试

封闭场地车辆在环测试是将置于封闭空旷场地的实车接入虚拟仿真环境的测试方法。该方法由仿真软件生成虚拟环境(包括道路、天气、其他交通参与者等),并将虚拟环境的电子信号输入给车辆电子控制单元,车辆电子控制单元依据环境信息做出决策并控制车辆运动,同时仿真软件实时读取车辆位置、航向等信息用于更新虚拟环境,如此周而复始。

2) 转毂平台车辆在环测试

如图 6-10 所示,转毂平台车辆在环测试是指将车辆置于转毂平台中,用道具或虚拟系统生成周围环境的测试方法。在测试过程中,车辆的绝对位置不变,通过改变其他目标与车辆的相对位置模拟车辆的行驶状态。

图 6-10 转毂平台车辆在环测试[6]

相比于封闭场地车辆在环测试,转毂平台车辆在环测试克服了场地受限问题,可以对大规模的交通场景进行测试,同时由于环境信息是由真实传感器感知得到的,因此对感知系统的测试结果更加可靠。但是,由于被测车辆固定于转毂平台,其绝对位置不变,因此难以准确测试控制执行等系统的性能。

4. 封闭场地测试

封闭场地测试通过建设专用的封闭测试场,搭配真实度较高的道具或实物,在有限场地中模拟或还原真实场景,实现对车辆综合性能的测试。

目前很多国家和地区都改造或建立了一些封闭测试场。位于美国密歇根州的 MCity 是较为典型的自动驾驶车辆封闭测试场地,该测试场地由多种路面和道路要素构成,同时试验区内还设置了丰富的交通标志、信号灯等道路要素,城市场景中搭建了各种模拟建筑物、城市辅助设施等自动驾驶车辆在真实世界中可能遇到的道路元素[1]。关于封闭测试场的更多介绍详见 6.4 节。

封闭场地测试的优点在于可以针对性地测试特定场景,相同工况可多次重复测试,且测试的可靠性高。通过在场地内设置场景所需的交通要素道具和运行条件,可以方便地实现对特定场景的测试,同时由于封闭场地测试所使用的道具一般都具有较高的真实度,其物理特性与实物类似,因此测试结果具备较高的可靠性。

封闭场地测试的缺点在于测试效率较低且存在一定的测试风险。在进行封闭场地测试之前,需要花费较多的人力物力设计并布置场景,同时由于场地中的测试道具具有与实物类似的物理性质,极端情况下存在对车辆或驾驶人造成伤害的风险。因此,为提高测试效率,减小测试风险,通常先进行充分的软、硬件在环测试,选取最有价值的场景进行封闭场地测试。

封闭场地测试与封闭场地车辆在环测试有所不同。封闭场地车辆在环测试,车辆行驶在空旷场地中,但车辆周围的环境是虚拟的,是通过传感器模型和传感器信号模拟软件生成的模拟信号。

封闭场地测试,车辆行驶在专业的封闭场地中,场地里部分建筑等环境是真实的,而其他交通参与者可通过轮式移动机器人平台等进行模拟。车辆周围的环境是实物而非电子信号。

5. 开放道路测试

智能网联汽车开放道路测试是验证其安全性与可靠性的必要途径,是智能网联汽车从技术研发走向规模化量产的必经之路[7]。目前多家车企都已开启了开放道路测试。开放道路测试是指在为智能网联汽车配备安全员的情况下,在开放道路的环境中行驶,记录智能网联汽车的行驶状态的测试[2]。

当前情况下,并不是所有的开放道路区域都允许智能网联汽车进行测试。在进行开放道路测试之前,智能网联汽车需要进行一定的功能测试,才能获得上路测试的资格。2018年4月,我国工业和信息化部、公安部、交通运输部联合发布《智能网联汽车道路测试管理规范(试行)》,该规范涉及14个方面的测试内容和34个测试场景,包括交通标志和标线的识别及响应、交通信号灯的识别及响应、前方车辆(含对向车辆)行驶状态的识别及响应、障碍物的识别及响应、行人和非机动车的识别及响应、跟车行驶(包括停车和起步)、靠路边停车、超车、并道行驶、交叉口通行、环形路口通行、自动紧急制动、人工操作接管、联网通信。

我国关于智能网联汽车开放道路测试的相关标准、法规及政策如表6-1所示。

表6-1 我国关于智能网联汽车开放道路测试的相关标准、法规及政策

时间	标准、法规及政策
2016.08	《推进"互联网+"便捷交通 促进智能交通发展的实施方案》
2017.04	《汽车产业中长期发展规划》
2017.12	《国家车联网产业标准体系建设指南(智能网联汽车)》
2017.12	《北京市自动驾驶车辆道路测试管理实施细则(试行)》
2018.01	《智能汽车创新发展战略(征求意见稿)》
2018.02	T/CMAX116-01—2018《自动驾驶车辆道路测试能力评估内容与方法》
2018.03	《上海市智能网联汽车道路测试管理办法(试行)》
2018.03	《重庆市自动驾驶道路测试管理实施细则(试行)》
2018.03	《平潭综合实验区无人驾驶汽车道路测试管理办法(试行)》

续表

时间	标准、法规及政策
2018.04	《智能网联汽车道路测试管理规范(试行)》
2018.08	《杭州市智能网联车辆道路测试管理实施细则(试行)》
2018.10	《深圳市智能网联汽车道路测试开放道路技术要求(试行)》
2018.12	《广州市关于智能网联汽车道路测试有关工作的指导意见》
2019.10	T/CMAX 120—2019《自动驾驶车辆测试安全管理规范》

6.2.3 应用举例

车道偏离预警系统(Lane Departure Warning System,LDWS)通过摄像头传感器实时检测车道线信息,通过报警的方式辅助驾驶人避免因偏离车道引发的交通事故或减轻事故的严重程度。该系统的关键性能主要包括两部分,即车道线识别性能和车道偏离报警性能[8]。下面将以车道偏离预警系统为例介绍硬件在环测试的具体过程。

车道偏离预警系统硬件在环测试的总体架构如图 6-11 所示,总体上包括虚拟场景系统、实时仿真系统和待测 LDWS 三个部分。

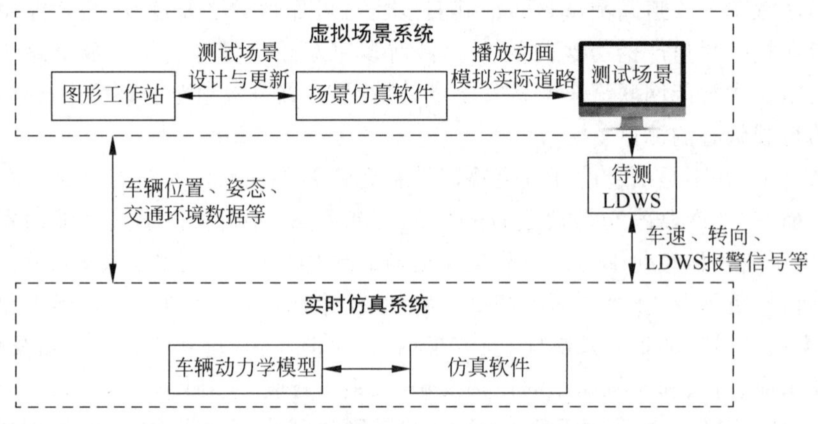

图 6-11 LDWS 硬件在环测试总体架构[8]

图 6-11 中,虚拟场景系统由一台安装有场景仿真软件的图形工作站和显示器组成。在图形工作站中通过场景仿真软件生成测试所需的场景,将该动画在显示器上播放,将待测 LDWS 摄像头对准显示器,安装标定后,采集播放的动画代替实车测试时的图像采集。基于成熟硬件平台构成的实时仿真系统运行车辆动力学及操纵模型,模拟实车试验时车辆的运动,并通过 CAN 总线与待测 LDWS 通信,发送 LDWS 所需的车速、横摆角速度、转向指示灯、系统开关等信号,接收 LDWS 工作状态及报警信号等。同时,通过以太网数据流将车辆位置、姿态、其他交通参与者运动数据等传输到图形工作站中更新测试场景,实时调整虚拟场景中车辆和交通环境的状态,从而为 LDWS 摄像头提供模拟真实的工作场景。上述过程完成后,在图形工作站中处理测试数据,生成测试报告。

LDWS 测试场景通过场景仿真软件生成。为了更充分地验证待测 LDWS 的车道线识别性能,设计的场景必须尽可能覆盖各种典型的行车环境。因此,在设计时须分别考虑不同的道路类型(线型、清晰度、标识、曲率等)、气候环境(雾天、雨天、逆光等)、交通环境(自由驾驶、拥堵)等。表 6-2 列出了影响 LDWS 性能的主要因素,可作为测试场景设计的组合输入。

表 6-2 LDWS 性能影响因素[8]

影响因素	子因素	元素说明
道路环境	线型	包括单实白线、双实黄线、单侧车道线等
	类型	包括曲率、坡度等
	清晰度	包括新沥青路面、旧沥青路面、新水泥路面、旧水泥路面等
	标识	包括标识牌、斑马线、方向箭头、文字、等待区等
	设施	包括栏杆、隧道、天桥、花坛、房屋等
气候环境	雾	包括无雾、略有雾、中雾、大雾等
	雨	包括无雨、细雨、中雨、大雨等
	光照	包括逆光、进出隧道等
交通环境	车辆类型	包括机动车、机动车+两轮车、机动车+两轮车+行人等
	拥挤度	包括自由驾驶、跟随驾驶、拥堵等

为了满足 LDWS 性能测试的需求,需要在测试过程中控制车辆的运动,这里称之为车辆操纵。在设计车辆操纵时,需要分别考虑不同的车速、偏离方式、偏离速度、抑制信号等。图 6-12 分别为直道和弯道车辆操纵偏离方式的示意图,在一次测试中完成车道偏离、驾驶人纠正和换道,综合评估 LDWS 的报警性能。车辆操纵在仿真软件中实现,集成在车辆动力学模型中。

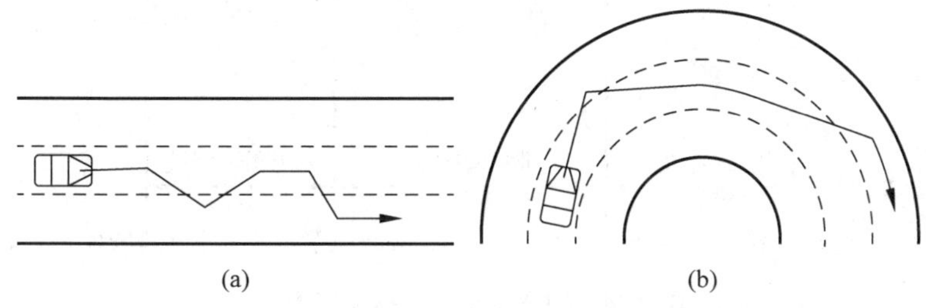

(a) (b)

图 6-12 车道偏离方式[8]

(a) 直道偏离;(b) 弯道偏离

开发完成的 LDWS 硬件在环测试系统如图 6-13 所示,虚拟场景系统采用暗箱将显示器包裹起来,防止外部光线对试验场景动画造成干扰。

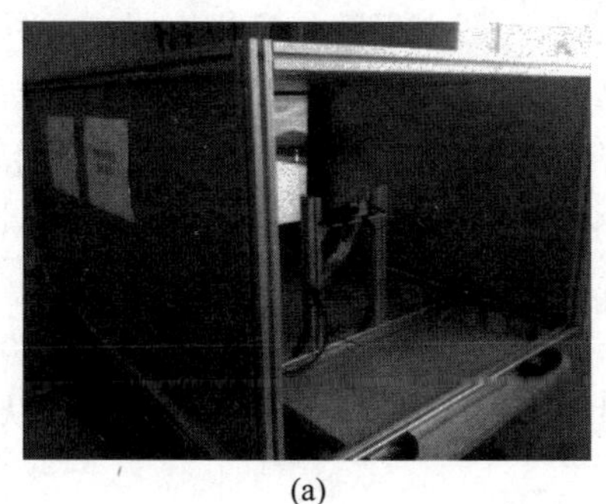

(a)

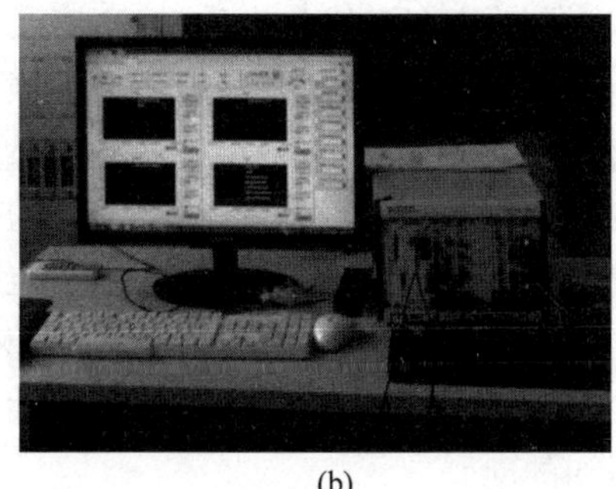

(b)

图 6-13 LDWS 硬件在环测试系统[8]

(a) 虚拟场景系统;(b) 实时仿真系统

LDWS关键性能包括两部分：车道线识别性能和车道偏离报警性能。车道线识别性能可根据LDWS控制器输出的视频信号和车道线信息进行评估。车道偏离报警性能需要综合考虑车辆状态、车辆相对车道线位置关系等评估。图6-14为LDWS报警区域示意图，最早报警线位于车道线内侧，与横向偏离速度有关，最迟报警线位于车道线外侧。最早报警线和最迟报警线之间的区域为报警触发区域，如果车速大于报警触发最低速度，无报警抑制信号，当前轮外边缘在报警触发区域内开始报警，则LDWS报警正确。两条最早报警线之间的区域为非报警区域，两前轮外边缘位于非报警区域内禁止报警，发生报警则为虚报。如果前轮外边缘在最迟报警线之外才触发报警或车道偏离过程中始终未报警，则为漏报。当车辆偏离车道线，驾驶人纠正回原车道的过程中应该抑制报警。

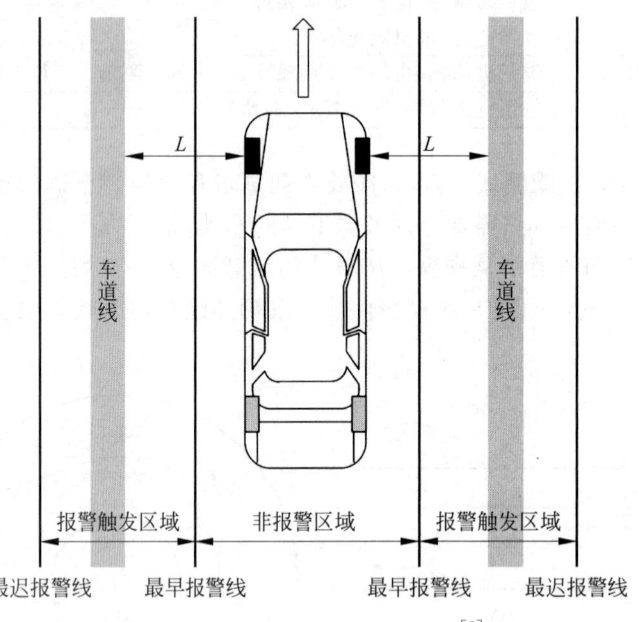

图6-14 LDWS报警区域示意图[8]

根据前述的测试场景，应用图6-13所示的虚拟试验系统对LDWS进行硬件在环测试。图6-15为某供应商的LDWS在两个典型试验场景下的测试结果，场景1道路类型为直道，车道线为连续实线，气候环境为小雨，车速为65km/h，向左偏离车道线和换道，偏离速度为0.2m/s；场景2道路类型为弯道，半径为250m，车道线为虚线，气候环境为晴天，车速为65km/h，向左偏离车道线和换道，偏离速度为0.2m/s。图中报警信号为1时表示检测到车道线，为3时表示左侧偏离报警。图中的横向偏离为左侧车轮外边缘相对车道中线的距离，在车辆向左偏离的过程中，最早报警线和最晚报警线之间的区域为报警触发区。图6-15(a)所示的场景1报警正常，而且在纠正偏离的过程中抑制报警；图6-15(b)所示的场景2报警信号不稳定，而且在纠正偏离的过程中发生不正常报警。

应用上述硬件在环测试系统可以降低测试工作量及成本，也可以测试实车实验中不能或较难实现的极限工况，减小测试的危险性。同时，相同的测试可多次重复进行，从而复现开发中遇到的问题。

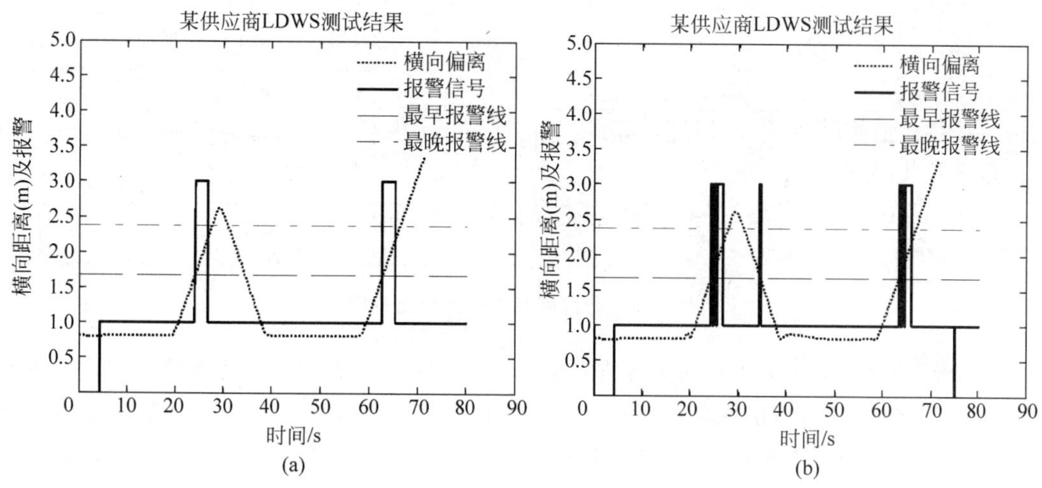

图 6-15 试验数据处理结果[8]

(a) 场景 1；(b) 场景 2

6.3 评价方法

对智能网联汽车进行评价是对其测试的延续，并且能够为整个测试过程的设计提供参考依据。对智能网联汽车进行科学合理的评价，能够推动行业整体科技进步和创新发展，能够引导汽车厂商不断优化完善产品，还能够为消费者买车用车提供参考。智能网联汽车属于智能系统，评价时需要突出其在较为复杂的交通场景下对环境的认知理解能力，以及面向具体任务时做出合理决策的能力。具体地，智能网联汽车的评价包括功能评价和性能评价，前者主要评价的是智能网联汽车基本功能的实现能力，重点关注特定功能是否得到满足；而后者主要评价的是智能网联汽车各项功能的具体性能表现，重点关注各项功能的性能良好程度。本节将重点介绍智能网联汽车的性能评价，其理论性相对较强，而在末尾的应用举例中，将综合上述两类评价，提供一个综合评价流程案例，以体现评价理论在汽车智能化水平评价上的应用。

尽管目前关于智能网联汽车的全方位评价尚未形成统一完善的标准，但可以从不同研究机构以各自角度提出的评价思路与实践方案中归纳出总体评价流程。如图 6-16 所示，智能网联汽车评价的主要步骤大致可描述为：首先，在正式开始评价前，先明确评价目标，包括评价目的与对象；其次，以评价目标为指导，组织评价小组建立并完善评价指标体系，在此过程中，应根据专家的意见反复对评价指标体系进行修改直至完善；再次，针对具体的评价指标进行预处理，包括指标类型一致化与无量纲化；而后，根据评价目标与指标体系选择并建立合适的评价模型；最后，输出符合目标的智能网联汽车性能评价结果。

6.3.1 评价目标

在智能网联汽车的性能评价过程开始前，需要先明确评价目标，主要包括评价目的与评价对象，为评价指标体系的构建提供指导[9]。

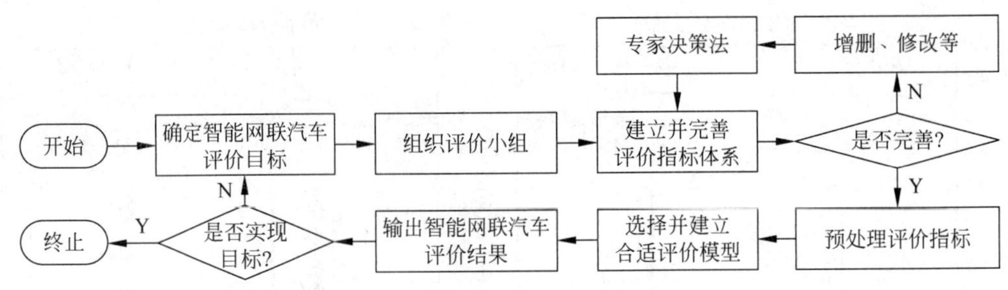

图 6-16 智能网联汽车评价流程图

评价目的大体上可分为改进型纵向比较与竞争型横向比较。改进型纵向比较是指在技术开发验证阶段,比较智能网联汽车在某个方面性能相较于自身上一版本的改进情况,主要目的是不断改进和完善所研发的智能网联汽车技术,而不是对不同智能网联汽车的性能做全面而综合的对比。比如,卡内基-梅隆大学的 DARPA 参赛队在改进所开发智能汽车的路径跟踪性能时,设计专门的赛道并进行测评,以总用时和越过赛道边界次数为指标纵向评价车辆的路径跟踪性能[10]。

竞争型横向比较要求全面而综合地比较多辆智能网联汽车,从多方面、多角度评价智能网联汽车的性能,而后进行统一排序,因而其评价指标相比改进型纵向比较覆盖面更广。比如,美国国家标准与技术研究院建立的 ALFUS 框架(见图 6-17),从任务复杂度、环境复杂度、人工干预度三个维度对各类无人系统(包括车辆)的自主性能进行全面评价与等级划分(1～10 级),其中第 1 级表示无自主性且完全由人工控制,第 10 级表示在各种极端环境下执行极其复杂任务时基本无须人工干预的高度自主性能[11]。

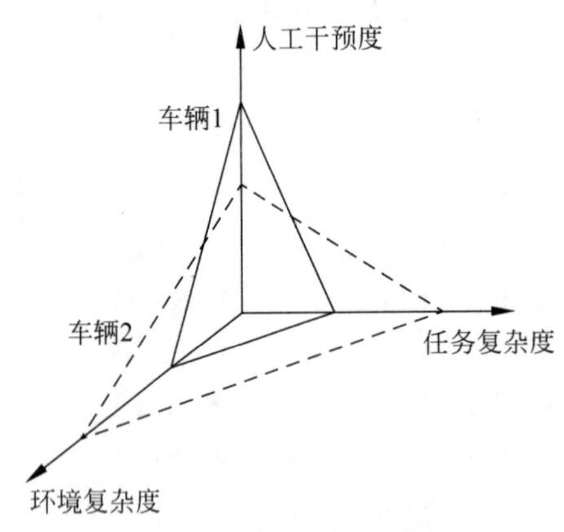

图 6-17 ALFUS 评价框架[9]

评价对象主要从自动化等级、是否运载乘客等方面对智能网联汽车进行分类,从而有针对性地开展性能评价。智能网联汽车根据自动化等级可分为先进驾驶辅助型和高等级自动驾驶型。美国汽车工程学会将自动驾驶技术分为 L0～L5 六个级别,先进驾驶辅助型关注 L2 及以下级别的技术,高等级自动驾驶型关注 L3 及以上级别的技术。对二者进行评价的侧重点存在差异:评价先进驾驶辅助型车辆时,面向特定场景针对特定功能建立评价指标体系;而评价高等级自动驾驶型车辆时,需考虑在更为广泛的应用场景中综合评价其智能水平。

智能网联汽车根据是否运载乘客可分为无人乘坐型和有人乘坐型。无人乘坐型车辆主要用于执行特殊任务，在评价时可将其视为自主智能机器人，主要关注其独立执行任务的能力与完成质量，而无须关注人机交互、用户体验等方面。有人乘坐型车辆主要用于运载乘客，在评价时不仅关注其自主智能行驶的各项能力，还需关注乘客的感受，在评价指标体系中需额外纳入乘坐体验相关评价指标。

6.3.2 性能与指标

为全面、客观地反映智能网联汽车的智能化水平，以专业测评、实践工况、市场评价为基础，构建完整的评价方案，并帮助建立指标体系。其中，专业性测评具体指在相关实验室或示范区的测试场景下对智能网联汽车进行专业性评价；实践工况具体指在开放道路或相关权威科技赛事(如中国智能车未来挑战赛)的真实道路场景下对智能网联汽车进行实践性评价；市场评价具体指从消费者需求角度对智能网联汽车的市场期待度与接受度进行评价。该评价方案兼顾技术研发者、第三方机构、市场消费者，有助于综合评价智能网联汽车在各方面的能力。

1. 指标体系

建立智能网联汽车评价指标体系，应当遵循以下原则[12]。

(1) 全面性原则：必须全面反映智能网联汽车的智能化水平，绝对不能扬长避短，所构建的评价指标体系既要注意指标层次的数量，也要注意各层指标的数量。

(2) 科学性原则：智能网联汽车评价指标体系所选取的评价指标必须科学、合理、准确、具有代表性，能够客观地、科学地反映智能网联汽车的智能化水平。

(3) 目的性原则：必须围绕智能网联汽车的评价目的展开，使最后的评价结论反映智能网联汽车的智能化水平。

(4) 可比性原则：对每一个评价对象而言必须公平、可比，不能选择一些有明显“倾向性”的指标，即智能网联汽车的各项评价指标可以互相比较，以便确定其相对优劣的程度。

(5) 可操作性原则：智能网联汽车的评价指标体系应是简易性与复杂性的统一，需要充分考虑数据取得与指标量化的难易程度。

基于上述原则，智能网联汽车评价指标体系按照树形多级结构可分为四个层次，分别为评价目标、评价方面、评价角度以及评价指标，各层级自上而下产生联系、层层扩展，最终形成完备的评价指标体系，如图 6-18 所示。

在指标体系中，最高层为评价目标，具体指智能网联汽车的智能化水平，此为评价过程的根本与出发点，下层结构均围绕其展开。在评价智能网联汽车的智能化水平时，可分别从整车级别与系统级别入手形成次一级评价。前者将智能网联汽车视为一个完整的系统，在评价过程中无须了解系统内部的原理与结构，只需将智能网联汽车作为“黑箱”，观测其测评过程中的输入与输出信息即可；后者将智能网联汽车整体的智能化水平分解至各子系统，分别对各子系统的智能化水平进行测评，进而综合成为整车的智能化水平评价结果。两个评价方面思路不同：从整车级方面进行评价虽能反映整车级别的智能化水平，但缺少对智能网联汽车各子系统性能直观的反映，不利于有针对性地进行系统的后续改进；从系统级方面进行评价虽能直观地反映智能网联汽车各子系统的智能化水平，然而智能网联汽车为

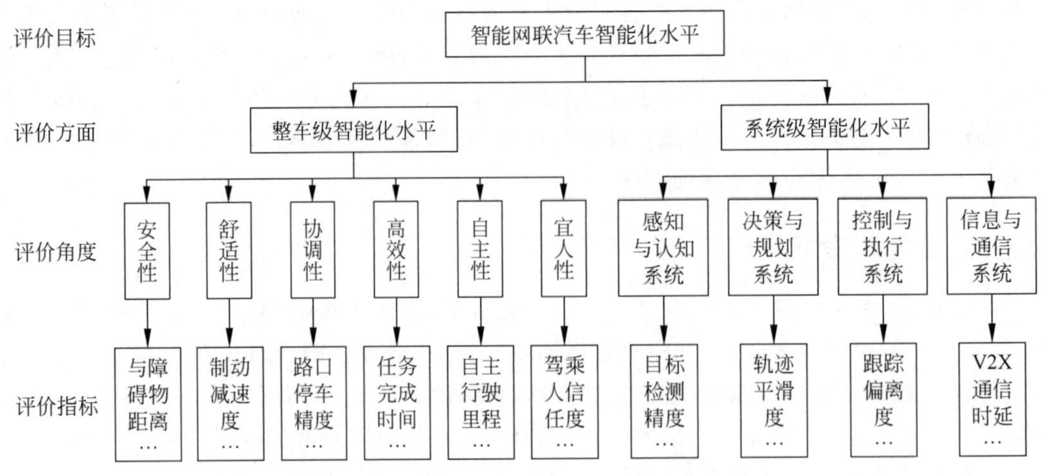

图 6-18 智能网联汽车智能化水平评价指标体系

一复杂的智能系统，单单基于各子系统的评价结果综合而成整车的评价结果仍面临巨大挑战。因此，将两个各有优劣、相互独立的评价方面共同构成智能网联汽车的评价指标体系，在指标筛选与评价过程中具有形成互补效应的潜力。

在评价方面的下一层为评价角度，在整车级评价方面，在智能体任务完成质量、任务完成效率、人工干预程度基础上，额外考虑智能网联汽车与人交互能力，形成包括安全性、舒适性、协调性、高效性、自主性、宜人性在内的多种评价角度，其中安全性、舒适性、协调性构成了任务完成质量，高效性对应任务完成效率，自主性对应人工干预程度，宜人性对应与人交互能力；在系统级评价方面，考虑智能网联汽车的单车智能与网联智能，将智能网联汽车划分为感知与认知子系统、决策与规划子系统、控制与执行子系统、信息与通信子系统。最后，基于该评价指标体系选取智能网联汽车的各评价指标，直接对应于各评价角度。评价指标的选取包括初选、筛选与优化。指标的初选一般包括综合法、分析法、交叉法、指标属性分组法，在指标初选过程中，本着全面性原则，初选指标允许重复的或难以操作的指标存在，只求全面不求优。初选的指标仅提供一种所有可能的指标集合，并不完善，仍需进行筛选和优化，以形成科学合理的评价指标集合。在此过程中，必要时可采用如专家决策法辅助选择合理的评价指标以及排除不合理或冗余的评价指标。当评价指标数量仍然过多时，需要对其进行进一步的精炼，应找出所初选指标中最有效的一些指标，并采用线性变换法排除冗余或次要的指标。通常，采用主成分分析法(Principal Component Analysis，PCA)实现评价指标的精炼，此方法实际应用十分广泛，是一种经典的多元数据降维方法，期望采用更精炼的指标反映更有价值的评价信息。

智能网联汽车的各评价指标既可以选择客观评价指标(在测试中实际测量获得指标属性值，如汽车行驶过程中的纵横向加速度大小)，也可以选择主观评价指标(人类评价确定指标属性值，如汽车乘坐的舒适感)，选择不同类型的指标将影响指标体系的粒度，主观评价指标的最细粒度可以是任务级别，客观评价指标需要进一步将任务细化到可测量的指标。主观评价指标和客观评价指标各有优劣，客观评价指标属性值是客观测量值，不受人为因素影响，但由于智能化水平本身具有模糊性，在不同场景下指标的理想值不同(比如在干燥和湿滑的路面上，跟车间距的理想值不同)，客观测量值与智能化水平之间并非线性对应，因此根据实际测量属性值不足以判断智能化水平的高低。主观评价指标虽然较好地体现了智能化水平的模糊特性，但受人为因素干扰较大。然而，二者均可由数值表征，即便是粒度较大的主观评价指标，也可以通过数值或区间数的形式进行表征。

2. 指标预处理

在确定评价指标体系后，需要对所选定的评价指标进行指标类型一致化与无量纲化的处理。指标类型包括极大值型、极小值型、居中型、区间型，指标无量纲化的常用方法包括归一化处理法、标准化处理法、极值处理法、线性比例法、向量规范法和功效系数法，其中最常用的为归一化处理法。对一系列指标进行归一化处理的无量纲化过程如式(6-1)所示。

$$x_i^* = \frac{x_i}{\sum_{i=1}^{n} x_i} \quad i=1,2,\cdots,n \tag{6-1}$$

其中，x_i 为指标观测值(共 n 个)，x_i^* 为指标经归一化处理后的观测值，处于区间$[0,1]$范围内，并且所有经归一化处理后的指标加和为 1。

6.3.3 评价模型

在确定智能网联汽车智能化水平的各项评价指标后，需要选择合适的评价模型，包括定性评价模型和定量评价模型，用以将各项评价指标综合形成车辆智能化水平的评价结果。在理论研究与实际应用中，智能网联汽车的定量评价理论性较强，研究更为深入，应用也相对广泛。因此，下面首先介绍智能网联汽车的定性评价模型，而后重点介绍定量评价模型，最后对两类评价模型进行简要比较。

1. 定性评价模型

定性评价是从分析智能网联汽车智能化水平的本质出发，运用观察、分析、归纳、描述等思维方式，给出评价者对车辆智能化水平的定性评价结果。定性评价模型不采用纯量化的数学方法，而是更多地依靠专家的知识、经验和判断，对被评价的智能网联汽车的性能表现进行观察与分析，其所给出的定性评价结果主要包括智能化水平等级及相应性能描述性语言。

蛛网评价模型可视为一种相对普适的定性评价模型，它是从一个原点出发，往外辐射出若干条轴，每条轴代表一个评价角度及评价指标，可根据智能网联汽车的评价指标体系得到，所有轴综合反映了智能网联汽车的智能化水平。蛛网评价模型的普适性特征体现在对现有定性评价模型的兼容性与拓展性上，即蛛网评价模型可向下兼容等级法(如 Sheridan 自动装置等级[13])、多坐标轴法(如双坐标轴模型[14]和三坐标轴模型或 ALFUS 评价框架[11])等，蛛网评价模型又可视为现有经典模型在研究内容与范围的拓展。

采用蛛网评价模型进行定性评价，首先选取评价指标体系中待评价的角度构成各条轴，每个角度包含有若干个等级(如优秀、良好、中等、较差等)及相应的等级描述，对于被评价的对象，其在每个评价角度上都有一个对应等级，而后把每条轴上的对应点连接起来，即构成蛛网的纬线，以此输出定性评价结果。针对智能网联汽车的智能化水平定性评价，可从车辆的整车级智能化水平的评价方面入手，从评价角度中选取安全性、高效性、协调性、舒适性、宜人性构成蛛网评价模型的各条轴，例如，如果某辆车的安全性的评价级别为优秀，高效性的评价级别为良好，协调性的评价级别为良好，舒适性的评价级别为优秀，宜人性的评价级别为较差，那么车辆的蛛网评价模型纬线即可生成并输出，如图 6-19 所示。

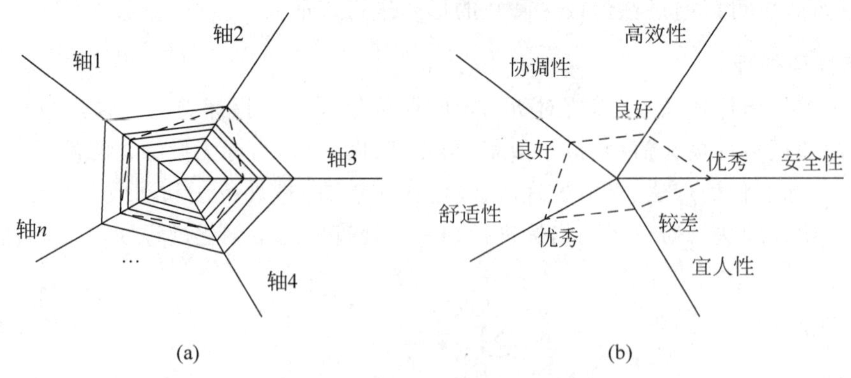

图 6-19 智能网联汽车蛛网评价模型[9]

（a）蛛网评价模型；（b）智能网联汽车评价例

2. 定量评价模型

定量评价以数学计算为工具，按照数量分析方法，从客观量化角度收集与处理评价指标数据，最终输出精确的数字评价结果，用以反映所评价对象的全部评价信息。与定性评价不同，智能网联汽车的定量评价能够摒除评价过程中的一些主观性，并且能够直观且清晰地给出量化评价结果。

定量评价模型从最终输出的量化评价结果维度上可以划分为两种模型方法：独立指标评价模型和联合指标评价模型。独立指标评价模型对评价指标体系中不同指标的重要性不加区分，因而在得到各评价指标的量化评价结果后，将其组合而成所评价对象的最终多维评价结果，而非输出单一维度的量化评价结果。比如，评价智能网联汽车在特定场景中的智能化水平时，可将智能网联汽车到达终点的平均时间、平均加速度、车道变换次数等数据进行量化，作为综合反映其智能化水平的各项指标量化评价结果，而后进行量化评价结果的组合，进行纵向或横向的对比分析。由于独立指标评价模型仅能独立地对比与被评价智能网联汽车在各评价指标上的性能，而对车辆整体的智能化水平不够明确，因而此方法应用较少。而联合指标评价模型可将各个评价指标联合，最终形成反映所评价对象综合性能的单个总体指标，使其能够在反映其各方面性能的若干评价指标量化结果的基础上，反映所对象的综合性能，有利于智能网联汽车在整体与各角度的对比与评价，因而此方法应用更加广泛。

下面重点介绍如何采用联合指标定量评价模型进行智能网联汽车智能化水平的综合评价，在已构建评价指标体系的基础上，需首先确定各项评价指标的权重，并进一步建立各项评价指标的综合方法，而后可输出综合评价结果。

1）指标权重确定

现有主流评价指标的权重确定方法主要可分为三种：主观赋权法、客观赋权法、综合赋权法。

（1）主观赋权法

主观赋权法主要根据专家及评价者的知识结构与工作经验，确定各项评价指标的相对重要程度，由此确定指标权重。在智能网联汽车的评价过程中，应用主观赋权法可通过各项指标的相对重要程度来反映智能网联汽车各方面、各角度的性能差异。主观赋权法主要包括特征值法、序关系分析法、集值迭代法，其中应用较多的是特征值法。特征值法是将所有评价指标进行两两对比，导出判断矩阵，进一步计算判断矩阵的特征值与特征向量，并将相应特征向量归一化形成指标权重的方法。层次分析法（Analytic Hierarchy Process，AHP）是特征值法的一种典型的代表方法，其基本思想是先按问题要求建立一个描述系统功能或特征的递阶层次结构，而后对各评价指标的相对重要性进行比较，输出比较结果即比例标度，从而构成上下级指标的判断矩阵，并给出上下级指标间相对重要程度组成的重要序列。层次分析法应用广泛，下面具体介绍采用此方法确定指标权重的步骤[15]。

第一步，构造层次分析法所需的合理且保持一致性的判断矩阵。

评价者需反复权衡智能网联汽车中两两评价指标相对于上一级评价指标的相对重要性以及重要度差异，采用 1～9 比例标度对重要度赋予一定数值，如表 6-3 所示。

表 6-3 重要度/次要度与比例标度定义

序号	重要度/次要度	比例标度
1	两个指标具有同样重要性	1
2	一个指标比另一个指标稍微重要	3
3	一个指标比另一个指标重要	5
4	一个指标比另一个指标重要得多	7
5	一个指标比另一个指标极为重要	9
6	一个指标比另一个指标稍微次要	1/3
7	一个指标比另一个指标次要	1/5
8	一个指标比另一个指标次要得多	1/7
9	一个指标比另一个指标极为次要	1/9

注：比例标度 2,4,6,8,1/2,1/4,1/6,1/8 表示重要/次要程度介于上述定义之间。

专家及评价者根据上述定义表，对智能网联汽车的各项评价指标之间的相对重要度进行两两权衡与比较，可确定重要程度的比较结果，如表 6-4 所示。

表 6-4 指标间重要程度比较结果

同层级指标	A_1	A_2	…	A_n
A_1	a_{11}	a_{12}	…	a_{1n}
A_2	a_{21}	a_{22}	…	a_{2n}
⋮	⋮	⋮	⋮	⋮
A_n	a_{n1}	a_{n2}	…	a_{nn}

根据上述重要程度比较结果表，可得判断矩阵 **A**，如式(6-2)所示。

$$\mathbf{A}=[a_{ij}]_{n\times n} \tag{6-2}$$

根据判断矩阵的构造定义和方法，可以明确矩阵 **A** 具有以下性质。

任一元素为正数：$a_{ij}>0$；

对角元素取值为 1：$a_{ii}=1$；

对称元素互为倒数：$a_{ij}=1/a_{ji}$。

第二步，计算智能网联汽车各评价指标的权重。

智能网联汽车的评价指标可为多层级，对于每一层级的各项评价指标，均可采用以上方法构建判断矩阵。假定存在 n 个同一层级的评价指标，按以下步骤即可计算得到各评价指标的权重。

首先，对智能网联汽车的评价指标的判断矩阵 $\boldsymbol{A}$ 按列规范化，即对判断矩阵 $\boldsymbol{A}$ 的每一列进行归一化处理，如式(6-3)所示。

$$\bar{a}_{ij}=\frac{a_{ij}}{\sum_{i=1}^{n}a_{ij}}\quad \forall i,j=1,2,\cdots,n \tag{6-3}$$

其次，将归一化后的判断矩阵按行相加，得到和向量 $\boldsymbol{W}$，其各元素 W_i 如式(6-4)所示。

$$W_i=\sum_{j=1}^{n}\bar{a}_{ij}\quad \forall i=1,2,\cdots,n \tag{6-4}$$

再次，将归一化后的判断矩阵进行行平均，等同于将得到的和向量规范化，得到权重向量 $\overline{\boldsymbol{W}}$，其各元素 $\overline{W}_i$ 如式(6-5)所示。

$$\overline{W}_i=\frac{W_i}{\sum_{i=1}^{n}W_i}\quad \forall i=1,2,\cdots,n \tag{6-5}$$

最后，在确定权重向量前还需进行一致性检验，以保证评价逻辑的一致性，而不会出现内部矛盾，确保评价结果的可靠性。进行一致性检验，需要首先求得判断矩阵 $\boldsymbol{A}$ 的最大特征根 $\gamma_{\max}$，此处选用和积法进行计算，如式(6-6)所示。

$$\gamma_{\max}=\sum_{i=1}^{n}\frac{(\boldsymbol{A}\overline{\boldsymbol{W}})_i}{n\overline{W}_i} \tag{6-6}$$

其中，各符合含义与上文保持一致，$(\boldsymbol{A}\overline{\boldsymbol{W}})_i$ 表示向量 $\boldsymbol{A}\overline{\boldsymbol{W}}$ 的第 i 个元素，$\overline{W}_i$ 表示向量 $\overline{\boldsymbol{W}}$ 的第 i 个元素。

根据式(6-6)可计算一致性指标 C. I.，如式(6-7)所示。

$$\text{C. I.}=\frac{\gamma_{\max}-n}{n-1} \tag{6-7}$$

再基于评价指标的数量 n，根据表 6-5 得到平均随机一致性指标 C. R.，只有满足式(6-8)的关系，才可认为一致性检验通过，权重向量 $\overline{\boldsymbol{W}}$ 有效，否则需要修改判断矩阵 $\boldsymbol{A}$ 并重新进行计算、检验，直至通过。

$$\frac{\text{C. I.}}{\text{C. R.}}<0.1 \tag{6-8}$$

表 6-5 平均随机一致性指标取值

n	3	4	5	6	7	8	9	10	11
C. R.	0.58	0.9	1.12	1.24	1.32	1.41	1.45	1.49	1.51

以上确权过程是基于层次分析法推导而得，在实际研究中还存在一些改进型层次分析法，比如针对层次分析法中的主观性质进行改进，尽可能地使确权过程更为合理，并且能够避免一致性检验及判断矩阵的反复调整。在主观赋权法中还存在序关系分析法和集值迭代

法，这两种方法的应用程度不如层次分析法广泛。序关系分析法的基本思想是通过分析相对于同层级的评价指标间具有的重要程度排序关系，并根据重要程度进行计算得到各指标的权重系数；集值迭代法的基本思想是由专家相互独立地从指标集中选取最重要的若干个指标组成指标子集，然后统计得到各指标的权重系数。

(2) 客观赋权法

客观赋权法通过获得实际测试中的评价指标数据进行计算分析，从而得到各评价指标的权重值。评价智能网联汽车性能时，从若干待评价车辆的测试过程中获取各项评价指标的数值是应用客观赋权法确定指标权重的前提与基础，此赋权法利用相对完善的数学模型，较少受人为因素的主观影响。熵权法属于客观赋权法中一种应用较为普遍的方法，基本思想源于香农的信息论。熵是信息论中的一个概念，是对不确定性的一种度量。信息量与不确定性反相关，因而信息量大时熵小，信息量小时熵大。对应于评价指标的权重确定上，若某一指标的信息熵越小，表明其提供的信息量越大，对综合评价的结果影响就越大，该指标对应的权重系数理应更大，反之亦然。下面简要介绍采用熵权法确定智能网联汽车评价指标权重的步骤[2]。

第一步，根据测试数据计算各评价指标的信息熵。

首先，需对智能网联汽车的测试数据进行标准化处理。这里，假定存在 k 辆待评价智能网联汽车，每辆车都存在 n 个同一层级的评价指标。对所获取的测试数据进行归一化处理后，根据信息论中信息熵的定义，任一指标对应的一组测试数据的信息熵可由式(6-9)计算得到。

$$e_j = -\frac{1}{\ln k}\sum_{i=1}^{k} x_{ij}^{*} \cdot \ln x_{ij}^{*} \quad j=1,2,\cdots,n \tag{6-9}$$

其中，x_{ij}^{*} 为第 i 辆被测车辆的第 j 个评价指标经归一化处理后的测试数据，e_j 为第 j 个评价指标的信息熵。

需要注意的是，对于归一化处理后为零的测试数据，其信息熵的计算参考式(6-10)中求极限的方法。

$$\lim_{x_{ij}^{*} \to 0} x_{ij}^{*} \cdot \ln x_{ij}^{*} = 0 \tag{6-10}$$

第二步，计算智能网联汽车各评价指标的权重。

根据上述评价指标信息熵的计算公式，定义任一指标的差异因素 g_j，如式(6-11)所示。

$$g_j = 1 - e_j \tag{6-11}$$

而后即可计算任一指标的权重系数 w_j，如式(6-12)所示。

$$w_j = \frac{g_j}{\sum_{j=1}^{n} g_j} \quad j=1,2,\cdots,n \tag{6-12}$$

因此，得到各评价指标的权重向量如下：

$$\boldsymbol{W} = (w_1, w_2, \cdots, w_n)^{\mathrm{T}}$$

根据熵权法的权重计算过程，客观赋权法与主观赋权法存在一些区别。客观赋权法弱化了主观赋权法中专家及评价者对各评价指标两两比较、权衡的过程，而是依赖于客观测试结果及数据的特征。相应地，客观赋权法的权重确定结果会随被评价车辆的变化而变化，不具备普适性；而主观赋权法的权重确定过程与被评价对象关联小，一旦完成赋权，即可适用于各个智能网联汽车，具有一定普适性。

(3) 综合赋权法

综合赋权法属于主观赋权法和客观赋权法的结合，既能汲取专家的知识与经验，又能相对客观地利用测试原始数据本身含有的信息，目标是使权重系数的确定更加合理可信。综合赋权法的常见做法是，首先分别利用主观赋权法和客观赋权法求出合理的权重系数，再根据具体情况确定两种赋权法所得权重系数各自所占的比例，最后求得综合的权重系数。在智能网联汽车的评价过程中，对于任意一项评价指标，假定通过层次分析法和熵权法确定对应的权重系数分别为 α_i 和 β_i，则一种采用综合赋权法的权重系数确定方法如式(6-13)所示[5]。

$$w_i = \varepsilon\alpha_i + (1-\varepsilon)\beta_i \quad i=1,2,\cdots,n \tag{6-13}$$

其中，w_i 表示第 i 个评价指标对应的权重系数；ε 为主、客观赋权法的折中系数，表示两种赋权法的相对重要程度，取值范围为[0,1]，大多数情况下取值为 0.5，表示两种赋权法具有同等的重要性。

虽然综合赋权法在理论上相比主、客观赋权法更具合理性和灵活性，能够适应不同测评情形下的需求，但如何合理、可信地确定主、客观赋权法的相对重要程度(即折中系数的选取方法)仍然有待进一步研究，目前对于折中系数的选取依然带有较大的主观性，难以保证综合赋权结果的准确性。

2) 指标综合方法

在确定智能网联汽车各评价指标的权重之后，需要进一步与各评价指标及其属性值进行联合，以综合得出待评价车辆的最终结果，在定量评价中通常以数值的形式呈现，在此过程中需要应用评价指标综合方法。尽管针对智能网联汽车的综合性能评价模型仍处于不断发展的状态，面向车辆的常用指标综合方法可大致汇总为以下五类：加权算术平均法、灰色关联度法、模糊综合评价法、优劣解距离法、BP 神经网络法。本节将首先对每一类指标综合方法进行简要介绍，重点关注一类方法的大体共性思路和主要特点，并给出其在智能网联汽车性能评价上的研究和应用举例，最后对五类指标综合方法进行横向比较与特征汇总。

(1) 加权算术平均法

加权算术平均法基于各评价指标的实测数据，经过初步的处理得到属性值，各评价指标权重由确权过程得到，利用加权算术平均值对各指标的评价结果进行综合。加权算术平均法相对直观、易于实现、十分常用，在智能网联汽车的评价中能够涵盖较多的评价指标，并保证各个指标所含有信息得到充分利用，具有较大程度的综合性，并且能够应用于分类、分层的指标体系，然而单项指标的极值可能会影响评价结果的准确性。在实际研究与应用中，对各评价指标的实测数据的初步处理可通过构建成本函数的方式进行，比如换道场景的成本函数可以用更换车道所用时间与该时间内车辆所行驶的距离来表征，而后应用加权平均算法得到综合评价结果。

对于 m 个待评价智能网联汽车和 n 个评价指标，采用加权算术平均法对各指标评价结果进行综合，如式(6-14)所示。

$$S_i = \sum_{j=1}^{n} w_j \cdot S_i(j) \quad i=1,2,\cdots,m \tag{6-14}$$

其中，S_i 为第 i 辆待评价车辆的综合评价结果；$S_i(j)$为第 i 辆待评价车辆的第 j 个评价指标的属性值，由测试并经必要处理得到；w_j 表示第 j 个评价指标对应的权重系数，由确权过程得到；对于多层级指标，可类似地进行展开的加权平均值计算。

（2）灰色关联度法

灰色关联度法根据各评价指标的实测数据，其设定各评价指标的最优属性值作为参考数据，并将实测数据与最优属性值做比较，并采用灰色关联度法得到用于加权的各评价指标对应的结果值（关联度系数），再结合确权过程得到的各评价指标权重，可得智能网联汽车智能化水平的最终定量评价结果。灰色关联度法的评价结果依赖于最优属性值以及各被评价智能网联汽车对象，当最优属性值和评价对象发生变化时，评价结果有可能随之变化。在实际研究与应用中，比如可将灰色关联度法应用于智能网联汽车 U 形转向行为的性能评价，以区分各智能网联汽车在这一特定场景下的智能化水平[16]。

对于 m 个待评价智能网联汽车和 n 个评价指标，各车辆经指标联合后的综合评价结果可由式(6-15)计算得到。

$$S_i=\sum_{j=1}^{n}w_j\cdot\xi_i(j)\quad i=1,2,\cdots,m \tag{6-15}$$

其中，S_i 为第 i 辆待评价车辆的综合评价结果；$\xi_i(j)$为第 i 辆待评价车辆对应第 j 个评价指标的关联度系数；w_j 表示第 j 个评价指标对应的权重系数，由确权过程得到。

关于各评价指标的关联度系数的确定，需要首先设定各评价指标的最优属性值，并进行标准化处理，而后基于灰色系统理论，计算各指标关联度系数，如式(6-16)所示。

$$\xi_i(j)=\frac{\min\limits_i\min\limits_j|x_o^*(j)-x_i^*(j)|+\rho\max\limits_i\max\limits_j|x_o^*(j)-x_i^*(j)|}{|x_o^*(j)-x_i^*(j)|+\rho\max\limits_i\max\limits_j|x_o^*(j)-x_i^*(j)|} \tag{6-16}$$

其中，x_o^* 为经标准化处理后的各评价指标最优属性值，x_i^* 为经标准化处理后的第 i 辆待评价车辆各评价指标的数据；ρ 为分辨系数，一般在 0 和 1 间取值，分辨系数越小表示分辨率越高，比如在实际研究中分辨系数可取为 0.5。

（3）模糊综合评价法

模糊综合评价法首先需确定评价指标集合（对于多级指标结果，则分级确定）与评价等级集合，前者构成了评价框架，后者规定了评价结果的选择范围，而后确定各评价指标对各评价等级的隶属度，形成评判矩阵（Decision Matrix），再将其与权重向量相结合，合成模糊综合评价结果向量，并与各评价等级的相应分值向量运算，得到最终的综合评价结果。模糊综合评价法是一种相对方便的指标综合方法，广泛用于解决定性与定量评价问题，基于模糊数学隶属度理论，定性评价问题可转化为定量评价问题，适合非确定性问题的求解。同时，此方法还适用于多级指标体系，并能较好地对主观指标进行量化处理。在实际研究与应用中，可将模糊综合评价法与层次分析法相结合，通过层次分析法确定各指标权重，再由模糊综合评价法对智能化水平进行定量综合评价[15]。

对于 n 个评价指标和 m 个评价等级构成的评价指标集合和评价等级集合，隶属度评判矩阵可表示为如式(6-17)所示。

$$\boldsymbol{R}=(r_{ij})_{n\times m} \tag{6-17}$$

其中，$\boldsymbol{R}$ 表示评判矩阵；r_{ij} 表示智能网联汽车第 i 个评价指标具有第 j 个评价等级的程度，即第 i 个评价指标对第 j 个评价等级的模糊隶属度，$0\leqslant r_{ij}\leqslant 1$；评判矩阵中各元素（即隶属度)通常依赖于专家的知识、经验和判断确定。

模糊综合评价结果向量的计算可由权重向量与评判矩阵合成得到,一般采用矩阵乘法即可,如式(6-18)所示。

$$\boldsymbol{B}=\boldsymbol{W}*\boldsymbol{R} \tag{6-18}$$

其中,$\boldsymbol{B}$ 为模糊综合评价结果向量;$\boldsymbol{W}$ 为权重向量。

综合评价结果由模糊综合评价结果向量与各评价等级的相应分值向量运算得到,如式(6-19)所示。

$$\boldsymbol{G}=\boldsymbol{B}*\boldsymbol{\mu} \tag{6-19}$$

其中,$\boldsymbol{G}$ 表示综合评价结果;$\boldsymbol{\mu}$ 表示各评价等级的相应分值向量,比如,对于 5 级评价等级(如,好、较好、一般、较差、差),其相应分值向量可取为$\boldsymbol{\mu}=(1.0,0.8,0.6,0.4,0.2)$。

(4) 优劣解距离法

优劣解距离法(Technique for Order Preference by Similarity to an Ideal Solution, TOPSIS)通过衡量智能网联汽车性能与其正理想解(最优解)、负理想解(最劣解)的空间距离进行排序,对于多个被评价车辆,每个车辆都存在一个与正理想解的接近程度以及与负理想解的远离程度,以此评价各车辆的智能化水平的优劣程度。其中,正理想解的各评价指标值均达到最优值,负理想解的各评价指标值均达到最劣值。优劣解距离法作为经典的多准则决策方法之一,其在本质上将各待评价车辆性能与正、负理想解做比较,对于最接近理想解而又远离负理想解的车辆,将其性能视为所有待评价车辆中的最佳水平。在实际研究与应用中,同样可在评价指标的综合过程中选择应用此方法,比如聚焦智能车辆目标检测能力中的目标分类和目标识别,对智能车辆目标检测能力进行综合评价[17]。优劣解距离法的具体评价过程如图 6-20 所示。

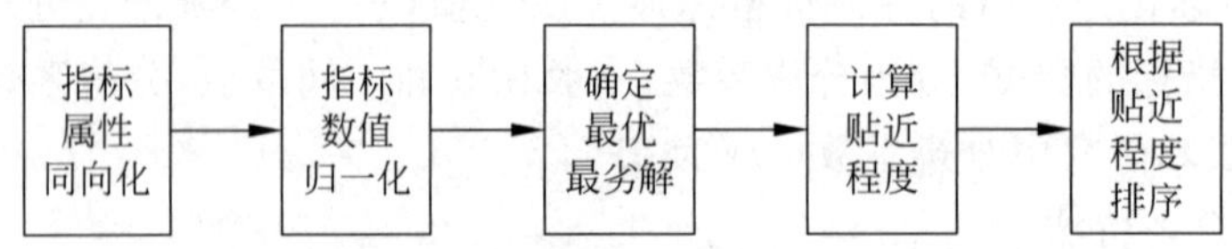

图 6-20 优劣解距离法评价过程

优劣解距离法使用距离尺度衡量接近或远离程度,因此首先需对各评价指标的属性进行同向化处理,比如可统一采用效益型指标(或与之相反的成本型指标)。而后,将各评价指标数值进行归一化处理,对于 m 个待评价智能网联汽车和 n 个评价指标,处理后的标准化矩阵 $\boldsymbol{Z}$ 如式(6-20)所示。

$$\boldsymbol{Z}=(z_{ij})_{m\times n} \tag{6-20}$$

以效益型、极值型评价指标为例,正理想解 $\boldsymbol{Z}^+$ 由矩阵 $\boldsymbol{Z}$ 中每列向量中的最大元素构成,负理想解 $\boldsymbol{Z}^-$ 由矩阵 $\boldsymbol{Z}$ 中每列向量中的最小元素构成,如式(6-21)所示。

$$\boldsymbol{Z}^+=(Z_1^+,Z_2^+,\cdots,Z_n^+),\quad \boldsymbol{Z}^-=(Z_1^-,Z_2^-,\cdots,Z_n^-) \tag{6-21}$$

其中,Z_j^+ 表示矩阵 $\boldsymbol{Z}$ 中第 j 列向量的最大值,对应于第 j 个评价指标;Z_j^- 表示矩阵 $\boldsymbol{Z}$ 中第 j 列向量的最小值。

而后,根据确权过程得到的各评价指标的权重向量,计算各智能网联汽车性能与正、负理想解的空间欧氏距离,以及与正理想解的贴近程度,如式(6-22)和式(6-23)所示。

$$D_i^+ = \sqrt{\sum_{j=1}^{n} w_j \cdot (Z_j^+ - z_{ij})^2}, \quad D_i^- = \sqrt{\sum_{j=1}^{n} w_j \cdot (Z_j^- - z_{ij})^2} \tag{6-22}$$

$$C_i = \frac{D_i^-}{D_i^+ + D_i^-} \quad i = 1, 2, \cdots, m \tag{6-23}$$

其中，D_i^+ 为第 i 辆车性能与正理想解的空间欧氏距离；D_i^- 为第 i 辆车性能与负理想解的空间欧氏距离；w_j 为第 j 个评价指标对应的权重系数，由确权过程得到；C_i 为第 i 辆车性能与正理想解的贴近程度，$0 \leqslant C_i \leqslant 1$，$C_i$ 越大表明性能越佳。

最后，计算出每一辆车性能与正理想解的贴近程度，根据贴近程度由大到小进行排序，给出各智能网联汽车的综合性能评价结果。

(5) BP 神经网络法

BP 神经网络法(Back Propagation Neural Network)将各评价指标的属性值输入给 BP 神经网络模型，而将专家评价结果作为神经网络模型的输出结果，采用足够多的样本训练该神经网络模型，使得模型的输出结果越来越趋向于专家评价结果，从而实现对专家评价的模拟。BP 神经网络法通过构建神经网络模型，能够学习和存储大量的输入输出模式映射关系，而无须通过数学方程显式描述此映射关系，其拓扑结构如图 6-21 所示，包括输入层、隐藏层、输出层。当待评价智能网联汽车数量庞大时，BP 神经网络法能够实现快速输出评价结果，但此方法无法深入比较研究不同智能网联汽车评价结果存在差异的具体原因，对技术研发的指导性较弱。在实际研究与应用中，比如可将 BP 神经网络法用于评价智能网联汽车的自动泊车系统，通过对模型的训练，表明了此方法具有一定的可行性和准确性[18]。

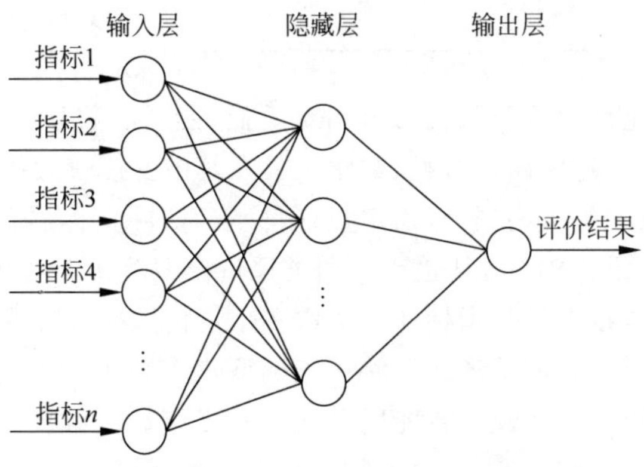

图 6-21 BP 神经网络模型拓扑结构

以上是在智能网联汽车性能评价的研究和应用中较为常见的五种评价指标综合方法，它们各有各的特点和主要适用情形，从评价结果是否具有普适性、是否需要训练样本、是否需要专家评价、指标类型要求、适用场合的维度对其进行横向比较，可将各评价指标综合方法的特征归纳如表 6-6 所示[9]。具体而言，综合方法具有普适性指的是所输出的评价结果相对独立于被评价对象，是否需要训练样本或专家评价指的是应用该方法的评价过程中对训练样本或专家评价结果是否必要，指标类型要求指的是适用该方法的评价指标类型是主观指标、客观指标或主客观指标均可，适用场合指的是该方法在应用中最主要的适用性特点。

表 6-6 评价指标综合方法特征比较

综合方法	普适性	训练样本	专家评价	指标类型	适用场合
加权算术平均法	是	否	否	无限制	各项评价指标不存在极值
灰色关联度法	否	否	否	客观指标	结果存在依赖性，特定对象排序
模糊综合评价法	是	否	是	无限制	多级指标体系，包含主观指标
优劣解距离法	否	否	否	客观指标	结果存在依赖性，特定对象排序
BP 神经网络法	是	是	是	客观指标	评价对象数量庞大，高效评价

3. 定性与定量评价比较

上文主要介绍了智能网联汽车性能评价中的定性评价与联合指标的定量评价的基本原理与实施过程，这里对这两种评价模型进行特征的比较与总结，比较的维度包括评价过程、评价结果、模型方法局限，比较结果汇总如表 6-7 所示[9]。

表 6-7 定性和定量评价特征比较

应用特征		定性评价	定量评价
评价过程	数据要求	低	高
	数学工具	简单	复杂
评价结果	结果类型	宏观等级划分	精确数值结果
	改进方向	粗略	精准
模型方法局限		智能化水平存在显著差异时才能区分出优劣	智能化水平难以全部通过客观指标来体现，而对于主观指标难以获得可重复的结果

在评价过程方面，定性评价对数据要求相对更低，使用的数学工具也比较简单，而定量评价包括指标确权和综合建模两个过程，数学工具在其中发挥较大作用。从评价结果来看，定性评价一般是进行宏观等级的划分，而定量评价基于实际指标属性值或量化后的主观指标得到精确数值评价结果；这一特征也影响两类评价模型对智能网联汽车技术的后续改进所起到的作用，定量评价根据评价指标体系选取多个量化指标进行评价，尝试通过数据概括全部评价信息，所得结果也更能清晰地反映智能网联汽车在不同评价方面、评价角度、评价点等存在的短板，能够更为精准地对智能网联汽车技术指出后续的改进方向。这两类模型方法各自存在局限性，由于定性评价的特征，只有在智能网联汽车评价结果存在显著差异时才能区分出优劣；定量评价的局限性在于智能网联汽车的智能化水平评价结果难以全部通过客观指标来体现，获得可重复的主观指标存在一定难度。

6.3.4 应用举例

自从 2009 年以来，在国家自然科学基金委的支持下，中国智能车未来挑战赛成为针对无人地面车辆（Unmanned Ground Vehicles，UGV）的年度赛事，旨在实现在真实交通环境下的自动驾驶，在国内外具有一定影响力。本节参考针对该赛事的已有研究成果，着重选取近年来某一赛事作为案例进行研究，基于部分参赛车辆在比赛中的真实性能表现，应用前文所提及的定量评价模型(主要包括指标权重确定与指标综合方法),对部分参赛车辆的智能化水平的高低做出比较和排序,从而体现评价方法理论的实用性[19]。

2012 年举办的中国智能车未来挑战赛(IVFC 2012)的整体概览如图 6-22 所示。从 14 辆参赛智能车中选取 5 辆作为测评研究对象,依次记为 V1～V5。参赛智能车需进行四项测试:环境感知测试、结构化道路测试、非结构化区域测试、动态任务规划测试。这种测试任务设计的背后是基于智能汽车的一种系统级功能分类:环境感知、运动规划、任务执行、任务规划。驾驶环境感知测试主要对应车辆的环境感知功能,结构化道路测试主要对应车辆在直路/弯路、跟车、避障、换道、超车等场景下的运动规划与任务执行功能,而非结构化区域测试主要对应车辆在交叉路口、停车场、拥堵交通等场景下的运动规划与任务执行功能,动态任务规划测试主要对应车辆的路径规划、交通拥堵与安全性预测等任务规划功能。比赛过程中,每辆参赛智能车都会有一辆裁判车跟随行驶,负责观察参赛车的紧急制动、交通法规遵守情况并测量一些评价指标数据;在一些关键的评价路段,会有现场裁判负责一些评价指标的记录与测量,包括时间、速度、距离等指标。实际上,一些评价指标可通过安装在裁判车上的仪器来进行测量,而另外一些评价指标则难以进行测量,只能通过现场裁判观测并记录,或是通过分析比赛录像进而获取。

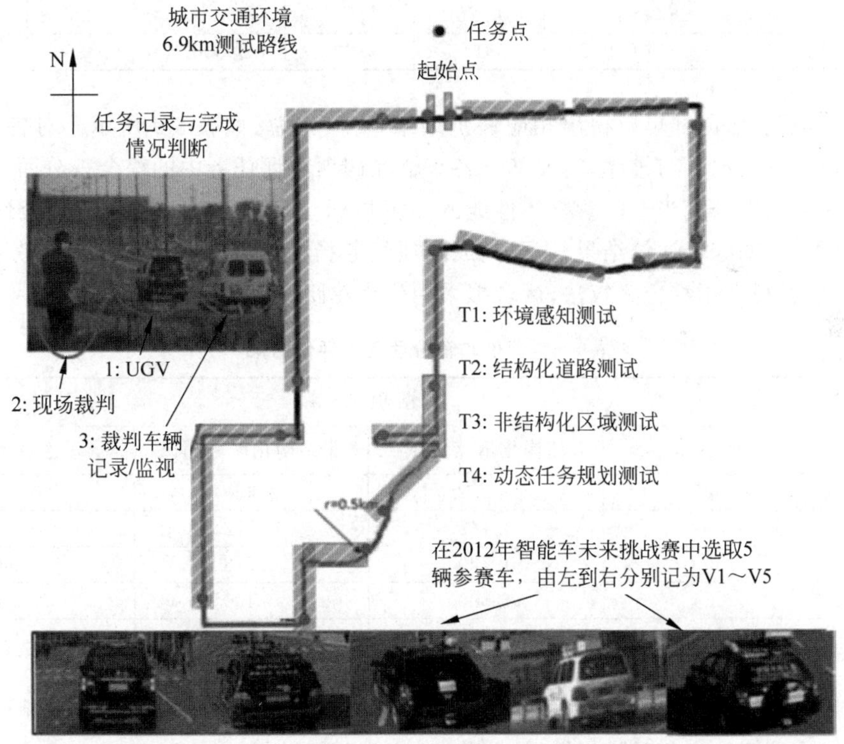

图 6-22 IVFC 2012 概览[19]

上述四项测试每一项都有相应的评价指标集,以结构化道路测试为例对评价指标集的选取进行详细展开,并可获得该项测试的评价结果。结构化道路测试包括几种场景,换道和超车是其中的典型场景。在换道场景中,换道行为的可行性是基于与周围车辆或障碍物保持合适间距的能力以及在运动特性约束下成功换入目标车道目标位置的能力,良好换道任务的完成依赖于以下几点要求：

(1) 在规定时间内到达期望的横纵向位置；

(2) 生成平滑的换道轨迹与横纵向速度曲线；

(3) 车辆的横纵向加速度相对较小以避免突兀的换道；

(4) 车辆的横纵向运动速度应合理并尽量保持均匀。

基于以上要求，可选取相应评价指标，包括合适间距、合理横向速度与加速度、合理纵向速度与加速度、合理轨迹，各所选参赛车辆的指标得分经标准化处理后如表 6-8 所示。此处各指标权重根据专家意见直接确定，而各车辆的综合结果采用指标综合方法中的加权算术平均法求得。

表 6-8 结构化道路行驶测评指标与结果[19]

指　标	待评价参赛智能车					权重
	V1	V2	V3	V4	V5	
合适间距	1.0	0	0.4	0.5	0.6	0.3
合理横向速度与加速度	1.0	0	1.0	0.5	0.5	0.3
合理纵向速度与加速度	0.84	0.4	1.0	0	0.8	0.3
合理轨迹	1.0	0.25	0	0	0.25	0.1
综合结果	0.952	0.145	0.720	0.300	0.595	

对于其他测试，同样可以得出相应评价结果，将其汇总，如表 6-9 所示。对各待评价车辆的智能化水平的比较与排序，需要基于各车辆在四项测评任务中的综合得分而计算得到，此时四项任务的得分相当于车辆整体性能的一级指标。对于已经完成标准化处理的数据，要得出车辆整体的综合评价结果，需要完成四项任务指标的权重确定与四项任务指标综合评价过程，前者拟采用综合赋权法，后者拟采用优劣解距离法。

表 6-9 待评价车辆分项任务评价结果[19]

车辆	分 项 任 务			
	环境感知	结构化道路测试	非结构化区域测试	动态任务规划
V1	0.562	0.952	0.468	0.830
V2	0.880	0.145	0.772	0.200
V3	0.505	0.720	0.778	0.901
V4	0.224	0.300	0.400	0.200
V5	0.646	0.595	0.766	0.934

四项任务指标的权重确定，首先通过层次分析法并结合专家意见得到主观赋权结果，而后采用熵权法计算得到客观赋权结果，并将主、客观赋权结果相结合，如式(6-24)所示，最后得到综合赋权结果，如表 6-10 所示。

$$w_i = \frac{\alpha_i \beta_i}{\sum_{i=1}^{4} \alpha_i \beta_i} \quad i = 1,2,3,4 \tag{6-24}$$

其中，α_i 为第 i 项任务的主观赋权结果；β_i 为第 i 项任务的客观赋权结果；w_i 为第 i 项任务的综合赋权结果。

结合四项任务的综合赋权结果和待评价车辆分项任务评价结果，可以得到优劣解距离法的决策矩阵 **Z**，并且可根据式(6-20)和式(6-21)计算得到正理想解 $\mathbf{Z}^+$ 和负理想解 $\mathbf{Z}^-$，再根据式(6-22)和式(6-23)计算每辆车评价结果与正、负理想解的加权欧氏空间距离 D_i^+ 和 D_i^-，最后，计算出每一辆车性能与正理想解的贴近程度 C_i，根据贴近程度由大到小进行排序，所得排序结果为 V1-V3-V5-V2-V4。

表 6-10 四项任务赋权结果[19]

权重	环境感知	结构化道路	非结构化区域	动态任务规划
α_i	0.2	0.2	0.3	0.3
β_i	0.1724	0.3503	0.0811	0.3961
w_i	0.1392	0.2829	0.0982	0.4797

6.4 封闭测试场与测试设备

6.4.1 封闭测试场

自动驾驶相关技术的不断进步推动着智能网联汽车封闭测试场地建设，多个国家已展开相关布局。目前，较为典型的智能网联汽车测试场地主要集中在欧、美、日等国家，如瑞典的 AstaZero、英国的 Mira City Circuit、美国的 MCity 等。这些测试场地特色鲜明，在全球智能网联汽车或无人驾驶测试方面起了很好的示范带头作用。其中，知名度最高的是美国的 MCity。

作为世界上第一座智能网联汽车的专用测试场，MCity 设计特色之一就是采用强化试验的思想开展测试，允许多种道路突发状况集中发生，因此，每公里的测试路程能够代表真实环境中几十甚至几百公里的行程。MCity 的另一特色是柔性化设计理念，不给道路预设固定标线，车道布置可以随时更改，且多种交通元素(如建筑外墙、假人等)可以移动，交通标志也可以随时根据试验要求进行更换。这种做法使测试者能够按需调整测试场景，进而大大降低后期升级成本。

MCity 试验场由多种路面和道路元素构成，包含水泥、柏油、仿真砖等铺装路面，以及泥土、碎石等非铺装路面。在试验区内，随处可见交通标志、车道线、信号灯、人行横道、指示牌、减速带等道路元素，也包括生活中出现频率较低的隧道、环岛、交通管制区、施工区等道路元素。在城市场景中，它有可移动的房屋外墙，墙体材料均取自真实建筑，如玻璃、砖、木头、铝乙烯等，用于模拟传感器对于不同材料的不同反馈。它还有多种停车位可供选择，如侧方停车、倒车入库和斜对角停车等。在市中心区域设置有邮箱、消防栓、候车椅、计时码表等自动驾驶车辆在真实世界中会遇到的道路元素，用于测试它们的应对状况。[22]

MCity 不仅可以模拟日常行车场景，包括循线行驶、路口通行、环岛行驶等，此外，还特别设计了一些用于传感器测试和整车控制算法测试的场景，如当传感器信号被削弱、遮蔽和延迟时，测试其对自动驾驶车辆的影响；在正南北以及正东西方向的道路上测试 GPS 的精度；基于贯穿整个测试场的照明设施，以及配有不同发光源和故意做旧的道路标牌等，测试图像处理系统的性能。MCity示意图如图6-23所示。

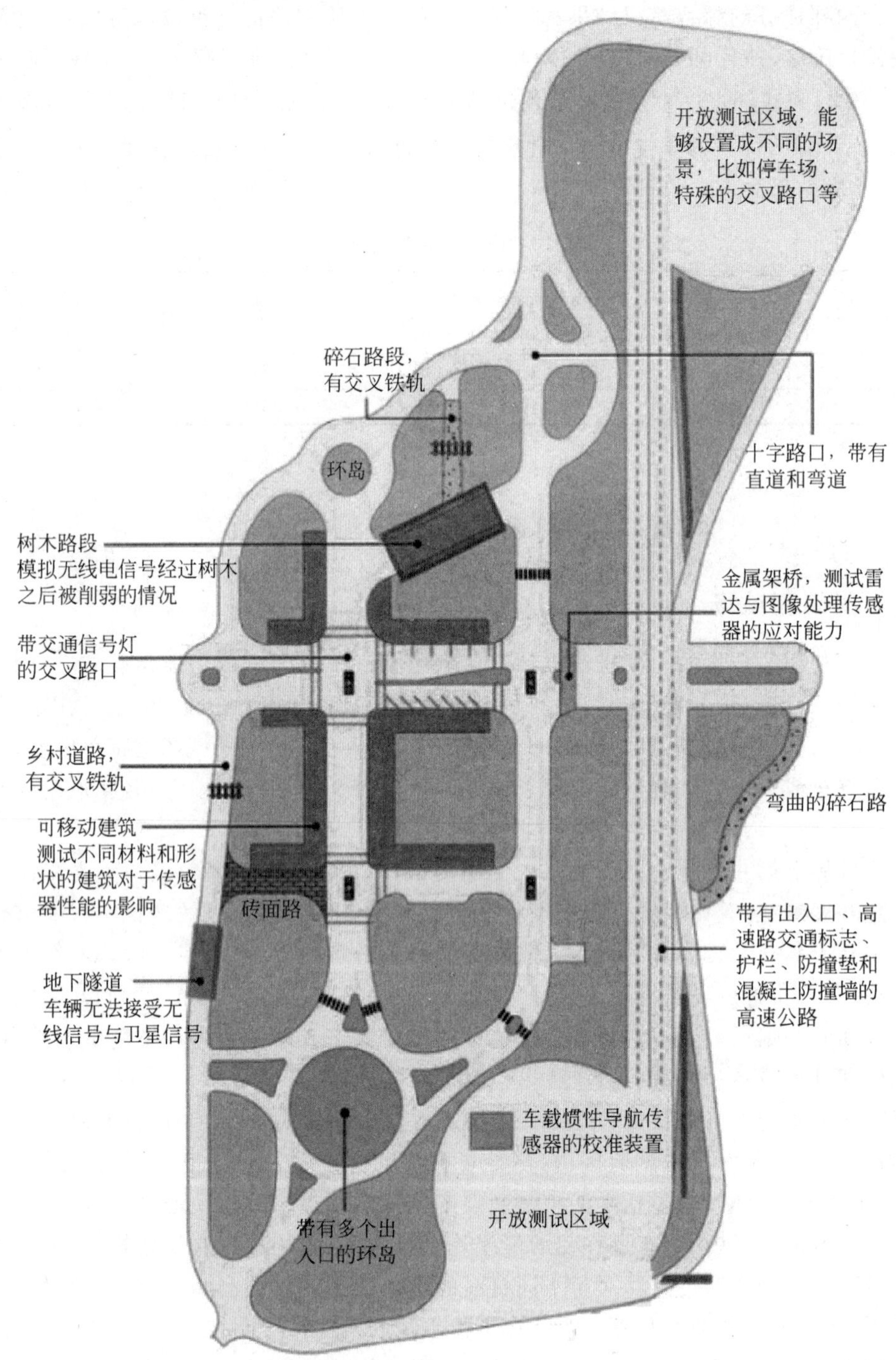

图6-23 MCity示意图[20]

6.4.2 测试设备

在封闭测试场搭建测试场景时，需要的设施设备大致可分为模拟交通流目标物、交通模拟设施、网联通信设施和高精度定位增强设施四类。为保障测试安全有效地进行，各类设备设施应满足以下基本要求：为了保证测试的有效性，对于设备中的各类模拟性设备要求模拟物能够与真实物之间具备广泛的相似性；为了保证测试的安全性，要求即使系统未能有效使用，若发生碰撞，也不会对测试车辆和人员造成伤害；为了保证测试的可重复性和经济性，要求各类设备具备耐用性，即长时间户外使用过程中，可以保持性能的稳定[2]。其中，各类设备包括的具体内容及技术要求可参考团标及参考文献。以下仅以静态行人为例进行阐述。

行人是弱势道路使用者(Vulnerable Road Users，VRU)的组成部分，除此之外还包括自行车骑车人、电动车骑车人等。在用静态行人模拟行人时，静态行人目标物在尺寸和外形方面应接近真实行人的特性，且应该被单目或立体视觉摄像系统识别，也可被雷达和红外系统识别，并能使得从不同角度采集的雷达反射截面的平均分布符合真实人类雷达反射截面的平均分布。典型的模拟试验设备如图 6-24 所示[21]。

图 6-24 典型模拟静态设备[21]

本章习题

6.1 智能网联汽车的测试可分为基于功能的测试和基于场景的测试两种，请简述这两种测试方法的区别。基于场景的测试可使用测试场景库为测试过程提供丰富的测试用例，进而测试智能网联汽车的综合性能，请简述测试场景库的构建及测试用例生成过程。

6.2 随着自动化等级的提高，智能网联汽车测试所需要的测试用例数量急剧上升。为了提高测试效率，可对测试过程进行加速。请问如何对测试过程进行加速？

6.3 在智能网联汽车开发过程中，为尽早发现算法中存在的问题和错误，可在实际控制器完成之前对算法进行模型在环测试和软件在环测试，请问模型在环测试与软件在环测试有什么异同？

6.4 车辆的哪些部件或系统可开展硬件在环测试？为什么要进行硬件在环测试？

6.5 进行车辆在环测试时可将车辆放置于封闭场地中，那么封闭测试场地车辆在环测试与封闭场地测试有什么区别？

6.6 智能网联汽车在进行开放道路测试之前需要满足哪些条件？

6.7 判断下述说法的正误并说明理由：在用定量评价模型对智能网联汽车智能化水平进行评价时，需对各项评价指标确定权重。其中，主观赋权法包括层次分析法、熵权法以及集值迭代法等。

6.8 简述层次分析法的步骤。

6.9 在确定智能网联汽车各评价指标的权重之后，仍需将各评价指标及其属性值进行联合，以合成针对被评价车辆的最终综合评价结果。对指标进行联合的方法包括算术平均法、灰色关联度法、模糊综合评价法、优劣解距离法，BP 神经网络法等，请从普适性、是否需要训练样本、指标类型以及适用场合等方面，选取以上至少两种方法进行比较。

6.10 智能网联汽车的评价方法可分为定性评价方法以及定量评价方法，简要论述这两种方法的异同。

6.11 计算题：在 2012 年举办的中国智能车未来挑战赛中，选取 5 辆参赛车辆(分别为 V1～V5)进行综合智能化水平的评价与排序。假定需完成分项任务的评价得到最终结果，分项任务包括环境感知、结构化道路行驶、非结构化区域行驶、动态任务规划共 4 项，各项任务的得分相当于智能车整体性能的一级指标，其经过标准化处理后的指标数据如 6.3.4 节中表 6-9 所示。

要综合评价车辆智能化水平，首先要确定指标权重，请基于客观赋权法中的熵权法计算各分项任务的指标权重；尝试使指标权重的确定过程更为全面合理，可进行主、客观赋权法的融合，假定基于层次分析法得到的主观赋权结果如表 6-11 所示，请根据式(6-13)计算综合赋权法的赋权结果，其中折中系数 ε 取为 0.5。

表 6-11 四项任务主观赋权结果

主观权重	环境感知	结构化道路	非结构化区域	动态任务规划
α_i	0.25	0.20	0.25	0.30

基于以上计算得到的综合赋权结果，分别采用加权算术平均法和优劣解距离法两种指标综合方法，计算 5 辆待评价参赛车辆的综合性能指标，并据此对其智能化水平进行排序，以及观察两种指标综合方法对应的计算结果是否存在差别。

6.12 计算题：假定在智能网联汽车的环境感知测试任务中，有如下五个评价维度：车道线检测、交通信号检测、前方车辆检测、车道保持状态检测、前方车辆距离检测。请使用主观赋权法中的层次分析法，根据 6.3.3 节中的步骤与公式，确定这五个评价维度的权重，计算一致性指标并验证是否通过一致性检验(由于指标重要程度的主观性较强，因此答案不唯一)。

6.13 调研瑞典 AstaZero 封闭测试场，列举其包含的测试场景(不少于三个)。简述在封闭测试场内使用的模拟行人应具备什么特性。

参考文献

[1] 余卓平，邢星宇，陈君毅. 自动驾驶汽车测试技术与应用进展[J]. 同济大学学报(自然科学版)，2019，47(4)：540-547.

[2] 李克强. 电动汽车工程手册第六卷：智能网联[M]. 北京：机械工业出版社，2019.

[3] 全国智能运输系统标准化技术委员会. 智能运输系统 车辆前向碰撞预警系统 性能要求和测试规程：GB/T 33577—2017[S]. 北京：中国标准出版社，2017.

[4] 朱冰，张培兴，赵健，等. 基于场景的自动驾驶汽车虚拟测试研究进展[J]. 中国公路学报，2019，32(6)：1-19.

[5] 中国电子信息产业发展研究院. 智能网联汽车测试与评价技术[M]. 北京：人民邮电出版社，2019.

[6] ADAS整车在环虚拟仿真测试实验室[EB/OL]. (2020-07-09)[2020-08-22]. https://www.sohu.com/a/406651018_120106655? _f=index_pagefocus_3.

[7] 田思波，何鋆，樊晓旭，等. 上海市智能网联汽车封闭道路测试与评价方法[J]. 上海汽车，2019(8)：22-26.

[8] 张强，陈达兴，李增强，等. 基于PreScan的车道偏离预警系统性能试验方法研究[C]//汽车电子和智能车辆前沿技术重庆论坛论文集. 重庆汽车工程学会，2014：95-101.

[9] 陈君毅，李如冰，邢星宇，等. 自动驾驶车辆智能性评价研究综述[J]. 同济大学学报(自然科学版)，2019，47(12)：1785-1790.

[10] KOON P，WHITTAKER W. Evaluation of autonomous ground vehicle skills[R]. Tech. report CMU-RI-TR-06-13，2006.

[11] HUANG H M，PAVEK K，NOVAK B，et al. A framework for autonomy levels for unmanned systems (ALFUS)[J]. Proceedings of the AUVSI's Unmanned Systems North America，2005：849-863.

[12] 孙扬. 无人驾驶车辆智能水平的定量评价[D]. 北京：北京理工大学，2014.

[13] SHERIDAN T B. Automation，authority and angst-revisited[C]//Proceedings of the Human Factors Society Annual Meeting. Sage CA：Los Angeles，CA：SAGE Publications，1991，35(1)：2-6.

[14] Office of the Secretary of Defense. Unmanned Aerial Vehicles Roadmap 2000—2025. Technical Report[R]. Department of Defense，Washington，D. C.，2001.

[15] 熊光明，高利，吴绍斌，等. 无人驾驶车辆智能行为及其测试与评价[M]. 北京：北京理工大学出版社，2015.

[16] DONG F，ZHAO Y N，GAO L. Application of gray correlation and improved AHP to evaluation on intelligent U-Turn behavior of unmanned vehicles[C]//2015 8th International Symposium on Computational Intelligence and Design (ISCID). IEEE，2015，1：25-29.

[17] 张学显，刘伟，余彪，等. 数据驱动的智能车辆目标检测能力测试评价方法[J]. 计算机系统应用，2017，26(11)：249-253.

[18] DU F，ZHAO Y，GAO L，et al. Evaluation of the autonomous parking system based on BP neural network[C]//2017 9th International Conference on Intelligent Human-Machine Systems and Cybernetics (IHMSC). IEEE，2017，2：324-327.

[19] HUANG W L，WEN D，GENG J，et al. Task-specific performance evaluation of UGVs：Case studies at the IVFC[J]. IEEE transactions on intelligent transportation systems，2014，15(5)：1969-1979.

[20] 车云网. 痴迷无人驾驶的米国人，这次专门圈地造了座MCity城[EB/OL]. (2015-07-21)[2020-09-23]. http://www.cheyun.com/content/2442.

[21] 佚名. 4activesystem目标物[EB/OL]. (2019-05-30)[2021-12-07]. https://www.4activesystems.at.

[22] 刘天洋，余卓平，熊璐，等. 智能网联汽车试验场发展现状与建设建议[J]. 汽车技术，2017(1)：7-11，32.

附录A 基础知识

A.1 最优化理论

为更加深入理解 SLAM 技术,本节重点对最优化理论中的非线性优化[1]进行介绍。

A.1.1 状态估计

在运动和观测方程中,通常假设噪声项满足零均值高斯分布,即:

$$\boldsymbol{w}_k \sim N(0, R_k), \quad \boldsymbol{v}_k \sim N(0, Q_{k,j})$$

其中,$\boldsymbol{w}_k$ 和 $\boldsymbol{v}_k$ 分别表示零均值的过程噪声和量测噪声,R 和 Q 分别为对应的协方差矩阵。

状态估计即在噪声影响下,利用带有噪声的数据 $\boldsymbol{z}$ 和 $\boldsymbol{u}$ 推断出位姿 $\boldsymbol{x}$ 及地图 $\boldsymbol{y}$。在非线性优化中,我们将所有待估计变量放在一个"状态变量"中:

$$\boldsymbol{x} = \{\boldsymbol{x}_1, \cdots, \boldsymbol{x}_N, \boldsymbol{y}_1, \cdots, \boldsymbol{y}_M\}$$

此时,估计机器人状态的问题可以转换为求条件概率分布问题,即在已知输入数据 $\boldsymbol{u}$ 和观测数据 $\boldsymbol{z}$ 时,状态 $\boldsymbol{x}$ 的条件概率分布为:

$$P(\boldsymbol{x} \mid \boldsymbol{z}, \boldsymbol{u})$$

其中,$\boldsymbol{x}$,$\boldsymbol{u}$ 及 $\boldsymbol{z}$ 表示对所有可能数据的统称。若无传感器获取输入数据 $\boldsymbol{u}$,仅有图像数据可获取观测数据 $\boldsymbol{z}$,则上述问题可转换为估计 $P(\boldsymbol{x} \mid \boldsymbol{z})$的条件概率分布,为此,根据贝叶斯法则,可以得到:

$$P(\boldsymbol{x} \mid \boldsymbol{z}) = \frac{P(\boldsymbol{z} \mid \boldsymbol{x}) P(\boldsymbol{x})}{P(\boldsymbol{z})} \propto P(\boldsymbol{z} \mid \boldsymbol{x}) P(\boldsymbol{x})$$

贝叶斯法则左侧为后验概率,右侧 $P(\boldsymbol{z} \mid \boldsymbol{x})$为似然,$P(\boldsymbol{x})$为先验。因此,可将求后验分布转换为求一个状态最优估计,使得在该状态下,后验概率最大化:

$$\boldsymbol{x}^*_{\mathrm{MAP}} = \mathrm{argmax} P(\boldsymbol{x} \mid \boldsymbol{z}) = \mathrm{argmax} P(\boldsymbol{z} \mid \boldsymbol{x}) P(\boldsymbol{x})$$

从公式中可以看出,贝叶斯法则分母 $P(z)$与待估计状态 x 无关,求解最大后验概率的问题可转换为求解最大化似然与先验的乘积。进一步地,当先验信息未知时,可以求解 x 的最大似然估计:

$$\boldsymbol{x}^*_{\mathrm{MLE}} = \mathrm{argmax} P(\boldsymbol{z} \mid \boldsymbol{x})$$

其中,"似然"用来表示在目前位姿下可获取怎样的观测数据,使用最大似然估计的意义即是获取在怎样的状态下可能产生最接近目前观测的数据情况。

A.1.2 最大似然估计求解

为求解最大似然估计,我们进行如下理解,首先假设高斯分布条件下,对于某次观测:

$$z_{k,j}=h(\boldsymbol{y}_j,\boldsymbol{x}_k)+\boldsymbol{v}_{k,j}$$

观测数据的条件概率为：

$$P(\boldsymbol{z}_{j,k}\mid\boldsymbol{x}_k,\boldsymbol{y}_j)=N(h(\boldsymbol{y}_j,\boldsymbol{x}_k),Q_{k,j})$$

可以看出该式同样服从高斯分布。使用最小化负对数方式来求解最大似然值，以获得该公式最大化时的 $\boldsymbol{x}_k$、$\boldsymbol{y}_j$。

任意维度高斯分布的概率密度函数展开形式如下：

$$P(\boldsymbol{x})=\frac{1}{\sqrt{(2\pi)^N\det(\boldsymbol{\Sigma})}}\exp\left(-\frac{1}{2}(\boldsymbol{x}-\boldsymbol{\mu})^{\mathrm{T}}\boldsymbol{\Sigma}^{-1}(\boldsymbol{x}-\boldsymbol{\mu})\right)$$

取其负对数：

$$-\ln(P(\boldsymbol{x}))=\frac{1}{2}\ln((2\pi)^N\det(\boldsymbol{\Sigma}))+\frac{1}{2}(\boldsymbol{x}-\boldsymbol{\mu})^{\mathrm{T}}\boldsymbol{\Sigma}^{-1}(\boldsymbol{x}-\boldsymbol{\mu})$$

至此，求解最大似然估计可转换为求解最小化上式负对数函数，可以看出，公式中第一项与待估计状态 x 无关，因此只需对第二项求取最小值即可获得最大似然估计状态。结合SLAM 观测模型，该问题可转换为求解：

$$\boldsymbol{x}^*=\operatorname{argmin}((\boldsymbol{z}_{k,j}-h(\boldsymbol{x}_k,\boldsymbol{y}_j))^{\mathrm{T}}Q_{k,j}^{-1}(\boldsymbol{z}_{k,j}-h(\boldsymbol{x}_k,\boldsymbol{y}_j)))$$

这一计算过程相当于求解最小化噪声项(误差)的平方，对所有运动及任意观测而言，数据与估计值间的误差被定义为：

$$\boldsymbol{e}_{v,k}=\boldsymbol{x}_k-f(\boldsymbol{x}_{k-1},\boldsymbol{u}_k)$$

$$\boldsymbol{e}_{y,j,k}=\boldsymbol{z}_{k,j}-h(\boldsymbol{x}_k,\boldsymbol{y}_j)$$

误差平方和计算如下：

$$J(\boldsymbol{x})=\sum_k\boldsymbol{e}_{v,k}^{\mathrm{T}}R_k^{-1}\boldsymbol{e}_{v,k}+\sum_k\sum_j\boldsymbol{e}_{y,k,j}^{\mathrm{T}}Q_{k,j}^{-1}\boldsymbol{e}_{y,k,j}$$

此时，问题转化为求解此时，问题转化为求解总体意义下的最小二乘问题(Least Square Problem)。其最优解等价于求解状态的最大似然估计值。由于存在噪声影响，当估计轨迹与地图引入到SLAM的运动和观测方程中，方程往往存在不成立情况。此时需微调状态估计值，使误差在一定程度上整体下降，而下降过程中也会存在难以达到最小值，仅达到某个极小值的问题，这就是典型的非线性优化过程。

SLAM 过程中求解的最小二乘问题往往具有特定的结构：

(1) 在求解最小二乘问题时，其目标函数由多个误差加权平方和构成，总体状态变量维数高。但每个误差项都较简单，仅与单一状态变量或两个状态变量相关，如运动误差与 x_{k-1}、x_k 有关，而观测误差与 x_k、y_j 有关。每个误差项均作为一个小规模约束，将误差项小雅可比矩阵块放入整体雅可比矩阵中。在这一过程中，将每个误差项对应的优化变量称为参数块(Parameter Block)。

(2) 在多小型误差项之和组成整体误差的问题中，增量方程求解具有一定稀疏性，这使得该问题在大规模情况下也具有可解性。

(3) 在李代数表示下，该问题可转换为无约束最小二乘问题。若采用旋转矩阵(变换矩阵)来描述位姿，则需引入旋转矩阵带来的自身约束(旋转矩阵必须是正交阵且行列式为1)。额外的约束会使优化变得更困难。这体现了李代数的优势。

(4) 最后，我们使用了平方形式(二范数)度量误差，它是直观的，相当于欧氏空间中距离的平方。但它也存在着一些问题，并且不是唯一的度量方式。我们也可使用其他的范数构建优化问题。

A.1.3 最小二乘求解

对于一个简单的最小二乘示例：

$$\min_{x} \frac{1}{2} \| f(\boldsymbol{x}) \|_2^2$$

当函数数学形式简单时，可利用解析形式求解，令目标函数导数为 0：

$$\frac{\mathrm{d}f}{\mathrm{d}\boldsymbol{x}}=0$$

上式可解出导数为 0 的极值，该值可能是极大值、极小值以及鞍点处的值，只要一次比较其函数值即可找出最优解。

对于不方便直接求导的最小二乘问题，可采用迭代方式，从某个初值出发，不断更新优化变量，使得目标函数值不断下降，具体步骤可描述为：

(1) 给定某初始值 x_0；

(2) 在第 k 次迭代中，寻找合适的增量 $\boldsymbol{x}_k$，以使 $\| f(\boldsymbol{x}_k+\Delta\boldsymbol{x}_k) \|_2^2$ 为极小值；

(3) 如果 $\Delta\boldsymbol{x}_k$ 已足够小，则退出该迭代过程；

(4) 否则，令 $\boldsymbol{x}_{k+1}=\boldsymbol{x}_k+\Delta\boldsymbol{x}_k$，返回第(2)步。

该问题的解决思路在于将求解导函数为零转换为迭代梯度下降的过程。变量沿函数梯度下降的方向不断取值，直至某时刻梯度无下降趋势，算法达到收敛，此时目标函数取得极小值。该过程无需搜索全局导函数为零的位置，仅通过迭代方法不断逼近极小值。

1. 梯度下降法

为求解增量，将目标函数在 $\boldsymbol{x}$ 附近泰勒展开：

$$\| f(\boldsymbol{x}+\Delta\boldsymbol{x}) \|_2^2 \approx \| f(\boldsymbol{x}) \|_2^2 + J(\boldsymbol{x})\Delta\boldsymbol{x} + \frac{1}{2}\Delta\boldsymbol{x}^{\mathrm{T}}\boldsymbol{H}\Delta\boldsymbol{x}$$

其中 J 是 $\| f(\boldsymbol{x}) \|^2$ 关于 $\boldsymbol{x}$ 的导数(雅可比矩阵)，而 $\boldsymbol{H}$ 是二阶导数(海森矩阵)。一阶梯度法和二阶梯度法分别对应保留泰勒展开式中的一阶项和二阶项，其中一阶梯度法中增量方向为：

$$\Delta\boldsymbol{x}^{*}=-\boldsymbol{J}^{\mathrm{T}}(\boldsymbol{x})$$

沿反向梯度前进方向寻找增量方向。在该方向引入步长 λ，找到最快的下降方式，这种方法也称为最速下降法。

若保留二阶信息，增量方程表示为：

$$\Delta\boldsymbol{x}^{*}=\operatorname{argmin} \| f(\boldsymbol{x}) \|_2^2 + \boldsymbol{J}(\boldsymbol{x})\Delta\boldsymbol{x} + \frac{1}{2}\Delta\boldsymbol{x}^{\mathrm{T}}\boldsymbol{H}\Delta\boldsymbol{x}$$

为求增量解，将公式右侧等式关于 $\Delta\boldsymbol{x}$ 的导数置为 0，解即为增量解。

$$\boldsymbol{H}\Delta\boldsymbol{x}=-\boldsymbol{J}^{\mathrm{T}}$$

该过程又称牛顿法。将函数在迭代点附近泰勒展开，针对更新量做最小化。但该方法过于贪心，易出现锯齿下降，容易引起迭代次数的增加。

2. 高斯-牛顿法

高斯-牛顿法是另一种最优化算法。将目标函数 $f(\boldsymbol{x})$ 一阶泰勒展开：

$$f(\boldsymbol{x}+\Delta\boldsymbol{x}) \approx f(\boldsymbol{x})+J(\boldsymbol{x})\Delta\boldsymbol{x}$$

这里$J(\boldsymbol{x})$为$f(\boldsymbol{x})$关于$\boldsymbol{x}$的导数，是$m\times n$的矩阵，也是雅可比矩阵。为寻找下降矢量$\Delta\boldsymbol{x}$，使得$\|f(\boldsymbol{x}+\Delta\boldsymbol{x})\|^2$最小，得到如下线性最小二乘求解：

$$\Delta\boldsymbol{x}^* = \operatorname{argmin}_{\Delta x}\frac{1}{2}\|f(\boldsymbol{x})+J(\boldsymbol{x})\Delta\boldsymbol{x}\|^2$$

由极值条件可知，将上式中的目标函数对Δx求导，并令导数为0，可得到线性方程，展开目标函数的平方项可以得到：

$$\begin{aligned}\frac{1}{2}\|f(\boldsymbol{x})+J(\boldsymbol{x})\Delta\boldsymbol{x}\|^2 &= \frac{1}{2}(f(\boldsymbol{x})+J(\boldsymbol{x})\Delta\boldsymbol{x})^{\mathrm{T}}(f(\boldsymbol{x})+J(\boldsymbol{x})\Delta\boldsymbol{x}) \\ &= \frac{1}{2}(\|f(\boldsymbol{x})\|_2^2+2f(\boldsymbol{x})^{\mathrm{T}}J(\boldsymbol{x})\Delta\boldsymbol{x}+\Delta\boldsymbol{x}^{\mathrm{T}}J(\boldsymbol{x})^{\mathrm{T}}J(\boldsymbol{x})\Delta\boldsymbol{x})\end{aligned}$$

求上式关于$\Delta\boldsymbol{x}$的导数并赋值0：

$$2J(\boldsymbol{x})^{\mathrm{T}}f(\boldsymbol{x})+2J(\boldsymbol{x})^{\mathrm{T}}J(\boldsymbol{x})\Delta\boldsymbol{x}=0$$

可以得如下的方程组：

$$J(\boldsymbol{x})^{\mathrm{T}}J(\boldsymbol{x})\Delta\boldsymbol{x}=-J(\boldsymbol{x})^{\mathrm{T}}f(\boldsymbol{x})$$

上式可被称为增量方程、高斯牛顿方程(Gauss Newton Equations)以及正规方程(Normal Equations)。将左边系统用$\boldsymbol{H}$表示，右边稀疏用$\boldsymbol{g}$表示，可以简写为：

$$\boldsymbol{H}\Delta\boldsymbol{x}=\boldsymbol{g}$$

Gauss-Newton法使用了$J^{\mathrm{T}}\boldsymbol{J}$来近似代替牛顿法中的二阶海森矩阵，可省略计算$H$的过程。从上述求解过程可以看出，增量方程的求解是作为整个优化问题的核心过程。

然而，在使用该方法时，也可能出现$J^{\mathrm{T}}\boldsymbol{J}$为奇异矩阵或病态矩阵，增量稳定性差，造成算法不收敛。更为严重的是，即使假设H非奇异非病态，如果求出的步长$\Delta\boldsymbol{x}$过大，也会造成局部近似不准确，无法保证迭代收敛情况，甚至出现让目标函数变得更大。

A.2 机器学习

A.2.1 概述

近些年来，人工智能与机器学习技术发展迅猛，在不同领域都有广泛应用。机器学习现有算法门类众多，在机器学习或者人工智能领域，对一个问题的建模，从算法的学习方式角度来分析主要有以下几种方式：监督学习、无监督学习、半监督学习和强化学习。

(1) 监督学习：从给定的数据集中学习出一个从输入到输出的映射关系，当新的数据的输入到来时，可以根据学习出的映射得到相应的预测结果。数据集需要包含输入和输出，输出通常由人工进行标注。输入输出也称为数据的特征和目标。主要算法包括K-近邻算法、决策树、朴素贝叶斯、逻辑回归等。

(2) 无监督学习：无监督学习没有明确的目标，数据集完全不需要人为标注。其是一种通过统计的方式，学习出数据中的结构和特征的方法。

(3) 半监督学习：介于监督学习与无监督学习之间。

(4) 强化学习：用于描述和解决智能体在与环境的交互过程中通过学习策略以达成回报最大化或实现特定目标的问题。可以理解为智能体以“试错”的方式进行学习，通过与环境进行交互获得的奖赏指导行为,目标是使智能体获得最大的奖赏。

具体针对机器学习,可以理解为机器学习的过程为构建一个可行有效的映射函数,通过输入一个数据设为 X,输出一个标签 Y,则机器学习就是构建一个表征 X 与 Y 之间复杂关系的映射函数。本节可以根据机器学习的主要步骤把机器学习分为三个要素[2]:模型、策略、算法。

(1) 模型:在机器学习中,第一个问题是学习什么模型。模型分为判别式和生成式两类,分别代表条件概率和联合概率的建模。模型的假设空间包含所有可能的模型的参数。线性模型和非线性模型是最常见的模型。

线性模型可以表征为:

$$f(\boldsymbol{x},\theta)=\boldsymbol{w}^{\mathrm{T}}\boldsymbol{x}+\boldsymbol{b}$$

其中,$\boldsymbol{w}$ 表示权重向量,$\boldsymbol{b}$ 表示偏置向量。

非线性模型可以表征为:

$$f(\boldsymbol{x},\boldsymbol{\theta})=\boldsymbol{w}^{\mathrm{T}}\boldsymbol{\Phi}(\boldsymbol{x})+\boldsymbol{b}$$

其中,$\boldsymbol{\Phi}(\boldsymbol{x})=(\boldsymbol{\Phi}_1(\boldsymbol{x})+\boldsymbol{\Phi}_2(\boldsymbol{x})+\cdots+\boldsymbol{\Phi}_n(\boldsymbol{x}))$为 k 个非线性基函数组成的向量,参数$\boldsymbol{\theta}$包含了权重向量 $\boldsymbol{w}$ 和偏置 $\boldsymbol{b}$。

(2) 策略:用于学习、选择模型的标准和准则。学习的目标在于从假设空间中选取最优模型,即策略可以理解为使用一种有效的评价度量模型训练过程中的学习好坏的方法,同时根据这个方法去实时地调整模型的参数,以期望训练的模型将来对未知的数据具有最好的预测准确度。

策略中通常使用不同的损失函数或风险函数来衡量模型预测的质量。其中,损失函数衡量模型单次预测的准确性,而风险函数衡量模型的平均预测效果。常见的损失函数包括0-1 损失函数、平方损失函数、绝对损失函数和对数损失函数。

风险函数包括经验风险和预期风险。学习的目标是尽可能选择预期风险最小的模型。模型相对于训练数据集的平均损失称为经验风险或经验损失。根据大数定律,随着样本量 N 趋于无穷大,经验风险趋于预期风险。但在现实生活中,因为样本是有限的,一般来说,我们可以采用经验风险最小化和结构风险最小化等策略来修正经验风险。同时,在采用这些策略过程中也需要注意过拟合、泛化能力、验证方法等一系列问题。

(3) 算法:指学习模型的具体计算方法。也就是说用什么样的算法求解最优模型参数。通常在机器学习过程中,优化算法可以基于已有基础,也需要根据实际需要进行开发。不同算法主要区别就是在于模型、损失函数和优化算法。相同的模型也可以有不同的学习算法。比如线性分类模型有感知器、逻辑回归和支持向量机,它们之间的差异在于使用了不同的损失函数和优化算法。

基于上述介绍,本书梳理了机器学习的几大基本步骤:

(1) 获取有限的数据集;

(2) 确定包含所有可能模型的假设空间,即模型的所有可能的集合;

(3) 确定选择标准,即确定相应的损失函数或风险函数;

(4) 确定求解模型参数的方法;

(5) 通过迭代学习的方式,选择最优的模型;

(6) 使用学习的最优模型对新数据进行预测和分析,并重复步骤(4)~步骤(5)。

具体地，针对机器学习的一些现有应用及其实施效果，可以理解机器学习的整个过程为：当采用机器学习完成特定任务时，需要对自己的任务环境有清晰的认识并做出特定模型的选择。通常在模型选择时会考虑模型是否满足特定目标、模型的实施效果、模型的运行速度、模型的可解释性、模型的复杂度等一系列因素。每种模型都有自己的局限性，当解决不同的问题时，需要使用不同的模型。当需要解决的问题越复杂，也可能带来模型自身复杂性问题。另一个常用的结论则是，模型越复杂，训练过程需要的样本就会越多。

为了说明以上结论，这里举个例子，在智能网联汽车目标检测过程中，需要对交通信号灯进行理解。对于人类来说，红绿灯的识别在输入红灯、黄灯、绿灯各一个样本后，就能够通过储存相关信息进而具备迁移能力完成整个识别过程。但是对于自动驾驶进行目标检测过程，由于可能存在其他环境干扰信息，如相近颜色、形状的物体，这样会对自动驾驶车辆的识别准确率造成干扰，因此需要输入更多的训练数据样本，采用更复杂的模型——根据颜色、位置、形状等更多特征来判断。复杂模型带来了对大量训练数据的需求后，也会导致数据的存储量和计算量增大，因此需要更多硬件资源。深度学习的一个思路是通过采用复杂的模型去处理更复杂的问题。以前简单的传统模型处理得不好的一些复杂问题，改用深度学习可能更容易处理好。深度学习发展很快，随着模型越来越复杂，能靠近似来解决的问题也越来越多，但目前距离人脑的差距仍然还是很大。例如，图像分类问题，通过将图像一一输入到不同类别进行输出的问题，目前深度学习模型已实现一定效果，但其自主性和学习迁移能力远不如实际人类的思维能力。

A.2.2　特征提取器

这里以霍夫变换(Hough Transform，HT)为例，描述用于目标特征提取的机器学习算法。霍夫变换是一种特征提取器，用来辨别找出目标中的几何形状特征。霍夫变换能够检测出中各种形状特征，常见的有直线、圆形和椭圆形。接下来以直线为例，进一步介绍霍夫变换。

HT 的目的是建立描述曲线的函数，其定义描述如下：在图像空间中直线可以用 $y=mx+b$ 表示，换另一种方式来表示直线，将 m 和 b 作为坐标变量，可将直线表示为一个点 (m_0, b_0)，这就是霍夫空间，又名参数空间。这样将直线从图像空间转换到霍夫空间的变换就叫作霍夫变换。

霍夫变换的特点一是图像空间中的直线在霍夫空间上是点，如图 A-1 所示。

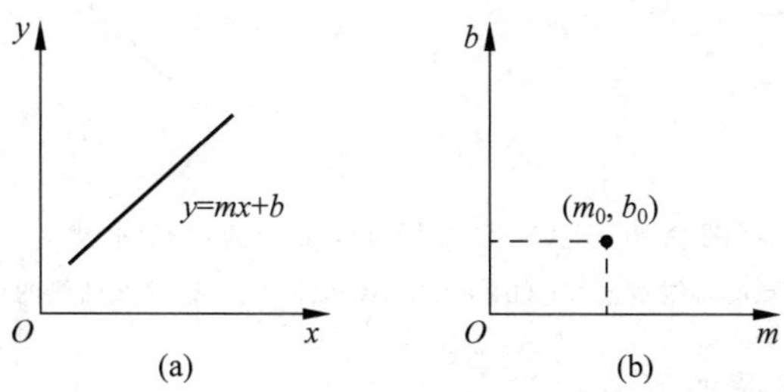

图 A-1　霍夫变换的特点

(a) 图像空间的直线；(b) 霍夫空间的点

霍夫变换的特点二是根据图像空间和霍夫空间两者的对称性，图像空间中的点在霍夫空间是直线，如图 A-2 所示。

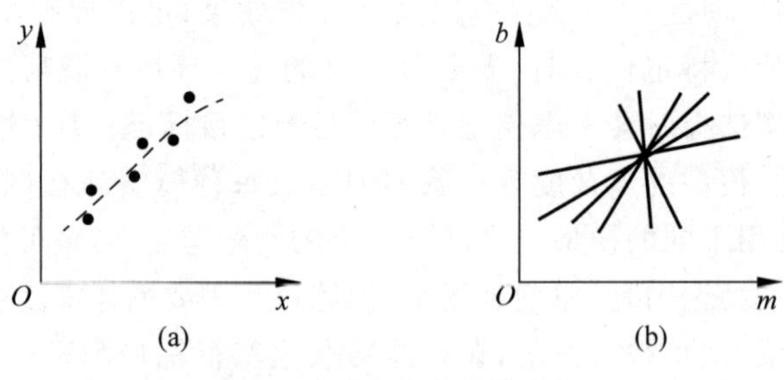

图 A-2 霍夫变换的特点二

(a) 图像空间的点；(b) 霍夫空间的直线

普通点在霍夫空间上是直线，在图像空间是连接一系列点的线。图像空间的直线在霍夫空间中体现为多条曲线的交点，从而霍夫变换可起到线条提取的作用。

A.2.3 模型参数估计

这里以随机抽样一致性(Random Sample Consensus, RANSC)为例，介绍机器学习模型参数估计的方法。RANSC的目的是估计数学模型的参数，具体地，是从一组包含局外点的观测数据中，通过迭代方式来估计数学模型的参数。RANSAC通过反复选择数据中的一组随机子集来学习模型参数，而假设这些被选取的子集为局内点。

RANSC是一种不确定的算法，它以一定的概率输出一个合理的结果，迭代次数的提高往往会提高输出的准确性。它的基本假设是数据由局内点组成，数据的分布特点能由模型的参数来解释，同时该模型不能适应于局外点。

如图 A-3 所示为RANSC进行直线拟合的示意图，其中局内点近似地包含在直线上，而局外点远离于直线。不同于尽量去覆盖包括局外点在内所有点的最小二乘法，RANSC能拟合出只适用于局内点的模型。

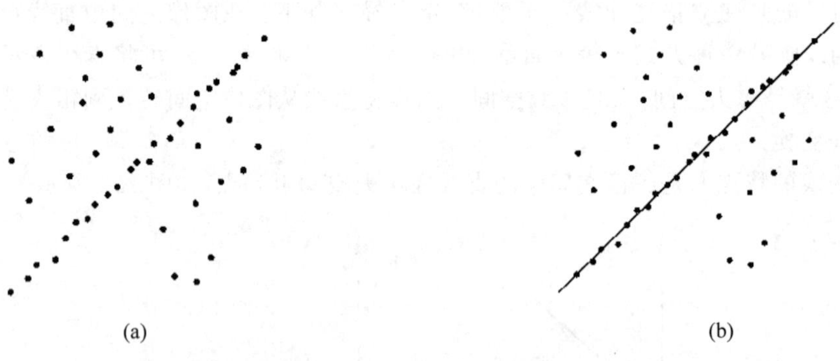

图 A-3 RANSC进行直线拟合的示意图[3]

(a) 包含局外点的直线数据点；(b) RANSAC拟合的曲线(直线两侧的点是局外点)

RANSC算法实现步骤如下：

(1) 在原始数据中随机选取子集作为假设的局内点集；

(2) 通过这些局内点集来拟合生成一个初始模型；

(3) 用步骤(2)中得到的模型去测试所有数据，若某个点适用于该模型，则将此点添加到局内点集；

(4) 若局内点集中有足够多的点，则说明估计的模型是合理的，然后用这些局内点去重新估计和更新模型；

(5) 通过计算局内点和估计模型的损失错误率来评估模型。

以上步骤被重复执行多次。在迭代优化中，模型在如下情形下会被舍弃，局内点集中点的数量很少，或模型有很大的估计错误。

RANSAC算法的优缺点如下：优点是其能鲁棒地估计模型参数，即从包含大量局外点的数据集中估计出高精度的参数；缺点是算法迭代次数没有上限，若设置迭代次数的上限，则可能得不到最优结果，只能以一定的概率得到可信模型。

A.2.4 卷积神经网络

最初的神经网络（Neural Network, NN）也称为单层感知机，只由输入层和输出层组成，再引入隐藏层，就变为多层感知机（Multi-Layer Perceptron, MLP），如图A-4所示。MLP形式上是全连接的邻接网络。多隐层的神经网络可以学习到能刻画数据本质属性的特征，对数据可视化和分类等任务有很大帮助。

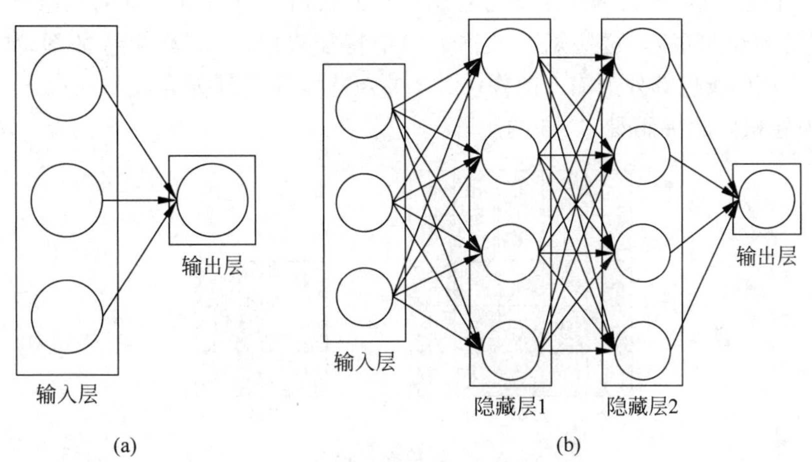

图A-4 单层感知机和多层感知机

(a) 单层感知机；(b) 多层感知机

深度学习网络是包含多个隐藏层的神经网络，这里的"深度"并没有固定的定义，一般指的是隐藏层数大于3的神经网络。卷积神经网络（Convolutional Neural Networks, CNN）是一种特别适合图像的深度学习网络，它并不是所有上、下层神经元都能直接相连，而是通过"卷积核"作为中介，进行不同层神经元之间的连接，同一个卷积核在所有图像内是共享的。CNN将神经网络中相邻层的全连接改为局部连接，这是利用了图片的不同局部图像块之间具有相似的统计特性，通过局部连接和参数共享大范围地减少参数值，可以借助多个卷积核来提取图片的不同特征。

CNN的核心思想是每个神经元都只需要对局部进行感知，然后在更高层将局部的信息综合起来就得到了全局的信息。CNN由5部分构成：输入层、卷积层、池化层、全连接层和输出层，如图A-5所示。CNN和NN的输出层结构相同，一般都由全连接组成，输出层的节点数和具体任务相关，若是分类任务，则输出层通常是一个分类器。但是两者的输入层的结构组成不尽相同,CNN 输入层由卷积层组成,其输入图像的大小尺寸是任意的,而 NN 输入层由全连接层组成,其输入图像的大小是固定的。

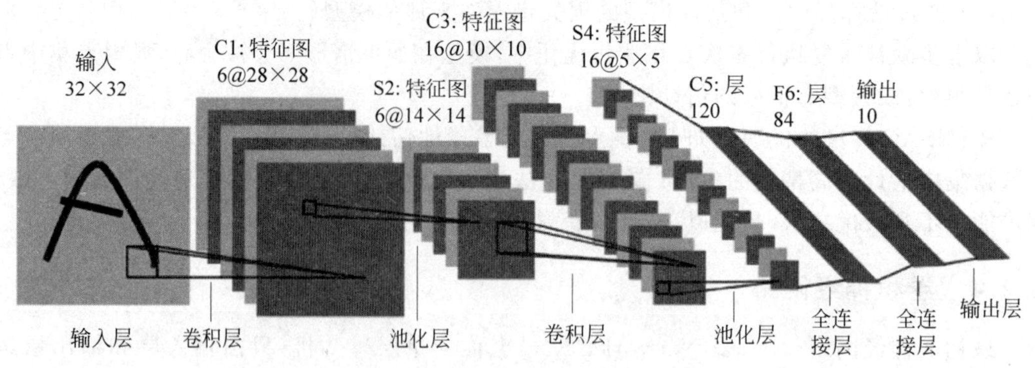

图 A-5　CNN 代表网络 LeNet-5[4]

卷积层用来提取图像中的局部特征,由卷积核和激活函数组成。其中,卷积核又称为滤波器,在图像上进行滑动,并利用原图与卷积核上的数值进行对应元素的相乘并相加,进而生成下一层的神经元矩阵,这些矩阵被称为一个特征映射图,简称为特征图,如图 A-6 所示。图 A-6(a)中,浅色部分为输入图像(5×5 的矩阵),深色部分为卷积核(3×3 的矩阵)。图 A-6(b)为卷积后的特征图(3×3 的矩阵)。

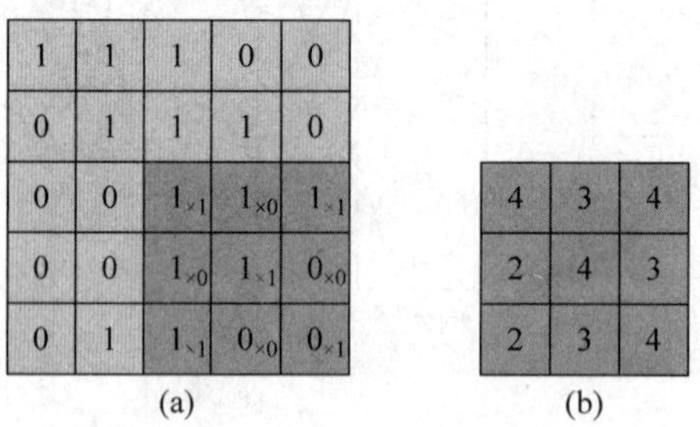

图 A-6　卷积操作示意图

(a) 卷积操作;(b) 卷积后的特征图

另外,激活函数给神经元引入了非线性因素,使得神经网络可以任意逼近任何非线性函数,这样神经网络就可以应用到众多的非线性模型中,使用的激励函数一般为 ReLU 函数,如下式:

$$\mathrm{ReLU}(x)=\max(0,x)$$

上式表明,如果输入 x 小于 0,则输出等于 0;如果输入 x 大于 0,则输出等于输入。

池化层又称为采样层,用来大幅降低参数量级,达到降维的效果,同时避免过拟合。有两种常见的池化方式:一种叫最大池化;另一种为平均池化。最大化池化的过程是对输入的数据进行一次取最大值处理,平均池化过程是对输入的数据进行一次取平均值处理,如图 A-7 所示。

全连接层是用来整合之前各个部分提取的特征图。如图 A-8 所示,输入图像大小为 6×6,也就是 36 个像素(如图按行展开),全连接层有 4 个单元(对应输出向量的维度)。

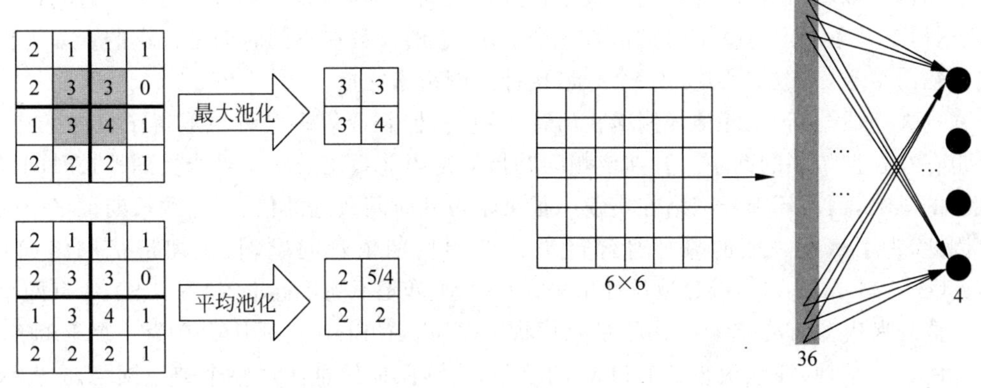

图 A-7 池化操作示意图

图 A-8 全连接操作示意图

A.2.5 循环神经网络

循环神经网络(Recurrent Neural Network, RNN)是一类以序列(Sequence)数据为输入,在序列的演进方向进行递归且所有单元按链式连接的递归神经网络。循环神经网络适用于输入信息前后有关联的任务,例如给一个句子中的词语标注动词或名词时,前一个词语的词性会对后一个词语的词性预测产生较大的影响,比如动词后面常常会接一个名词。所以为了更好地应对序列式信息的处理,循环神经网络得到了广泛的应用。

一个基础的循环神经网络的结构如图 A-9 所示,由输入层、隐藏层和输出层组成。$\boldsymbol{X}$ 表示输入层的值,$\boldsymbol{S}$ 表示隐藏层的值,$\boldsymbol{O}$ 表示输出层的值,均为一个向量表示。$\boldsymbol{U}$ 是输入层到隐藏层的权重矩阵,$\boldsymbol{V}$ 是隐藏层到输出层的权重矩阵,而 $\boldsymbol{W}$ 就是循环神经网络区别于一般神经网络的关键,权重矩阵 $\boldsymbol{W}$ 就是隐藏层上一次的值作为这一次输入的权重,使得循环神经网络这一次隐藏层的值既取决于当前的输入 $\boldsymbol{X}$,又受到前一次隐藏层的值的影响。

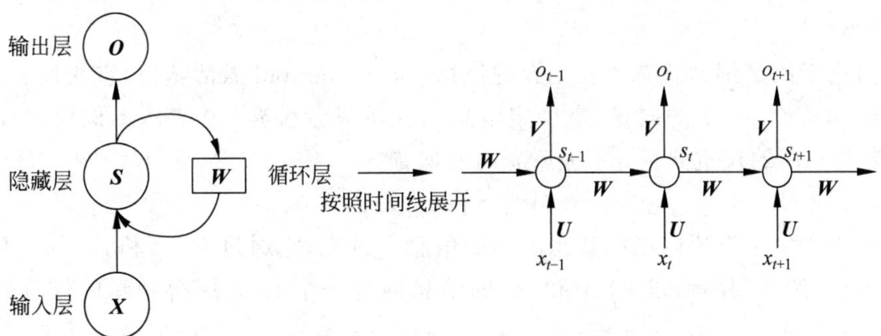

图 A-9 循环神经网络的结构

将循环神经网络按照时间线展开,可以看出,这个网络在 t 时刻接收到输入 $\boldsymbol{x}_t$ 之后,隐藏层的值是 $\boldsymbol{s}_t$,输出值是 $\boldsymbol{o}_t$。其中,$\boldsymbol{s}_t$ 的值不仅仅取决于 $\boldsymbol{x}_t$,还取决于 $\boldsymbol{s}_{t-1}$。循环神经网络的计算方法可以表示如下:

$$\boldsymbol{o}_t = g(\boldsymbol{V}, \boldsymbol{s}_t)$$

$$\boldsymbol{s}_t = f(\boldsymbol{U} * \boldsymbol{x}_t + \boldsymbol{W} * \boldsymbol{s}_{t-1})$$

从结构可以看出，循环神经网络很适合处理时间序列问题，它要求在每一个时刻都有一个输入，但是并不一定每一个时刻都有一个输出，它的参数在不同时刻是共享的。为了得到最终的输出结果，一般需要连接一个全连接神经网络来完成。

在过去一段时间，循环神经网络在语音识别、机器翻译等多个领域取得了良好的应用，但是也存在长期依赖的问题。长期依赖问题指的是当前系统的状态可能受到很长时间以前的状态的影响，而循环神经网络在实践中很难学习到时间久远的信息，导致长期记忆失效。

因此，为了解决一般的循环神经网络存在的长期依赖问题，长短期记忆网络（Long Short-Term Memory，LSTM）被设计出来。LSTM 单元不同于标准 RNN，LSTM 有两个状态，C_t 是细胞状态（Cell State），h_t 是隐藏状态（Hidden State）。图 A-10 为一个 LSTM 细胞单元的具体结构，细胞状态是 LSTM 的核心，能够保证信息流过整个神经网络，σ 表示在细胞结构中的门，具体功能解释如下。

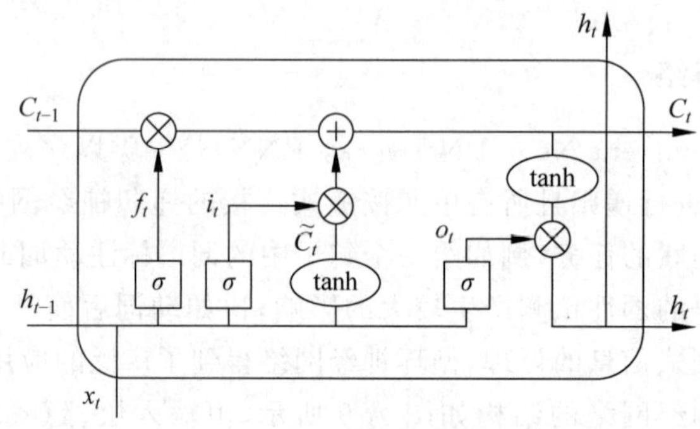

图 A-10 LSTM 细胞单元的结构

为了解决长依赖问题，LSTM 能通过一种被称为门的结构对细胞状态进行删除或者添加信息，并且门能够选择需要通过的信息，其结构为一个 sigmoid 层和一个点乘操作的组合。一个 LSTM 单元包含三个门，分别为遗忘门、输入门和输出门，其结构和作用分别讲述如下。

遗忘门用于决定细胞状态需要丢弃的信息。σ 为 sigmoid 激活函数，它通过 h_{t-1} 和 x_t 的信息来输出一个 0～1 的向量，来决定信息的保留或者丢弃。0 表示不保留，1 表示都保留。W_f 为遗忘门的权重向量，b_f 为遗忘门的偏置。

$$f_t = \sigma(W_f * [h_{t-1}, x_t] + b_f)$$

输入门用于决定需要向细胞状态添加的信息。首先，它通过 h_{t-1} 和 x_t 的信息来决定更新哪些信息，然后利用通过 h_{t-1} 和 x_t 的信息通过一个 tanh 层得到新的候选细胞信息 $\widetilde{C}_t$，可能会被更新到细胞信息中。W_C 为输入门的权重向量，b_C 为输入门的偏置。

$$i_t = \sigma(W_i * [h_{t-1}, x_t] + b_i)$$

$$\widetilde{C}_t = \tanh(W_C * [h_{t-1}, x_t] + b_C)$$

信息经过了遗忘门和输入门之后，细胞状态从旧的 C_{t-1} 更新到新的 C_t，具体操作过程如下：

$$C_t = f_t * C_{t-1} + i_t * \widetilde{C}_t$$

输出门用于决定输出细胞状态的哪些特征。首先，它通过 h_{t-1} 和 x_t 的信息来得到

o_t,然后细胞状态经过 tanh 层得到一个 $-1\sim1$ 的向量,该向量与输出门得到的 o_t 相乘就得到了该 LSTM 单元的输出。W_o 为输出门的权重向量,b_o 为输出门的偏置。

$$o_t=\sigma(W_o*[h_{t-1},x_t]+b_o)$$

$$h_t=o_t*\tanh(C_t)$$

A.3 控制理论

A.3.1 经典控制理论

根据自动控制理论的内容和发展的不同阶段,可以将控制理论分为经典控制理论和现代控制理论两大部分。经典控制理论的内容是以传递函数为基础,以频域分析等方法为基础,主要研究单输入、单输出的控制系统的分析和设计问题。现代控制理论则是以状态空间法为基础,研究多输入多输出系统的分析和设计问题。

经典控制理论部分的主要参考来源为文献[5]。

1. 自动控制系统

所谓自动控制,就是在没有人直接参与的情况下,被控对象的某些物理量准确地按照预期规律变化。自动控制系统按照有无反馈测量装置,主要分为开环系统和闭环系统两类。

开环系统输入直接供给控制器,并通过控制器对受控对象产生控制作用。其主要优点是结构简单但是精度低,容易受环境变化(例如电源波动、温度变化等)的干扰。在要求较高的领域,绝大部分使用反馈原理的闭环控制系统。其主要过程为"观测—比较—调节"。输出的全部或部分由传感器观测,并与输入进行比较,然后再调节控制器输出,形成闭环回路。闭环系统精度高、动态性能好、抗干扰能力强。其缺点是结构较为复杂。

控制系统的性能要求希望能够达到"更高、更快、更强",即精度高、速度快(响应频率高)、抗干扰能力更强。这也是控制系统设计的要求。

2. 控制系统的动态数学模型

系统的动态数学模型描述变量各阶导数之间关系的微分方程,可以获得系统变量随时间演化的规律。

微分方程不够直观,一般难以求解,使用拉氏变换(即拉普拉斯变换)将时间域的函数变成频率域的函数,能够使微分方程代数方程,简化系统特性分析和设计。$x(t)$的拉氏变换定义为:

$$X(s)=L[x(t)]=\int_0^{\infty}x(t)\exp(-st)\mathrm{d}t$$

其中,s 为复变数,$x(t)$为原函数,$X(s)$为象函数。

拉氏变换是将时域函数转换为频域函数的重要手段,与傅里叶变换相似。可以借用傅里叶变换的图对频域时域关系进行说明,如图 A-11 所示。时域上的方波可以分解为频域上各个频域的正弦波的近似组合,从而转换成频域上孤立的点。时域上复杂的积分变换,可以通过频域上的代数变换简单得出。

拉氏反变换为:

$$x(t)=L^{-1}[X(s)]=\frac{1}{2\pi\mathrm{j}}\int_{\sigma-\mathrm{j}\infty}^{\sigma+\mathrm{j}\infty}X(s)\mathrm{e}^{st}\mathrm{d}s,\quad t>0$$

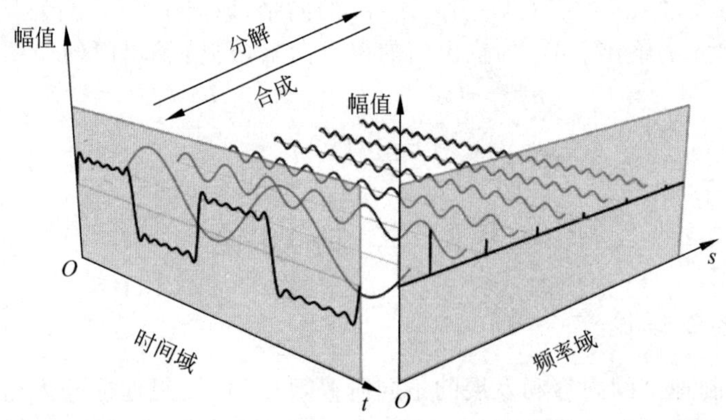

图 A-11 傅里叶变换示意图[6]

在零初始条件下，线性定常系统输出象函数 $X_o(s)$ 与输入象函数 $X_i(s)$ 之比，成为系统的传递函数，用 $G(s)$ 表示，即：

$$G(s) \overset{\text{def}}{=} X_o(s)/X_i(s)$$

系统的传递函数以系统本身的参数描述的线性定常系统输入量与输出量的关系，表达系统的内在的固有特性。典型环节的传递函数如表 A-1 所示。

表 A-1 典型环节微分方程及传递函数表

环节名称	微分方程	传递函数	具体例子
比例环节	$x_o(t)=kx_i(t)$	k	齿轮传动副
一阶惯性环节	$T\dot{x}_o(t)+x_o(t)=x_i(t)$	$\dfrac{1}{Ts+1}$	无源滤波
理想微分环节	$x_o(t)=k\dot{x}_i(t)$	ks	无源 RC 网络
积分环节	$x_o(t)=k\int x_i(t)\mathrm{d}t$	k/s	有源积分网络
二阶振荡环节	$T^2\ddot{x}_o(t)+2\xi T\dot{x}_o(t)+x_o(t)=x_i(t)$	$\dfrac{1}{T^2s^2+2\xi Ts+1}$	无源 RCL 网络

对于如图 A-12 所示的反馈控制系统，闭环传递函数可以用以下方法求解：

$$[X_i(s)-X_o(s)H(s)]*G_1(s)G_2(s)=X_o(s)$$

化简可得：

$$\frac{X_o(s)}{X_i(s)}=\frac{G_1(s)G_2(s)}{1+G_1(s)G_2(s)H(s)}$$

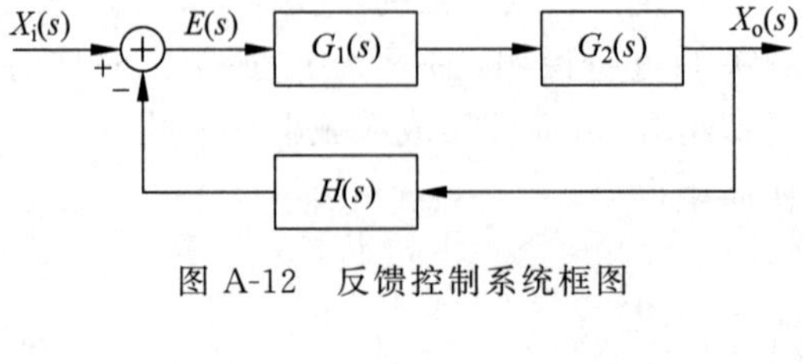

$X_i(s)$ $E(s)$ $G_1(s)$ $G_2(s)$ $X_o(s)$ $H(s)$

图 A-12 反馈控制系统框图

其中，$\frac{G_1(s)G_2(s)}{1+G_1(s)G_2(s)H(s)}$称为闭环系统的传递函数，$G_1(s)G_2(s)H(s)$称为闭环系统的开环传递函数。使用开环传递函数能够对系统快速分析和设计。

3. 举例：RC电路控制问题

RC 电路中(见图 A-13)，假设电源输入电源为 u，是控制量，电阻大小为 R，电容大小为 C，电容电压 x 为输出量，控制的目标是让 x 与 u 相等。

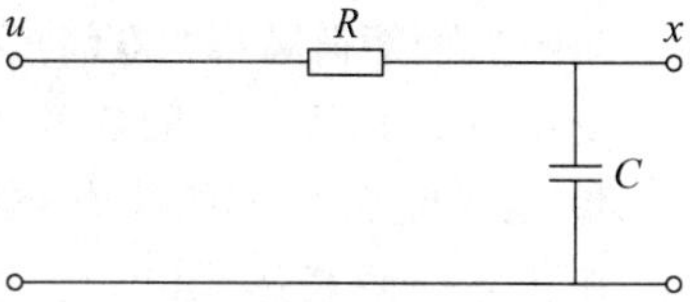

系统方程为：

$$RC\frac{\mathrm{d}x}{\mathrm{d}t}+x=u$$

图 A-13　RC 电路

开环增益为(拉普拉斯变换)：

$$G(s)=\frac{X(s)}{U(s)}=\frac{1}{RCs+1}$$

增加比例控制器后，电路图和系统框图如图 A-14 所示，其中运放的放大倍数为 K。

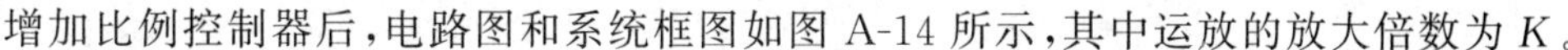

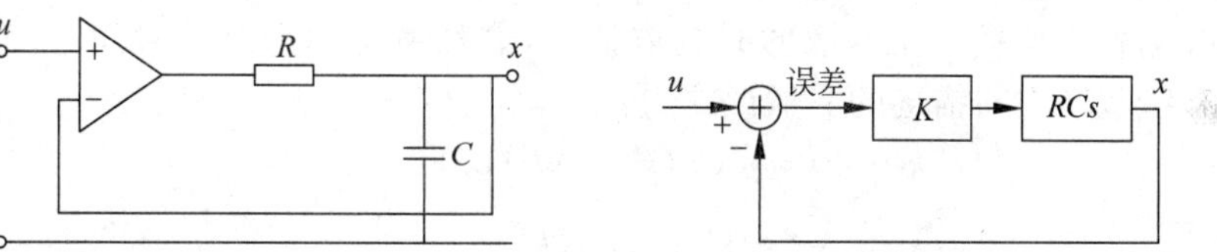

图 A-14　电路图和系统框图

闭环传递函数为：

$$G_2(s)=\frac{X(s)}{U(s)}=\frac{K}{RCs+K+1}$$

可以配置极点来调节系统的动能跟踪性能。

A.3.2　现代控制理论

本部分主要参考来源为文献[5]～[7]。

1. 状态空间表达式

现代控制理论以状态空间为基础，用时域法(也有用频域法)来研究系统的动态特性，并以状态空间描述作为数学模型。

1) 非线性系统的状态空间描述

在选定的一组状态变量下，称一个系统为非线性系统，当且仅当其状态空间描述为：

$$\begin{cases}\dot{\boldsymbol{x}}=f(\boldsymbol{x},\boldsymbol{u},t)\\ \boldsymbol{y}=g(\boldsymbol{x},\boldsymbol{u},t)\end{cases}$$

式中，向量函数 $\dot{\boldsymbol{x}}=f(\boldsymbol{x},\boldsymbol{u},t)$ 和 $\boldsymbol{y}=g(\boldsymbol{x},\boldsymbol{u},t)$ 的全部或至少一个组成元为状态变量 $\boldsymbol{x}=[x_1,x_2,\cdots,x_n]$ 和 $\boldsymbol{u}=[u_1,u_2,\cdots,u_p]$ 非线性函数。

2) 线性系统的状态空间描述

若向量方程中 $\dot{\boldsymbol{x}}=f(\boldsymbol{x},\boldsymbol{u},t)$ 和 $\boldsymbol{y}=g(\boldsymbol{x},\boldsymbol{u},t)$ 的所有组成元都是变量 $x_1,x_2,\cdots,x_n$ 和 $u_1,u_2,\cdots,u_p$ 的线性函数，则称相应的系统为线性系统。其状态空间描述可表示为如下形式：

$$\begin{cases}\dot{\boldsymbol{x}}=\boldsymbol{A}(t)\boldsymbol{x}+\boldsymbol{B}(t)\boldsymbol{u}\\ \boldsymbol{y}=\boldsymbol{C}(t)\boldsymbol{x}+\boldsymbol{D}(t)\boldsymbol{u}\end{cases} \tag{A-1}$$

矩阵 $\boldsymbol{A}(t)$称为状态矩阵；输入矩阵 $\boldsymbol{B}(t)$称为控制矩阵；$\boldsymbol{C}(t)$称为输出矩阵或观测矩阵；$\boldsymbol{D}(t)$称为直接传输矩阵。

3）线性时变系统的状态空间描述

在状态空间表达式(A-1)中，一个动态系统的状态向量、输入向量和输出向量自然是时间 t 的函数而矩阵 $\boldsymbol{A}(t)$、$\boldsymbol{B}(t)$、$\boldsymbol{C}(t)$和 $\boldsymbol{D}(t)$的各个元素都与时间 t 有关，则称这种系统线性时变系统。其状态空间描述即为式(A-1)。

4）线性定常系统的状态空间描述

在状态空间表达式(A-1)中，若矩阵 $\boldsymbol{A}(t)$、$\boldsymbol{B}(t)$、$\boldsymbol{C}(t)$和 $\boldsymbol{D}(t)$的各个元素都是与时间 t 无关的常数，则称该系统为线性时不变系统或线性定常系统。其状态空间表达式为：

$$\begin{cases}\dot{\boldsymbol{x}}=\boldsymbol{A}\boldsymbol{x}+\boldsymbol{B}\boldsymbol{u}\\ \boldsymbol{y}=\boldsymbol{C}\boldsymbol{x}\end{cases}$$

5）离散系统状态空间描述

当系统的各个变量只在离散的时刻取值时，这种系统称为离散时间系统，简称离散系统。离散系统状态空间描述的一般形式为：

$$\begin{cases}x(k+1)=f(x(k),u(k),k)\\ y(k)=g(x(k),u(k),k)\end{cases}\quad k=0,1,2,\cdots$$

2. 控制系统的李雅普诺夫稳定性分析

稳定性是系统的重要特性之一，李雅普诺夫方法为判别系统是否稳定的重要方法之一。

假设系统状态方程为：

$$\dot{x}=f(x,t),\quad f(0,t)=0,\quad \forall t \tag{A-2}$$

如果存在一个具有连续偏导数的标量函数 $V(x,t)$，并且满足条件：

(1) $V(x,t)$是正定的；

(2) $\dot{V}(x,t)$是负定的。

那么系统在原点处的系统状态是一致渐近稳定的。如果随着 $\|x\|\to\infty$，有 $V(x,t)\to\infty$，则在原点处的平衡状态是大范围渐近稳定的。

此定理条件可修改为：对于系统(A-2)如果存在一个标量函数 $V(x,t)$，并且满足条件：

(1) $V(x,t)$是正定的；

(2) $\dot{V}(x,t)$是半负定的。

(3) $\dot{V}(\phi(t;x_0,t_0),t)$对于任意 t_0 和任意 $x_0\neq 0$，在 $t\geqslant t_0$ 时不恒等于 0。

那么系统在原点处是一致渐近稳定的。如果随着 $\|x\|\to\infty$，有 $V(x,t)\to\infty$，则在原点处是大范围渐近稳定的。式中的 $\phi(t;x_0,t_0)$表示在 t_0 时从 x_0 出发的解。

为证明方程式(A-2)所定义的系统在原点的稳定性，可应用下面的定理：假定系统的状态方程式如式(A-2)所示，如果存在一个标量函数 $V(x,t)$，它具有连续的一阶偏导数，并且满足以下两个条件：

(1) $V(x,t)$是正定的；

(2) $\dot{V}(x,t)$是半负定的。

则系统在原点处的平衡状态是一致渐近稳定的。

注意，$\dot{V}(x,t)$的半负定(沿着轨迹 $\dot{V}(x,t)\leqslant 0$)表示原点是一致稳定的，但未必是一致渐近稳定。因此在这种情况下系统可能呈现极限环状态。

假设系统由方程式(A-2)描述，如果存在一个标量函数 $W(x,t)$，它具有连续的一阶偏导数且满足系列条件：

(1) $W(x,t)$在原点的某一邻域是正定的；

(2) $\dot{W}(x,t)$在同样的邻域中是正定的。

则原点处的平衡状态是不稳定的。

3. 状态反馈与输出反馈

假定定常系统 $\sum$ 的状态空间表达式为：

$$\begin{cases}\dot{\boldsymbol{x}}=\boldsymbol{A}\boldsymbol{x}+\boldsymbol{B}\boldsymbol{u}\\ \boldsymbol{y}=\boldsymbol{C}\boldsymbol{x}+\boldsymbol{D}\boldsymbol{u}\end{cases} \tag{A-3}$$

其中，$\boldsymbol{A}$、$\boldsymbol{B}$、$\boldsymbol{C}$、$\boldsymbol{D}$ 分别为 $n\times n$、$n\times p$、$q\times n$ 和 $q\times p$ 的时常量矩阵。若在系统中引入反馈控制率

$$\boldsymbol{u}=\boldsymbol{L}\boldsymbol{v}-\boldsymbol{K}\boldsymbol{x} \tag{A-4}$$

式中，$\boldsymbol{v}$ 为 p 维控制输入向量；$\boldsymbol{K}$ 为 $p\times n$ 的增益矩阵；$\boldsymbol{L}$ 为 $p\times p$ 维输入变换矩阵。通常称式(A-4)的反馈控制率为状态反馈。有时为了简便，将式(A-4)用$(\boldsymbol{K},\boldsymbol{L})$表示，同时常取式(A-3)中 $\boldsymbol{D}=0$，显然经过状态反馈后的闭环系统 $\sum\limits_{\boldsymbol{K}}$ 的状态空间表达式为：

$$\sum_{\boldsymbol{K}}:\begin{cases}\dot{\boldsymbol{x}}=(\boldsymbol{A}-\boldsymbol{B}\boldsymbol{K})\boldsymbol{x}+\boldsymbol{B}\boldsymbol{L}\boldsymbol{u}\\ \boldsymbol{y}=\boldsymbol{C}\boldsymbol{x}\end{cases}$$

当输入变换阵 $\boldsymbol{L}=\boldsymbol{I}$ 时，即对输入不做变换时，就称为单纯的状态变量反馈。若进一步还有 $\boldsymbol{K}=\boldsymbol{H}\boldsymbol{C}$，则 $\boldsymbol{K}\boldsymbol{x}=\boldsymbol{H}\boldsymbol{y}$，状态反馈就等价于输出反馈 $\boldsymbol{H}$。因此，输出反馈是状态反馈的特殊情况。由于系统输出中所包含的信息通常可能不是系统全部状态信息，所以输出反馈只能看成是部分状态反馈。

4. 案例：自平衡小车控制问题

本节以自平衡车系统为例进行控制对象分析与建模。

忽略空气阻力后，可以将两轮平衡车抽象成小车和匀质杆组成的系统，如图 A-15 和图 A-16 所示。

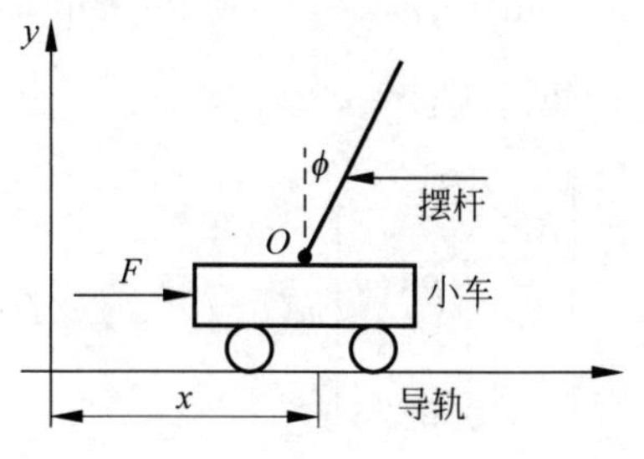

图 A-15　自平衡车系统简图

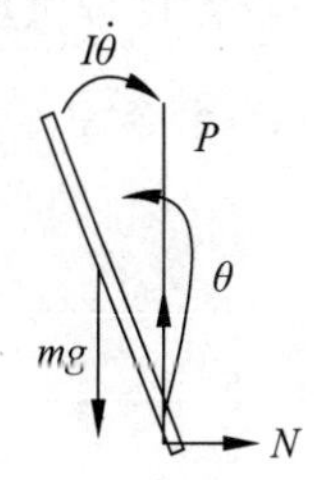

图 A-16　小车及摆杆受力分析

其中，M 表示小车质量，m 表示摆杆质量，b 表示小车的摩擦系数，I 表示摆杆惯量，F 表示施加给小车的力，x 表示小车的位置，θ 表示摆杆与垂直向下方向的夹角，ϕ 表示摆杆与垂直向上方向的夹角。

接下来，分析小车在水平方向所受合力可得：

$$M\ddot{x}=F-b\dot{x}-N \tag{A-5}$$

分析摆杆在水平方向所受合力可得：

$$N=m\ddot{x}+ml\ddot{\theta}\cos\theta-ml\dot{\theta}^2\sin\theta \tag{A-6}$$

对摆杆垂直方向受力分析可得：

$$P-mg=-ml\ddot{\theta}\sin\theta-ml\dot{\theta}^2\cos\theta \tag{A-7}$$

结合式(A-5)～式(A-7)，可得系统的运动方程：

$$\begin{cases}(M+m)\ddot{x}+b\dot{x}+ml\ddot{\theta}\cos\theta-ml\ddot{\theta}^2\sin\theta=F\\ (I+ml^2)\ddot{\theta}+mgl\sin\theta=-ml\ddot{x}\cos\theta\end{cases} \tag{A-8}$$

被控对象的输入力 F 用 u 表示，线性化后得到运动方程：

$$\begin{cases}(I-ml^2)\ddot{\phi}+mgl\phi=-ml\ddot{x}\\ (M+m)\ddot{x}+b\dot{x}-ml\ddot{\phi}=u\end{cases} \tag{A-9}$$

整理后得到系统状态空间方程：

$$\begin{pmatrix}\dot{x}\\ \ddot{x}\\ \dot{\phi}\\ \ddot{\phi}\end{pmatrix}=\begin{pmatrix}0 & 1 & 1 & 0\\ 0 & \dfrac{-(I+ml^2)b}{I(M+m)+Mml^2} & \dfrac{m^2gl^2}{I(M+m)+Mml^2} & 0\\ 0 & 0 & 0 & 1\\ 0 & \dfrac{-mlb}{I(M+m)+Mml^2} & \dfrac{mgl(M+m)}{I(M+m)+Mml^2} & 0\end{pmatrix}\begin{pmatrix}\dot{x}\\ \ddot{x}\\ \dot{\phi}\\ \ddot{\phi}\end{pmatrix}+\begin{pmatrix}0\\ \dfrac{(I+ml^2)}{I(M+m)+Mml^2}\\ 0\\ \dfrac{ml}{I(M+m)+Mml^2}\end{pmatrix}u \tag{A-10}$$

$$y=\begin{pmatrix}x\\ \phi\end{pmatrix}=\begin{pmatrix}1 & 0 & 0 & 0\\ 0 & 0 & 1 & 0\end{pmatrix}\begin{pmatrix}\dot{x}\\ \ddot{x}\\ \dot{\phi}\\ \ddot{\phi}\end{pmatrix}+\begin{pmatrix}0\\ 0\end{pmatrix}u \tag{A-11}$$

若各物理量取 $M=1.096\text{kg}$，$m=0.109\text{kg}$，$b=0.1\text{N/(m·s)}$，$I=0.034\text{kg·m}^2$，$g=9.8\text{m/s}^2$，令 $x_1=\dot{x}$，$x_2=\ddot{x}$，$x_3=\dot{\phi}$，$x_4=\ddot{\phi}$，得到状态空间矩阵为：

$$\begin{pmatrix}x_1\\ x_2\\ x_3\\ x_4\end{pmatrix}=\begin{pmatrix}0 & 0 & 0 & 1\\ 0 & -0.0843 & 0.1502 & 0\\ 0 & 0 & 0 & 1\\ 0 & -0.0563 & 6.6437 & 0\end{pmatrix}\begin{pmatrix}\dot{x}\\ \ddot{x}\\ \dot{\phi}\\ \ddot{\phi}\end{pmatrix}+\begin{pmatrix}0\\ 0.8426\\ 0\\ 0.5626\end{pmatrix}u \tag{A-12}$$

$$y=\begin{pmatrix}1 & 0 & 0 & 0\\ 0 & 0 & 1 & 0\end{pmatrix}\begin{bmatrix}x_1\\ x_2\\ x_3\\ x_4\end{bmatrix} \tag{A-13}$$

对其进行能控性和能观性分析：

$$\boldsymbol{M}=(b,\boldsymbol{A}b,\boldsymbol{A}^2b,\boldsymbol{A}^3b),\quad \boldsymbol{C}=(\boldsymbol{C},\boldsymbol{CA},\boldsymbol{C}^2\boldsymbol{A},\boldsymbol{C}^3\boldsymbol{A}) \tag{A-14}$$

可知系统完全能控,完全能观。

此外,由于矩阵 $\boldsymbol{A}$ 的特征值中有一个零点和一个整根,故系统的状态是不稳定的。但因为状态矩阵完全能控,可以通过配置系统极点,计算状态反馈矩阵 $\boldsymbol{K}$,采用状态反馈来使系统稳定。

A.3.3 最优控制

本部分主要参考来源为文献[8]。

1. 最优控制问题的数学描述

最优控制问题的描述一般包括受控系统运动方程、状态约束条件、目标集、容许控制集、性能指标等部分。

1）受控系统运动方程

考虑一般形式的连续系统状态微分方程

$$\dot{\boldsymbol{x}}(t)=\boldsymbol{f}(\boldsymbol{x},\boldsymbol{u},t)$$

其中,$\boldsymbol{x}\in\mathbb{R}^n$、$\boldsymbol{u}\in\mathbb{R}^r$ 分别表示受控系统的状态向量、控制向量和输出向量；函数向量 $\boldsymbol{f}$ 满足一定的条件使得上述运动方程对于分段连续控制输入 $\boldsymbol{u}$ 存在唯一解。这里考虑状态量 $\boldsymbol{x}$ 可直接量测下的最优控制问题。

2）状态约束条件和目标集

根据具体情况,可能要求受控系统运动方程的初始状态和终端状态满足各种约束,包括等式约束和不等式约束。等式约束的一般形式为

$$\boldsymbol{h}_1[x(t_0),t_0]=0,\quad \boldsymbol{h}_2[x(t_f),t_f]=0$$

其中,$\boldsymbol{h}_1$ 和 $\boldsymbol{h}_2$ 是函数向量,t_0 和 t_f 分别表示初始时刻和终端时刻。若给定初始时刻状态 x_0 和终端时刻状态 x_f,则典型的等式约束可表示为

$$x(t_0)=x_0,\quad x(t_f)=x_f$$

不等式约束的一般形式为

$$\boldsymbol{h}_1[x(t_0),t_0]\leqslant 0,\quad \boldsymbol{h}_2[x(t_f),t_f]\leqslant 0$$

上述向量不等式的含义是函数向量 $\boldsymbol{h}_1$ 和 $\boldsymbol{h}_2$ 的各个元均小于或等于零。

多数情况下,初始状态 $\boldsymbol{x}(t_0)$是给定的,而要求终端状态 $\boldsymbol{x}(t_f)$满足一定的约束。满足约束条件的所有终端状态构成的集合称为目标集,其一般定义为

$$M=\{\boldsymbol{x}(t_f)\mid \boldsymbol{h}_1[\boldsymbol{x}(t_f),t_f]=0,\boldsymbol{h}_2[\boldsymbol{x}(t_f),t_f]\leqslant 0,\boldsymbol{x}(t_f)\in\mathbb{R}^n\}$$

在一些情形下,会对系统状态和控制输入在整个控制过程中的特性有一定的要求或约束。此类约束通常用关于系统状态和控制输入的函数的积分来描述,并且有积分型等式约束和积分型不等式约束两种形式,即

$$\int_{t_0}^{t_f} \boldsymbol{L}_e(\boldsymbol{x},\boldsymbol{u},t)\mathrm{d}t = 0, \quad \int_{t_0}^{t_f} \boldsymbol{L}_i(\boldsymbol{x},\boldsymbol{u},t)\mathrm{d}t \leqslant 0$$

其中，$\boldsymbol{L}_e$ 和 $\boldsymbol{L}_i$ 是可积函数向量。

3）容许控制集

通常对控制输入 $\boldsymbol{u}$ 有一定的约束，满足控制约束的所有向量所构成的集合称为容许控制集，记为 U。则控制输入应满足的约束可记为

$$\boldsymbol{u} \in U$$

典型的控制约束为幅值约束。控制分量幅值约束为

$$\alpha_i \leqslant u_i \leqslant \beta_i, \quad i=1,2,\cdots,r$$

4）性能指标

控制性能指标是对控制过程中的系统状态特性和控制输入特性的定量评价，是对我们所关注的主要问题的定量描述。性能指标是系统状态变量和控制输入变量的函数，一般可描述为

$$J = \Phi[x(t_f),t_f] + \int_{t_0}^{t_f} \boldsymbol{L}(\boldsymbol{x},\boldsymbol{u},t)\mathrm{d}t$$

5）最优控制问题

对于一给定的控制系统，要求设计一容许控制 $\boldsymbol{u}\in U$，使得受控系统的状态在终端时刻到达目标集 M，且在整个控制过程中满足对状态和控制的约束的同时，使得性能指标达到最小的最优控制问题可以描述为下述优化问题：

$$\min_{\boldsymbol{u}} J = \Phi[x(t_f),t_f] + \int_{t_0}^{t_f} L(\boldsymbol{x},\boldsymbol{u},t)\mathrm{d}t$$

s. t.

$$\dot{\boldsymbol{x}}(t) = \boldsymbol{f}(\boldsymbol{x},\boldsymbol{u},t), \quad \boldsymbol{y}(t) = \boldsymbol{g}(\boldsymbol{x},\boldsymbol{u},t),$$

$$x(t_f) \in M, \quad \boldsymbol{u} \in U,$$

$$\int_{t_0}^{t_f} \boldsymbol{L}_e(\boldsymbol{x},\boldsymbol{u},t)\mathrm{d}t = 0, \quad \int_{t_0}^{t_f} \boldsymbol{L}_i(\boldsymbol{x},\boldsymbol{u},t)\mathrm{d}t \leqslant 0$$

如果某个容许控制 $\boldsymbol{u}\in U$ 是上述最优控制问题的解，则称为最优控制，相应的受控系统状态为最优轨线。

6）案例：最小耗能充电问题

下面举例说明最优控制问题的构建方法。考虑图 A-17 所示的 RC 充电电路，现要求在给定时间 $t_0 \sim t_f$ 内，通过控制外加电压 $u_i(t)$，使得电容 C 从电压 V_0 充电到 V_f，且在电阻 R 上的损耗电能最少。

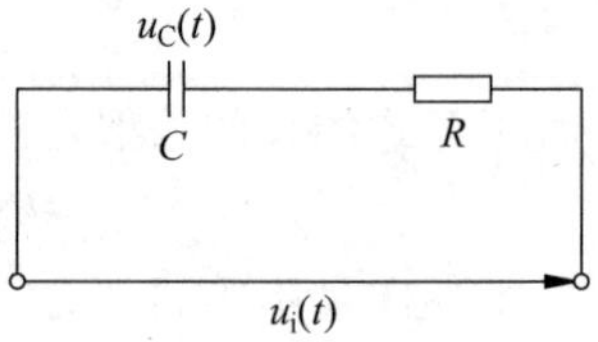

图 A-17 充电电路

根据电路分析，可得电容两端电压 $u_C(t)$ 与外加电压 $u_i(t)$ 的微分关系式，即该充电系统的受控系统运动方程

$$\dot{u}_C(t) = -\frac{1}{RC}u_C(t) + \frac{1}{RC}u_i(t)$$

电阻 R 上的损耗功率为

$$w_R(t) = \frac{(u_i(t) - u_C(t))^2}{R}$$

则可以计算性能指标为

$$J=\int_{t_0}^{t_f}\frac{(u_i(t)-u_C(t))^2}{R}\mathrm{d}t$$

另外根据要求可知无容许控制约束，但存在初始状态约束和终端状态约束，分别为

$$u_C(t_0)=V_0,\quad u_C(t_f)=V_f$$

则可构建最优控制问题描述为

$$\min_u J=\int_{t_0}^{t_f}\frac{(u_i(t)-u_C(t))^2}{R}\mathrm{d}t$$

s. t.

$$\dot{u}_C(t)=-\frac{1}{RC}u_C(t)+\frac{1}{RC}u_i(t)$$

$$u_C(t_0)=V_0,\quad u_C(t_f)=V_f$$

2. 线性二次型最优调节器设计

在处理最优控制问题时，变分法、极小值原理和动态规划是三种基本方法，它们均有各自的适应条件，而其他最优控制的理论方法都以其为基础。但是三种基本方法都没有给出解的存在性和唯一性等结论，往往需要针对实际问题做进一步的分析和讨论。

在许多控制问题中，要求将系统内的一些量保持在给定值附近，或在给定的函数值附近，这类问题称为调节器问题。下面介绍线性系统的一类可描述为最优控制问题的调节器问题，即线性二次型最优调节器问题(Linear Quadratic Regulator, LQR)。

1) 连续时间系统有限时间最优状态调节器

假设受控对象关于调节偏差的状态方程为

$$\dot{\boldsymbol{x}}(t)=\boldsymbol{A}(t)\boldsymbol{x}(t)+\boldsymbol{B}(t)\boldsymbol{u}(t)$$

其中，状态 $\boldsymbol{x}(t)$表示受控对象的状态与相应设定值的差。假设初始时间 t_0，终端时间 t_f 和初始状态 $\boldsymbol{x}(t_0)$均给定，要设计控制 $\boldsymbol{u}(t)$使得性能指标

$$J=\frac{1}{2}\boldsymbol{x}^{\mathrm{T}}(t_f)S(t_f)\boldsymbol{x}(t_f)+\frac{1}{2}\int_{t_0}^{t_f}[\boldsymbol{x}^{\mathrm{T}}(t)\boldsymbol{Q}(t)\boldsymbol{x}(t)+u^{\mathrm{T}}(t)\boldsymbol{R}(t)\boldsymbol{u}(t)]\mathrm{d}t$$

达到最小。其中，状态加权矩阵 $\boldsymbol{Q}(t)$要求为半正定矩阵，控制加权矩阵 $\boldsymbol{R}(t)$为正定矩阵，逆矩阵 $\boldsymbol{R}^{-1}(t)$的元有界，终端状态加权矩阵 $\boldsymbol{S}(t_f)$为半正定矩阵，其元是 t_f 的连续有界函数。此外，也要求 $\boldsymbol{A}(t)$、$\boldsymbol{B}(t)$、$\boldsymbol{Q}(t)$和 $\boldsymbol{R}(t)$的元是时间 t 的连续有界函数。

对于上述连续时间线性系统有限时间 LQR 问题，$u^*(t)$为最优控制的充分必要条件是其可表示为

$$u^*(t)=-\boldsymbol{R}^{-1}(t)\boldsymbol{B}^{\mathrm{T}}(t)\boldsymbol{P}(t)\boldsymbol{x}(t)$$

其中，矩阵 $\boldsymbol{P}(t)$是 Riccati 矩阵微分方程在边界条件 $\boldsymbol{P}(t_f)=\boldsymbol{S}(t_f)$下的唯一非负定解，Riccati 矩阵微分方程为

$$\dot{\boldsymbol{P}}(t)=-\boldsymbol{P}(t)\boldsymbol{A}(t)-\boldsymbol{A}^{\mathrm{T}}(t)\boldsymbol{P}(t)+\boldsymbol{P}(t)\boldsymbol{B}(t)\boldsymbol{R}^{-1}(t)\boldsymbol{B}^{\mathrm{T}}(t)\boldsymbol{P}(t)-\boldsymbol{Q}(t)$$

在最优控制 $u^*(t)$下，最优性能指标为

$$J^*=\frac{1}{2}\boldsymbol{x}^{\mathrm{T}}(t_0)\boldsymbol{P}(t_0)\boldsymbol{x}(t_0)$$

2) 连续时间系统无限时间最优状态调节器

考虑线性时变系统

$$\dot{\boldsymbol{x}}(t)=\boldsymbol{A}(t)\boldsymbol{x}(t)+\boldsymbol{B}(t)\boldsymbol{u}(t)$$

其初始时间 t_0 和初始状态 $\boldsymbol{x}(t_0)$ 给定，要设计控制 $\boldsymbol{u}(t)$ 使得性能指标

$$J=\frac{1}{2}\int_{t_0}^{\infty}[\boldsymbol{x}^{\mathrm{T}}(t)\boldsymbol{Q}(t)\boldsymbol{x}(t)+\boldsymbol{u}^{\mathrm{T}}(t)\boldsymbol{R}(t)\boldsymbol{u}(t)]\mathrm{d}t$$

达到最小。与有限时间情况下类似的，要求 $\boldsymbol{A}(t)$、$\boldsymbol{B}(t)$、$\boldsymbol{Q}(t)$ 和 $\boldsymbol{R}(t)$ 的元是时间 t 的连续有界函数，$\boldsymbol{Q}(t)$ 为半正定矩阵，$\boldsymbol{R}(t)$ 为正定矩阵，逆矩阵 $\boldsymbol{R}^{-1}(t)$ 的元有界。此外，还要求 $(\boldsymbol{A}(t),\boldsymbol{B}(t))$ 是可控对。

则上述线性时变系统无限时间 LQR 问题的最优控制率为

$$u^{*}(t)=-\boldsymbol{R}^{-1}(t)\boldsymbol{B}^{\mathrm{T}}(t)\bar{\boldsymbol{P}}(t)\boldsymbol{x}(t)$$

其中，$\bar{\boldsymbol{P}}(t)$ 为如下 Riccati 矩阵微分方程的解：

$$\dot{\bar{\boldsymbol{P}}}(t)=-\bar{\boldsymbol{P}}(t)\boldsymbol{A}(t)-\boldsymbol{A}^{\mathrm{T}}(t)\bar{\boldsymbol{P}}(t)+\bar{\boldsymbol{P}}(t)\boldsymbol{B}(t)\boldsymbol{R}^{-1}(t)\boldsymbol{B}^{\mathrm{T}}(t)\bar{\boldsymbol{P}}(t)-\boldsymbol{Q}(t)$$

$$\bar{\boldsymbol{P}}(\infty)=0$$

相应的最优代价函数为

$$J^{*}=\frac{1}{2}\boldsymbol{x}^{\mathrm{T}}(t)\bar{\boldsymbol{P}}(t)\boldsymbol{x}(t)$$

而对于线性定常系统

$$\dot{\boldsymbol{x}}(t)=\boldsymbol{A}\boldsymbol{x}(t)+\boldsymbol{B}\boldsymbol{u}(t)$$

其初始时间 t_0 和初始状态 $x(t_0)$ 给定，而性能指标表示为

$$J=\frac{1}{2}\int_{t_0}^{\infty}[\boldsymbol{x}^{\mathrm{T}}(t)\boldsymbol{Q}\boldsymbol{x}(t)+\boldsymbol{u}^{\mathrm{T}}(t)\boldsymbol{R}\boldsymbol{u}(t)]\mathrm{d}t$$

其中，$\boldsymbol{A}$ 和 $\boldsymbol{B}$ 为常数矩阵，$\boldsymbol{Q}$ 和 $\boldsymbol{R}$ 分别为半正定和正定常数矩阵。欲求状态反馈使得上述性能指标达到最下，此问题被称为线性定常无限时间 LQR 问题。

当 $(\boldsymbol{A},\boldsymbol{B})$ 为可镇定对时，线性定常无限时间 LQR 问题存在唯一最优控制器

$$u^{*}(t)=-\boldsymbol{R}^{-1}\boldsymbol{B}^{\mathrm{T}}\bar{\boldsymbol{P}}(t)$$

其中，$\bar{\boldsymbol{P}}$ 是如下 Riccati 矩阵代数方程的非负定解：

$$\bar{\boldsymbol{P}}\boldsymbol{A}+\boldsymbol{A}^{\mathrm{T}}\bar{\boldsymbol{P}}-\bar{\boldsymbol{P}}\boldsymbol{B}\boldsymbol{R}^{-1}\boldsymbol{B}^{\mathrm{T}}\bar{\boldsymbol{P}}+\boldsymbol{Q}=0$$

相应的最优性能指标为

$$J^{*}=\frac{1}{2}\boldsymbol{x}^{\mathrm{T}}(t_0)\bar{\boldsymbol{P}}\boldsymbol{x}(t_0)$$

A.4 滤 波 算 法

A.4.1 卡尔曼滤波

由感知数据进行目标状态估计是提高感知精度不可缺少的一环。目标状态估计就是通过历史时刻的感知结果计算出最佳的目标状态向量，状态估计方法有很多，本节介绍其中最基础也是最常用的方法——卡尔曼滤波。

假设目标的运动方程如式(A-15)所示，其中 $\boldsymbol{X}_k$ 表示目标 k 时刻的状态，$\boldsymbol{Z}_k$ 表示 k 时

刻的观测值，$\boldsymbol{\Phi}_k$ 为状态转移矩阵，$\boldsymbol{H}_k$ 为观测矩阵。$\boldsymbol{W}_k$ 和 $\boldsymbol{V}_k$ 分别为状态误差和观测误差，假设其均为零均值的高斯噪声，且协方差矩阵分别为 $\boldsymbol{Q}_k$ 和 $\boldsymbol{R}_k$。

$$\begin{aligned}\boldsymbol{X}_k &= \boldsymbol{\Phi}_k\boldsymbol{X}_{k-1} + \boldsymbol{W}_k \\ \boldsymbol{Z}_k &= \boldsymbol{H}_k\boldsymbol{X}_k + \boldsymbol{V}_k\end{aligned} \tag{A-15}$$

卡尔曼滤波为递推式滤波器，假设 $k-1$ 时刻的最优状态估计值为 $\hat{\boldsymbol{X}}_{k-1}$ 及协方差矩阵为 $\boldsymbol{P}_{k-1}$，通过 k 时刻的观测值 $\boldsymbol{Z}_k$ 计算 k 时刻的最优状态估计值 $\hat{\boldsymbol{X}}_k$。

首先利用 $\hat{\boldsymbol{X}}_{k-1}$ 进行目标状态预测及观测值预测，得：

$$\begin{aligned}\boldsymbol{X}_{k/k-1} &= \boldsymbol{\Phi}_k\hat{\boldsymbol{X}}_{k-1} \\ \boldsymbol{Z}_{k/k-1} &= \boldsymbol{H}_k\boldsymbol{X}_{k/k-1}\end{aligned}$$

真实观测值 $\boldsymbol{Z}_k$ 相对于其预测值 $\boldsymbol{Z}_{k/k-1}$ 的残差为 $\boldsymbol{Z}_k - \boldsymbol{Z}_{k/k-1}$，卡尔曼滤波利用残差对状态预测值 $\boldsymbol{X}_{k/k-1}$ 进行修正，计算出 k 时刻的最优估计，如式(A-16)所示，其中 $\boldsymbol{K}_k$ 称为卡尔曼增益矩阵。

$$\hat{\boldsymbol{X}}_k = \boldsymbol{X}_{k/k-1} + \boldsymbol{K}_k(\boldsymbol{Z}_k - \boldsymbol{Z}_{k/k-1}) \tag{A-16}$$

卡尔曼滤波以最小均方误差为准则，计算出增益矩阵 $\boldsymbol{K}_k$ 的表达式如式(A-17)所示。

$$\boldsymbol{K}_k = \boldsymbol{P}_{k/k-1}\boldsymbol{H}_k^{\mathrm{T}}(\boldsymbol{H}_k\boldsymbol{P}_{k/k-1}\boldsymbol{H}_k^{\mathrm{T}} + \boldsymbol{R}_k)^{-1} \tag{A-17}$$

其中，$\boldsymbol{P}_{k/k-1}$ 为预测状态值的协方差矩阵。

$$\boldsymbol{P}_{k/k-1} = \boldsymbol{\Phi}_k\boldsymbol{P}_{k-1}\boldsymbol{\Phi}_k^{\mathrm{T}} + \boldsymbol{Q}_k$$

除了计算出 k 时刻的最优估计值 $\hat{\boldsymbol{X}}_k$ 以外，还需要对协方差矩阵进行一步更新，其递推公式为：

$$\boldsymbol{P}_k = \boldsymbol{P}_{k/k-1} - \boldsymbol{P}_{k/k-1}\boldsymbol{H}_k^{\mathrm{T}}\boldsymbol{S}^{-1}\boldsymbol{H}_k\boldsymbol{P}_{k/k-1}$$

其中，$\boldsymbol{S}$ 表示预测观测值的协方差矩阵，其表达式如式(A-18)所示。

$$\boldsymbol{S} = \boldsymbol{H}_k\boldsymbol{P}_{k/k-1}\boldsymbol{H}_k^{\mathrm{T}} + \boldsymbol{R}_k \tag{A-18}$$

以上就是标准卡尔曼滤波进行状态更新所用到的重要方程，主要包括状态和观测数据的预测、增益矩阵计算、状态及协方差矩阵的更新。卡尔曼滤波在各个领域中都具有重要的现实意义，被广泛使用。然而，标准形式的卡尔曼滤波也具有局限性，其只适用于线性系统，且状态方程和观测方程中的误差都假设为零均值噪声。对于非线性系统，可以利用扩展卡尔曼滤波器、无迹卡尔曼滤波器，得到最优状态的近似解。

A.4.2　扩展卡尔曼滤波

不同于卡尔曼滤波(KF)针对线性高斯运动模型实现状态最优估计，扩展卡尔曼滤波(EKF)[9]采用泰勒级数展开高斯非线性函数，省略二阶及二阶以上的高阶项，得到近似线性化的运动模型，再借鉴KF的方法思想实现状态估计。

考虑非线性离散时间系统，EKF的状态方程和量测方程分别表示为：

$$\begin{aligned}\boldsymbol{x}_{k+1} &= \boldsymbol{f}(k, \boldsymbol{x}_k) + \boldsymbol{w}_k \\ \boldsymbol{z}_k &= \boldsymbol{h}(k, \boldsymbol{x}_k) + \boldsymbol{v}_k\end{aligned}$$

其中，$\boldsymbol{f}(k,\boldsymbol{x}_k)$和$\boldsymbol{h}(k,\boldsymbol{x}_k)$分别为$k$时刻有关状态$\boldsymbol{x}_k$的非线性状态转移映射和量测映射，$\boldsymbol{w}_k$和$\boldsymbol{v}_k$分别为零均值的过程噪声和量测噪声，其协方差矩阵分别为$\boldsymbol{Q}_k=\mathrm{cov}(\boldsymbol{w}_k)$和$\boldsymbol{R}_k=\mathrm{cov}(\boldsymbol{v}_k)$。

EKF 通过一阶泰勒级数展开实现非线性系统的近似线性化，得到向前推算的状态和量测方程分别为：

$$\hat{\boldsymbol{x}}_{k+1|k}=\boldsymbol{f}(k,\hat{\boldsymbol{x}}_{k|k})$$

$$\hat{\boldsymbol{z}}_{k+1|k}=\boldsymbol{h}(k+1,\hat{\boldsymbol{x}}_{k+1|k})$$

向前推算的状态估计误差协方差矩阵可表示为：

$$\boldsymbol{P}_{k+1|k}=\boldsymbol{F}_k\boldsymbol{P}_k\boldsymbol{F}_k^{\mathrm{T}}+\boldsymbol{Q}_k$$

其中，$\boldsymbol{F}_k$为$\boldsymbol{f}(\cdot)$的雅可比矩阵，可表示为：

$$\boldsymbol{F}_k=\left.\frac{\partial \boldsymbol{f}}{\partial \boldsymbol{x}}\right|_{\hat{\boldsymbol{x}}_{k|k}}$$

在下一时刻得到新的量测$\boldsymbol{z}_{k+1}$后，状态更新的公式为：

$$\hat{\boldsymbol{x}}_{k+1|k+1}=\hat{\boldsymbol{x}}_{k+1|k}+\boldsymbol{K}_{k+1}(\boldsymbol{z}_{k+1}-\boldsymbol{H}_{k+1}\hat{\boldsymbol{x}}_{k+1|k})$$

其中，$\boldsymbol{H}_{k+1}$为$\boldsymbol{h}(\cdot)$的雅可比矩阵，$\boldsymbol{K}_{k+1}$为卡尔曼增益矩阵，分别表示为：

$$\boldsymbol{H}_k=\left.\frac{\partial \boldsymbol{h}}{\partial \boldsymbol{x}}\right|_{\hat{\boldsymbol{x}}_{k|k}}$$

$$\boldsymbol{K}_{k+1}=\boldsymbol{P}_{k+1|k}\boldsymbol{H}_{k+1}^{\mathrm{T}}(\boldsymbol{R}_{k+1}+\boldsymbol{H}_{k+1}\boldsymbol{P}_{k+1|k}\boldsymbol{H}_{k+1}^{\mathrm{T}})^{-1}$$

状态估计误差的协方差矩阵的更新公式为：

$$\boldsymbol{P}_{k+1|k+1}=(\boldsymbol{I}-\boldsymbol{K}_{k+1}\boldsymbol{H}_{k+1})\boldsymbol{P}_{k+1|k}$$

结合本节所讨论的 EKF 基本概念，总结 EKF 的工作原理，如图 A-18 所示。

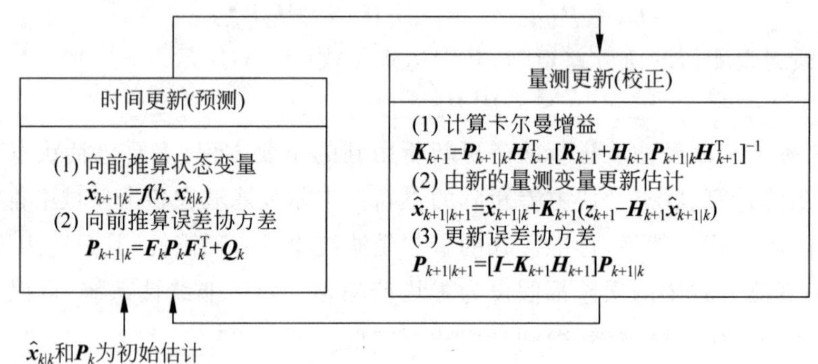

图 A-18 EKF 工作原理

A.5 代数与几何

A.5.1 空间变换基础

1. 点和向量

我们生活在三维空间中，习惯于三维空间的运动模式。三维空间由三个轴组成，每一空间点可以由三个坐标确定,刚体可以通过位置和自身姿态来确定。我们将相机看成三维空间的刚体,位置指相机所处的地方,姿态指相机朝向[1]。

向量是线性空间中的一个元素,可通过线性空间的基(坐标系)以及坐标来表示。

$$\boldsymbol{a}=(e_1,e_2,e_3)\begin{pmatrix}a_1\\a_2\\a_3\end{pmatrix}=a_1e_1+a_2e_2+a_3e_3$$

根据不同的定义方式,坐标系又可分为左手系和右手系。

由线性代数知识可知,对于 $\boldsymbol{a},\boldsymbol{b}\in\mathbb{R}^3$,内积可以描述向量间的投影关系,写成:

$$\boldsymbol{a}\cdot\boldsymbol{b}=\boldsymbol{a}^{\mathrm{T}}\boldsymbol{b}=\sum_{i=1}^{3}a_ib_i=|\boldsymbol{a}||\boldsymbol{b}|\cos\langle a,b\rangle$$

外积可以表示为:

$$\boldsymbol{a}\times\boldsymbol{b}=\begin{pmatrix}i&j&k\\a_1&a_2&a_3\\b_1&b_2&b_3\end{pmatrix}=\begin{pmatrix}a_2b_3-a_3b_2\\a_3b_1-a_1b_3\\a_1b_2-a_2b_1\end{pmatrix}=\begin{pmatrix}0&-a_3&a_2\\a_3&0&-a_1\\-a_2&a_1&0\end{pmatrix}\boldsymbol{b}\triangleq\boldsymbol{a}\wedge\boldsymbol{b}$$

外积方向与两向量垂直,模值为 $|\boldsymbol{a}||\boldsymbol{b}|\sin\langle\boldsymbol{a},\boldsymbol{b}\rangle$,可以视为两个向量张成的四边形的有向面积。符号 ∧ 为反对称符号,表示将向量变成反对称矩阵。

外积可用来表示向量的旋转。如图 A-19 所示,假设在右手系中,对于两个向量(不平行)$\boldsymbol{a}$ 和 $\boldsymbol{b}$,用右手的四个指头从 $\boldsymbol{a}$ 转向 $\boldsymbol{b}$,大拇指朝向即为旋转向量方向,可以看出,该方向同时也是 $\boldsymbol{a}\times\boldsymbol{b}$ 的方向。通过这种方式构造了从 $\boldsymbol{a}\sim\boldsymbol{b}$ 的旋转向量,在三维空间坐标系中可以使用三个坐标值来描述。

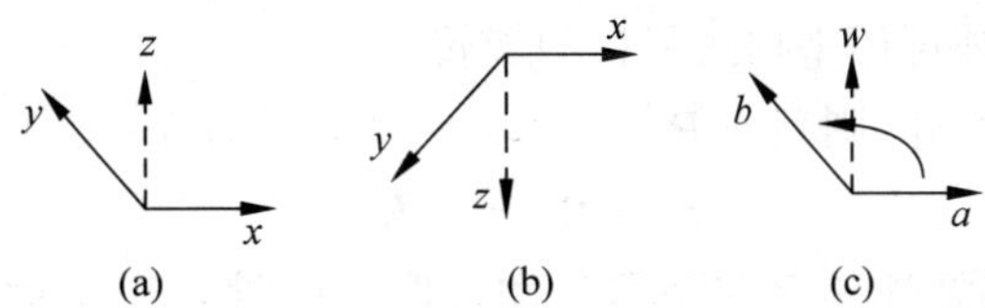

图 A-19 旋转向量[1]

(a) 右手系;(b) 左手系;(c) 转旋表示

2. 欧氏变换

坐标系间的变换关系包括两坐标系间的旋转和平移,通常可设定一个固定的惯性坐标系(世界坐标系),如图 A-20 所示,$x_{\mathrm{W}},y_{\mathrm{W}},z_{\mathrm{W}}$ 为世界坐标系。相机或机器人为移动坐标系 $x_{\mathrm{C}},y_{\mathrm{C}},z_{\mathrm{C}}$。相机视野中某个向量 $\boldsymbol{p}$,坐标为 p_{C},在世界坐标系中为 p_{W},两坐标间的转换关系可通过矩阵 $\boldsymbol{T}$ 来描述。

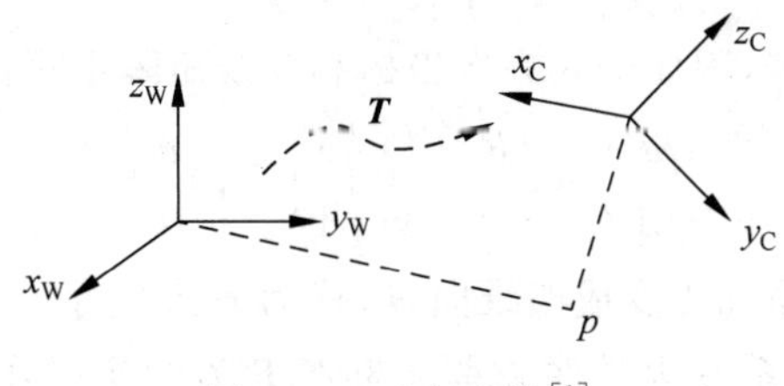

图 A-20 坐标变换[1]

相机运动为一种刚体运动，同一向量在各坐标系下的长度和夹角保持不变，这种变换称为欧氏变换。欧氏变换由一个旋转和一个平移两部分组成。设某单位正交基为(e_1,e_2,e_3)，经过旋转变为(e_1',e_2',e_3')。对于同一个向量$\boldsymbol{a}$，它在两坐标系下的坐标分别为$[a_1,a_2,a_3]^{\mathrm{T}}$和$[a_1',a_2',a_3']$，由于该向量并没有随着坐标系旋转发生运动，故有：

$$(e_1,e_2,e_3)\begin{pmatrix}a_1\\a_2\\a_3\end{pmatrix}=(e_1',e_2',e_3')\begin{pmatrix}a_1'\\a_2'\\a_3'\end{pmatrix}$$

上式左右同时左乘$\begin{pmatrix}e_1^{\mathrm{T}}\\e_2^{\mathrm{T}}\\e_3^{\mathrm{T}}\end{pmatrix}$，可以得到：

$$\begin{pmatrix}a_1\\a_2\\a_3\end{pmatrix}=\begin{pmatrix}e_1^{\mathrm{T}}e_1' & e_1^{\mathrm{T}}e_2' & e_1^{\mathrm{T}}e_3'\\e_2^{\mathrm{T}}e_1' & e_2^{\mathrm{T}}e_2' & e_2^{\mathrm{T}}e_3'\\e_3^{\mathrm{T}}e_1' & e_3^{\mathrm{T}}e_2' & e_3^{\mathrm{T}}e_2'\end{pmatrix}\begin{pmatrix}a_1'\\a_2'\\a_3'\end{pmatrix}\triangleq\boldsymbol{R}\boldsymbol{a}'$$

定义中间的矩阵为$\boldsymbol{R}$，该矩阵由两组基间的内积组成，可表示旋转前后同一向量的坐标关系。矩阵$\boldsymbol{R}$称为旋转矩阵。

旋转矩阵是行列式为1的正交矩阵(逆为自身转置)。反之行列式为1的正交矩阵也是一个旋转矩阵。将旋转矩阵集合定义如下：

$$\mathrm{SO}(n)=\{\boldsymbol{R}\in\mathbb{R}^{n\times n}\mid\boldsymbol{R}\boldsymbol{R}^{\mathrm{T}}=\boldsymbol{I},\det(\boldsymbol{R})=1\}$$

$\mathrm{SO}(n)$表示特殊正交群。集合$\mathrm{SO}(n)$由n维空间的旋转矩阵组成，例如$\mathrm{SO}(3)$表示三维空间的旋转。旋转矩阵可用来描述相机的旋转。

由于旋转矩阵为正交阵，则其逆$\boldsymbol{R}^{\mathrm{T}}$描述了一个相反的旋转。有：

$$\boldsymbol{a}'=\boldsymbol{R}^{-1}\boldsymbol{a}=\boldsymbol{R}^{\mathrm{T}}\boldsymbol{a}$$

在欧氏变换中，旋转之外还存在平移运动。假设向量$\boldsymbol{a}$位于世界坐标系，经过一次旋转$\boldsymbol{R}$和一次平移$\boldsymbol{t}$，可以得到向量$\boldsymbol{a}'$，则：

$$\boldsymbol{a}'=\boldsymbol{R}\boldsymbol{a}+\boldsymbol{t}$$

其中$\boldsymbol{t}$为平移向量，因此旋转矩阵$\boldsymbol{R}$和平移向量$\boldsymbol{t}$可完整地描述欧氏空间坐标变换关系。

3. 齐次坐标

由前述欧氏变换关系，假设进行两次变换，已知$\boldsymbol{R}_1,\boldsymbol{t}_1$和$\boldsymbol{R}_2,\boldsymbol{t}_2$，则有：

$$\boldsymbol{b}=\boldsymbol{R}_1\boldsymbol{a}+\boldsymbol{t}_1,\quad \boldsymbol{c}=\boldsymbol{R}_2\boldsymbol{b}+\boldsymbol{t}_2$$

但对于从$\boldsymbol{a}\sim\boldsymbol{c}$的变换为：

$$\boldsymbol{c}=\boldsymbol{R}_2(\boldsymbol{R}_1\boldsymbol{a}+\boldsymbol{t}_1)+\boldsymbol{t}_2$$

多次变换后会过于复杂，因此引入齐次坐标和变换矩阵重写：

$$\begin{pmatrix}\boldsymbol{a}'\\1\end{pmatrix}=\begin{pmatrix}\boldsymbol{R} & t\\0^{\mathrm{T}} & 1\end{pmatrix}\begin{pmatrix}\boldsymbol{a}\\1\end{pmatrix}\triangleq\boldsymbol{T}\begin{pmatrix}\boldsymbol{a}\\1\end{pmatrix}$$

通过在三维向量末尾添加1变成四维向量，称为齐次坐标。这样可以将旋转和平移写在一个矩阵中，使得整个关系变为线性关系。矩阵$\boldsymbol{T}$为变换矩阵，使用$\tilde{a}$表示$\boldsymbol{a}$的齐次坐标。通过在最后一维添加 1,利用四个实数描述三维向量,使得可以将变换写成线性的形式。齐次坐标中点坐标各分量同乘以一个非零常数后仍表示同一点,但当最后一项不为零时,总可以将所有坐标除以最后一项,强制最后一项为 1,从而得到点唯一坐标表示:

$$\tilde{\boldsymbol{x}} = (x, y, z, w)^{\mathrm{T}} = \left[\frac{x}{w}, \frac{y}{w}, \frac{z}{w}, 1\right)^{\mathrm{T}}$$

忽略最后一项即为该点的欧氏空间坐标。依靠齐次坐标和变换矩阵,两次变换可以表示为:

$$\tilde{\boldsymbol{b}} = \boldsymbol{T}_1 \tilde{\boldsymbol{a}}, \quad \tilde{c} = \boldsymbol{T}_2 \tilde{\boldsymbol{b}} \Rightarrow \tilde{c} = \boldsymbol{T}_2 \boldsymbol{T}_1 \tilde{\boldsymbol{a}}$$

为了表示的方便,直接将其写为 $\boldsymbol{b}=\boldsymbol{Ta}$,默认其中为齐次坐标。

变换矩阵 $\boldsymbol{T}$ 中,左上角为旋转矩阵,右侧为平移向量,左下角为 0 向量,右下角为 1。这种矩阵又称为特殊欧氏群:

$$\mathrm{SE}(3) = \left\{\boldsymbol{T} = \begin{bmatrix} \boldsymbol{R} & t \\ 0^{\mathrm{T}} & 1 \end{bmatrix} \in \mathbb{R}^{4\times4} \mid \boldsymbol{R} \in \mathrm{SO}(3), t \in \mathbb{R}^3\right\}$$

与 SO(3)一样,该矩阵的逆表示反向变换:

$$\boldsymbol{T}^{-1} = \begin{pmatrix} \boldsymbol{R}^{\mathrm{T}} & -\boldsymbol{R}^{\mathrm{T}} t \\ 0^{\mathrm{T}} & 1 \end{pmatrix}$$

4. 旋转向量

坐标系任意旋转都可以用一个旋转轴和一个旋转角来刻画。定义旋转向量方向与旋转轴一致,长度等于旋转角。同时可通过一个旋转向量和一个平移向量来表达变换矩阵。

假设一个旋转轴为 $\boldsymbol{n}$,角度为 θ 的旋转(旋转向量为 $\theta\boldsymbol{n}$),罗德里格斯公式可以给出旋转向量到旋转矩阵的过程,转换结果为:

$$\boldsymbol{R} = \cos\theta \boldsymbol{I} + (1-\cos\theta)\boldsymbol{n}\boldsymbol{n}^{\mathrm{T}} + \sin\theta \boldsymbol{n} \wedge$$

符号 ∧ 表示向量到反对称的转换符。反之旋转矩阵到旋转向量的转换为:

$$\begin{aligned} \mathrm{tr}(\boldsymbol{R}) &= \cos\theta \mathrm{tr}(\boldsymbol{I}) + (1-\cos\theta)\mathrm{tr}(\boldsymbol{n}\boldsymbol{n}^{\mathrm{T}}) + \sin\theta \mathrm{tr}(\boldsymbol{n} \wedge) \\ &= 3\cos\theta + (1-\cos\theta) = 1 + 2\cos\theta \end{aligned}$$

因此有:

$$\theta = \arccos\left(\frac{\mathrm{tr}(\boldsymbol{R}) - 1}{2}\right)$$

由于旋转轴上的向量旋转后不发生变化,即有 $\boldsymbol{Rn}=\boldsymbol{n}$,因此转轴 $\boldsymbol{n}$ 是矩阵 $\boldsymbol{R}$ 特征值 1 对应的特征向量。

A.5.2 图论

图论是离散数学的骨干分支,离散数学则是计算机科学技术与网络信息科学的理论基础,而智能网联汽车则是控制理论与网络通信的结合,因此图论在研究网联车辆之间的关系中发挥了重要作用。本节介绍图论的基本概念和一些在智能网联汽车中用到的相关理论,更深入的内容请参考专业书籍。

图论的起源要从哥尼斯堡七桥问题谈起[10]。一条河流从哥尼斯堡市中心穿过,河中有两座小岛,并建有七座桥梁联通两岸,如图 A-21(a)所示。那么市民能否从家里出发,七座桥恰好各通过一次,再次返回家中?数学家欧拉解决了这个问题,他将两岸和两个小岛用点来表示，将七座桥用线来表示，画出了四地七桥之间的连接关系，如图 A-21 所示。由于 D 处有三座桥，市民通过其中之一离家，又经另一座桥回家，那么根据规则他只能通过第三座桥再次离家，却无法再返回，因此这个问题的答案是“否”。

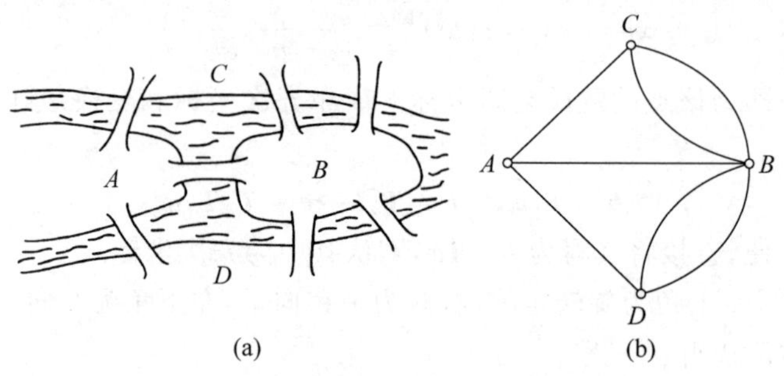

图 A-21 七桥问题及其抽象[10]

(a) 哥尼斯堡七桥问题；(b) 七桥问题的抽象

这种将问题以点和线的形式进行抽象和论证的思想，便是图论(也即一维拓扑)研究的核心。图 A-21(b)中的图形就可以称为图，它并非几何图形，它表达的仅是顶点集合上的一种二元关系，其本质是抽象的，画成图示只是为了直观示意。图是一种拓扑性的数学结构。

下面给出图的数学定义。称数学结构 $G=\{V(G),E(G),\psi_G\}$ 为一个图，其中 $V(G)$ 是非空集合，ψ_G 是从集合 $E(G)$ 到 $V(G)\times V(G)$ 的一个映射，则称 G 是一个以 $V(G)$ 为顶集合、以 $E(G)$ 为边集合的有向图。$V(G)$ 中的元素称为图 G 的顶点，$E(G)$ 中的元素称为 G 的边，ψ_G 称为 G 的关联函数。

为直观起见，可将有向图画成如图 A-22 的形式：把 $V(G)$ 中的每个元素都用几何点表示，点的位置可以任选，但两个顶点不能重合。当顶点 u 和 v 分别为有向边 e 的尾和头时，把顶 u 与 v 这两点用箭头从 u 指向 v 的一条有向曲线连接起来，此曲线的长短和曲直亦不用考虑。用 $v_1,v_2,\cdots,v_n$ 分别表示各个顶点，$e_1,e_2,\cdots,e_m$ 分别表示各条有向边，顶点与边用字母标志了的图叫作标志图。如果把有向图上的箭头取消，则得到无向图。若存在道路以 u 与 v 为起止点，则称 u 与 v 在图 G 中连通，G 中任两项皆连通时，称 G 为连通图。另外，若 G 和 S 是两个图，$S\subseteq G$，且 $V(S)=V(G)$，则称 S 是 G 的生成子图。

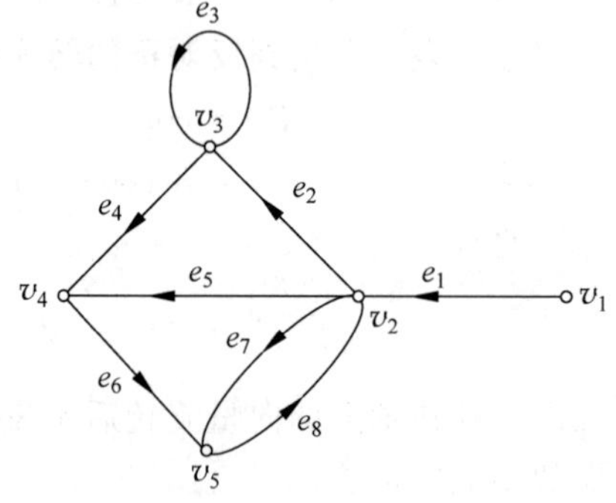

图 A-22 有向图示意图[10]

在图论中，树是一个重要的概念。森林中生长着的每一棵树都可以化为统一的图论模型来刻画，此时，称无圈连通图为树。并且，如果一棵树 T 是图 G 的生成子图，则称 T 是 G 的生成树。在有向图中，若图中部分或全部边集组成的树能够连接图中所有的节点，则该树称为一棵有向生成树。树是图论中最简单的图，也是图的骨架。在图论中，如果对一个一般的图的猜想不知是否成立，往往用树来验证它。

在智能网联车辆控制中，车辆队列信息流拓扑结构的定义便用到了图论的方法。在队列中，车辆节点可以简化为顶点，车辆之间的通信情况可以抽象成一条有向边，则车辆队列的跟随车信息流拓扑结构就可以由有向图$\mathcal{G}_N=\{\mathcal{V}_N,\mathcal{E}_N\}$来刻画，其中 N 为跟随车数量，如图 A-23 所示。其中$\mathcal{V}_N=\{1,2,\cdots,N\}$表示顶点集，$\mathcal{E}_N=\mathcal{V}_N\times\mathcal{V}_N$表示边集。顶点 i 代表第 i 个跟随车，边(j,i)代表一条从顶点 j 到顶点 i 的有向边，表示车辆 i 能够获取车辆 j 的状态信息。为刻画从领航车辆到跟随车辆的信息流，定义增广有向图$\mathcal{G}_{N+1}=\{\mathcal{V}_{N+1},\mathcal{E}_{N+1}\}$，其中顶点集为$\mathcal{V}_N=\{0,1,2,\cdots,N\}$，边集为$\mathcal{E}_{N+1}=\mathcal{V}_{N+1}\times\mathcal{V}_{N+1}$。

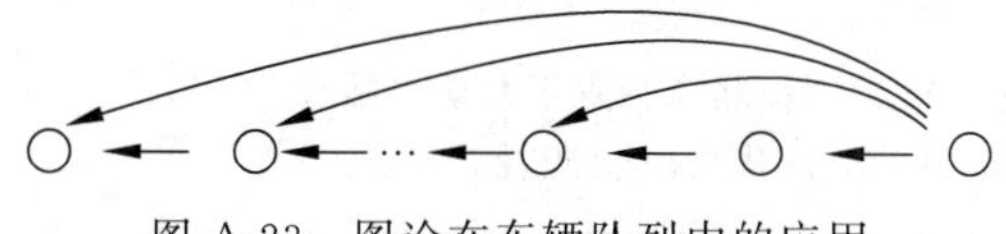

图 A-23　图论在车辆队列中的应用

由$\mathcal{G}_N$和$\mathcal{G}_{N+1}$进行表征的信息流拓扑结构的性质，可用如下三个矩阵进行表征：

(1) 邻接矩阵(Adjacent Matrix)$\boldsymbol{\mathcal{A}}_N$；

(2) 拉普拉斯矩阵(Laplacian Matrix)$\boldsymbol{\mathcal{L}}$；

(3) 牵引矩阵(Pining Matrix)$\boldsymbol{\mathcal{P}}$。

邻接矩阵$\boldsymbol{\mathcal{A}}_N=(a_{ij})\in\mathbb{R}^{N\times N}$，定义为：

$$a_{ij}=\begin{cases}1, & (j,i)\in\mathcal{E}_N\\ 0, & (j,i)\notin\mathcal{E}_N\end{cases}\quad i,j=1,2,\cdots,N$$

其中，$a_{ij}=1$ 表示车辆 i 能够获取车辆 j 的状态信息。假设图$\mathcal{G}_N$中没有自环，即 $a_{ii}=0,i=1,2,\cdots,N$。

节点 i 的邻域集定义为$\mathbb{N}_i=\{j\mid a_{ij}=1\}$。集合$\mathbb{N}_i$ 表示在跟随车辆中，节点 i 通过 V2V 通信或者雷达检测能够获取信息的车辆集。节点 i 的入度定义为 $\deg_i=\sum_{j=1}^{N}a_{ij}$，同时定义入度矩阵为$\boldsymbol{\mathcal{D}}_N=\mathrm{diag}\{\deg_1,\deg_2,\cdots,\deg_N\}$。

拉普拉斯矩阵$\boldsymbol{\mathcal{L}}=[l_{ij}]\in\mathbb{R}^{N\times N}$，定义为$\boldsymbol{\mathcal{L}}=\boldsymbol{\mathcal{D}}_N-\boldsymbol{\mathcal{A}}_N$。

牵引矩阵$\boldsymbol{\mathcal{P}}\in\mathbb{R}^{N\times N}$，用于描述跟随车辆获取领航车辆信息的情况，定义为$\boldsymbol{\mathcal{P}}=\mathrm{diag}\{p_1,p_2,\cdots,p_N\}$，其中，若$\{0,i\}\in\mathcal{E}_{N+1}$，则 $p_i=1$，否则 $p_i=0$。当 $p_i=1$ 时，表示车辆 i 能够获取领航车辆的状态信息；此时，车辆 i 也称为被领航车辆直接牵引。同时，定义车辆 i 的领航车辆可达性集合如下：

$$\mathbb{P}_i=\begin{cases}\{0\}, & p_i=1\\ \varnothing, & p_i=0\end{cases}$$

根据邻接矩阵、拉普拉斯矩阵和牵引矩阵可以完全描述车辆队列的信息流拓扑结构，并用于控制器设计及稳定性分析中。同时，以其他拓扑结构构成的不规则车群问题也可以通过这种方法分析。

参考文献

[1]　高翔，张涛，等. 视觉 SLAM 十四讲：从理论到实践[M]. 北京：电子工业出版社，2017.

[2]　李航. 统计学习方法[M]. 2 版. 北京：清华大学出版社，2019.

[3]　FISCHLER M A，BOLLES R C. Random sample consensus：a paradigm for model fitting with

applications to image analysis and automated cartography[J]. Communications of the ACM, 1981, 24(6): 381-395.

[4] LECUN Y, BOTTOU L, BENGIO Y, et al. Gradient-based learning applied to document recognition[J]. Proceedings of the IEEE, 1998, 86(11): 2278-2324.

[5] 董景新. 控制工程基础[M]. 4版. 北京: 清华大学出版社, 2015.

[6] Wikipedia. Fourier transform[EB/OL]. https://en.wikipedia.org/wiki/Fourier_transform, 2021-01-29/2021-02-09.

[7] 张嗣瀛. 现代控制理论[M]. 2版. 北京: 清华大学出版社, 2017.

[8] 钟宜生. 最优控制[M]. 北京: 清华大学出版社, 2015.

[9] KALMAN R E. Contributions to the theory of optimal control[J]. Bol. soc. mat. mexicana, 1960, 5(2): 102-119.

[10] 王树禾. 图论[M]. 北京: 科学出版社, 2009.